编委会

Education New Landmark

教育新地标

张国安　主编

華中科技大學出版社
http://www.hustp.com
中国·武汉

图书在版编目(CIP)数据

教育新地标/张国安主编. —武汉：华中科技大学出版社，2015.8
ISBN 978-7-5609-8643-2

Ⅰ.①教… Ⅱ.①张… Ⅲ.①继续教育-研究 Ⅳ.①G726

中国版本图书馆 CIP 数据核字(2015)第 221522 号

教育新地标 张国安 主编

策划编辑：陈建安
责任编辑：刘 丽
封面设计：秦 茹
责任校对：李 琴
责任监印：张正林
出版发行：华中科技大学出版社(中国・武汉)
武昌喻家山 邮编：430074 电话：(027)81321913
录 排：武汉楚海文化传播有限公司
印 刷：武汉科源印刷设计有限公司
开 本：710mm×1000mm 1/16
印 张：19.75 插页：16
字 数：400 千字
版 次：2015 年 9 月第 1 版第 1 次印刷
定 价：58.00 元

本书若有印装质量问题，请向出版社营销中心调换
全国免费服务热线：400-6679-118 竭诚为您服务

序 Preface

继续教育之使命——教育新地标

知识经济时代，科技迅速发展，全球竞争日益激烈，互联网的出现给社会发展提出了新的思路和新的要求。仅靠传统的教育方式已难以适应社会的快速发展，而继续教育为人们追求新知、持续发展提供了支持和条件。继续教育在中国已有三十余年的发展，尤其是近十年，发展更为迅速，其外延已延伸到全民接受教育的各个方面，涵盖知识传授和服务的所有领域。本书所说的继续教育是指“针对社会所有成员的开放性教育活动，是原初教育基础上的扩展性教育，以促进人的更全面的发展为根本出发点，持续贯穿于人的一生发展的全过程”。[①]

中国现有的继续教育大致由四部分组成，即高等学校继续教育，社会行业继续教育，以企业大学为代表的企业继续教育，社会上自成体系以公司、培训机构为代表的继续教育。[②] 其中，高等学校继续教育包含学历教育和非学历教育，其他三种继续教育都是非学历教育。多年来，我国继续教育在各级政府和全社会的努力推动下得到了较为全面的发展，呈现多类型、多层次、多元化的良好发展势态，学历继续教育稳中有升，非学历继续教育快速发展。社会成员通过继续教育不断地获取新知识、新技能，从而更好地适应科技、经济与社会发展的需求，继续教育为生产力的发展和生产方式的更新以及社会的健康发展提供支持和动力，为推动我国建设学习型社会和构建终身化学习体系做出了巨大的贡献。

继续教育是平衡社会教育资源的重要手段。在知识经济社会中，人们的收入水平、社会地位等越来越多地跟个人受教育程度和知识水平直接相关。中国社会科学院针对文化水平与个人收入之间的关系研究进行的多年的追踪调查结果显示，自20世纪90年代以来，中国的教育经济收益率（调查中把获得较高学历、文凭所付出的学费称为个人教育投资，把在获取较高学历、文凭之后能获得较高收入的工作称为教育的经济收益，二者的比率即为教育经济收益率）在不断上升，教育水平对个人收入的影响越来越大。[③] 相比之下，更

---

① 张国安.继续教育——多变环境中的给力者[M].武汉：华中科技大学出版社，2011.

② 张国安.服务的力量[M].武汉：华中科技大学出版社，2013.

③ 李春玲.文化水平如何影响人们的经济收入——对目前教育的经济收益率的考查[J].社会学研究，2003(3).

多的经济资源和政治权利也会向受教育程度更高、知识储备更多、知识更新速度更快、再学习能力更强的人群倾斜。然而，在现实中，由于种种社会原因，在我国能够通过高考获取高等教育权利的人群并不是大多数，虽然高等教育已经日益大众化和普及化，但仍然有无法参与其中的社会成员。如果仅仅依靠普通高等教育等阶段性教育可能会造成社会资源分配途径单一化，进一步扩大社会资源分配不均的现象，此种情况之下，继续教育的出现给社会公平的实现开启了一扇门，成为平衡社会教育资源、影响社会资源再分配的重要手段。

继续教育是社会经济发展的催化剂。教育是劳动力生产和再生产的重要内容和主要手段，是科学生产和再生产以及科学转化为生产力和生产技术的重要途径。继续教育不仅具有普通教育对经济发展的一般性作用，还具有受教育对象可直接将所学知识应用于工作实践，把潜在的生产力转化为现实的生产力等特殊性作用。宏观层面上，继续教育的发展有助于经济增长方式的转变。教育的普及和知识的更新能够推动生产的深度、精度和广度发展，实现经济发展的集约化和高质量化。同时，经济发展的集约化和高质量化发展又能够推动产业结构的调整，从而引发知识密集型产业的快速发展，传统的纯粹依靠劳动力发展的产业将渐渐淡出历史舞台，产业结构将实现全面的升级更新。微观层面上，继续教育的发展使得从业人员能够及时更新知识结构，消化、吸收、应用新技术、新设备以及开发研制新产品、采用新工艺，强化应用新技术的开发和推广，实现生产力的转化，把科学技术和科研成果由潜在的生产力转化为现实的生产力，从实质上提高企业和个人的核心竞争力和创新能力，真正实现企业和个人的发展，实现其价值的最大化。

继续教育是发挥我国人力资源优势的重要渠道。马克思认为，人的全面发展离不开继续教育，只有不断地进行教育培训才能促进和保持人的全面发展。他还指出，承认劳动的变换，从而承认工人尽可能多方面的发展是社会生产的普遍规律。[①] 随着中国经济的发展，国民的科学文化素质与现代化建设不相适应的矛盾将愈加突出，人们在解决了衣、食、住、行等方面的基本需求后，必然会出现多方位、多层次的需求。新中国成立以来，我国政府大力发展教育，推进教育的多元化发展，使得教育面向社会、面向公众，教育不再是个别人的特权，并且着重提出了要积极发展继续教育，建立终身教育体系。教育的普及意味着国民素质的提高，并为建设富强、文明、有序的社会奠定了民众基础，继续教育已经成为不断提升我国国民的心理素质、思想道德素质的主要教育形式。而我国继续教育正是在实践中，以终身教育、教育民族化、面向就业市场等教育多样化的思想为指导，通过广泛的教育服务，提高各类人员的整体素质和人民群众的生活质量。只有整体提高我国国民素质才能充分挖掘我国丰

① 马克思，恩格斯．马克思恩格斯全集第16卷[M]．中共中央编译局，译．北京：人民出版社，1975．

富的人力资源潜力。

继续教育代表了教育个性化服务的未来。当前社会，受教育对象个性、特征的差异与传统教育资源模式的单一性产生巨大矛盾，导致知识结构各异的学习者无法根据自己的学习能力和学习水平来选择学习资源。面对这些矛盾，必须逐步建立和完善教育个性化服务体系。教育个性化充分体现了教育活动的某种发展趋势，既是个体发展的客观需求，也是时代发展的客观需求。而继续教育正是教育服务个性化的先锋。继续教育充分考虑学习者的多样化兴趣和需求，在加强技术支撑、规范教育管理、丰富教育内容的基础上，逐步为学习者提供系统更完整、层次更多样、内容更广泛的个性化服务。尤其是新兴教育技术的发展，更是为继续教育注入了强劲的发展动力。翻转课堂、慕课等新的教育形式的出现，无不体现了继续教育的个性化优势。继续教育个性化服务为学习者搭建个性化的学习平台、提供个性化的服务流程、量身订制个性化的教学方案，更有效地培养学习者良好的学习习惯，挖掘学习者的思维潜力，为终身学习提供系统的解决方案，让参与到继续教育服务中的人真正感受到继续教育的能量和魅力。

由此可见，随着时代的发展，继续教育对社会和个人的正向影响力越来越大，堪称未来社会的"教育新地标"。

随着《教育部关于全面提高高等教育质量的若干意见》和《关于加快发展继续教育的若干意见》的出台，在国家开始大力构建终身教育体系和学习型社会的大背景之下，我国继续教育的发展进入发展的换挡期和转型的关键期，正逐步由封闭式教育向开放式教育转变、由学历教育为主向以学历与非学历继续教育共同发展转变、由注重规模数量向重视实质质量发展转变。尤其是2011年启动的"高等学校继续教育示范基地建设"项目，首批成功结项，创新了继续教育研究理论，创建了一批优秀的教育品牌，丰富了继续教育研究理论，在继续教育体系中发挥了引领、示范和辐射作用。继续教育逐渐呈现终身化、社会化、信息化、专业化、市场化、国际化、立体化的趋势，[①] 在未来，中国的继续教育将焕发出更加令人惊叹的活力！

《教育新地标》编委会

2015 年 7 月

① 刘莉，张爱文. 高校继续教育的发展：趋势　经验　对策——"内地-香港继续教育专家论坛"会议综述[J]. 中国远程教育，2007(4).

扫一扫，了解国家全民终身教育学习周活动

前言 *Introduction*

随着现代信息技术在教育领域的广泛应用，教育技术的发展突飞猛进，传统教育的变革一场比一场猛烈。每一场变革过后，都更加突出受教育者需求的重要性，都更加巩固受教育者的教育中心地位；无数颠覆传统的教育理念、教育模式、教育方法被运用于实践，并取得巨大成功——可汗学院、翻转课堂、移动学习、慕课……教育变得无时不在，无处不在。如今，人们学习可以不要书包，但绝对少不了移动学习工具；人们可以不走进教室，但绝对不能离开互联网上的数字化学习资源；人们可以不必接受校园教育，但绝对不能不接受继续教育……继续教育也从边缘、配角、辅助地位逐步转变为主流、主角、主导地位。正是继续教育的这种悄然变化，才一次次带给我们团队研究继续教育的激情，并把这种激情燃烧于笔端，嵌藏于书中。

2009 年出版了《穿越时空的教育变革》一书。该书以华中科技大学现代远程教育发展实践为题材，从办学模式、教学教务、资源技术、招生与学生服务和办学经验等五部分对继续教育的最新办学形式——现代远程教育——办学的核心环节进行了系统的阐述。该书既有现代远程教育的一般性理论研究，也有办学实体的具体做法；既有华中科技大学现代远程教育发展的经验总结，也有国内外其他高校的典型经验介绍；既有对现代远程教育发展历程的回顾、现状的分析，也有对未来发展趋势的预测。

2011 年出版的《继续教育——多变环境中的给力者》，是关于继续教育基本理论和功能的第二本著作。该书结合近年我国社会现实，精心选择了高新科技园区、社会重大的突发事件、北京奥运会、上海世博会和国际金融危机五个有代表性的多变环境，说明继续教育在多变环境中对社会和社会成员的发展发挥着独特而重要的作用。

2013 年出版的《服务的力量》，是以教育服务为主要研究内容的第三本著作。该书一方面从实践层面凝练全书内容，并围绕着提升教育服务这个核心展开分析。比如，继续教育的资源整合问题、岗位职责问题、规划问题、工作流程问题、团队建设问题、教学教务问题、教育技术问题、专业化服务问题等，这些都是继续教育实际工作中每天都会面临的问题。另一方面，从理论层面形成该书的主线。从服务的力量、服务的有序、服务的效率、服务的持续、服务的空间、服务的方向、服务的价值、服务的活力和服务的境界九方面入手，层层深入，对继续教育的服务理念进行了立体解读。全书的内容紧紧围绕“立足实践—理论归纳—主题分析”的模式展开叙述，试图在实践探索的基础上形成继续教育的服务理论，让服务的力量助力继续教育的发展。

2010年以来，继续教育迈入了一个重要的发展时期。伴随着信息技术的应用，继续教育发展的脉络越来越清晰，支撑继续教育长期稳定发展的基地建设适时开展，这些基地仿佛是继续教育网上的一个个光源节点，一旦启动立刻光芒四射、交相辉映，把整个继续教育映衬得流光溢彩、辉煌灿烂。正是各类继续教育示范基地做出的突出成绩及其对继续教育发展的重要作用，促使我们对该领域进行系统研究。《教育新地标》一书就是在这样的背景下孕育出来的。顾名思义，“教育新地标”就是教育领域新崛起的、有希望的、有影响的、被社会认可和赞誉的新兴教育形式——继续教育。之所以被誉为新地标主要是因为继续教育对社会成员的职业规划和职业发展越来越重要，继续教育的施教范围越来越广，继续教育对提升生产力、提高生产者的价值和提高产品附加值越来越重要……

继续教育示范基地建设为继续教育的发展注入了新的活力和源源不断的动力，破解了许多继续教育面临的难题，是《教育新地标》的桩基。本书共分九章内容，系统地阐述了继续教育示范基地建设的理论和丰富的实践成果。第一章“继续教育深度发展之利器——示范基地建设”，以继续教育示范基地的基本理论阐述建设继续教育示范基地对于继续教育事业发展的重要作用。第二章“继续教育示范基地建设之保障——体制和机制”，通过对国内外继续教育示范基地管理体制和运行机制的介绍和对比分析，得出“基地要发展，制度需先行”的结论。第三章“继续教育示范基地建设之主体——继续教育培训”，围绕中外高校继续教育培训的机构设置、保障机制和项目管理流程等三方面分析国内外高校继续教育培训的建设问题。第四章“继续教育示范基地建设之相得益彰——校企合作”，通过对校企合作理论的系统介绍，对校企合作的现实状况和具体实践进行了阐述，并展望了校企合作继续教育的未来发展。第五章“继续教育示范基地建设之他山之石——行业企业、专业机构继续教育”，以行业企业、专业机构继续教育之石，攻高校继续教育示范基地之玉，为高校继续教育示范基地建设提供有益的经验和启示。第六章“继续教育示范基地建设之行为示范——经典案例”，选取国外继续教育示范基地和中国中部组五校四年来继续教育示范基地的经典案例，以期为基地将来的发展发挥示范和借鉴作用。第七章“继续教育示范基地建设之融合共进——学习‘立交桥’”，主要介绍华中科技大学继续教育通过深化教学改革，成功搭建了多类型继续教育学习“立交桥”，促进了继续教育示范基地的建设，拓展了继续教育示范基地的办学规模，增强了继续教育示范基地的面向行业企业的吸引力。第八章“继续教育示范基地建设之技术引领——云计算服务”，以华中科技大学为例，主要介绍在资源技术建设方面采用云计算服务的发展路线，并取得良好的办学效果。第九章“继续教育示范基地建设之空间无限——未来展望”，在充分讨论示范基地发展所面临的环境和困难的基础上，也明确预言示范基地未来发展拥有无限空间。

继续教育示范基地还是个新生事物，在《教育新地标》一书的编写过程中借用了不少国内外专家、学者的研究成果，在此深表感谢。由于对中国继续教育示范基地建设发展的研究尚处于起步阶段，本书中的观点难免存在偏颇之处，恳请各位专家、学者、同行、读者朋友带着对继续教育的关爱，不吝批评斧正，本人在此谨代表编委会对大家表示衷心的感谢。

张国安

于武汉华中科技大学

2015 年 7 月

扫一扫，了解杨叔子院士在"湖北省农村教师素质提高工程"首个教师、校长培训班做报告情况

扫一扫，了解潘垣院士在广西中青年专家创新创业培训班做专题报告情况

扫一扫，了解张勇传院士在湖北省高级专家创新能力高级研修班开展讲座情况

扫一扫，了解华中科技大学党委书记路钢到华中科技大学远程与继续教育学院检查工作情况

扫一扫，了解华中科技大学校长丁烈云一行到学校远程与继续教育学院调研情况

目录 Contents

第五章

继续教育示范基地建设之他山之石——行业企业、专业机构继续教育

第六章

继续教育示范基地建设之行为示范——经典案例

第七章

继续教育示范基地建设之融合共进——学习"立交桥"

第八章

继续教育示范基地建设之技术引领——云计算服务

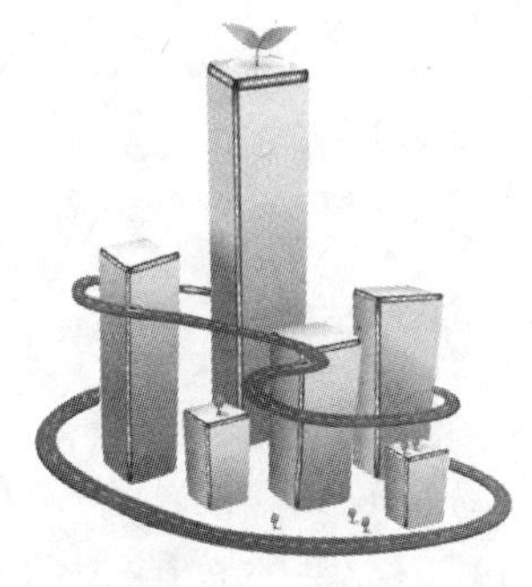

第一章 继续教育深度发展之利器——示范基地建设

基地是作为某种事业基础的地区或领域。① 本书所研究的基地指我国高等学校继续教育示范基地，它是继续教育体系的加固点、继续教育网络的节点。本章将从继续教育示范基地的涵义等相关概念入手，梳理建设继续教育示范基地对于现阶段中国继续教育事业发展的意义和必要性，并介绍中部组五校建设继续教育示范基地的基本情况。

① 中国社会科学院语言研究所词典编辑室.现代汉语词典[M].第6版.北京：商务印书馆，2013.

第一节　基地理论

一、认识教育基地[①]

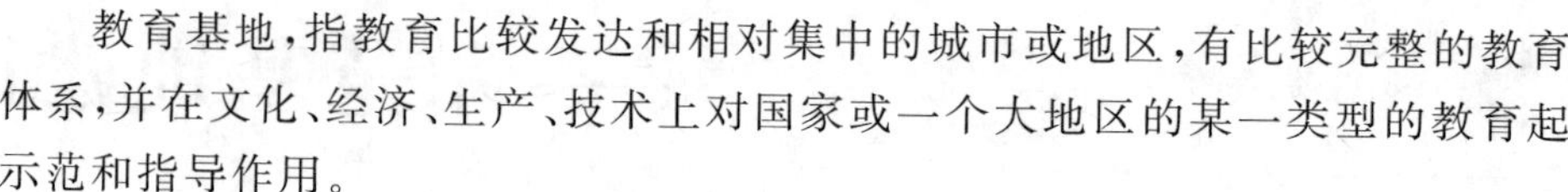

教育基地，指教育比较发达和相对集中的城市或地区，有比较完整的教育体系，并在文化、经济、生产、技术上对国家或一个大地区的某一类型的教育起示范和指导作用。

一个教育基地建设需依靠全国或有关地区财力、物力、人力的大力支援，建成后可充分发挥高度集中的科研能力和教学、技术优势，为其他地区提供科研成果、技术和经验，促进新开发地区和落后地区的经济与文化发展，会对一定地域范围内的教育起到示范和指导作用。教育基地范围可大可小，大的可以包括一个大经济区，如北京地区是个重要的教育基地；小的可以小到一个学校或学院，如华中科技大学远程与继续教育学院是国家级继续教育示范基地。教育基地一般是以一个或若干个大型骨干学术科目为基础逐步发展起来的，有的集中在一个地方，有的则分布在一个相当大的地域范围内的若干地方。

二、认识继续教育示范基地

（一）继续教育示范基地的涵义

在业界，继续教育示范基地目前还没有确切的定义，根据前文“教育基地”的涵义，我们可以这样理解继续教育示范基地：所谓继续教育示范基地，是指根据继续教育的目的、任务和要求，在一定地域或范围内利用比较完善的继续教育体系、集中相对优质的继续教育资源，采用科学的管理制度，组织、实施继续教育任务的办学实体，该实体通过自身的探索和总结，在一定程度上为继续教育的发展起到示范或指导的作用。

继续教育示范基地应当具备以下特点和条件：①较为清晰的发展规划，包括对自身一定阶段内发展的总结与自省，对下一个阶段发展的展望等；②较为明确的发展举措，包括初期的发展举措、重点项目（如教育培训）的发展规划和

① 百度百科. 教育基地[EB/OL]. http://baike.baidu.com/link?url=AxetWcWmRknGb7DihPzG7VgoPSjr18457H8UsAswLeFGFShe3kw-dnD4rGML8lUN8p_FIEUFddpsCUurxKXIhq.

举措、中远期发展举措、灵活的发展模式等；③较为完备的运行保障，包括基地运行的管理体制、管理机制、工作制度、工作流程等。

（二）继续教育示范基地的功能

继续教育示范基地都有其独特的、优质的继续教育资源，通过科学的利用、整合和开发，可以极大地满足人们进行继续教育的需求，有助于提高人们参与继续教育的积极性，并且可以促使继续教育行为常态化。继续教育示范基地作为国家发展继续教育事业的重要载体，有助于中国继续教育事业蓬勃发展，对促进中国终身教育发展意义重大，可以为中国人力资源的战略发展提供助力，对于建设学习型社会有着不容忽视的作用。

第一，良好的教育功能。继续教育示范基地的核心功能是良好的教育功能。示范基地拥有良好的人才资源、教学资源和人文环境资源，相较于其他继续教育载体来说，更有利于取得良好的教学效果，实现教育目标。

第二，示范引导作用。通过对继续教育示范基地的建设，不仅可以扩大示范基地的影响力和作用力，还可以带动整个继续教育事业的发展。示范基地的建设经验和建设成果可以更好地将继续教育的理念传播开来，对于今后继续教育工作的开展具有良好的推动作用。同时，示范基地的创新和探索也可以为其他继续教育办学单位的发展提供可参考和借鉴的资料，起到一定的示范和引领作用。

第三，促进区域多元化发展。继续教育示范基地遍布全国各地，其特色和发展重点也各不相同，在建设和发展的过程中，大家互相交流和借鉴，使得基地发展不仅仅局限于现有的发展模式和路线，更为互相的发展带来了新的指导理念，并且示范基地间的联盟和合作现象越来越多，这也有利于集中力量和资源来共同进步。

第四，有利于国际交流。随着全球化的不断推进和继续教育改革的不断深入，继续教育领域跨国界、跨文化、跨民族的交流和合作越来越广泛，我国继续教育的国际化进程也在不断加快。不少继续教育示范基地与国外高校和其他教育机构保持着合作关系，并且合作规模逐步扩大，示范基地的国际合作已经日益成为中国教育对外交流和合作的一种重要形式。

第五，制定标准和创新管理制度。通过示范基地的实践、总结和理论研究，制定继续教育示范基地的审核标准、评价标准、建设标准，制定更为科学的基地运行制度、管理制度、监督制度等，促成基地办学和服务体制、机制逐步完善，以此带动整个继续教育事业的规范化发展和制度化运行。

需要说明的一点是，国内外在继续教育示范基地的界定上并非完全一致。本书研究的对象主要是中国继续教育示范基地，即教育部批准的高等学校继续教育示范基地。国外继续教育发展如火如荼，但是并无继续教育示范基地的说法。不过，与中国继续教育示范基地具有同样特性、功能和目的的组织却是存在的。因此，为了行文方便，本书将这类组织统一界定为“国外继续教育示范基地”。在本书中，“国外继续教育示范基地”的类型主要有以下三种：以高校为基本载体的继续教育示范基地、以高校联盟为基本载体的继续教育示范基地和以 MOOC（慕课）平台为基本载体的继续教育示范基地。

三、继续教育示范基地建设的必要性

2011 年，教育部、财政部联合发布《关于批准“终身学习服务体系的建设与示范”系列项目的通知》（见图 1-1），批准了“终身学习服务体系的建设与示范”系列项目，包括“高等学校继续教育示范基地建设”、“终身学习公共服务平台模式研究及示范应用”、“高等学校继续教育课程学分标准及质量内涵和学分转移制度与机制的研究及应用”和“普通高等学校继续教育数字化学习资源开放服务模式的研究及应用”四类项目。其中，“高等学校继续教育示范基地建设”项目在“十二五”期间先期推动 50 所高等学校结合自身优势和特色与数十个行业领域联合建立继续教育示范基地，探索开放、灵活的继续教育办学体制与机制，在继续教育体系中发挥引领、示范和辐射作用。

随后，为了进一步推进终身学习服务体系的建设与示范项目实施，教育部办公厅发布了《关于启动“高等学校继续教育示范基地建设”项目的通知》（见图 1-2），明确了示范基地项目建设的背景、目标、内容和具体实施要求，这也意味着高等学校继续教育示范基地项目正式投入建设。

（一）继续教育示范基地建设是继续教育深度发展的必然趋势

自继续教育肇始，中国便将发展继续教育定位为高等院校、企业、行业协会的重要任务，要求各高校、企业、社区等充分利用有利条件和优势大力开展继续教育。例如，清华大学于 1985 年成立了继续教育学院，每年举办各类进修班、培训班，尤其是近年来举办的校长职业化研修班，在社会上引起了很大的反响，其全新的视野、体系和培训模式，前卫的校长培训理念，为中国教育观念的革新注入了新的内容，具有应对世界挑战的战略意义。[①] 然而，中国发展继续教育的时间并不算很长，实践经验也不算很多，这就需要一些条件和资源相对有优势的院校结合自身优势和特色与各行业领域联合建立继续教育示范基地，探索开放、灵活的继续教育办学体制与机制。这样可以在一定程度上少走弯路，少犯错误，从而带动整个继续教育事业的发展和壮大。

① 袁红．继续教育基地建设之我见[J]．黑龙江教育学院学报，2004(1)．

教　　育　　部
财　　政　　部

教高函〔2011〕6号

教育部　财政部关于批准“终身学习服务体系的建设与示范”系列项目的通知

部属有关高等学校、中央广播电视大学：

根据《教育部财政部关于实施高等学校本科教学质量与教学改革工程的意见》（教高〔2007〕1号），经研究，现批准“终身学习服务体系的建设与示范”系列项目，包括“高等学校继续教育示范基地建设”、“终身学习公共服务平台模式研究及示范应用”、“高等学校继续教育课程学分标准及质量内涵和学分转移制度与机制的研究及应用”和“普通高等学校继续教育数字化学习资源开放服务模式的研究及应用”四类项目，并将有关事宜通知如下：

一、“高等学校继续教育示范基地建设”项目。研究并实践高等学校继续教育基地的建设模式与机制、人才培养模式、远程开放办学与服务模式，引导不同层次类型的高等学校面向行业或区域分层分类开展继续教育。本项目由清华大学承担。

二、“终身学习公共服务平台模式研究及示范应用”项目。研

图 1-1　关于批准“终身学习服务体系的建设与示范”系列项目的通知

教 育 部 办 公 厅

教职成厅函〔2011〕37号

教育部办公厅关于启动“高等学校继续教育示范基地建设”项目的通知

有关省、自治区、直辖市教育厅(教委)，有关高等学校：

为贯彻落实全国教育工作会议精神和《国家中长期教育改革和发展规划纲要(2010-2020年)》提出“加快发展继续教育，建立健全继续教育体制机制”的战略部署，根据《教育部财政部关于批准“终身学习服务体系的建设与示范”系列项目的通知》(教高函〔2011〕6号)精神，积极推进终身学习服务体系的建设与示范项目实施，经研究，我部确定清华大学等50所高等学校为“继续教育示范基地建设”项目先期启动单位(见附件1)。现将有关事宜通知如下：

一、实施该项目是高等学校探索开放、灵活的继续教育办学体制与机制，加快发展继续教育，自觉参与推动学习型社会建设，适应全民学习、终身学习的时代需要，是不断增加服务经济社会发展

图 1-2　关于启动“高等学校继续教育示范基地建设”项目的通知

(二)继续教育示范基地建设是落实科教兴国战略的重要措施

人才队伍的培养和利用是国家竞争力的核心，而人才队伍的培养仅仅依靠普通高等教育等阶段性教育是不够的。在知识更新速度日益加快的今天，继续教育具有用灵活的教育形式传播新知识、实现知识更新、完善知识结构的优势，承担着全面提高全社会人员的总体素质，培养高水平、高层次人才和特殊领域人才的重要任务；它也是直接面向经济建设主战场、面向人才需求的办学机制，对促进中国加快转变经济增长方式，推动产业结构全面升级，实现科教兴国具有重要的意义。

(三)继续教育示范基地建设是建立规范化继续教育制度的重要保证

建立继续教育示范基地，一方面，加强基地与基地之间的纵向与横向的联系，形成一个布局合理、功能更趋完善的基地网格体系，各基地之间及时沟通项目开发和推进等方面的信息，并以资源整合为前提，尝试各校之间的继续教育资源共享，可逐步建立规范化继续教育制度。① 另一方面，各示范基地定期召开汇报交流会议，通报自己的建设成果、经费管理办法、师资队伍建设规划、教学工作管理办法以及下一步的发展规划等，在交流中互通有无，相互学习，使得自身的继续教育制度日趋规范化。

(四)继续教育示范基地建设是形成标准统一而又特色鲜明的继续教育体系的必然要求

各示范基地所在高校一直把服务国家经济社会发展战略作为基地建设的主线，积极推进研究和实践工作。面对经济结构调整、发展方式转型升级以及实现创新驱动的人才发展需求，围绕新常态下国家重大战略，示范基地所在高校组织开展了大量培训活动，为国家重大战略的实施提供了有力的人才支持和智力保障。继续教育示范基地的探索与实践，对整个继续教育体系的科学规划和发展具有里程碑式的意义，对探究继续教育人才培养的模式与机制等都具有重要的创新价值。通过示范基地所在高校的示范带头作用，社会对继续教育的发展战略、发展定位、发展理念等取得了广泛共识。

高校继续教育示范基地建设项目分为若干组，中部组包括华中科技大学、华南理工大学、湖北大学、中国矿业大学和中国海洋大学，其中华中科技大学为组长院校。下一节，我们将了解中部组五所高等学校继续教育的发展情况。“窥一斑而知全豹”，这有助于我们了解全国高等学校继续教育的发展现状，也可以为高等学校继续教育的转型和跨越提出指导性的建议。

---

① 袁红.继续教育基地建设之我见[J].黑龙江教育学院学报，2004(1).

第二节　华中科技大学继续教育示范基地建设概述[①]

一、华中科技大学概况

华中科技大学是国家教育部直属的全国重点大学，由原华中理工大学、原同济医科大学、原武汉城市建设学院和科技部干部管理学院于2000年5月26日合并组成，是一所涵盖理、工、医、文、管等多学科的综合性大学，也是目前国内水平一流的高等学府之一，并于首批列入国家“211工程”重点建设和国家“985工程”建设高校。

华中科技大学的继续教育始办于1956年，是我国开展继续教育较早的高校之一。1988年，经国家教委批准正式成立了华中理工大学成人教育学院。1998年，成立华中理工大学继续教育学院，并与成人教育学院合署办公。2000年5月，华中科技大学成立，华中科技大学成人教育学院和继续教育学院同时成立，统一管理华中科技大学成人高等教育、高等教育自学考试和大学后继续教育。2000年7月，经教育部批准开展现代远程教育试点，同年成立了网络教育学院。2005年7月，原继续教育学院、网络教育学院、同济医学院继续教育部合并成立远程与继续教育学院。

继续教育在华中科技大学走过的这五十多年里，该校紧随国家各个时期政治经济形势的发展变化，经历了创立、复苏、合并、整合的不平凡历程，在实践与探索中逐渐形成自己的办学特色和模式，到今天已形成规模、结构、质量、效益协调发展的良好态势，迈进了创新发展的新阶段。目前，远程与继续教育学院开办有网络教育、成人教育、高等职业技术教育、自学考试教育、中外合作办学，同时代表学校归口管理学校各类非学历教育。学院开设有60余个专业，在全国20余个省、市、自治区设立各类办学站点百余个，拥有各类在册学生6万余人，累计为国家培养毕业生20多万人，大学后继续教育培训5万余人。

---

① 本节内容选自华中科技大学继续教育示范基地建设项目的验收报告，略有改动。

二、继续教育示范基地建设项目完成基本情况(见表1-1)

表1-1 华中科技大学继续教育示范基地建设项目完成基本情况表

<table>
<tr><td>项目名称</td><td colspan="5">高等学校继续教育示范基地建设项目</td></tr>
<tr><td>批准时间</td><td>2011年9月</td><td>计划完成时间</td><td>2014年9月</td><td>实际完成时间</td><td>2014年9月</td></tr>
<tr><td>最终成果名称</td><td colspan="3">《适时转型 锐意创新 两翼齐飞战略助推继续教育深度发展——华中科技大学继续教育示范基地建设研究报告》</td><td>字数</td><td>35千字</td></tr>
<tr><td colspan="2">作者(含主要成员)</td><td colspan="4">张国安等参与项目建设成员</td></tr>
<tr><td>成果形态</td><td colspan="5">1.正式出版物(√) 2.书稿(打印件) 3.其他</td></tr>
<tr><td>出版单位</td><td>详见表中相关内容</td><td colspan="2">成果应用范围</td><td colspan="2">为同领域学校和专家提供借鉴和指导</td></tr>
<tr><td colspan="6">主要阶段性成果</td></tr>
</table>

序号	成果名称	成果形式	署名人	刊物年期、出版社和出版日期、使用单位
1	《适时转型 锐意创新 两翼齐飞战略助推继续教育深度发展——华中科技大学继续教育示范基地建设研究报告》	研究报告	张国安,等	华中科技大学
2	《论高等学校继续教育的转型》	论文	张国安	《继续教育》2013年第5期
3	《论教育与技术的融合》	论文	张国安	《中国成人教育》2013年第20期
4	《论继续教育的发展趋势》	论文	张国安	《中国成人教育》2014年第01期
5	《高校网络教育转学和学分互认制度的思考与对策》	论文	曾多运	《中国远程教育》2012年第10期
6	《对新形势下普通高校继续教育培训的思考》	论文	郑法钰,等	《继续教育》2012年第10期
7	《继续教育——多变环境中的给力者》	著作	张国安,等	华中科技大学出版社,2011年10月
8	《服务的力量》	著作	张国安,等	华中科技大学出版社,2013年12月

三、继续教育示范基地建设项目完成总体情况

本课题组根据总课题组的要求，结合我校的办学特色和实际，围绕华中科技大学继续教育示范基地的模式和机制、人才培养模式、继续教育开放办学和服务模式三个方面展开研究，认真收集和整理相关文献和资料，对典型案例进行调研，逐步推进，在实践中不断提高对项目建设的认识，确保项目按计划稳步开展与实施。

期间，完成了《适时转型　锐意创新　两翼齐飞战略助推继续教育深度发展——华中科技大学继续教育示范基地建设研究报告》，共计 3.5 万字。完成了 4 个示范性案例、4 个实践示范基地、9 个品牌培训项目、5 门国家级网络教育精品资源共享课，出版专著 2 本，在核心期刊上发表论文 5 篇。

(一)主要研究成果

1. 开展继续教育机制创新研究和实践

通过建设联合培训基地，推出了 4 个示范性案例，培育了 9 个品牌培训项目，4 个实践示范基地，凝练出华中科技大学继续教育品牌。

2. 推动继续教育人才培养模式创新研究

开展了搭建继续教育“立交桥”和学分互认制度的理论研究，建设了学校继续教育共享师资库，进行了全面深化教学改革和健全教学质量监督评估系统等实践。

3. 利用现代信息技术推动继续教育持续发展

探索教育与技术的融合，利用最新信息技术手段打造继续教育云服务平台。建设了基于 Web2.0 技术的以社交网络为基础、以学生为中心的 SNS(社会性网络服务)网络教育学习服务平台。开展移动学习应用实践，建设了一批 iBooks 精品课程。

4. 理论成果

出版专著 2 本，在核心期刊上发表论文 5 篇。

5. 项目所具有的创新性

(1)创新继续教育机制和模式，建立基地共建共享机制。实施交叉联动，实现资源共建共享；整合校内优质资源，明确非学历继续教育归口管理，依托学校专业优势，与专业院系共同建立培训中心；学院一年一个工作主线，一年一个发展主题，致力于打造华中科技大学继续教育品牌，打造以专业化服务为核心、以职业化队伍为支撑的管理模式，在日常实践工作中不断总结凝练出新思路，并加以完善，形成学院独特的办学理念和核心价值观。

(2)创新继续教育人才培养模式，设计人才培养“立交桥”。完成课程、资源、计划、模块的交叉融合，实现课程学习、教育培训、网络教育、成人教育、自学考试等多层次办学的互联互通互认；优化人才培养计划，大力推动课程体系改革，形成“通识”+“模块”的继续教育课程体系。

(3)创新继续教育开放办学服务模式。新思路，免费开放资源，普惠社会；新舞台，继续教育平台，空间巨大；新载体，APP，让继续教育无时不在、无处不在；新资源，内容丰富，学习者爱不释手；新手段，小学分，学习者个性发挥得淋漓尽致；新机制，有偿认证，深度教育，“一切皆有可能”。

(二)所取得的成绩

1. 创建了“华中大”教育培训品牌，搭建了完善的继续教育培训项目架构

在项目实施过程中，锻炼出一支专业化的服务团队，制定了规范的培训管理制度，形成了标准的教育培训流程。除本项目外，我校还是国家级专业技术人员继续教育培训基地、教育部网络教育从业者培训基地、全国重点建设职教师资培养培训基地、卫生部医疗美容咨询师培训资格专业培训基地，同时我们还培育了二十个校内教育培训中心，建立了三个校外教育培训中心。以此为基础，我校稳步推进湖北省农村中小学教师培训等项目的开展，积极探索在校学生培训、企业定制培训、校外站点合作培训等。

2. 全面深化教学改革，以学生为中心、为学生服务的理念深入继续教育管理各方面

探索以“课程体系建设”为核心的课程建设方式；多渠道引进各方优秀教师团队，建设共享师资库；改革教学评价监督机制，教学质量得到多方认可。在项目开展的三年时间里，学校年年被评为远程教育全国十佳。

3. 积极开展网络技术支持下的继续教育学习新模式研究，初步实现泛在学习

建设以学生为中心的SNS网络教育学习服务平台。借鉴游戏化学习的理念，引入游戏机制，建立学习积分，激发学生的学习积极性。建设终身教育服务体系，与湖北省人力资源与社会保障厅共建“湖北省专业技术人员继续教育网”，包括两大管理系统，三大支撑平台，四大库(底层支撑应用系统运行的学习者库、资源库、教师库、项目库)，致力于服务全省专业技术人员的知识更新、学历教育、职业资格认证等继续教育学习。大力建设精品课程，项目建设期间，“数字电路与逻辑设计”、“机械工程控制基础”、“电路理论”、“电子政务”、“计算机组成原理”五门课程成为国家级网络教育精品资源共享课。

(三)存在的主要问题

1. 非学历继续教育发展不够迅速

一方面,学校非学历继续教育起步较晚,缺乏对高校非学历继续教育的管理规定和法律法规以及与之相适应的支持政策;另一方面,高校自身事业单位的管理体制和运行机制制约了非学历继续教育的发展空间。

2. 远程教育实践环节难以实现

在现行的远程高等学历教育模式中,实践性环节的教学显得十分薄弱,不符合社会发展需要。目前,远程教育在实践教学方面还没有大的突破,大规模的实践基本缺席,部分学科的网上仿真实验仍处在探索阶段,还需要进一步提高认识,加大投入探索国内外的一些成功做法,结合自身实际,加强实践性环节的教学。

3. 网络教育资源建设与资源共享水平有待提高

网络教育课程需要从重视教学内容呈现转向重视教学设计。多数已开发的网络课程教学设计整体水平较低,忽视了学习环境的设计,不利于调动学习者的积极性,缺乏同步交互性。课程开发性价比也有待提高。高校间的资源共享程度也比较低。

四、继续教育示范基地建设项目最终成果摘要

(一)最终研究成果框架和基本内容

第一部分研究高等学校继续教育转型及对策。结合中国社会转型的大背景,对高等学校继续教育转型相关问题进行了研究,提出了中国高等学校继续教育转型的对策与措施,为示范基地的各项研究和实践提供了理论指导。下设四小节,包括高等学校继续教育转型的含义及其背景;高等学校继续教育转型的必要性、意义及作用;高等学校继续教育转型的主要内容;高等学校继续教育转型的对策与措施。

第二部分探究高等学校非学历继续教育面向行业、企业的实用模式。分析了高校非学历继续教育面临的挑战和机遇,结合本校非学历继续教育实践经验,开展非学历继续教育机制体制创新研究,凝练非学历教育品牌,打造校政校企培养培训基地。下设四小节,包括高校非学历继续教育面临的挑战和机遇;华中科技大学开展非学历继续教育的思考;华中科技大学非学历继续教育品牌的凝练;校政校企培养培训基地的打造。

第三部分研究高等学校学历继续教育人才培养模式的创新。针对学历继续教育现存的教学观念、实践环节、学习过程、资源建设等方面的主要问题，积极探索和研究学历继续教育人才培养创新模式，深化教学改革，完善质量保障体系，并开展高校网络教育转学和学分互认制度的研究和探讨。下设三小节，包括学历继续教育现存的主要问题；学历继续教育人才培养创新模式的实践；高校网络教育转学和学分互认制度的探讨。

第四部分研究高等学校继续教育借力现代信息技术赢得巨大发展空间。分析网络技术支持下的继续教育学习型模式并加以实践，在信息技术支持下，构建终身学习服务平台。下设三小节，包括利用云计算技术搭建继续教育资源共享服务平台；利用网络技术创新继续教育学习新模式；借力现代信息技术构建终身学习“立交桥”。

第五部分总结高等学校继续教育示范基地研究成果。在项目建设过程中，高等学校继续教育示范基地创新效果显著，示范作用明显，理论研究成果丰硕，社会影响力巨大。

第六部分对高等学校继续教育示范基地存在的问题进行总结，并进行展望。

（二）研究内容的前沿性和创新性

本课题组结合中国社会转型的大背景，对目前高等继续教育的热点议题——继续教育转型的相关问题进行了创新研究，提出了推动中国高校继续教育转型的切实可行的对策，具有一定的前瞻性和指导意义。课题组开展的非学历和学历继续教育机制体制创新研究、打造的校政校企培养培训基地、培植的精品培训项目、总结的具有推广价值的典型案例、建立的共享师资库和精品课程，以及全面深化教学改革、利用新技术实现泛在学习、构建终身教育“立交桥”等实践，均属于目前继续教育亟待解决和利用自身优势推进的关键性问题，具有一定的示范作用。

（三）学术价值、应用价值或社会影响

项目组出版的 2 本专著和发表的 5 篇核心期刊论文，直面目前高校继续教育发展的核心问题，对其他高校有一定的理论指导和借鉴作用。项目组开展的非学历和学历继续教育教学改革探索实践，对高等学校提高继续教育办学质量，提升继续教育办学声誉具有一定的启发作用。

扫一扫，了解华中科技大学继续教育示范基地建设
项目中部组验收会答辩情况

扫一扫，进入华中科技大学远程与继续教育学院平台

第三节 华南理工大学继续教育示范基地建设概述①

一、华南理工大学概况

华南理工大学是直属教育部的全国重点大学，原名华南工学院，组建于1952年全国高等学校院系调整时期，是以当时的中山大学工学院、华南联合大学理工学院、岭南大学理工学院工科系、广东工业专科学校为基础，调入湖南大学、武昌中华大学、武汉交通学院、南昌大学、广西大学等5所院校部分工科系及专业组建而成，1988年改为现名。华南理工大学是首批国家"211工程"、"985工程"重点建设院校之一，入选"千人计划"、"111计划"和"卓越工程师教育培养计划"、"卓越法律人才教育培养计划"，也是"建筑老八校"之一，是"卓越大学联盟"、"中俄工科大学联盟"、"中欧工程教育平台"主要成员。

华南理工大学继续教育学院是承担华南理工大学成人高等教育、现代远程教育、高等教育自学考试、非学历继续教育管理和教学工作的单位，是华南理工大学成人高等教育教学指导委员会、华南理工大学非学历继续教育办学管理委员会和华南理工大学自学考试委员会的日常办事机构。

华南理工大学成人高等教育起步较早。1956年经国家教育部批准，开办函授教育及夜大教育，1987年12月，经国家教委批准成立成人教育学院(2001年更名为继续教育学院)。1999年，成立公开学院。2000年，成立网络教育学院，学校被教育部批准为首批全面实施现代远程教育试点的重点高校之一。2008年1月，继续教育学院、网络教育学院和公开学院合署组成新继续教育学院。经过多年的实践和探索，华南理工大学继续教育形成了完善、高效的教学管理与质量保障体系，灵活多样的联合办学新模式，充满活力的独特办学团队和集成人高等教育、现代远程教育、高等教育自学考试和非学历继续教育于一体的立体化继续教育体系，逐步构建了适应社会变革、结合现代技术、独具学校特色的终身教育体系。

目前，成人高等教育已开设12大类70余个特色优势专业，分高中起点达专科、专科起点达本科两个层次，在校生规模达到14000余人，被誉为"工程师的摇篮"、"知识与技术创新的基地"和"南方工科大学的一面旗帜"。

华南理工大学继续教育学院充分发挥学科优势、师资优势和重点大学品牌优势，设立国际教育培训部、IT项目培训部、管理干部培训部和职业技能培

---

① 本节内容选自华南理工大学国家继续教育示范基地建设的研究报告，略有改动。

训部，面向国内外地方政府和企业行业开展各类型、各层次的非学历教育培训，先后为河南、贵州、广东等地举办党政干部培训班，与相关公司企业共同举办管理人员培训班和高级职业经理人研修班，开展多形式的资格认证培训与考试、技能型人才专业技术培训。目前，国家设备监理师培训考试中心、测量控制与仪器仪表工程师资格认证申报培训考试中心、全国营养师培训基地、中国陶瓷行业职业技能培训基地、广东省专业技术人员培训基地、郑州市党政干部培训基地以及全国英语等级考试考点等设在学院。

二、继续教育示范基地建设项目完成基本情况(见表 1-2)

表 1-2　华南理工大学继续教育示范基地建设项目完成基本情况表

项目名称	华南理工大学国家继续教育示范基地研究与实践				
批准时间	2010 年 6 月	计划完成时间	2013 年 12 月	实际完成时间	2013 年 6 月
最终成果名称	《华南理工大学国家继续教育示范基地建设研究报告》			字数	10 千字
作者(含主要成员)	邱学青、刘芳、罗毅、张锅红、张坚雄、孙树民、王全迪、林文岳，等				
成果形态	1. 正式出版物(√)　2. 书稿(打印件)　3. 其他(√)				
出版单位	详见表中相关内容		成果应用范围	华南理工大学继续教育	
主要阶段性成果					

序号	成果名称	成果形式	署名人	刊物年期、出版社和出版日期、使用单位
1	《岁月如歌——华南理工大学继续教育改革与发展研究成果》	著作	罗　毅 张锅红	华南理工大学出版社，2012 年 8 月
2	《辉煌继教——华南理工大学继续教育改革与发展研究成果》	著作	罗　毅 张锅红	华南理工大学出版社，2012 年 8 月
3	《成人教育新型教学模式的探索》	论文	甄艳玲 尚琳琳	《高教探索》2010 年第 5 期
4	《中国业余青年学生管理工作模式研究——基于华南理工大学的实践与探索》	论文	蒋开球	《中国青年研究》2011 年第 11 期

续表

序号	成果名称	成果形式	署名人	刊物年期、出版社和出版日期、使用单位
5	《国家继续教育示范基地研究和实践探索》	论文	尚琳琳 蒋开球	《成人教育》2012 年第 5 期
6	《高水平大学建设背景下研究型大学成人高等教育问题研究——以华南理工大学为例》	论文	蒋开球	《教育理论与实践》2012 年第 12 期
7	《高等学校继续教育教学中存在的问题及其成因分析》	论文	施旭英 周冬梅	《继续教育研究》2013 年第 5 期
8	《协同创新理念下高校各类继续教育间的相互融通与衔接——基于华南理工大学的实践与探索》	论文	胡侠 王玉龙	《中国成人教育》2014 年第 1 期
9	《综合改革：高校协同创新的实现路径探讨——基于华南理工大学的实践与探索》	论文	蒋开球	《科技管理研究》2014 年第 4 期
10	《督导评估在继续教育质量建设中的实践与思考》	论文	刘婷	《华南理工大学学报(社科版)》2014 年第 6 期

三、继续教育示范基地建设项目完成总体情况

(一)主要研究成果

发表论文《国家继续教育示范基地研究和实践探索》，指出华南理工大学国家继续教育示范基地项目开展的特色与创新之处——项目融入国家中长期教育改革和发展规划；整合教育资源，全方位、开放性地推进项目研究与实践；顺应信息化潮流，项目资源凸显数字化。

发表论文《协同创新理念下高校各类继续教育间的相互融通与衔接——基于华南理工大学的实践与探索》《综合改革：高校协同创新的实现路径探讨——基于华南理工大学的实践与探索》，详细阐述了华南理工大学国家继续教育示范基地建设的主要内容——高度重视、科学规划，从体制机制上推进继续教育示范基地建设；融通各类办学形式，构建继续教育“立交桥”，创新继续教育发展模式；积极面向社会、行业、企业办学，“量身定做”、“送教上门”，主动服务地方经济建设；构建立体化、数字化继续教育“学习港”，完善远程培训服务模式与机制，拓展办学与服务空间。

发表论文《中国业余青年学生管理工作模式研究——基于华南理工大学的实践与探索》，指出中国业余青年学生是数量庞大的特殊社会群体。他们承担着重要的社会角色，思想和经济尚未完全独立，期待能够像全日制学生一样得到母校的认同。他们一方面面临新技术革命和中国和平崛起带来的良机，另一方面又面临严峻的就业形势，职业不稳定因素在增加，承受的各种社会压力也在加大。为此，学校积极转变观念，调整定位，由管理学生转变为服务学生，逐步探索出“一二三四五”业余青年学生管理工作新模式。

(二)所取得的成绩

改革试点实施以来，学校紧抓机遇，坚持研究与应用并重，以质量和品牌建设为核心，发挥其引领作用，积极推进继续教育办学体制机制的改革创新。同时，通过“985 工程”专项资金加大对该项目的支持力度，整合基地建设的各类资源，对项目进行统筹规划、全面部署和实施。以制度建设为抓手，完善继续教育体制机制建设，以整合融通各类形式继续教育为重点，积极推动继续教育办学模式与人才培养模式创新，主动服务地方经济建设，构建了独具特色的继续教育体系。

(1)整合了网络教育、成人教育和自学考试三种学历教育优势，创新学历教育人才培养模式。开展了“面授＋网络”教学模式的试验改革。

(2)构建了继续教育“立交桥”，实现各类继续教育纵向衔接、横向沟通。建立了一套有效的教学质量保障体系，确保了基地人才培养质量。

(3)形成了“走出去、请进来”的办学策略。“走出去”，即送教上门，构建“以企业需求为导向、以学科知识为基础、以实践能力为核心”的定制式应用型人才培养模式，实施与行业企业联合办学的创新实践。“请进来”，即实行校园文化之旅，依托校园文化资源，积极开展校园文化之旅，面向成人业余学生开展了一系列富有特色、卓有成效的精品文化活动探索和实践。

(4)构建了立体化、数字化继续教育“学习港”，实现了教学资源共享最大化。扩大了继续教育的受众面，适应了全民学习的时代需要，增强了服务经济社会发展的能力。

(三)存在的主要问题

1. 培训规模有待扩大

与部分同层次高校相比还存在一定差距，非学历继续教育的发展规模与我校作为南方名校的地位还不相符，有待进一步做大做强。

2. 培训领域有待拓展

作为以理工科为主的综合性研究型大学，结合我校专业发展优势，有必要

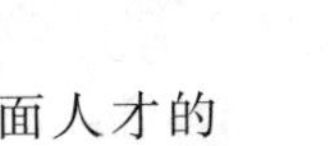

进一步扩大培训领域，以适应广东省作为改革开放前沿阵地对多方面人才的紧急需求。

3. 主动适应市场的能力需要加强

市场机制运作尚不够灵活，我校非学历继续教育所拥有的市场份额有限，拓展的深度和广度有待扩大。对市场需求的调研能力、招生渠道及市场开拓能力、培训项目的策划设计和开发能力等方面都有待进一步加强和提高。与行业、政府密切结合的长期项目少，与职业资格证书相关的培训项目少，社会影响大的项目少，缺少可持续发展的培训项目，与创建国内知名的教育培训品牌的目标尚有一定距离。

四、继续教育示范基地建设项目最终成果摘要

(一)最终研究成果框架和基本内容

第一部分为国家继续教育示范基地项目研究的背景、意义；第二部分为示范基地项目建设的主要内容；第三部分为示范基地项目建设成果的创新之处；第四部分为示范基地项目成果的推广应用成效。

1. 高度重视，科学规划，创新体制机制，推进示范基地建设

我校高度重视，举全校之力，推进基地建设工作。坚持以制度促办学规范，以制度促发展。学校在继续教育办学过程中，不断推进制度建设与机制创新，目前已构建了多层次、多类型、开放式的继续教育制度体系，建立规范办学和质量保障的长效机制。

为营造良好的发展环境，不断完善创新管理机制，建立继续教育办学机构的准入机制、淘汰机制、考核机制以及办学奖励机制；实施全校继续教育办学机构统一审批、管理、督导和培训证书管理与发放制度；实行薪酬与绩效挂钩的人力资源管理机制、项目负责制、目标责任制；建立机构合作办学的协调机制。

为实施质量提升战略，构建全方位的教学质量保障体系，建立目标管理体系、组织管理体系、规章制度与教学文件管理体系、教学质量监控体系、教学质量评估与反馈体系等质量保障体系，实行办学机构年报与评估制度、教学信息反馈制度、教学督导制度、教学检查制度、网上学习与教学评价制度、培训后跟踪评估制度、常规性教学评估制度。

2. 融通各类办学形式，构建继续教育"立交桥"，创新继续教育发展模式

我校网络教育、成人教育、自学考试合署办公，通过融通继续教育的人才培养目标、教学要求、课程特点、考核评价等因素，整合各类资源，建立了教学主体评价、教学对象评价、教学内容评价、教学手段评价等多套评价体系，以构

建继续教育融通机制。融合网络教育、成人教育，创新继续教育教学模式，有机整合网络教育和成人教育各自优势，结合课程特点、教学资源和成人学习特性，优化组合课堂面授教学和网络课件教学，实施“面授＋网络”教学模式试验改革，满足不同教学需要，提高教学效果。

借助远程助学手段，促进高等教育自学考试与高职高专相沟通，既发挥了我校较强的理论教学和品牌优势，又利用了高职高专院校设备、师资、实验实习环节等各方面的优越条件，资源共享、优势互补。依托远程教育平台和资源，构建集学员在线学习、教师网上辅导、学校教务学籍管理三位一体的服务体系。目前，我校已成为广东省“高等教育自学考试综合改革试点单位和助学辅导示范基地”。

3. 积极面向社会、行业、企业办学，“量身定做”、“送教上门”，主动服务地方经济建设

发挥学校品牌、学科、师资优势，适应地方、行业和企业需求，探索和开拓了多层次、多类型的继续教育培训，通过产学研对接，以高校、政府、企业、行业互动与合作的方式，打造多个培训基地。目前，已成为“广东省专业技术人员继续教育培训基地”、“广东省中小企业人才培养基地”、“职业技能人才培养基地”等。作为华南地区首家国家级“华南理工大学国家知识产权培训（广东）基地”，培训人数已超过 4000 人。

积极建设有特色、有影响、有效益的精品项目，根据广东省经济、社会发展需要，为满足学员知识更新、素质能力提升的需求，学校主动面向行业、企业开展继续教育办学与服务。通过校企合作方式，启动 ERP（企业资源规划）工程师认证培训等项目，并积极将培训项目推广带到终端。与此同时，致力于打造行业培训平台，联合广东省团委，面向我省青年网商（网企）开展电商精英培训，促进我省网商整体运营水平的提升。

目前我校行业企业直属班的办学模式已涉及机械、土建、电力、电子、化学、化工、食品、纺织、汽车、旅游、酒店管理等多个领域。

4. 规范管理、提高质量，积极开展“第三方”督查、以评促管、以评促发展

我校继续教育在监管方式上，积极探索“第三方”督查、以评促管，规范管理、提高质量，制订各类继续教育办学形式设立及评估指标体系，在站点设立时严格参照体系进行考核。评估监督工作由独立于学院其他部门的评估督导办公室执行。

我校继续教育在加强日常管理的基础上，定期对办学质量进行评估，从思想上重视继续教育质量，从制度上保障继续教育质量评估，从机构上履行继续教育质量评估，逐步形成评估工作的长效机制。做好国家、省厅对网络教育质量的有关文件精神的传递工作，做好校外学习中心质量评估的规划、组织、协

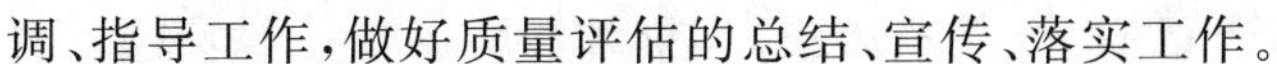

调、指导工作，做好质量评估的总结、宣传、落实工作。

(二)研究内容的前沿性和创新性

(1)整合网络教育和成人教育优势，创新网络教育、成人教育教学模式，实施“面授＋网络”教学模式的试验改革。

(2)构建继续教育“立交桥”，实现各类继续教育纵向衔接、横向沟通，促进继续教育发展模式和服务模式创新，并建立一套有效的教学质量保障体系，确保基地人才培养质量。

(3)构建“以企业需求为导向、以学科知识为基础、以实践能力为核心”的定制式人才培养模式，实施行业企业直属班的创新实践。

(4)创建了“校园文化之旅”模式，宣传校园文化，传承大学精神，面向成人业余学生开展校园文化建设的探索与实践。

(5)积极开展“第三方”督查、以评促管、以评促发展，对继续教育规范管理、提高质量。

(三)学术价值、应用价值或社会影响

围绕国家继续教育示范基地建设而取得的一些成果也辐射到国内兄弟院校。据不完全统计，近两年来到我校交流和参观、考察的高校多达 20 余所，同时还多次就相关教学研究成果在广东省成人教育协会组织的继续教育会议和全国性的继续教育会议上进行交流。

第四节 湖北大学继续教育示范基地建设概述①

一、湖北大学概况

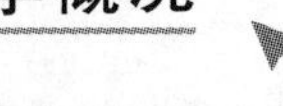

湖北大学是湖北省人民政府与教育部共建高校、湖北省属重点综合性大学、国家“中西部高校基础能力建设工程”高校、教育部本科教学水平评估优秀高校。

① 本节内容选自湖北大学高等学校继续教育示范基地的验收研究报告，略有改动。

湖北大学举办继续教育已有55年的历史，其继续教育工作认真贯彻落实各时期党和各级政府、主管部门对继续教育建设和发展的方针、政策和规定，充分发挥本校的学科优势和专业特色，紧扣国家、湖北省和武汉市经济建设和社会发展需要，根据区域、行业或企业的实际需求，不断创新继续教育服务的新机制、新方法，建立健全各项继续教育管理制度，稳定发展已有的学历继续教育，大力发展非学历继续教育，努力实现转型发展，逐步形成了目前成人高等教育、高等教育自学考试和非学历继续教育培训等多种继续教育办学形式协调发展新格局。

成人高等教育开设高中起点专科、专科起点本科两种学历层次，开设函授、业余两种学习形式，开办46个本科专业和21个专科专业，在籍学生1.2万余人，累计培养成人高等学历教育本、专科毕业生10万余人。

高等教育自学考试于1998年和2004年分别成为湖北省率先举办高等教育自学考试主考学校全日制助学班和高等教育自学考试本科衔接教育的主考院校之一，于2005年被批准成为全省第一所网上评卷主考院校，于2011年被批准成为全省首家进行自学考试“网络注册学习”试点工作的主考院校，于2013年被湖北省教育考试院发文批准设立“湖北省高等教育自学考试学习服务中心”。目前，在籍自学考试学生(不含长线考生)近万人。

非学历继续教育实现了以基础教育师资培训、高等教育师资培训为主的单一培训到教育、税务、旅游、银行、农村扶贫等多层次、多种类培训项目的重大转变，近5年累计培训人数达5万余人次。

二、继续教育示范基地建设项目完成基本情况(见表1-3)

表1-3 湖北大学继续教育示范基地建设项目完成基本情况表

项目名称	高等学校继续教育示范基地建设项目				
批准时间	2011年9月	计划完成时间	2013年9月	实际完成时间	2013年9月
最终成果名称	《湖北大学高等学校继续教育示范基地结项验收研究报告》及公开出版系列研究论文			字数	100千字
作者(含主要成员)		杨鲜兰等参与项目建设成员			
成果形态	1.正式出版物(√) 2.书稿(打印件) 3.其他(√)				
出版单位	详见表中相关内容	成果应用范围	为该领域的科研人员提供参考，为同类学校及同行提供继续教育服务社会的借鉴和指导		

续表

<table>
<tr><th colspan="5">主要阶段性成果</th></tr>
<tr><th>序号</th><th>成果名称</th><th>成果形式</th><th>署名人</th><th>刊物年期、出版社和出版日期、使用单位</th></tr>
<tr><td>1</td><td>《湖北大学高等学校继续教育示范基地结项验收研究报告》</td><td>研究报告</td><td>杨鲜兰
谢　鉴
袁建军
邓　辉</td><td>湖北大学</td></tr>
<tr><td>2</td><td>《彰显高校基地特色优势，服务社区教育文化建设研究》</td><td>论文</td><td>谢　鉴
翟细春</td><td>《当代继续教育》2013 年第 1 期</td></tr>
<tr><td>3</td><td>《整合资源搭建服务平台　助推继续教育转型升级》</td><td>论文</td><td>袁建军</td><td>《湖北大学成人教育学院学报》2012 年第 5 期</td></tr>
<tr><td>4</td><td>《成人高等学历教育“专业课程设置模式改革”的思考和探索》</td><td>论文</td><td>彭　清
林　咏</td><td>《当代继续教育》2013 年第 3 期</td></tr>
<tr><td>5</td><td>《借力高校优质教育资源　发挥基地服务社区职能》</td><td>论文</td><td>张海平</td><td>《湖北大学成人教育学院学报》2012 年第 5 期</td></tr>
<tr><td>6</td><td>《我国社区学院的办学现状及办学模式探析》</td><td>论文</td><td>桂　菁</td><td>《当代继续教育》2013 年第 3 期</td></tr>
<tr><td>7</td><td>《建设校地合作联合基地构筑融入社区发展的新平台》</td><td>研究报告</td><td rowspan="2">袁建军</td><td rowspan="2">湖北大学</td></tr>
<tr><td>8</td><td>《依托“双基地”联盟　推动继续教育转型发展的探索》</td><td>研究报告</td></tr>
<tr><td>9</td><td>《整合高校优质教育资源，发挥基地服务社会职能——湖北大学与中共武昌区委共建“读书之城”》</td><td>研究报告</td><td rowspan="2">张海平</td><td rowspan="2">湖北大学</td></tr>
<tr><td>10</td><td>《校街联手共谋社区教育，里外同力齐促基地建设——湖北大学社区教育学院项目正式启动》</td><td>研究报告</td></tr>
</table>

三、继续教育示范基地建设项目完成总体情况

(一)主要研究成果

1. 紧扣质量推进人才培养

继续教育人才培养模式和评价机制的研究视域立足于学历教育的专业改造和课程改革,从试点专业入手,探索了成人高等教育从传统学科型的专业课程设置模式向以专业主干课程为主体的应用型课程设置模式转型,试点专业课程平台的搭建充分体现了职业教育和继续教育人才培养的特色。高等教育自学考试积极探索高教自学考试创新型人才培养模式。在课程设置、教学方式、考核评价诸方面进行了系列改革,充分体现了对"应用型、职业型"人才培养的社会需求。学习成果互认的探索是继续教育在学分银行建设、搭建终身学习"立交桥"领域的重要的阶段性研究成果。

2. 依托转型开创"湖大模式"

"湖大模式"开创继续教育服务社区之先河。组建项目管理柔性组织,加强对基地项目建设的领导和统筹规划;构筑"1+2"直通车阵地建设模式,夯实继续教育服务社会基石;探寻政校"共驻共建"多边合作路径,打造服务社会精神高地;组建成立了全国高校首个以大学命名并驻扎社区的教育学院,为示范基地的建设提供了可示范、可推广、可宣传的创新性成果。

3. 立足传统塑建品牌项目

彰显学校优势和特色的非学历继续教育培训项目得到了巩固和加强,新拓展的培训项目紧密围绕湖北省区域社会和经济发展,凸显其自身的特色和亮点,传统培训项目品牌塑建工程为转型发展注入了新的活力。"头雁行动""五点合一"的项目研发和实施创新模式、"国培计划"独特的"问题推进模式"提升了培训项目质量,水库移民项目的课程模块为示范基地提供了品牌塑建的丰富的养料,具有一定的推广价值。

(二)所取得的成绩

1. 成人高等学历教育专业课程设置模式的试点改革

强化了实践应用能力和职业技能的培养内容,增强了课程设置的针对性、实用性和灵活性,逐步形成了充分体现职业技能和继续教育特点的人才培养模式。

2. 高等教育自学考试专业和课程体系的初步调整方案初见成效

在人才培养模式的探索上已取得一定程度的成果,有的已由学校正式发文颁布实施,有的得到了上级主管部门的批复和推广,部分成果已在《当代继

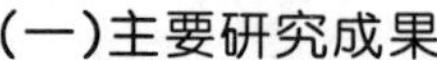

续教育》杂志上刊发。

3. 开创了继续教育服务社会的独特模式

该模式被称为“湖大模式”，其主要内涵如前文所述。

4. 塑建多个非学历教育品牌

塑建了多个非学历教育品牌，如“头雁行动”“五点合一”的项目研发和实施创新模式、“国培计划”独特的“问题推进模式”、水库移民项目的课程设置模块应用等。

（三）存在的主要问题

1.“转型”急切呼唤体制的配套改革

质量始终是人才培养的生命线，“立交桥”的搭建、学习成果的互认和衔接以及学分银行的建立受制于主管部门的政策引领，加强区域性教育合作、建立终身学习“立交桥”需要开放的环境，需要摆脱政策壁垒的制约，这不仅是高校的责任，也是政府的职能。

2.“发展”急需树立开放的视域

学校不同，情况各异，但继续教育如何发展所面临的共性问题和制约的瓶颈因素则大同小异。发展学历教育的惯性思维模式仍然深刻地影响着我们的决策和执行，继续教育的发展急需树立新的观念，用更为开放的视域去审视继续教育的社会价值，让转型减负前行。

3.“创新”亟待引入市场机制

非学历继续教育的覆盖面和成熟度是转型发展的风向标，也是继续教育服务社会终极价值的重要体现，用行政决策代替市场对资源的配置，用传统的手段切入培训需求市场的做法已经成为转型发展的严重阻碍，发展非学历继续教育亟待从运行机制、队伍建设、制度创新上寻求突破，亟待引入市场机制。

四、继续教育示范基地建设项目最终成果摘要

（一）最终研究成果框架和基本内容

我校承担的高等学校继续教育示范基地建设项目主要目标由三个部分组成。一是我校继续教育人才培养模式的改革和创新要实现阶段性的突破；二是我校与政府机关、街道、社区开展的继续教育合作要取得实质性的进展；三是通过建立继续教育联合培训基地提升特色精品培训项目和精品培训课程的社会关注度和学员的认可度。

（二）研究内容的前沿性和创新性

研究内容的前沿性和创新性主要体现在：在国家倡导全民学习、终身学习

的学习型社会的大背景下，结合学校的实际探索出了一条高等学校继续教育如何服务社区、服务当地经济建设和社会发展的新路子，"湖大模式"既是教育实践活动的总结，也是对继续教育转型发展所进行的理论探索。

（三）学术价值、应用价值或社会影响

1."湖大模式"开创了继续教育服务社区之先河

"湖大模式"是地方综合性院校服务区域社会经济发展、融入社区建设的理论和实践探索。

2."四大平台"奠定了继续教育示范建设的基石

"四大平台"整合校内外资源，激发示范基地平台活力，凸显基地建设示范效应的模式探索。"四大平台"所包含的资源类型、整合的范式、平台结构和作用效应为示范基地后续延展计划的实施夯实了基础，蕴含巨大潜力，增强了后劲。

3."一体两翼，协调发展"丰富了转型发展的内涵

基于同质、同构和同类学校如何立足现实、正视自身转型发展的基础和条件，"一体两翼，协调发展"所包含的立足于顶层设计而确立的非学历继续教育发展战略转型思路具有实践探索上的借鉴。

4."专业试点改革"彰显了辐射区域教育的效应

继续教育人才培养模式和评价机制的研究视域立足于学历教育的专业改造和课程改革。

第五节　中国矿业大学继续教育示范基地建设概述[①]

一、中国矿业大学概况

中国矿业大学是教育部直属的全国重点大学，是国家"211 工程"和"985工程优势学科创新平台项目"重点建设高校，是教育部与江苏省人民政府、国家安全生产监督管理总局共建的高校。经过一百多年的发展，学校已经形成

① 本节内容选自中国矿业大学继续教育示范基地建设的结项研究报告，略有改动。

了以工科为主、以矿业为特色，理工文管法经教育等多学科协调发展的学科专业体系。

中国矿业大学成人教育学院始终坚持育人为本、德育为先的办学理念，依托学校雄厚的师资力量和完备的办学设施，为满足社会各类人员对高等教育的迫切需求，学校开设了成人高等学历教育（业余、函授和网络远程继续教育）及自学考试助学专业（特色自考），形成了多层次、多形式、多渠道的办学体系。目前，成人教育学院有学历教育在籍学生16000多人，为社会培养了各类人才10万多人，尤其是近几届的毕业生更是誉满社会，深受用人单位的欢迎。

二、继续教育示范基地建设项目完成基本情况（见表1-4）

表1-4　中国矿业大学继续教育示范基地建设项目完成基本情况表

<table>
<tr><td>项目名称</td><td colspan="5">高等学校继续教育示范基地建设项目</td></tr>
<tr><td>批准时间</td><td>2011年5月</td><td>计划完成时间</td><td>2013年8月</td><td>实际完成时间</td><td>2013年10月</td></tr>
<tr><td>最终成果名称</td><td colspan="3">《面向国家重点行业、重点企业的高校继续教育体制、机制建设及人才培养模式创新》</td><td>字数</td><td>25千字</td></tr>
<tr><td colspan="2">作者（含主要成员）</td><td colspan="4">周智仁、马捷、范炳恒、栗秀文、唐国华、任志宏、姚刚、陈兴祥</td></tr>
<tr><td>成果形态</td><td colspan="5">1.正式出版物（√）　2.书稿（打印件）　3.其他（√）</td></tr>
<tr><td>出版单位</td><td>详见表中相关内容</td><td>成果应用范围</td><td colspan="3">煤炭行业</td></tr>
<tr><td colspan="6">主要阶段性成果</td></tr>
<tr><td>序号</td><td>成果名称</td><td>成果形式</td><td>署名人</td><td colspan="2">刊物年期、出版社和出版日期、使用单位</td></tr>
<tr><td>1</td><td>《面向国家重点行业、重点企业的高校继续教育体制、机制建设研究》</td><td>论文</td><td>周智仁
范炳恒
马　捷</td><td colspan="2">《成人教育》2013年5期</td></tr>
<tr><td>2</td><td>《煤炭主体特色专业建设及人才培养模式创新》</td><td>论文</td><td>马　捷
范炳恒
周智仁</td><td colspan="2">《成人教育》2013年8期</td></tr>
</table>

续表

序号	成果名称	成果形式	署名人	刊物年期、出版社和出版日期、使用单位
3	《教育信息化助推煤炭行业高校成人教育转型发展》	论文	姚　刚 马　捷	《成人教育》2013 年 7 期
4	《发挥行业高校继续教育优势培养行业紧缺人才》	论文	周智仁 马　捷 范炳恒 栗秀文	《继续教育》2014 年 3 期
5	《中煤集团乌金蓝领精英培训班实践报告》	论文	张国秀 张　锋 王梦华 向开满 徐树君 黎克银	《调查研究(中煤集体内部材料)》2014 年 7 期
6	创新煤炭主体专业人才培养模式,打造乌金蓝领精英	案例	周智仁 马　捷 范炳恒 栗秀文	中国矿业大学
7	全国行业第一网,网出安全,网出人才,网铸未来	案例	周智仁 马　捷 范炳恒 栗秀文	中国矿业大学
8	煤炭行业主体专业“订单式”人才培养典型案例	案例	周智仁 马　捷 范炳恒 栗秀文	中国矿业大学
9	全国煤矿总工程师安全培训工程典型案例材料	案例	周智仁 马　捷 范炳恒 栗秀文	中国矿业大学

续表

序号	成果名称	成果形式	署名人	刊物年期、出版社和出版日期、使用单位
10	校企融合互动　联手共建继续教育基地　使百年老企业焕发新的生机与活力	基地建设实例	周智仁 唐国华 范炳恒 姚　刚	中国矿业大学
11	校企合作共建企业继续教育基地，培养技能型、应用型人才的实践	基地建设实例	周智仁 马　捷 范炳恒 栗秀文	中国矿业大学
12	《面向国家重点行业、重点企业的高校继续教育体制、机制建设与人才培养模式创新》	研究报告	周智仁 马　捷 范炳恒 栗秀文 唐国华 任志宏 姚　刚 陈兴祥	中国矿业大学

三、继续教育示范基地建设项目完成总体情况

(一)主要研究成果

2011年6月—12月，对已有的材料进行总结，形成“订单式”人才培养、煤矿总工程师安全培训两个案例材料上报。“订单式”人才培养在煤炭企业得到普遍认可，已经成为行业高校为煤炭企业培养主体专业紧缺人才的主渠道。

2012年1月—4月，对继续教育“三位一体”的新体制及“会员制”运行机制进行总结、提炼，形成“面向国家重点行业、企业的高校继续教育体制、机制建设研究”论文，在《成人教育》杂志上发表；同时做好基地建设阶段性总结材料并上报。

2012年4月—2013年8月，在创建煤炭企业继续教育基地的同时，创新了在基地实施的“技、工、学”人才培养模式。

2012年5月—12月，初步形成行业继续教育体制、机制建设及人才培养模式创新的方案及文字材料，提炼归纳形成基地建设中期总结。

2012 年 10 月，教育部召开的“高等学校继续教育改革发展研讨会”上，作为高等学校继续教育示范基地建设高校的代表作了典型发言。

2013 年 1 月—6 月，继续实践三种人才培养模式；撰写《教育信息化助推煤炭行业高校成人教育转型发展》《煤炭主体特色专业建设及人才培养模式创新》两篇论文，在《成人教育》杂志发表；探索并实践不同模式间的学分积累、认证及转换，初步实现煤炭行业非学历继续教育与学历继续教育之间的转换及认证。

2013 年 7 月—12 月，构建结题报告的框架，经过讨论、撰写、专家评定、修改等环节，形成最终的两个案例材料、两个企业继续教育基地建设经验材料和一份研究报告上报；按照总课题组要求认真完成全部结题验收材料，并上报电子档；同时形成了“发挥行业高校继续教育优势培养行业紧缺人才”的论文，在《继续教育》杂志上发表。

(二)所取得的成绩

我校以教育部“高等学校继续教育示范基地建设”项目为契机，在项目的实施过程中，探索并构建了一种面向行业开展继续教育的新体制和新机制，重点建设了中国中煤能源集团的中煤职业技术(培训)学院和徐州矿务集团的徐矿大学两个企业继续教育基地，探索并实践了“开放式”、“订单式”、“技、工、学”三种人才培养模式，取得了显著成绩。

(三)存在的主要问题

(1)进一步扩大企业继续教育基地的建设，把好的经验在全行业企业进行推广。

(2)进一步完善继续教育学习成果的评价、认证和转换制度，构建不同类型、不同层次的教育相互衔接的“立交桥”。

(3)建立和完善继续教育的评价机制，提高继续教育人才培养的质量。

(4)在更广泛的层面上构建教学内容与生产实际、教学过程与生产过程紧密结合的应用型、技能型人才培养的课程体系，创建更多的适合艰苦行业人才培养的理论教学、实践教学的数字化资源，实现艰苦行业人才培养由知识型向技能型、应用型转型的示范及引领作用。

四、继续教育示范基地建设项目最终成果摘要

(一)最终研究成果框架和基本内容

(1)通过对煤炭行业人力资源的现状、继续教育在高等学校和企业面临的

困境等问题的详尽分析，得出了高校和企业在继续教育方面所面临的困境的本质是教育资源提供者和教育资源接受者缺少相互合作的体制和相互利益驱动的运行机制。

(2)成立行业继续教育协调委员会，通过行业协会、高等学校、行业企业决策者的参与，做好行业继续教育的顶层规划，统筹行业继续教育的发展，促进高等学校与行业及行业企业的“校企合作”。

(3)通过高校与行业、行业企业两个层面的“校企合作”，形成行业、行业企业、高等学校“三位一体”，行业、行业企业、高等学校、企业职工四方受益的继续教育新体制，进一步明确了行业、行业企业和高等学校三方的职能。

(4)在“校企合作”的框架下，把每一个企业作为一个“会员”单位，将分散的行业企业及不同需求的学习者“虚拟”地集中起来，开展不同层次、不同类型的教育活动；通过现代教育手段，为“会员”企业学习者个人提供免费开放的教育服务模式、模块化的课程平台体系、灵活的学习方式、学习成果的科学认证，同时也为“会员”企业提供通用的及专属的教育服务。在行业内形成了行业与高校合作，企业出资，企业职工免费学习、自主学习、开放学习的继续教育“会员制”运行机制。

(5)在“校企合作”背景下创新了行业继续教育人才培养模式，形成了“会员制”运行机制下的“开放式”人才培养模式；校企合作“订单式”人才培养模式；校企合作共建企业继续教育基地，实施“技、工、学”人才培养模式；通过“平台＋模块”式的课程体系结构设置，实现了“订单式”人才培养模式与“开放式”人才培养模式之间的学分贯通及转换，搭起了行业非学历继续教育与学历继续教育相互衔接、相互贯通、相互转换的桥梁，为行业继续教育的可持续开展拓宽了渠道。

(二)研究内容的前沿性和创新性

(1)通过高校服务行业的探索与实践，率先提出了在煤炭行业实施高校与行业、行业企业两个层面“校企合作”。

(2)建立行业继续教育“会员制”运行机制，首次提出了由受益企业出资、企业职工全员免费学习的学习模式，为学习型企业、学习型行业、学习型社会的创建奠定了基础。

(3)针对行业企业不同的需求，探索并实践了不同的人才培养模式，确立并完善了为企业“订单式”培养紧缺人才的继续教育体系。

(4)充分利用企业自有的各类厂矿(如机械厂、化工厂、选煤厂、发电厂以及报废的矿井等)资源，通过“前校后厂”式的教学，加强实践教学环节，使教学内容与岗位实际、生产实际相结合，教学内容与技能培训相结合，为企业培养与生产岗位直接对接的技能型、应用型人才。

(5)率先探索并实践了高校继续教育人才培养从学历化、学科化向职业化、技能化、岗位化的转移，找到了高等学校继续教育为企业培养技能型、应用型人才的新途径。

(三)学术价值、应用价值或社会影响

从煤炭行业继续教育实际入手，深刻剖析继续教育的实质，继续教育的有效开展与管理体制机制的内在联系，并通过实践的检验，形成了一套行之有效的推动行业继续教育发展的理论成果，为煤炭行业乃至其他行业继续教育的开展及研究提供了可资借鉴的参考依据，具有重要的学术价值。

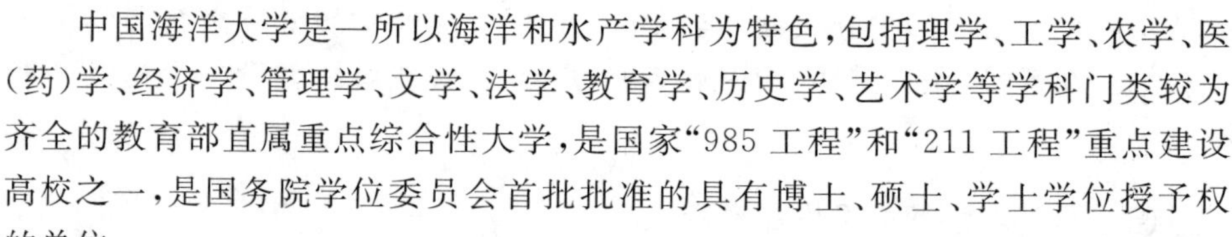

第六节 中国海洋大学继续教育示范基地建设概述[①]

一、中国海洋大学概况

中国海洋大学是一所以海洋和水产学科为特色，包括理学、工学、农学、医(药)学、经济学、管理学、文学、法学、教育学、历史学、艺术学等学科门类较为齐全的教育部直属重点综合性大学，是国家“985 工程”和“211 工程”重点建设高校之一，是国务院学位委员会首批批准的具有博士、硕士、学士学位授予权的单位。

中国海洋大学成人教育创办于 1959 年，是全国普通高校承办成人高等教育较早的院校。在 50 多年的发展历程中，学校抓住机遇，以培养社会经济发展需要的高素质人才为办学目标，发挥办学优势，规范管理，勇于改革，开拓进取，使成人高等教育获得长足发展。

目前，学院拥有学历教育在籍生 9000 余人，设有 26 个专业。其办学形式有夜大学和函授教育。夜大学以鱼山校区为主要教学点；函授教育在济南、青岛、临沂、烟台、日照、潍坊、淄博、上海、南京、新疆等地设有函授教学站。办学层次有：高中起点专科、高中起点本科、专科起点本科。此外，学院还有各类培

① 本节内容选自中国海洋大学继续教育示范基地建设项目的验收报告，略有改动。

训和专业证书班等非学历继续教育，学院的培训教育已成为青岛市政府有关部门培训的定点学校，并且常年举办高等教育自学考试助学、岗位培训、专业证书、成人高等教育考试辅导班等。2003 年经山东省自学考试委员会批准为“工商管理”、“英语”等专业的主考学校。

迄今为止，学校成人教育为山东省和青岛市的经济建设、社会发展共培养了毕业生（本、专科）近三万人，其中，近三千人被授予成人学士学位。

二、继续教育示范基地建设项目完成基本情况（见表 1-5）

表 1-5　中国海洋大学继续教育示范基地建设项目完成基本情况表

<table>
<tr><td>项目名称</td><td colspan="5">中国海洋大学高等学校继续教育示范基地建设</td></tr>
<tr><td>批准时间</td><td>2011 年 5 月</td><td>计划完成时间</td><td>2013 年 9 月</td><td>实际完成时间</td><td>2013 年 9 月</td></tr>
<tr><td>最终成果名称</td><td colspan="3">项目研究报告 1 份；在核心期刊上发表研究论文 3 篇；提供了 3 个具有特色的案例等</td><td>字数</td><td>10 千字</td></tr>
<tr><td colspan="2">作者（含主要成员）</td><td colspan="4">董效臣、范其伟、王正林、陈云霞、陈国华、朱庆林、董胜、刘晓春、倪思亮</td></tr>
<tr><td>成果形态</td><td colspan="5">1. 正式出版物（√）　2. 书稿（打印件）　3. 其他（√）</td></tr>
<tr><td>出版单位</td><td>详见表中相关内容</td><td colspan="2">成果应用范围</td><td colspan="2">涉海行业、政企高管</td></tr>
<tr><td colspan="6">主要阶段性成果</td></tr>
<tr><td>序号</td><td>成果名称</td><td>成果形式</td><td>署名人</td><td colspan="2">刊物年期、出版社和出版日期、使用单位</td></tr>
<tr><td>1</td><td>《发挥学科优势　构建面向海洋工程领域的继续教育服务体系》</td><td>论文</td><td>范其伟
董　胜</td><td colspan="2">《中国成人教育》2013 年 11 期</td></tr>
<tr><td>2</td><td>《中国海监继续教育模式创新与实践》</td><td>论文</td><td>朱庆林
王正林</td><td colspan="2">《中国成人教育》2013 年 14 期</td></tr>
<tr><td>3</td><td>《培养海洋工程人才助推蓝色经济发展》</td><td>论文</td><td>倪思亮
范其伟
董效臣</td><td colspan="2">《中国成人教育》2014 年 21 期</td></tr>
</table>

续表

序号	成果名称	成果形式	署名人	刊物年期、出版社和出版日期、使用单位
4	培养海洋工程人才，服务蓝色经济发展	案例	范其伟 董　胜	
5	转变观念创新培训模式 精心组织服务半岛经济 （企业高管高端培训项目）	案例	董效臣 陈云霞	
6	发挥学校学科优势，全面提升海监执法人员素质	案例	朱庆林 王正林	
7	课题研究总结	报告	范其伟 董效臣	

三、继续教育示范基地建设项目完成总体情况

（一）主要研究成果

我校继续教育示范基地建设项目启动以来，围绕涉海行业的培训项目的培育和实施，总结出经验和体会，已在国内核心期刊上发表三篇文章。其中，《发挥学科优势　构建面向海洋工程领域的继续教育服务体系》一文主要对目前中国除了通过学历教育培养和输送相关人才以外，对如何构建面向海洋工程领域的继续教育服务体系，提高海洋工程领域从业人员的素质和能力这一急需解决的问题进行了有效的阐述和分析；《中国海监继续教育模式创新与实践》一文结合我校的优势和特色，探索继续教育面向海洋行政部门的办学与服务模式，积极探索基于行业人才发展的非学历继续教育培养模式的创新，结合中国海监执法人员岗位的需求，制定出继续教育培训课程体系及质量保障体系，为将来中国海监继续教育模式，提供很好的示范性。

同时，比较具有示范性的案例有三个：分别是“培养海洋工程人才，服务蓝色经济发展”“转变观念创新培训模式，精心组织服务半岛经济”“发挥学校学科优势，全面提升海监执法人员素质”。三个案例都有较完善的课程体系、优质的培训教师队伍、良好的管理手段及质量保障措施，具有很好的推广性和示范性，并最终完成了与行业、企业、政府建立海洋工程人才联合培训基地的经验总结报告。

(二)所取得的成绩

课题的创新性在于发挥学校特色学科,结合社会应用型人才的需求,建立健全培训课程体系、配备优质师资、科学有效的管理手段、较完善和可操作性的质量保障措施。典型案例均有很好的推广应用价值,其中,海洋工程领域的继续教育服务前景广阔,随着国家在海洋新兴产业投资的加大,以及各项措施的推出,特别是蓝色经济发展方兴未艾的时候,政府、企业、国民的海洋意识亟须提高,海洋工程领域的培训需求越来越多;EMBA 课程高管培训适应了企业家的需求;中国海监执法人员的培训项目结合海区的实际情况,科学系统地对各海区执法人员所必备的海洋有关专门知识和执法能力等方面进行培训,为全面提升海监执法人员的理论水平做出了贡献。学校已与中国海监总局及与海洋工程有关的企事业建立起了长期的合作关系。

(三)存在的主要问题

(1)项目经费较少,难以调动教师的积极性。

(2)学校对开展继续教育单位的政策不利于院系开展继续教育工作。

(3)接受培训的单位对继续教育工作的重要性认识不足。

四、继续教育示范基地建设项目最终成果摘要

(一)最终研究成果框架和基本内容

继续教育是终身教育的重要组成部分,是构建终身教育体系的重要途径。继续教育的发展程度直接关系到终身教育的发展进程。只有大力发展继续教育,促进更多的人投入学习,增强个人的学习主动性,营造良好的社会学习氛围,才能促进学习化社会的形成。中国海洋大学继续教育示范基地以"涉海"行业为主题,寻求继续教育服务领域。打造与海洋有关的行业人员、工程技术人员、管理人员继续教育终身学习的平台是我校继续教育示范基地建设的重点。项目建设目标明确,分工到位,分成三个小组,每个小组围绕一个主题开展工作。三个主题分别为"发挥学科优势,构建面向海洋工程领域的继续教育服务体系""积极探索基于涉海行业人才发展战略,全面提升海监执法人员素质教育""顺应山东半岛蓝色经济区建设的发展大势,汇集国内权威实战专家,做半岛地区最具特色的企业家的学习平台"。三个小组分别由工程学院、海洋环境学院、继续教育学院主持建设。因此,我们找准了两个特色和一个综合,两个特色是建立海洋工程领域工程技术人员的培训基地以及提供中国海监管理人员的继续教育服务平台;一个综合是发挥学校优质资源,全方位地为社会

提供高级管理人才和技能培训实用型人才。围绕上述建设思路，我们以案例建设为目标，形成较完善的继续教育培训项目体系，建设了两个特色鲜明的案例和若干个比较成功的培训项目。

（二）学术价值、应用价值或社会影响

以涉海行业为重点对象，在调查行业技术人员和管理人员的需求基础上，通过学校与合作单位共同参与的方法进行继续教育项目的建设和开发，对行业、企业继续教育的发展做出了一定的贡献。值得一提的是，我校的总裁班在社会上引起了极大的反响。开班典礼通过半岛都市网、青岛电视台晚间新闻节目报道。伴随着山东半岛蓝色经济区的发展，我校总裁班还将在实践中不断完善和提升，从优质教育资源的整合、新课程新项目的研发、运作模式的创新、品牌的精心培育等多方面实现新的突破。

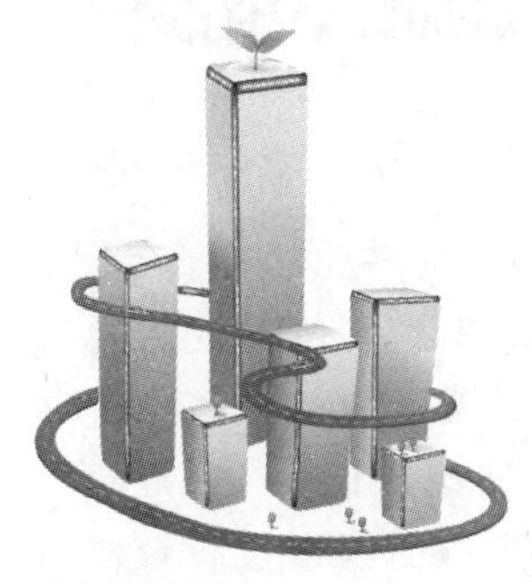

第二章 继续教育示范基地建设之保障——体制和机制

根据国家经济社会发展全局战略和继续教育示范基地可持续发展的需要，中国各继续教育示范基地正在努力构建“对内统筹管理、职责分明、规范有序”的继续教育管理新体制，以及“对外多方联动、产教融合、校企合作、资源汇聚、共建共享”的新机制，以保障示范基地的稳定运行。本章将通过对国内外继续教育示范基地运行保障模式的介绍，凝练出对中国继续教育示范基地未来发展有益的经验。

第一节 中外继续教育示范基地管理体制比较研究

从行政学和管理学的意义上讲，管理是关于国家机关、企事业单位、社会团体等组织中的机构设置、隶属关系和权限划分等方面的体系和制度的总称。① 教育管理体制可以理解为教育机构设置与教育组织规范的结合体或统一体。教育管理体制是由教育行政体制和学校管理体制所组成的。② 它是一个国家的历史文化传统、经济社会体制、政治方针政策等多方面因素在教育范畴内的集中体现。

教育管理体制在一定程度上决定了一个国家的基本教育格局和体系，体现和影响着一个国家的深层次文化水平和国民素质水平。那么，对于继续教育示范基地来说，科学地进行教育管理，可以促进继续教育的发展；反之，不科学不合理的管理体制，则会对继续教育的发展产生不利影响。

本章对国内外继续教育示范基地的管理体制进行对比，期望从中吸取可借鉴的宝贵经验。

一、国外继续教育示范基地管理体制

国外继续教育示范基地的管理主要具有以下特点：注重宏观层面的战略规划和国家立法；重视微观层面的管理机构的协同性、管理团队的精英化、管理结构的系统化和管理监督的及时性。

(一)重视宏观层面战略规划

在很多继续教育发展较为成熟的国家，继续教育是整个国家教育战略规划的重要组成部分，从各继续教育示范基地的建设到整个继续教育事业的发展，政府都给予了高度的重视。政府行为和市场导向都是继续教育示范基地建设的重要影响因素，只有在战略规划初期，将政府的设计、指导和监管与继续教育的整体社会需求对应起来，继续教育示范基地的建设和发展才是健康的、良性的。

例如，韩国在制定国民经济和国民教育长期和短期发展规划的时候，总是充分考虑市场变化，能够根据当前市场需求拟定与之相适应的继续教育的发

① 夏家夫，焦峰. 成人教育管理概论[M]. 开封：河南大学出版社，1999.

② 孙绵涛. 教育体制理论的新诠释[J]. 教育研究，2004(12).

展计划和继续教育示范基地的发展方向，确立战略目标和任务措施。20世纪60年代初到70年代末，韩国着力于扩大继续教育的规模，这一时期的重点就放在中低层次的继续教育；到了80年代以后就将重点转移到高层次的继续教育上。对应这些阶段，韩国出台了《职业教育5年规划(1958—1962年)》《科学技术教育5年计划》《科学技术人力供给计划》《1972—1986的15年教育发展规划》等。[①] 这些计划性的文件一方面保证了韩国经济发展与教育发展的协调一致性，另一方面也为继续教育和继续教育示范基地的发展指明了战略方向。

(二)重视宏观层面国家立法

发达国家非常重视有关继续教育的立法。通过立法，可以加大各级政府对继续教育的管理力度、规范继续教育的资金来源、提高继续教育的社会影响力和认可度，给继续教育的发展和建设带来强有力的支持。

例如，德国继续教育起步早，发展比较迅速，其立法也较为严格。早在1869年，德国政府就颁布了《强迫补习教育法》。1889年，又在此基础上颁布了《工业法典》，用成文法的形式规定企业学徒的教育培训必须与继续教育相配合。此后，1969年颁布的《职业教育法》中正式将继续教育作为国家基本的教育制度确定了下来，而这部立法是西方继续教育法典中比较严格和周密的。2005年，德国颁布并实施新的《联邦职业教育法》，对德国的职业继续教育做出了更为全面的原则性规定，明确了德国职业继续教育的范围，为知识经济形态下德国继续教育的发展提供了有力的保障。目前，德国有许多州都用立法的形式确定了继续教育的地位、具体内容、组织形式和投资政策等。

又如，美国在19世纪60年代，颁布了历史上第一部继续教育法案——《莫雷尔赠地法案》。该法案首次对继续教育的社会地位和影响给予了规范化的认可，并将继续教育列入国民教育的系统中。此后，美国在1976年颁布了《终身学习法》，明确了继续教育和终身学习在美国的法律地位，这也是世界范围内首部较为完备的终身教育法规。1982年，因为美国国内产业结构的重大调整，社会对于劳动力继续教育的需求剧增，美国制定颁布了《职业培训合作法》。在这之后，美国又先后颁布了《青年就业与示范教育计划法案》《再就业法案》等一系列有关就业和培训的继续教育专项法案。这一系列法规的出台使得美国继续教育的管理有了较为详尽的法律依据和制度保障。

---

① 邢晖.韩国的职业教育与人力资源开发[J].职教通讯，2003(7).

（三）重视管理机构的协同性

从国外一些发达国家继续教育的管理模式来看，他们非常注重教育部门与就业部门以及企业的通力合作。在这种管理模式下，继续教育的管理不再只是学校和教育部门的职责，就业部门、企业还有其他的社会职能部门都能越来越多地参与到管理和决策当中。学校、行业企业以及政府三方面协同管理，不仅能帮助继续教育和继续教育示范基地发展，更能促进社会的整体进步。

客观上来说，不少发达国家近些年来继续教育改革升级的动力更多地来自于社会就业形势和企业的需求导向。例如，在澳大利亚继续教育机构的管理中，行业企业的作用显得十分突出。一方面，行业企业积极为继续教育的发展献计献策，澳大利亚所有国家和地方继续教育管理机构的组成人员中均有行业企业代表，他们可以用敏锐的行业眼光帮助管理机构为继续教育提供决策信息；另一方面，澳大利亚行业企业积极参与继续教育示范基地经费的投入和管理，为继续教育注入了生机和活力，同时也为自身带来了更多的经济效益和人才效益。

（四）重视管理团队的精英化

继续教育的教学保障和运行保障离不开优秀的团队，因此，为了更好地发挥继续教育的作用，需要打造一只精英化的管理队伍。国外发达国家对于继续教育管理人员的素质和技能要求是非常严格的，要求他们必须具备良好的政治素养和精湛的专业知识技能。一方面，其对于管理人员的职务分工明确，并且针对不同的岗位任用不同教育背景、技能背景的员工，优化基地的管理效率；另一方面，发达国家还要求管理队伍中既要有能掌控大局、做好顶层设计的决策领导人，也要有懂专业、懂理论、肯钻研的专业型人才。只有管理机构设置合理、管理人员配置到位，才能极大地增强管理的有效性，以管理保发展、促发展。

（五）重视管理结构的系统化

从国外继续教育的发展来看，其管理体制更倾向于较为系统规范的归口统一管理，设置集教学、管理、开发、服务等职能于一体的继续教育管理机构。世界许多著名大学内部都专门设立了继续教育的管理部门。例如，英国牛津大学设立了继续教育系，专门负责牛津大学继续教育工作；美国加州大学伯克利分校设立了继续教育学院，用来负责大学的继续教育工作的推广和管理。

系统化归口管理的优点在于：第一，由于管理权限较为集中统一，控制能力强、管理漏洞较少，容易集中力量解决困难问题，同时避免出现针对同一管

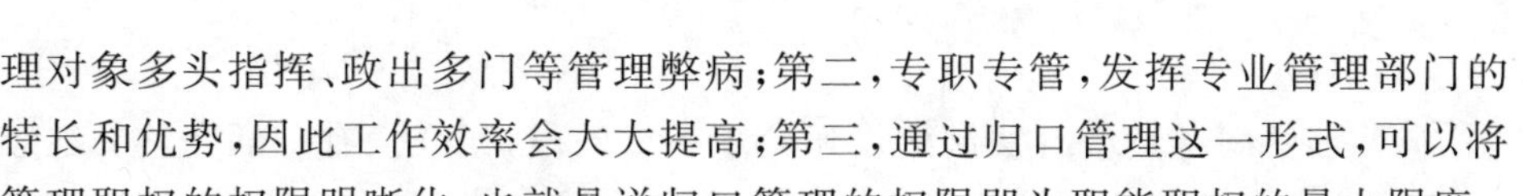
理对象多头指挥、政出多门等管理弊病；第二，专职专管，发挥专业管理部门的特长和优势，因此工作效率会大大提高；第三，通过归口管理这一形式，可以将管理职权的权限明晰化，也就是说归口管理的权限即为职能职权的最大限度。

（六）重视管理监督的及时性

监督是保障权力正当使用的重要手段，动态、立体的监督体系可以为管理的可持续运转保驾护航，国外很多继续教育示范基地都十分强调监督评估工作。例如，英国为了保障继续教育示范基地的高效运行，对管理监督和评估工作从两个方面进行了改进。一是整合检查和评估机构。由国家教育大臣推进相关检查服务机构形成一个统一的评估体系，由整合而成的教育标准办公室负责对学员和办学单位进行检查和评估。学院不需要因为继续教育再参与两个独立的检查评估体系。二是改变检查制度。对不同的办学单位实行不同的检查频度：对于社会评价高的办学单位实行免检和少检；对于一般的办学单位实行抽检，即有选择地集中检查薄弱区域；对于资质差的办学单位实行多检。其目的是减轻继续教育机构的负担，并且使得监督评估工作开展得更加有针对性。①

二、中国继续教育示范基地管理体制

继续教育的对象和内容层次较多，因此管理上相较于传统教育也更加复杂。目前中国继续教育管理体制的建设还不够完善，与国外发达国家相比差距仍然存在。但是，国内各继续教育示范基地结合高等学校自身优势和特色，正在逐步探索和实践高等学校继续教育面向地方、行业、企业所需的管理体制，已经初见成效。

（一）国家和政府层面的管理

近些年，中国继续教育的发展得到了中央和地方政府越来越多的重视，继续教育多次被纳入国家教育长期规划中，在中国终身学习体系中也逐步成为不可或缺的角色。继续教育的法制和制度建设已取得很大成绩，在许多领域建立了岗位培训和继续教育制度。继续教育法制建设也正在积极推进，国家和各部门已实施了一系列继续教育具体计划和政策措施。例如实施专业技术人才知识更新工程、农村实用人才培训工程、农村劳动力转移培训工程、成人继续教育和再就业培训工程等，为中国继续教育的发展在制度建设上提供了

---

① 于飞．国外继续教育研究及对我国的启示[J]．广西广播电视大学学报，2008(9)．

一定的保证。①

然而,中国继续教育法制建设还处于初级阶段,至今没有一部完整的继续教育法,从地方政府、主管部门到企事业单位也没有建立起比较健全的继续教育法规制度和实施细则。因而,我们还需继续探索和完善,用坚实的法律保障凝聚继续教育合力,推动继续教育落实。

(二)基地自身的管理

继续教育是构建终身教育体系与建设学习型社会的重要学习形式和未来全民素质教育的主要教育形式,也是未来社会行业企业职工职业教育普遍采用方便快捷并以个性化需求为导向的教育形式,继续教育的发展状况直接影响中国教育总体水平,因此,在建设继续教育事业的过程中,尤其是继续教育示范基地建设中,应当改进现行自主发展所存在的不足,用规范化、效率化的管理体制为自身发展添动力、添活力,发挥示范基地的影响力和辐射作用。

中国继续教育示范基地多实行在政府和教育主管部门的主导下的较为行政化的管理方式,组织结构是金字塔式的,最上面的是校级领导,然后是中间层,最后是基层;指挥链从上到下,决策来自最上层,下面是执行层。这种组织结构有利于政令的统一和标准的一致,但它在面对激烈竞争的继续教育市场时,由于过度集权,缺乏灵活性,束缚了基层员工的手脚,这对于管理决策的准确性和管理效率的提高都有不利影响。②

在社会主义市场经济快速发展和转型升级的今天,对于继续教育示范基地而言,这种管理方式显然是需要做出改变的。各示范基地正在探索和改革,一定程度上下放权力,逐步将继续教育管理方式从行政化管理向服务型管理转型。通过服务型的管理方式,使高校继续教育示范基地在教育项目和内容上为学生提供更加优质、针对性更强的教学服务和更多的教育附加值;通过服务型的管理方式,使高校继续教育示范基地更好地与社会沟通、与行业企业联姻,紧密地跟随社会发展的步伐,参与社会经济技术活动,使得教育成果更加契合社会需求,为社会经济发展服务。

中国现行继续教育管理体制为管办分离或管办合一,为了更好地配合继续教育示范基地的转型升级要求,各示范基地都在积极探索研究适合自身发展的管理体制,做了以下两方面的探索和尝试。

1. 逐步建立管办分离、归口统筹的继续教育示范基地管理体制

高校继续教育的管理体制是适应继续教育客观规律,并为继续教育运行

① 甘琼英,何岩,褚宏启. 为全民终身学习服务:我国继续教育发展方式的转变[J]. 教育发展研究,2013(7).

② 王景胜. 高校继续教育市场化运作的策略研究[J]. 继续教育,2012(10).

机制服务的一系列管理机构及相互关系所构成的管理系统。自高校继续教育示范基地项目实施以来，各示范高校在深入研究继续教育办学规律的基础上，结合自身办学特点，勇于探索和创新，形成了基地管理体制的多元化格局。其中，管办分离、归口统筹的管理体制在实践中的优势最为突出。

例如，清华大学、北京大学、中国石油大学、北京交通大学等继续教育示范基地对这种管办分离、归口统筹的管理体制做了很好的探索和实践，且成效显著。在具体实施过程中，管办分离的管理体制实现了办学职能与管理职能分离，使得管理部门和培训部门职责分明，有利于将各办学机构的优势转化为学校继续教育体系的整体优势，有利于形成不同单位之间和谐相处、特色办学、共同发展的局面，有利于优化高校继续教育组织机构，建立专业化的继续教育从业人员队伍，有利于高校继续教育整体品牌建设和声誉提升。

2. 积极探索企业化的继续教育示范基地管理体制

继续教育示范基地的企业化管理体制是由继续教育的受教对象需求决定的。现代信息技术实现了受教对象可以在任何时间、任何地点、任何事情上获取知识。以受教对象需求为中心设计教学是继续教育的鲜明特点，也是其企业化管理体制的依据。要深入发展继续教育，关键是要跳出教育，从个人、社会以及经济发展的角度重新审视和判定，从行业和企业的角度去探索管理方法。高校继续教育示范基地正在积极探索高校继续教育企业化管理运营模式，尝试将现代企业管理理念、制度、工具、方法，以及专业化分工、标准化管理的思想等运用到继续教育示范基地的实际管理中，尝试在权限分配上实行集权与分权结合，加强各职能部门、各工作项目之间的协作性，最大限度地适应继续教育的市场化需求，激活继续教育的办学活力和办学潜力。企业化管理体制的应用不仅有助于提高高校继续教育管理的效率与效果，深化资源研发、教学开展、教师发展、业务拓展的跨项目融合，同时，也为继续教育的大发展奠定基础。

第二节 中外继续教育示范基地运行机制比较研究

运行机制指的是在社会有规律的运动中，影响这种运动的各种因素的结构、功能及其相互关系，以及这些因素产生影响、发挥功能的作用过程和作用原理，是引导和制约决策并与人、财、物相关的各项活动的基本准则。市场化运行机制就是在运行过程中对市场地位和市场作用进行强化，主张用市场法则解决社会产品的供需问题，强调市场可以有效调节社会资源的分配。

继续教育的市场化运行是当今世界各国继续教育的基本发展趋势之一，也是继续教育走特色化、品牌化发展之路的必然选择。继续教育市场化发展与继续教育终身化、产业化和社会化的要求是一致的，这也要求继续教育推进市场化发展策略的同时，要趋利避害，预防继续教育市场化所带来的负面作用。继续教育示范基地的市场化运行应当建立市场化的组织结构和办学理念，夯实基础；建立市场化的信息机制，抓机遇，谋发展和建立市场化的运转模式，实现高效等。

本节对国内外继续教育示范基地运作机制进行了比较研究。通过对比，发现除了市场化运行机制，中国继续教育示范基地还有高校主体、多方联动、共建共享的继续教育办学合作运行机制，产教整合、资源汇聚的继续教育联盟平台合作运行机制，以及大学与企业继续教育联盟运行机制。

一、国外继续教育示范基地运行机制

国外发达国家继续教育示范基地的运行日益趋向于产业化、市场化和立体化，以追踪市场需求为目标，注重实用技能或管理才能的培训，强调运行机构设置的网格化和基地、企业和市场的有效结合。这里以美国和英国为例进行说明。

（一）美国：针对性强，遵循市场规律建立继续教育运行机制

美国的继续教育目前已形成较为成熟的市场需求型的务实模式，其显著特点是针对性强，教育工作遵循市场规律和市场机制运行。各项继续教育事业都十分重视调研和实地考察，根据调研结果来确定教学计划、教学内容、教学方法以及学时安排。

在美国继续教育的运行实施中，每一个教育项目的完成大致要经历以下阶段：第一个阶段是培训中心派有关专家或调研人员深入行业企业去了解和调查市场需求，确定教育目标；第二个阶段是根据调查结果聘请专家，一般是聘请该项目领域中学术造诣较深、实践经验较丰富的专家；第三个阶段是由专家提出和草拟继续教育项目的内容、方法、手段、学时安排等计划，与基地和行业企业的负责人协商后实施；第四个阶段是继续教育项目结束后，参加学习的人员要按照预定的目标参与一段时间的企业实习，经企业验证合格后由培训中心发结业证书，不合格者重新参加学习。同时，除了整个继续教育过程安排尽可能地面向市场外，整个教学模式也充满了市场化的特色，例如采取理论讲

授和模拟实习相结合的形式，理论授课占总学时的30%，实践实习占70%。① 由于学习内容是工业生产最前沿的科研成果，而且又重点强调实际操作，大大激发了学员的学习积极性，使得学员们能够主动在较短时间内掌握培训内容，提高专业技术水平，并直接应用于生产实践，这在一定程度上也提高了劳动生产率，进而促进生产力的进步和发展。

(二)英国：覆盖面广，围绕需求建立立体化继续教育运行机制

英国的继续教育主要由高校、各类技术学院和继续教育学院承担，前两者教育形式灵活，既有全日制、阶段制，也有工读交替制；后者主要包括工业学院、农学院等，教育形式较为稳定，学制多为两年，其中理论学习和实践时间以半年为单位轮换。除此之外，英国地方教育当局和劳动者教育协会也在继续教育的运行中扮演着重要角色。以剑桥大学为例，该校于1991年成立了继续教育委员会，负责统一协调和推广各学院的继续教育工作，并研究设立更加优秀的继续教育课程，以此来推进继续教育的快速发展，进而使得继续教育能与该校其他教学与研究形式并驾齐驱。在此基础上，英国各地方教育当局充分利用本地区优质的高校教育资源，有针对性地开设适应本地区各类人群需求的继续教育课程，受到了极大的欢迎。此外，英国劳动者教育协会设立了900个分会和1500个基层组织，它与高校联办了寄宿制继续教育学院，为社会成员提供长达1到2年、短至1晚2日的形式多样、内容丰富的继续教育课程。从上述来看，英国继续教育的运行主体囊括了社会的各类机构、成员，运行模式贴近社会成员的实际需求，针对性强，在一定程度上形成了一个覆盖全社会、适应多层次人群需要的继续教育运行机制。

二、中国继续教育示范基地运行机制

改革开放以来，继续教育在中国逐渐形成了一定的市场规模，继续教育的市场化运行是完善社会主义市场经济的重要组成部分。继续教育示范基地构建以市场化为导向的继续教育发展模式，构建高校主体、多方联动、共建共享的继续教育办学合作运行机制，产教整合、资源汇聚的继续教育联盟平台合作运行机制，以及正在筹措中的大学与企业继续教育联盟运行机制，符合继续教育示范基地发展的现行和未来趋势。

① 田妍. 发达国家继续教育模式及对我国的启示[D]. 太原：山西大学，2013.

(一)市场化的继续教育示范基地运行机制

目前,中国继续教育示范基地运行基本以市场化为主要运行机制,呈现出市场潜力巨大、市场竞争日益激烈和市场动力不足等主要特点。

1. 继续教育市场潜力巨大

高等教育的大发展为加快发展继续教育打下了坚实基础。1998 年全国普通高等教育招生 109 万,2014 年达到 701 万。全国普通高考录取率由 1998 年的 31%迅速提高到 2014 年的 74.33%,[①]有的地区甚至超过了 90%。随着高等教育大众化目标的实现,希望接受再教育的对象数量大幅提升。同时,随着国家经济的快速发展和社会物质生活的日益丰富,人们对更新自身知识体系的需求更加旺盛,许多人接受再教育的目的不单纯是为了提高工作技能或者寻求就业机会,而是出于一定的兴趣和爱好。

2. 继续教育市场竞争日益激烈

中国继续教育的规模逐年扩大,形式和内容日益丰富,多形式、多层次和多渠道的继续教育纷纷开展起来。中国的继续教育事业正处在一个蓬勃发展的阶段,继续教育办学机构快速增加。1991 年中国继续教育培训机构仅有四千多家,至 2013 年,中国继续教育培训机构已经超过十四万家。[②] 随着中国教育改革的不断深化和新兴信息技术的出现及应用,许多境外教育机构和境内的高新继续教育产业也逐渐加入到与中国高校继续教育竞争的大军中,继续教育从区域竞争和国内竞争的浪潮中又被逐步推向了全球化竞争、信息化竞争。

3. 继续教育市场动力不足

尽管继续教育市场潜力巨大,竞争也愈发激烈,但市场总体发展状况却不尽如人意,仍然存在着市场发育不完善、市场管理不够规范、市场竞争无序、市场动力不足等问题,并且运行的组织机构一定程度上处于多部门各自为政、多头管理、分散割据的状态,彼此间沟通和联动都不够充分有效。

对此,不少继续教育示范基地仍在不断地探索和转型中,试图改变动力不足、分散式的运行机制,逐步建立和完善由政府统筹、教育部门管理、其他部门和行业分工负责、社会广泛参与的以市场化为导向的运行机制。

---

① 恢复高考 38 年,录取率增长 15 倍[EB/OL]. 2015-06-19. http://learning.sohu.com/20150619/n415326569.shtml.

② 2013 年度中国教育培训行业发展报告[EB/OL]. 2013-11-07. http://www.cnein.ac.cn/html/special/jyhyfzbg/? pc_hash=d64mRx.

华中科技大学
继续教育基地

管理制度汇编

华中科技大学
远程与继续教育学院

扫一扫，了解华中科技大学继续教育示范基地制度

2015

知识产权

扫一扫，观看专业技术人才知识更新工程精彩集锦

(二)高校主体、多方联动、共建共享的继续教育办学合作运行机制

各示范基地重视与行业、企业、区域合作的建立和深化,在调研分析的基础上,针对行业、企业、社会的不同特点和自身特色,共建继续教育培训基地和资源开发基地。积极推进继续教育校际、校企合作办学,共同设计培训项目、课程和内容,促进校际、校企资源共享,优势互补,共享实验、实训、实践条件,实现理论知识与生产实践紧密结合,教学内容与工作岗位实际相结合,教学内容与技能培训相结合,推动校企合作、产教融合向纵深发展,促进了教育链、人才链、产业链一体化发展。各示范基地还积极扩大继续教育对外合作与交流,创新国际合作机制,引进国际继续教育先进理念、标准和课程资源,向海外推广中华民族优秀文化,完善继续教育国际合作办学机制。

(三)产教整合、资源汇聚的继续教育联盟平台合作运行机制

产教整合、资源汇聚的继续教育联盟平台合作机制宗旨在于依托联盟平台,汇聚继续教育资源,共同开展继续教育服务工作,分为产教联盟和合作联盟。这种运行机制系统地解决了继续教育硬件与软件资源分布不均的问题,实现了与行业企业的完美对接;搭建了资源汇聚共享平台,通过行业搭建信息交流平台,解决继续教育人才培养的导向问题和学生就业问题;通过基地和科研院所搭建项目研发和技术攻关平台,解决基地技术研发及成果转化的问题。

例如,北京大学医学网络教育学院、华中科技大学远程与教育学院等单位发起建立了一个以高等医学院校为主体、市场为导向、产学研相结合的医学在线教育联盟。联盟旨在集中优势、整合资源、相互协作,开展医学在线教育的资源共享、教学改革、项目合作,面向医务工作者和医学专业在校学员,提供多样化的医学信息和医学教育资源,为联盟成员和医学远程教育工作者提供开放共享的交流合作平台,并着力推进医学在线教育资源共享机制的建立、医学在线课程质量标准的制订和完善、医学教育项目经验的推广与分享,从而促进医学教育的和谐发展。

中国农业大学联合西北农林科技大学、华中农业大学、南京农业大学、浙江大学、北京林业大学、东北林业大学、江南大学等农林高校成立了“高校农业科技与教育网络联盟”,以几所高校为主体,利用现代信息技术,整合高校科技和教育资源,搭建起了农业信息科技集成共享平台,从而实现信息交换和共享。

(四)大学与企业继续教育联盟运行机制

大学与企业继续教育联盟，是新形势下创新继续教育示范基地运行机制和人才培养模式的重要举措，为继续教育示范基地与企业在人才培养方面的深度合作提供了一个高层次的运行平台。联盟运行主要包括四个方面：一是探索建立继续教育与职业教育对接机制，打通人才链、教育链和产业链，形成产教一体化人才培养新模式；二是推进行业龙头企业与知名高校结对，共建校企合作继续教育示范基地和实训基地，提高校企合作人才培养的水平和质量；三是搭建校企合作资源与信息共享平台，发布企业需求，推广高校品牌项目，为校企合作培养人才提供支持和服务；四是积极开展学术研究，促进学术交流，树立标杆典范，发挥行业引领作用。

联盟旨在提高人才培养的针对性、实效性，推进产教深度融合，通过学科专业与职业岗位对接，探索打通继续教育、职业教育和终身教育的连接方式，提升高校服务行业企业发展能力，为构建终身教育体系，建设学习型社会提供更好的支持和服务。

例如，清华大学作为“高等学校继续教育示范基地建设”项目牵头单位，与北京大学、中国邮政集团、用友集团、中智集团等百所高校百家企业共同发起成立大学与企业继续教育联盟，成效显著、社会影响广泛。2014 年、2015 年，推进校企联盟工作连续两年被列入《教育部职成司工作要点》。

为推动我国物联网人才快速健康发展，华中科技大学远程与继续教育学院联合深圳市中联通电子有限公司、上海延华智能科技(集团)股份有限公司、武汉市软件工程职业学院等十家核心物联网高职院校和物联网知名企业共同建立了物联网在线联盟——“物联网工程师 E 行动”联盟。联盟以推进物联网高端人才知识更新、物联网师资建设以及物联网工程师远程培训平台建设为任务目标，学员通过平台学习不仅可以系统地掌握物联网知识，更能通过 3D 远程监控操作体验中心深度感知物联网系统全方位运用；整合了“物联网工程师 E 行动”在线资源，资源库中现有专业公开课 10 门，教材 1 套，辅助学习微课 262 门，其他相关课程视频 37 门。开设了物联网高端人才培训班。该培训班已于 2015 年 5 月 12 日开班，学员满意度达到了 97%。

第三节 国外继续教育示范基地运行保障经验

通过对中外继续教育示范基地的运行体制和机制的比较研究可以发现，国外继续教育示范基地的保障经验有许多可资借鉴之处。

一、健全继续教育立法，完善战略规划

作为教育战略体系的重要组成部分，继续教育正在从教育边缘慢慢向中心靠近，显示出无比旺盛的生命力，并日趋专业化、多元化、多层次化，因而参与到继续教育当中的人员、机构和部门以及相关监管单位也越来越多，管理层级和管理手段也越来越复杂，这就在客观上对继续教育示范基地的管理水平提出了更高的要求。

法律是国家对继续教育的宏观管理中最为强硬也是保障力度最大的手段。相较于多数发达国家来说，中国的继续教育法律体系，尤其是针对继续教育示范基地的法律规范是不完备的，缺乏具体的可操作性较强的条款和实施细则。因而我们要逐步促使从中央到地方建立内容完整、结构合理的继续教育法律体系，并且及时地依据继续教育市场的变化做出修改和调整，努力建立健全以中央法律体系为主导，以地方性继续教育法律法规为补充的现代继续教育法律体系。

从国家战略规划上来看，《国家中长期人才发展规划纲要(2010—2020年)》和《国家中长期教育改革和发展规划纲要(2010—2020年)》都对继续教育，尤其是高校继续教育的发展提出了统筹规划、规范管理的要求，将其纳入了国家整体发展规划当中。但是，力度还需要加强，地位还需要明确。还应重视发挥政府部门在继续教育中的宏观调控作用，主管继续教育工作的各级职能部门也应以全局的眼光看待继续教育，充分认识加强继续教育的重要性，真正把继续教育作为培养高质量的社会人才、推动经济与社会发展的重要途径。政府要通过实地调研、分析和研究问题、制定相关政策、做好顶层设计、决定财政资助、鼓励和引导组织及个人参加继续教育活动、领导和组织实施继续教育活动等多种手段来发挥积极作用。从继续教育示范基地的角度来说，要根据国家及教育部的相关政策指导和规划，认清继续教育及自身发展所面临的形势，并以此为根据制定符合基地自身办学定位和特色的战略发展规划。通过这样的战略规划在一定程度上保证基地在发展过程中始终围绕重点、少走弯路，同时还可以未雨绸缪，保障基地发展的可持续性。

二、形成科学有效、资金带动的管理体制

各示范基地管理机构应当加强基地服务标准化建设，推行规范化服务标准，坚持管理与服务相互支撑，以规范强化服务、服务促进规范，在建设和发展的过程中不断提升科学化管理水平和现代化管理手段，用管理的科学化和规范化支撑和促进继续教育示范基地乃至整个继续教育事业的有序健康发展。继续教育示范基地的管理工作要以满足学院的需求为目的，要将金字塔式结构倒置，下放权力，使一线工作人员拥有适当的决策权，防止由于决策时间过长而丧失机会，同时增强基层人员的工作积极性。

具体要从以下几点着手。

第一，要建立政府统筹，分类指导、权责明确、协调合作的继续教育管理体制。针对“多头管理”的继续教育行政管理体制弊端，成立跨部门的继续教育协调机构，明确各级政府、行业主管部门或协会、企业和有关社会机构的管理职责，对继续教育的类型、类别和层级进行规整分类，分部门、分层次进行统筹协调和规范管理。①

第二，要建立政府投入、用人单位和个人共同分担、多渠道筹资相结合的经费管理机制。继续教育示范基地的经费管理是其发展过程中面临的关键问题。借鉴发达国家的经验，拓展继续教育经费的来源渠道，建立以国家财政拨款为基础和主体、以其他多种渠道筹措经费为辅的经费管理体制，因地制宜地建立继续教育经费筹集、使用机制，建立继续教育教育基金，明确政府、单位和个人所应承担的教育经费的投入比例，由政府、行业企业、社会团体以及个人多方筹资，大力增加对继续教育的投入，按照谁出资谁受益的原则，扶持和鼓励单位、个人向继续教育领域投资。另外，有计划地吸纳国外机构和资金进入中国继续教育市场。在拓宽筹集继续教育经费渠道的同时，建立稳定、合理、有效的审计监督体制和经费使用约束机制，确保经费的高效使用。通过建立科学高效的经费管理体制，对经费进行合理管理，实行审计监督制度，监督教育经费的来源和支出，保证教育经费使用的合理性、合法性，提高教育经费的使用效率。②

第三，要建立健全继续教育监管体系与质量保障体系。权力不能没有监管，应当逐步建立起以继续教育示范基地为主导、市场需求为导向的监督管理

① 甘琼英，何岩，褚宏启. 为全民终身学习服务：我国继续教育发展方式的转变[J]. 教育发展研究，2013(7).

② 廖仕湖，栗万里. 我国继续教育管理体制的研究及对策建议[J]. 高等函授学报：哲学社会科学版，2009(7).

机制，不断完善继续教育激励机制和监管评估机制。推进继续教育工作考核、岗位聘用、职务评聘、职业注册等人事管理制度的完善和衔接，完善继续教育办学机构资质的准入与退出机制，建立继续教育质量标准。

第四，要建立继续教育示范基地职业化的队伍，增强专业化服务能力。根据岗位招聘和分配人才，通过岗位分析明确各岗位的职责分工，进行科学的定员，最大限度地实现各岗位的人力资源配置，并且能够有效地防止工作中的推诿现象，减少管理成本，提高工作效率。同时，明确的职责分工还可以激发管理组织内部的竞争活力，有利于优秀人才充分施展才干，不断挖掘人力资源潜力，从而提高整个继续教育示范基地的管理服务水平。

三、构建市场主导、多方协作的运行机制

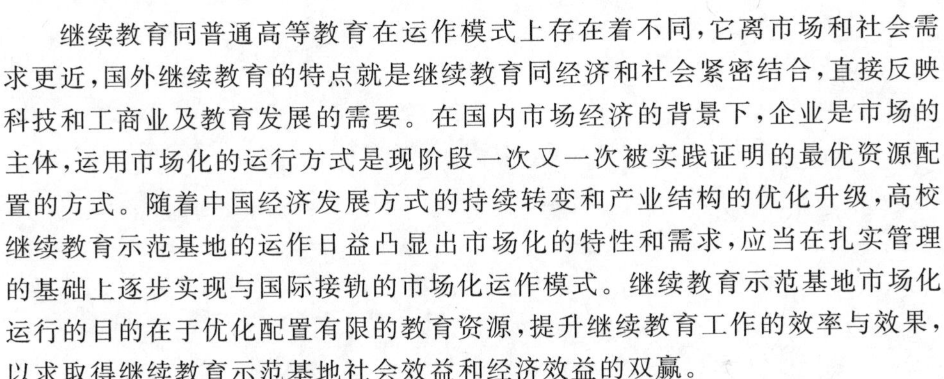

继续教育同普通高等教育在运作模式上存在着不同，它离市场和社会需求更近，国外继续教育的特点就是继续教育同经济和社会紧密结合，直接反映科技和工商业及教育发展的需要。在国内市场经济的背景下，企业是市场的主体，运用市场化的运行方式是现阶段一次又一次被实践证明的最优资源配置的方式。随着中国经济发展方式的持续转变和产业结构的优化升级，高校继续教育示范基地的运作日益凸显出市场化的特性和需求，应当在扎实管理的基础上逐步实现与国际接轨的市场化运作模式。继续教育示范基地市场化运行的目的在于优化配置有限的教育资源，提升继续教育工作的效率与效果，以求取得继续教育示范基地社会效益和经济效益的双赢。

由于历史、经济、文化等诸多因素的影响，中国教育发展和教育资源是不平衡的，虽然政府采取了许多政策和措施来缩小差距，但由于教育是需要长期投入、持续发展的事业，这种不平衡的状态，很难在短期内得到彻底改善。这就决定了不同类型高校所拥有的继续教育资源状况是不一样的，也就是说各继续教育示范基地在发展定位上是有所区别的。因此，各高校应当准确找出自身在继续教育体系中所处的位置，抓住发展的关键所在。

此外，作为社会主义市场经济下的一种特殊的产业，高校继续教育市场化运作的支撑在于建立面向市场的组织构架，否则，其发展只能浮于表面，难以取得实际的成效。对此，一方面要建立适应市场变化的组织结构。组织结构是组织全体成员为实现发展目标，在职务范围、责任、权利方面所形成的动态结构体系，其本质是为实现组织战略目标而采取的一种分工协作体系，组织结构不是一成不变的，要随着组织的重大战略调整而调整。[①] 另一方面，要建立

① 王景胜.高校继续教育市场化运作的策略研究[J].继续教育，2012(10).

有效的约束和保障机制。一些高校由于自律意识薄弱，任意扩大继续教育的规模，设置或开发不具备办学条件的专业和项目，导致继续教育质量下降，使继续教育的口碑受到影响。市场化运行，并不意味着对继续教育的放任自流、不管不顾，相反，高校继续教育的运行必须严格遵循市场法则，避免产生恶性竞争、无序发展局面。因此，继续教育示范基地的运行必须建立科学有效的约束机制，使继续教育示范基地运行规范化。

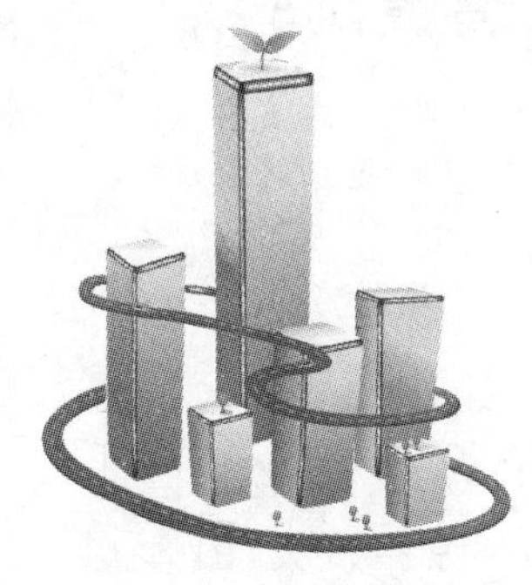

第三章 继续教育示范基地建设之主体——继续教育培训

继续教育培训，作为继续教育示范基地建设的主体，指我国境内普通高校继续教育学院（成人教育）、网络教育学院及其他相关院（系）开展的不授予学位学历的继续教育项目，以及在国内以非学历形式举办的涉外教育培训项目。① 其主要特征为较强的针对性、时效性和公众性。

近年来，普通高校继续教育逐渐从以学历教育为主体的办学体制转向既有学历教育又有面向社会在职人士继续教育培训的办学体制。根据一项关于开展继续教育培训积极性的调查数据显示，59％的普通高校有较高的积极性，39％的高校有一定的积极性，仅有2％的高校没有积极性。②

因此，本书将专门用一章的篇幅来论述继续教育示范基地建设中的继续教育培训。本章围绕确保中外高校继续教育培训功能得以实现的重要载体——继续教育培训的机构设置，确保中外高校继续教育培训工作得以良好运作的“保护伞”——继续教育培训的保障机制，以及确保中外高校继续教育培训项目得以顺利展开、推进的重要指引——继续教育培训的项目管理流程三方面，探讨在新时期我国高校继续教育培训的建设问题。

---

① 刁庆军，严继昌，李建斌. 我国普通高校开展非学历继续教育的现状研究[J]. 继续教育，2010(3).

② 刁庆军，严继昌，李建斌. 我国普通高校开展非学历继续教育的现状研究[J]. 继续教育，2010(3).

第一节 中外继续教育培训机构设置比较

一、认识继续教育培训机构及其设置

机构指在社会生活中，人们为实现某种职能所建立的，由人、财、物和信息等若干因素有序地联结起来的相对稳定的社会实体单位，通常指机关、团体工作单位，或者它们的内部组织。机构具有以下几个特征：一是有某种目标或担负某种职能；二是有一定的人员，具有社会性；三是必须为一个社会实体；四是人为的组织。[①]

“设置”有两个基本意思，即“①设立；②安放；安装”。[②] 机构设置则是实现某种职能的具体的组织及其岗位设立。本章主要探讨在继续教育培训的建设过程中有关继续教育培训机构及相关机构，谁设立，谁出资，谁评价，以及设立目标、依据、数目及其比例、结构、运行机制、功能、师资、课程等分别是什么状态。[③] 继续教育培训机构是继续教育培训的所有组织、教育功能得以实施和保障的重要载体，也是各层级的相关管理和服务机构的功能最终得以实现的重要基础。

二、国外继续教育培训的机构设置

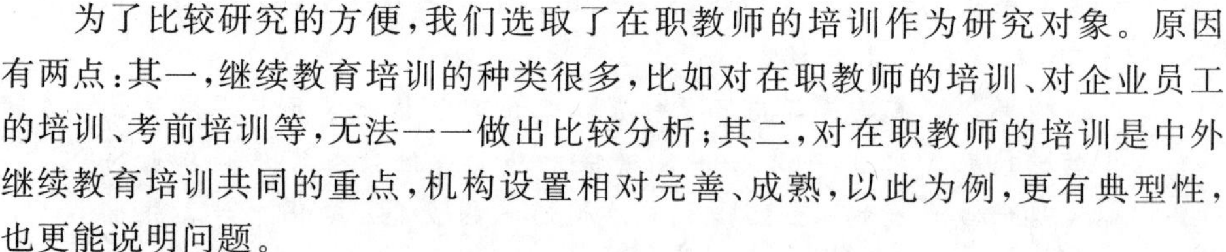

为了比较研究的方便，我们选取了在职教师的培训作为研究对象。原因有两点：其一，继续教育培训的种类很多，比如对在职教师的培训、对企业员工的培训、考前培训等，无法一一做出比较分析；其二，对在职教师的培训是中外继续教育培训共同的重点，机构设置相对完善、成熟，以此为例，更有典型性，也更能说明问题。

国外继续教育培训的机构设置主要呈现独立性、有效性和交互性等特点。

（一）德国职教师资培训：各州、地区、企业独立运行

在德国，联邦教育与科学部是职教师资培训立法与协调的主管部门。具

① 万志峰.大学内部机构设置及现状研究[D].曲阜：曲阜师范大学，2008.

② 中国社会科学院语言研究所.现代汉语词典[M].第6版.北京：商务印书馆，2012.

③ 令狐艳丽.中美中小学教师教育机构设置比较研究[D].成都：四川师范大学，2010.

体的职教师资培训工作又分为州、地区和企业培训三种主要形式，并且不同的形式有不同的机构设置。具体来说，州一级的职教师资培训机构设有由州文教部、工会等部门的代表和雇主代表组成的职业教育委员会，主要负责向州政府就职教师资培训方面的问题提供咨询，具体培训活动一般由州一级的技术大学或综合性大学负责，雇主代表对实训课老师的聘用有参与表决权；地区一级的职教师资培训机构主要是各行业协会，如农业行业协会、手工业行业协会、工商行业协会等，这些经济组织一般都有自己的办学机构，具体负责本地区或企业内部的职教师资培训以及培训检查、审核、考试等事务；企业一级的职教师资培训机构由企业内部机构和人员承担，具体教学由大、中型企业自己编制教材，并独立组织培训班。①

(二)法国职教师资培训：自上而下完善且有效的督学制度

法国实行的是高度中央集权的职教师资培训机构设置，主要包括横向层次的教育行政、教育咨询和教育督学三个系统，以及纵向的中央、学区、省三个层次。

1977年，法国成立了国家职业教育部，下设继续教育局，主管全国的高校继续教育工作。② 其中，法国教育部是领导全国教育工作的机构，其主要职责是落实议会通过的教育法案，实施政府对教育工作的有关决定；制定并颁布有关教育工作的各种通报、通知、指令、指示以及具体政策；领导所有公立学校；指导、监督私立学校；分配年度教育经费；制定学校教学大纲、规定考试制度和证书发放的标准；负责教职员的选拔、培训、晋升；负责高等学校科研工作的组织协调；落实国内与国外的教育合作的项目实施；负责制定教育发展的规划等。教育部长拥有相对广泛的职权，主要负责领导和检查教育部管辖之内的公立教育机构，检查和监督在教育部管辖之内的私立教育机构；确定国家的教育方针和教育原则；规定学校教学大纲、教学方法和考试的内容和时间；管理公立教育机构教职员人事任免；制定公立教育机构规则，监督指导私立教育机构；制定教育经费，等等。

此外，为了防范和消除中央集权的弊端，在各级各层教育行政机构以外，还设立了由各方面代表组成的各种教育咨询审议机关，用来对教育行政机构的决策进行监督和评审。

这样的教育行政体制自上而下建立起一套完善而有效的教育督学制度，通过督学辅佐教育行政首脑，监督、视察和指导各类学校的教学及管理工作。

---

① 陈祝林，徐朔，王建初. 职教师资培养的国际比较[M]. 上海：同济大学出版社，2004.

② 杨荣根. 国外继续教育的理论及经验对我们的启示[J]. 郑州铁路职业技术学院学报，2006(1).

同时，中央设有总督学处，受教育部长直接领导，主要负责及时提供全国的教育情况，并对之进行分析、评议和咨询，以及教育部长委派的其他任务；学区和省一级设有各级督学，负责协助总督学开展工作，并在教育改革工作中承担承上启下的桥梁作用。总督学处具体完成两方面工作：一是将实际工作中教师的想法反馈给教育部，使教育改革政策更加符合实际情况；二是向教师们解释和宣传教育部所制定的教育改革政策，确保教育改革政策的有效贯彻。

（三）澳大利亚职教师资培训——两大机构培训成果互认

澳大利亚是高等职业教育比较发达的国家之一，其高等职业教育（主要是高中后职业教育）主要由澳大利亚技术与继续教育学院（Technical And Further Education，TAFE 学院）承担。因此，TAFE 学院的教师培训在澳大利亚显得尤其重要。澳大利亚现有 TAFE 学院 84 个，共 300 多个校区。[①] TAFE 学院的教师培训基数也是相当之大。目前，澳大利亚从事 TAFE 学院教师培训工作的主要有两大机构：一是国家教育行政部门办的大学教育学院；二是劳动部门办的培训师培训中心。两大培训机构的主要培训内容包括学历学位培训、教师资格培训和教育技能培训。同时，依据教师从教时间的不同，培训内容又被分为初级教师培训、培训师（指导师）培训和在职教育发展培训三个层级。

澳大利亚职教和培训管理部门根据行业职业需求制定了各行各职业的能力标准，这些标准组织在一起称作培训包。所有具备颁发证书资格的大学教育学院以及劳动部门的培训中心，所提供的培训内容均以培训包中的培训内容为大纲，同时，培训考核的内容也在培训包中有明确规定，因此，在澳大利亚不同的大学教育学院或培训机构所取得的证书能够实现互认，并且享有同样的认可度。[②]

三、中国继续教育培训的机构设置

随着知识经济时代的到来，人才在社会发展中的作用日益明显，人与人之间的竞争越来越激烈，社会上以提升工作能力为目的的工作内容培训、职业技能培训、各类职业资格培训等培训类型成为越来越多人的选择。根据教育部全国教育事业发展统计公报显示，2013 年，我国接受各种非学历高等教育的学

① 陈祝林，王建初. 澳大利亚 TAFE 学院的师资队伍建设[J]. 职教论坛，2004(21).

② 王琳. 澳大利亚技术和继续教育学院（TAFE）教师培训研究[D]. 沈阳：沈阳师范大学，2014.

生已达 678.56 万人次，当年结业 933.77 万人次。[①] 由此可见，教育培训市场潜力巨大，高校继续教育培训大有可为。

然而，目前我国高校继续教育培训有的归属于院系，有的直属于机关，这造成了院系或机关职责不清，协调沟通不畅甚至工作推诿扯皮的不利局面。此外，我国继续教育培训目前存在两种管理模式，一种是层层批复的行政管理模式，这种管理模式的优势是可以对培训进行宏观调控，对资源进行有效、合理的分配，缺点是机构运作效率低下；另一种是基于“项目制”运作的管理模式，这种模式以培训项目完成的全过程为核心，以项目预期目标的实际完成情况为考核内容，根据考核结果对项目负责人及项目团队予以评价和奖惩，其特征是将管理的具体工作流程统一到项目的完成目标中，由独立的项目负责人作为该项目实施的总负责人，对具体项目全程策划、监控、管理、协调，并对项目最终目标的完成情况负责。[②] 这种管理模式的优势是可以有效地突破原有行政管理体制的束缚，引入竞争机制、激励机制、约束机制、奖惩机制，使管理更加科学有效；缺点是由于各培训中心分别隶属于不同学院或个人，容易造成学科交叉，引起无序竞争，造成教育资源的重复建设和无故浪费。

现行继续教育培训的隶属划分关系和项目运作的管理模式，是由于我国继续教育培训体制建设未能跟随其逐步扩大的规模而逐步健全完善造成的，从而也造成了现行继续教育培训机构的运作效率和服务水平低下，以及机构设置的不合理。

就继续教育职教师资培训来说，机构设置较为单一。目前，我国职教师资培训的机构，大多数还在教育学院和教师培训(进修)学校中进行，相较于国外庞大完善的教师进修培训网络，我国的职教师资培训机构明显设置得较为单一。

第二节 中外继续教育培训保障体系比较

任何事物的正常运转都离不开天时、地利、人和。对于继续教育培训来说，来自国家层面的宏观政策便是“天时”，来自国家、地方层面的微观具体的

① 2013 年全国教育事业发展统计公报[EB/OL]. http://www.moe.edu.cn/publicfiles/business/htmlfiles/moe/moe_633/201407/171144.html.

② 章慰，卫琳. 基于项目制运作的继续教育管理模式研究[J]. 继续教育研究，2010(6).

法律法规便是“地利”,来自各方的经费投入便是“人和”。因此,在继续教育培训保障体制的问题上,我们选取了政策保障、法律保障和经费保障三个方面进行讨论。

一、认识继续教育培训保障体系

继续教育培训保障是指为实现和保障既定的继续教育培训的规格要求,必须具备的办学条件和必须实施的全部有计划的系统性的活动,涉及影响继续教育培训教学运作、教学质量和教学效果等一系列因素。“体系”是指将有关事物按照一定的秩序和内部联系而组成的具有一定结构和特定功能的统一整体。

所谓继续教育培训保障体系,则是高校为实现继续教育培训的人才培养目标,运用系统理论和方法,将涉及继续教育培训各环节的各项活动有机地结合起来,对继续教育培训的过程实行系统、持续监控,形成一个能够保障达到继续教育培训最终目标并能维持相对稳定、有效的统一整体。

二、国外继续教育培训的保障体系

(一)政策保障制度

1. 制定国家政策,确保继续教育培训优先地位

俄罗斯自1991年独立以来,教育界与时俱进,不断探索,经过二十多年的努力,建立了先进的继续教育培训政策体系。以教师教育培训为例,俄罗斯在政府层面建立了完善的教师教育体系,以及较为完善的教师教育与继续教育课程体系,为教师队伍的良性循环提供了保障,也确保了俄罗斯的教育水平能够一直处于世界领先地位。在俄罗斯,教师教育的发展被置于优先的地位,俄罗斯的教师每五年都要进行脱产学习。俄罗斯有很多教师工作者进修和再培训学院(中心),这些机构定期对教师提供培训计划,包括最新的教材、教学资料,相应学科的发展状况、教学经验介绍等内容。①

2. 制定奖罚措施,激发继续教育培训参与度

为了提高继续教育培训的积极性,澳大利亚州政府和技术与继续教育学院制定了相应措施。以教师教育培训为例,澳大利亚州政府每年为在职培训教师提供4000个奖学金名额,以此激励技术与继续教育学院教师参加教学能力培训。技术与继续教育学院对参加教师教学能力培训且经学院考核成绩优

① 李宇辉.俄罗斯教师教育课程和继续教育研究[J].继续教育研究,2014(12).

秀的教师进行奖励，并将其奖励细则录入教师平常的业务档案，作为未来教师晋升的依据；对未参加教学能力培训的教师或参加教学能力培训但是考核不通过的教师，学院也制定了相应的处罚规定：连续3年不参加教学能力培训的教师，将会被给予警告的处分并将此记录在该教师的日常业务档案中，情况严重者将会面临被辞退；对于新教师的教学能力培训，考核不通过者，学院会要求其再次参加教学能力培训，如果考核再次不通过，新教师也将会被辞退。

(二)法律保障制度

发达国家基本上都对继续教育培训建立了立法保护措施。其主要特点是：立法权归属政府。在能够充分保证继续教育培训基本方针实施的前提下，政府可将相应的决策权与管理权下放到地方政府甚至是更下一级政府机构。政府对继续教育培训的管控大多是宏观的、方向性的。另外，从发达国家的政府层面所建立的法律保障制度，大大提高了继续教育培训被重视的程度，同时也促进了发达国家继续教育培训体系的逐步完善。

例如，2005年，德国新颁布的《职业教育法》中提出："应在不同地点之间合作进行职业继续教育培训。"这一法律规定涉及负责监督、考核和审查继续教育培训的主管机构，就是由相应的自由职业协会(如律师协会、兽医协会、审计师协会)和行业协会(如农业协会、手工业协会、工商业协会)等组成。另外，日本政府制定的《人才保障法》被各级教师奉为"圣旨"。多年来，日本政府陆续颁布《部分修改职业训练法的法律》《生涯学习振兴法》《终身职业能力开发促进法》等法律法规，都对日本继续教育培训的组建、职业设计指导中心的完善，以及地方职业能力开发综合中心在内的终身职业能力开发体系的构建起到了极大的促进作用。

(三)经费保障制度

发达国家的继续教育培训经费多来自政府或继续教育培训的主办机构，几乎不会让参加培训的学习者"自掏腰包"，并且不会让学习者因为参加培训而"惨遭损失"。

例如，新加坡1991年到1995年投资科学教育的20亿新元中，用于继续教育的有1.6亿新元，占科教总体投资的8%。除此之外，新加坡还通过向企业集资的方式建立技能发展基金等，这样的经费制度有力地保障了新加坡继续教育培训经费的来源，同时，也能够调动参与继续教育培训的积极性，免去许多后顾之忧。另外，澳大利亚TAFE学院教师教学能力培训主要是由州政府提供资助经费，并由各TAFE学院以教学项目进行竞标来获得经费。教学项目培训经费最高可达1.5万澳元，主要用于教师的实习、派遣、差旅费、培训费等。[①] 此外，为了保证 TAFE 学院职业教育教师能够跟上知识更新和企业技术发展的步伐，适应课程教学发展的要求，澳大利亚政府还要求职业教育教师除参加各种新知识讲座和新技术培训外，还必须经常或定期去企业进行技术实践或参加企业主办的培训。同时，各校还规定职业教育教师每周可以在相关企业兼职工作 10 小时，各职业教育教师均要进入相关行业或专业委员会参加学校与社会联系的各种活动。在企业接受培训的相关费用全部由企业承担。[②]

三、中国继续教育培训的保障体系

（一）政策保障制度

相比国外而言，我国继续教育培训政策并不配套。以我国职教师资培训为例，目前，我国职教师资的来源和培训受管理体制和人事制度的限制，从企业调入职业技术学校任教的教师不能转成事业单位的编制，对于调到职业技术学校任教的企业单位的高中级技术工人，人事部门也同样面临将其从工人转为干部的问题；受人事部门、地方或行业的制约，职教师资参加专业技术职称（非教师系列）评选时，“双职称”制度在实际工作中的实施难度较大。[③] 继续教育培训政策不配套，在一定程度上影响了我国继续教育培训中学员参与积极性。

（二）法律保障制度

多年来，我国陆续出台有关继续教育培训的法律规定。然而，由于种种原因，大多都没有落到实处。以教师资格证书制度为例，我国现行的法律中虽然有所规定，但都是比较原则性的规定，还没有细化的具体操作实施办法，法律中规定的教师资格认定条件也过于简单，这也导致教师资格证书制度等流于形式，没有真正发挥其积极的作用。

（三）经费保障制度

我国政府已经把教育作为国民经济和社会发展中具有基础性、全局性和先导性地位的重要事业，并不断加大对教育事业的投入。但实际上国家财政

① 王琳. 澳大利亚技术和继续教育学院（TAFE）教师培训研究[D]. 沈阳：沈阳师范大学，2014.

② 黄日强，邓志军. 澳大利亚职业教育的师资队伍建设[J]. 河南职业技术师范学院学报：职业教育版，2003(1).

③ 冯泽衍. 我国职教师资培训体制研究[D]. 石家庄：河北师范大学，2009.

性教育经费占国内生产总值的比例并不算高，划拨到继续教育培训的国家财政性经费就更加少了。2013 年，国家财政性教育经费为 24488.22 亿元，占国内生产总值比例为 4.30%，①这一比例在国际上依然处于较低的水平。

第三节 中外继续教育培训项目管理流程比较

一、认识继续教育培训项目管理流程

项目是指一系列独特的、复杂的并相互关联的活动，这些活动有着一个明确的目标或目的，必须在特定的时间、预算、资源限定内，依据规范完成。②

项目管理是通过在项目运作的过程中，综合应用各种知识、技能、工具和技术来完成项目的预期目标和满足项目有关方面的需求和期望。项目管理是以某一项目为对象的一种科学的管理方式，它以系统论的思想为指导，以现代先进的管理理论和方法为基础，通过项目管理特色的组织形式，实现项目全过程的综合动态管理，以有效地完成项目目标。③

项目管理流程是指项目先后衔接的各个阶段的全体。在一个独立的项目管理流程中，每个阶段都有自己的起止范围，即都有本阶段的起始工作和结束工作。同时，每个阶段都有本阶段的控制关口，每个阶段完成时一定要通过本阶段的控制关口，才能进入下一阶段的工作。

根据以上相关定义，继续教育培训项目管理流程即为综合应用各高校可利用的优质资源，来完成继续教育培训项目的预期目标和满足继续教育培训对象及其他有关方面的需求和期望的各个阶段的总和。同时，整个继续教育培训项目管理流程以学习者（或学习者所在企业）为中心，在设计项目流程时，最大限度地通过对各阶段的管理和控制，满足学习者的要求。

继续教育培训的项目管理流程主要包括开发管理、过程管理和后期管理。

---

① 去年财政性教育经费为 24488.22 亿占 GDP 比例 4.3%[EB/OL]. 2014-11-09. http://www.ce.cn/xwzx/kj/201411/09/t20141109_3873874.shtml.

② 百度百科[EB/OL]. http://baike.baidu.com/link? url=cqOIlhO713EsL1g1Cg7fbGgX8Su_mW5vMYeMs1WA3hZwbN1_DlVKIG0YxBi5b6o7ljdzIWC8LTc_72BVlPMpc_.

③ 陈凯. 李尔中国有限公司的项目管理流程研究[D]. 长春：吉林大学，2004.

其中，开发管理是指高校继续教育培训在设计与规划培训方案之前，由有关人员采取各种方法与技术，对各个机构和组织及其成员的知识、技能、态度等方面，进行系统全面的了解、调查和分析，以确定课程设置与课程内容的一种活动，如需求分析调查、培训需求评估等，然后再以前期的调查分析为基础，进行继续教育培训项目的研发，在充分发挥学校（学院）自身的学科特色、专业优势的前提下设计高校继续教育培训项目，使高校继续教育能够在满足学习者需求的同时，借助学校的各种强大优势打造精品化、品牌化的继续教育培训项目，实现学校和学习者的双赢。这一阶段对于整个继续教育培训项目的管理流程来说至关重要，其管理的好坏，直接关系到之后的过程管理和后期管理。可以说，开发管理是继续教育培训项目管理流程的基础，如果没有好的开发管理，培训项目就不可能有好的效率和效益。

过程管理是指在高校继续教育培训的过程中，为确保完成整个继续教育培训，对培训对象、授课教师等进行一系列的规范，以及为学习者所提供的教学授课、教学支持等服务。

后期管理主要针对继续教育培训项目的收尾工作，目的在于对此次继续教育培训的教学效果进行评审，以及对整个过程进行总结，确保学习者的所有期望被满足，并为下次继续教育培训项目积累经验。

二、国外继续教育培训的项目管理流程

（一）开发管理：项目研发与市场紧密联系

发达国家非常重视继续教育培训工作的前期研发工作，并与市场紧密相连，以使继续教育培训项目有持久的发展力。以美国为例，高校为了一项继续教育培训的研发工作，可以花费大量的人力、物力、财力，甚至进行反复的论证与验证。这样的继续教育项目建立后，便具有持久的发展力，高校能够根据已形成的培训项目延伸出众多的相关项目，从而完善自身的课程项目，使其形成一个精品项目群。

在进行继续教育培训前期研发工作时，美国也非常重视学习者的开发与公关，尤其是运用“会员制”市场扩展策略发展大客户群。能够参与其中的会员单位既可以是公司、企业，也可以是政府机构、行业协会等，通过这样的会员制度使会员单位优先享受大学提供的一系列教育服务。例如可以自由选择参加大学现有的继续教育培训项目，可以享受继续教育培训的定制服务，以及享受大学提供的一些附加性质的增值教育服务，如学习资源服务。同时，有的继续教育培训项目也只针对会员单位开放；会员单位的员工可以使用大学的图书馆资源，可以参加大学开设的讲座、研讨会，还可以通过缴纳一定的科研经

扫一扫，观看继续教育培训视频：著作权保护实务

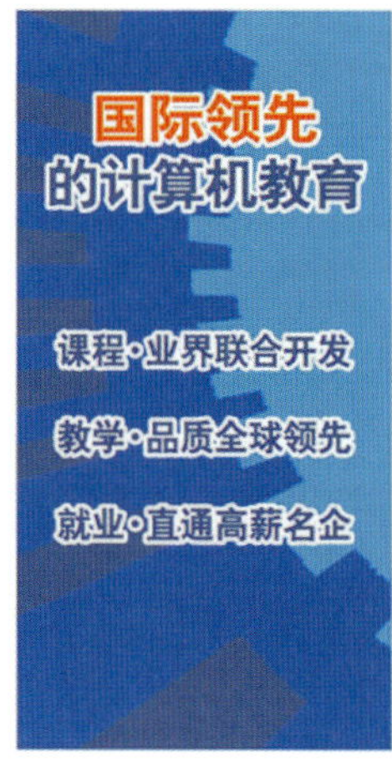

扫一扫，了解NIIT项目

费参与大学的科学研究，进一步了解某一领域最前沿的发展动态，并与相关领域专家学者进行合作研究、学习交流等。[①]

(二)过程管理：课程资源丰富，注重培训师资的建设

发达国家的继续教育培训已经进入比较发达和先进的阶段，它们的培训课程内容既能够紧跟最新技术形势、关注世界最高精尖技术，也能够注重课程配套、知识结构和层次结构的完整性，充分重视对学员创造力的开发。同时，还能够依据前期市场调研的结果设置培训课程内容，以满足不同层次、不同对象的学习需求，比如有的培训课程是为了提高工作技能而开设，有的是为完成学位课程的学员所开设的学位弥补课程。此外，国外继续教育培训的办学领域也已经涉及多个学科，如自然科学、社会科学、人文科学等。学员可以完全凭兴趣和职业发展需求进行培训项目的选择，并且不会受到入学限制。培训内容新颖、实用性强，最新的科学技术一旦被实际应用，就会立即被编入教材，不仅更新了学习者原有的知识，还促进了新知识的普及。

在教学过程中，教师的重要性毋庸置疑。许多发达国家都很注重培训师资的建设。例如，德国的职教教师招聘要经过五个程序，最后还是由州文化部长确定入选者，从中可以看出政府对教师水平的重视程度。

澳大利亚对职业教育老师的执业资格要求比较严格，担任技术与教育学院的老师必须取得培训行业四级证书。该认证不像我国的教师资格证书那样具有通用性，而是专门针对职业教育特点的认证。即使具有丰富的现场工作经验，要获得这样的认证，也必须经过一系列相关的培训学习与考核，且培训与考核一般要经历一年以上时间。[②]

(三)后期管理：追踪和反馈的理念认识不足

现有文献有关国内外继续教育培训项目后期管理的介绍较少，这也是中外继续教育培训研究中的薄弱之处。对于国内外大多数继续教育培训，人们普遍的看法是认为培训课程结束就意味着整个培训就结束。但国外学者CalhounWick等人通过对全球大量企业的培训进行研究后，对此却持有不同的观点。在他们的《将培训转化为商业结果：学习发展项目的6D法则》一书中，作者提出，开展一个培训之前，我们一定要弄清楚，培训的目的是什么，然后“以终为始”，即若要达到这样的目标，我们该开发什么样的培训项目。不能为了培训而培训，要思考培训项目能为企业带来什么样的效益，不管是显性效

① 王爱义，乔琼．美国一流大学继续教育的发展特色及其启示[J]．继续教育，2008(11)．

② 李全意，李鹏，郭琳．关于澳大利亚职业教育教师的培训体系[J]．职业教育研究，2008(11)．

益还是隐性效益。在培训课程结束之后，培训项目并没有终止，实则是才刚刚开始。因为当学员回到自己的工作岗位，负责培训项目的工作人员需要进行跟踪和反馈，然后根据反馈的信息修正此次继续教育培训项目的方案，以避免此次培训项目中的不足被延伸至下一个项目中，如此，才算是完成了一个继续教育培训的所有环节，并形成一个良性循环，促进继续教育培训项目越来越好。[1]

三、中国继续教育培训的项目管理流程

近年来，我国高校继续教育培训得到了积极的发展，继续教育培训的项目管理流程也基本形成，大致为指派专人深入企事业单位了解培训需求，确定培训目的，根据需求和目的设计培训方案与内容，在实施培训的过程中跟踪评估培训效果，及时调整培训内容等。如图 3-1 所示。[2]

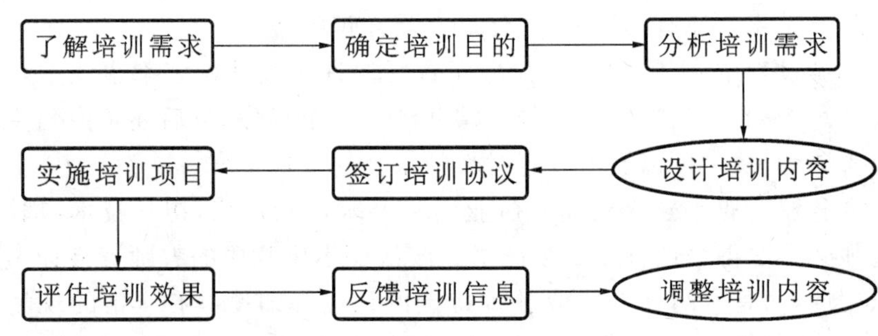

图 3-1　继续教育培训项目管理流程图

但是，在我国现行高校继续教育体制下，继续教育培训的项目管理流程并没有完全遵照市场化项目管理的基本规律，而是依然保留着些许由于体制僵化而带来的弊病。

(一)开发管理：前期调研不够深入

目前，我国的继续教育培训在开发管理阶段前期项目研发的深度不够，培训还未能形成一个系统。以我国教师培训为例，首先，现有的教师培训忽视了教师的需求，培训内容多与信息技术有关，忽视了对于先进教育思想的培训。此外，对于教师参加培训也多是采用政策性手段，具有强制性，教师培训时间也多是占用休息时间，教师对于继续教育培训大多都带有抵触情绪，使得培训

① 卡尔霍思·威克，罗伊·波洛克，安德鲁·杰斐逊. 将培训转化为商业结果：学习发展项目的6D法则[M]. 周涛，宋亚南，译. 北京：电子工业出版社，2013.

② 张国安. 服务的力量[M]. 武汉：华中科技大学出版社，2013.

的预期效果无法达到。[①]

(二)过程管理:内容设置不够完善

国内参与继续教育培训的授课教师,大多以本校或兄弟院校的优秀师资为主,兼有职业培训讲师、政府官员、企业专家。[②] 在培训过程中往往采用人海战术,采取满堂灌、整体推进的教育教学方法,教学手段陈旧落后,追求整体划一,忽视成人学习的特点。在培训过程中,我国继续教育培训的过程管理多存在培训形式相对单一、培训内容比较陈旧、培训师资力量不够、管理不到位等现象。

1. 培训形式相对单一

在继续教育培训的实际教学中,传统的课堂授课方式普遍存在,而形式生动活泼、实践性很强的教学方式却很少或几乎没有被采用。同时,继续教育培训还存在一味追求证书、忽视培训质量的问题。此外,继续教育培训数量存在不足,无法有效地满足学习者的学习欲望和需求。

2. 培训内容重理论轻实践

目前,还有一部分继续教育培训的教学内容呈现出偏内容教学,轻实践操作环节,以及理论与实践脱节的现象。这些都是对继续教育培训的内在规律认识不到位,对继续教育培训的发展和办学思路认识不清引起的。此外,继续教育培训的内容与产业深度融合的程度也有待提高。

3. 培训师资力量不够

现阶段我国高校继续教育的授课教师大部分是兼职,专职很少。有些教师可能在学历教育内建树颇丰,但是在非学历教育领域经验并不丰富;有些教师在学术领域很有成就,但其自身的教学经验可能会不足,其讲授的内容偏理论方面,并不能解决实际问题,同时可能并不了解继续教育培训学习的特点;还有少数参与继续教育培训的教师对继续教育有偏见,所花在培训上的功夫也不深,因此培训效果一般。

一些专职的培训老师缺少职前和在职培训,且工资待遇不高,致使其缺乏教学积极性;对其管理不严格,很多教师在其位不谋其职,这些因素都会影响培训的效果。

(三)后期管理:效果评价不够全面

培训课程的结束,并不意味着培训项目的结束,反而是培训项目的"开

① 李聪慧.韩国学分银行的建立对我国教师培训制度的启示[J].现代企业教育,2014(20).

② 胡世玮.基于需求导向的高校继续教育培训教学体系构建[D].大连:大连海事大学,2013.

始”。培训的效果并不能从学员的纸质答案和口头汇报中得知，而应该在学员回到自己的工作岗位后，看看能否学以致用，这才是检验培训效果的标准。我国现行的继续教育培训考核评价制度、评价理念混乱，要么过分注重管理目标，要么片面理解以人为本。评价内容简单，评价标准单一，评价方法机械，对整个继续教育培训过程也缺少一个整体性的总结。这种评价体系，对继续教育培训的整体效果缺乏相应的检查、监督、评价机制，使得培训工作存在较大的盲目性和自发性，导致整体培训效果不理想，影响后期继续教育培训的开发，以及学习者参加培训的积极性。

第四节　国外继续教育培训建设的启示

以上对中外继续教育培训的机构设置、保障体系以及项目管理流程进行了介绍，我们从所列举的例子中发现，由于所处环境的差异，中外继续教育培训存在着明显的不同。国外继续教育培训建设对我国继续教育培训的启示如下。

一、国外继续教育培训机构设置的启示

(一)多方力量协同开展继续教育培训

发达国家通常由政府、学校、企业等协同开展继续教育。其中，政府负责宏观调控，或设置专门的机构对继续教育培训进行监督和控制；地方政府或学校和企业联合，开展继续教育培训具体工作。我国应效仿国外继续教育培训机构设置框架，建立继续教育培训的机构体系，切实加强对继续教育培训提供者、考核发证者的资质审核与质量认证，提高继续教育培训市场的准入门槛。建立和完善继续教育培训的服务体系，促进各机构之间的衔接与沟通，促进信息服务的社会化和规范化。

(二)高校应加强与企业的联合

知识经济时代，社会竞争更加激烈，社会对每个公民的综合素质要求越来越高。未来社会，人力资本是最具竞争力的资源，所以企业也越来越注重对员工的培训和再教育，很多大的企业都有自己的企业大学，如华为、腾讯等，所

以，很多企业内部的培训课程实用性非常强。反观国内高校的有些继续教育培训，因为其授课教师或培训环境的关系，其课程的实用性远远比不上企业。单靠高校自身，较难达到理想的培训效果。

如此看来，高校与企业联合，开展继续教育培训，才是双赢的方式。高校继续教育示范基地则可以在其中起到较好的作用。继续教育示范基地有多年开展继续教育培训的经验，可以为周边的高校和企业的合作搭建一个好的平台，既可以共享周边高校继续教育培训的优质资源，也可以引入企业内部培训的优秀师资和内容；对于企业而言，也可以利用高校优质的资源开展培训。

二、国外继续教育培训保障体系的启示

（一）加强政府支持力度，建设继续教育培训政策和法律体系

从前文的介绍中，我们了解到国外为了确保继续教育培训的质量，制定一系列政策和法律，如俄罗斯要求教师每五年都要参加脱产学习，教师的继续教育培训均受到政策和法律的保护。相较之下，我国继续教育的政策和法律尚在建设之中，涉及继续教育培训的政策和法律更是少之又少。为此，要加快制定《终身学习法》，从法律层面上明确政府、企业、员工个人在继续教育培训中的责任、权利与义务。加强政府层面对继续教育培训的公共服务与管理职能，充分发挥政府在预测规划、法制保障、政策引导、财政资助、质量保障、信息服务等方面的积极作用，加大对继续教育培训的公共投入，促进政府各相关部门的政策协调与各种公共资源的统筹共享。采取更有效的政策措施，鼓励行业与企业积极参与和支持继续教育培训，进一步加强政府对继续教育培训市场的监管力度，推动职业培训市场的有序、健康发展，使培训服务消费者的正当利益切实得到保障。

（二）明确各方职责义务，完善继续教育培训经费来源

明确各级政府和部门在提供或资助继续教育培训中的职责，加强公共财政体制建设，增加对继续教育培训的公共投入，强化政府的公共职能。优化继续教育培训的资源配置，把公共资源优先向弱势地区与弱势人群倾斜，逐步缩小城乡、区域差距，推动继续教育培训的协调发展；逐步完善免费培训、培训费资助与减免、提供“培训券”等帮助困难群体的培训资助制度，加强对低收入者、失业者、农民工等困难群体的培训资助力度，将农村扶贫资金的更多比例用于技能培训。同时，积极探索建立“带薪教育假”制度，完善继续教育培训的成本分担机制，从时间和经费上对劳动者参与继续教育培训的权利予以切实保障。进一步采取措施，鼓励企业增加培训与继续教育投入，落实企业职工培

训费占企业工资总额1.5%的政策。对中小企业的培训应给予特殊扶持。对在职员工自主参加的学习与培训，可通过从个人所得税中扣除、鼓励企业予以适当资助等措施给以支持。①

三、国外继续教育培训流程管理的启示

(一)继续教育培训的开发管理

培训项目应该根据社会需求来开发。以需求为导向的教学体系，其教学质量就表现在该继续教育培训项目满足学习者培训需求的程度，而如何知道一个培训是否满足了学习者的培训需要，则要建立与需求相关联的培训教学管理制度，并将这个制度始终贯穿在培训的全过程，进行实时对照、实时管理和实时调整。

规范化、标准化的管理制度是培训项目顺利实施的根本保障，制度要细化到每一个环节，无论是授课教师还是培训教务人员，都要有严格细化的制度作为保障，建立完善的培训管理制度体系，才能更好地利用继续教育培训资源。在建立培训教学质量管理制度方面，要从培训实施的每一个环节考虑，每一个环节都要细化和量化，包括需求分析、培训项目设计、教师选聘、教学内容设计实施、考核评估、档案管理等环节。

当培训需求确定后，在培训实施方案中，制定明确的培训目标至关重要。通常，制定培训目标需要注意以下方面：目标要具体；目标可评估；目标易实现。

(二)继续教育培训的过程管理

1. 丰富培训的形式

改革以往单纯依靠老师讲课、学生听讲的单一的培训方式，采取灵活多样的培训形式，并适当加大继续教育培训的建设、开发力度，提高继续教育培训效果。

2. 更新培训内容

提高对新时期继续教育培训的认识，理清在新技术的应用下，继续教育培训的未来发展走势和办学思路，培养横跨校地"继续教育产业区"以及实践和能力并重的"双师型"教师，跟随全新的人才培养需求和目标，重新配置继续教育培训内容中理论和实践的比重。

① 韩民，郝克明. 终身学习背景下培训与继续教育的公平及其政策课题[J]. 北京大学教育评论，2007(3).

3. 加大继续教育培训教师的专业化建设

要提高继续教育培训师资的专业化水平，国家应该明确规定开展继续教育培训师资的入职标准，通过制定法律等措施，强制规定从事继续教育培训教学活动的教师所必须达到的要求。比如必须参加定期和不定期的教学培训，每年和每个阶段必须达到一定的学时，成绩需达到一定的标准要求。同时，提高继续教育培训师资的工资待遇，充分调动其教学积极性；实行严格管理，优秀者予以经济奖励和晋级，不合格者予以处罚或开除。[①]

此外，以政策和法律的形式对继续教育培训师资的权利和义务进行保护。加大对继续教育培训的过程管理，切实提高办学质量。针对高校继续教育培训在教学过程中管理对象复杂、区域分散等困难，各高校可根据自身实际情况，逐步完善教学过程中的管理模式。[②]

（三）继续教育培训的后期管理

目前，中外继续教育培训后期管理都存在缺位的现象，普遍认为培训课程结束，该培训项目也就结束了。没有对培训后期进行管理，致使继续教育培训质量大打折扣。

因此，可以利用继续教育示范基地的建设，制定相关规定和标准，规范高校继续教育培训的管理，提高学习者对整个继续教育培训过程的参与度，扩大学习者对继续教育培训质量的评价权和监督权，促使提高继续教育培训管理方和执行方（教师）的责任心，让每一个继续教育培训项目都真正起到作用。

在制定培训后期的管理标准时，可以参考柯氏评估模型。具体来说，分为反应评估、学习评估、行为评估、成果评估四个层次。

1. 反应评估

每一门培训课程结束后，发放调查问卷，从教学计划、教学内容、授课师资、学习收获四个方面调研学习者的满意度。

2. 学习评估

为了全面考核学习者对于教学内容的掌握，将考核贯穿到整个教学过程中。课堂上，通过互动、案例分析、情境模拟等形式考核学习者对于知识的掌握和消化程度。培训结束后，通过结业论文、行动计划等形式评估学习者对所学知识的掌握程度。

3. 行为评估

培训结束后1—6个月内，通过电话回访、QQ、邮件等形式，了解学习者在实

---

① 杨学祥. 新加坡成人教育体系、特色及其启示[J]. 继续教育，2015(1).

② 王飞. 浅析我国高校继续教育培训管理模式[J]. 技术与市场，2014(3).

际工作中的改进情况，比如是否将在继续教育培训中所学到的知识、技能运用到了实际工作中，是否因为知识、技能的改变而提高自身的工作效率和工作质量。这一评估一般要求与学习者一同工作的人员如上级领导或未参加培训的同事等参加。

4. 成果评估

培训结束后 6—12 个月，对学习者在培训结束返回工作岗位后，所取得的成绩和企业绩效提升、成本降低等因素进行评估。了解是否因继续教育培训而带来了组织上的改变效果，比如企业整体绩效是否因此次继续教育培训而有所提升。

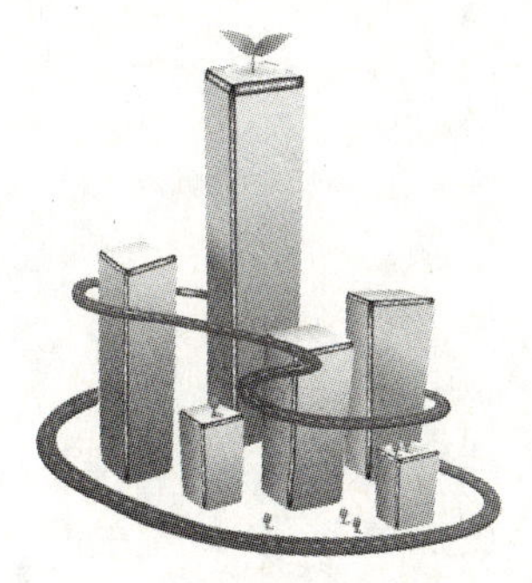

第四章
继续教育示范基地建设之相得益彰——校企合作

继续教育作为一种新的教育形式出现以来，它的生命力就植根于社会行业、企业。经过多年的发展，量的积累最终实现了质的飞跃，并催生出一个系统性、规模化和理论引领的教育形式——校企合作。

校企合作的领域十分广泛，高校继续教育与企业合作只是其中一种。近几年，与企业合作发展继续教育已经在教育领域形成了一定的影响，而且这种影响还在扩大。二者在实用性人才培养领域相互取长补短，紧密合作，相得益彰。因此，在继续教育示范基地发展过程中，对校企合作进行深入研究具有一定的现实意义。

本章通过介绍校企合作的产生、界定、优劣势及其推广演变的三种新形式，围绕中外校企合作继续教育模式的发展历程和现状，以及中部组五校校企合作的示范案例展开行文，以期总结我国校企合作继续教育发展模式的经验，同时，在对中外校企合作继续教育发展模式“知己知彼”的基础上，对校企合作继续教育的未来发展提出几点思考。

第一节　认识校企合作

一、校企合作在中国产生的背景

从校企合作出现的时代背景来说，随着社会的发展、科技的进步，学习型社会对人才提出了更高的要求，人才的需求也变得比以往更加多元化，传统的学校教育已经远远不能满足社会发展对人才的需求。同时，终身教育理念逐渐深入人心，人们越来越强烈地意识到继续教育在职务晋升、职业转换、人才流动的过程中所发挥的重要作用，因此，继续教育成为各行业从业人员提升知识和技能的首选方式，这便为高校和企业开展校企合作奠定了基础。此外，新时代的到来，越来越多的企业意识到企业的生存与发展不再仅仅取决于是否引进先进设备和生产线，更在于自主创新、挖掘内在潜能并掌握新技术。因此，企业作为科技人才、管理人才的聚集地，必然是开展继续教育的主阵地。高校具有深厚的文化内涵和教育基础，企业需要借助高校丰富的教育资源提高人力资本，从而进一步提高自身竞争力，这也正好契合了企业谋求可持续发展的需求。

从校企合作出现的政策背景来说，中国 1995 年 3 月颁布的《教育法》第一次从法律上明确了专业技术人员有接受继续教育的权利和义务。是年，人事部下发了《全国专业技术人员继续教育暂行规定》，对继续教育的管理和实施做出了明确规定，从此继续教育成为国家人事管理工作的重要职能之一。

2002 年 11 月，党的十六大报告明确指出："教育是发展科学技术和培养人才的基础，在现代化建设中具有先导性、全局性作用，必须摆在优先发展的战略地位。"要"加强职业教育和培训，发展继续教育，构建终身教育体系"，要"形成全民学习、终身学习的学习型社会，促进人的全面发展。"2003 年 12 月，胡锦涛总书记在全国人才工作会议上指出，"人才问题是关系党和国家事业发展的关键问题，全党同志必须从全局和战略的高度，以高度的政治责任感和历史使命感，把实施人才强国战略作为党和国家一项重大而紧迫的任务抓紧抓好"，并且要求"要进一步完善普通教育、职业教育、成人教育和高等教育相衔接的教育体系，完善继续教育和培养制度，建立健全人才培养机制。"

改革开放以来，在高等教育领域，党和国家除了加大普通高等学校的招生规模，推出高校教育体制改革外，也不断地提高继续教育的地位。《国家中长期教育改革和发展规划纲要（2010—2020 年）》明确指出，应"加强学校之间、校企之间、学校与科研机构之间合作以及中外合作等多种联合培养方式，形成体

系开放、机制灵活、渠道互通、选择多样的人才培养体制。""要调动行业企业的积极性。建立健全政府主导、行业指导、企业参与的办学机制，制定促进校企合作办学法规，推进校企合作制度化。鼓励行业组织、企业举办职业学校，鼓励委托职业学校进行职工培训。"因此，继续教育要高质量地完成为生产、建设、服务和管理一线培养高素质、技能型人才的培养任务，就必须走产学研相结合、校企合作的发展之路。

高校与企业是社会组成的两个职能分工主体，在促进社会发展中各自发挥优势。高校是实现继续教育的重要场所，拥有丰富和优质的教育资源、先进的教育理念、完善的教育设施等，能够为企业培训员工，提供科研成果等；企业为高校提供研究经费、实践锻炼的场所，实现双方资源的共享和双赢。只有校企合作才能确保高技能人才的培养质量，也只有校企合作才能实现高技能人才的规模化培养，走上高技能人才培养的快速发展之路。

建立学习型社会、实施终身教育、深化改革继续教育，以及满足现代人的教育需要，是当代社会发展的必然趋势。因此，高校和企业这两个重要的社会组织建立起合作关系是时代与社会发展的必然要求和科学选择。

二、校企合作的实质

校企合作实质上是一种合作教育。对于合作教育，在国内外的理论研究中，有着多种角度的理解。

美国国家合作教育委员会的解释是：合作教育是一种独特的教育形式，它将课堂学习与在公共或私营机构中有报酬、有计划和有监督的工作经历结合起来；它允许学生走出校门，到现实世界中去获得基本的实际技能，增强学生确定职业方向的信心。[①]

加拿大合作教育协会将合作教育解释为：合作教育是一种将校内的学习与校外真实的工作经历结合在一起的教育策略，学生在校外的工作往往与他们所学的知识有直接的联系；合作教育是一种将课堂学习和与学生所学知识有关的校外工作分阶段结合起来的教育方法；合作教育是一种将学生参加真实的工作作为常规，使其成为课程设置中必不可少的一部分的教育计划。[②]

中国的众多学者对校企合作也有各自的理解。有些学者从校企合作所进行的层面的角度认为，可根据不同区域及对象，以及合作的深度情况进行校企合作。例如，校企合作可以表现在区域和专业设置等层面，也可以反映在办学

① 肖称萍.企业参与校企合作的动因分析与激励机制探究[J].职教论坛，2012(34).

② 张柏军，刘迎春，马爱胜，等。高职院校校企结合教学模式创新探索与研究[J].北京电力高等专科学校学报，2011(5).

模式、服务对象与性质等方面，与教育观念、政策支持、国情、地域经济有着密切的关系。还有些学者从校企合作中要注意的原则、过程和目标等方面来理解和解释校企合作，他们认为，校企合作是高校和相关企业或行业在共同育人方面遵循平等互利的原则进行优势互补的合作，是一种将学校的教育资源和企业的各种资源整合，学校把课堂设置到企业，让学生在企业生产经营过程中进行学习，企业把学生视为员工，按企业要求进行管理和考核，以培养适合企业或行业需要的应用型人才为主要目标的教育模式。①

综上所述，我们可以这样理解校企合作：校企合作是学校与企业在资源、技术、师资培养、实习实训、岗位培训、学生就业、学科建设、教学和科研活动等方面的合作，利用学校与企业不同的教育资源和教育环境，培养能适应市场经济发展、适合企业需要的应用型人才；利用学校与企业在人才培养方面各自的优势，把以课堂传授理论知识为主的教育环境与直接获取实践经验与能力为主的生产现场环境有机结合起来，最终实现学校与企业双赢的一种人才培养模式。

三、校企合作的作用

（一）校企资源互补，培养综合素质人才，实施企业人才战略

现代社会以实现人的全面发展为目标，对人才提出了更高的要求，除了要求人才具备基本的从业知识以外，还要求其具有一定的综合职业能力素质和创新能力素质等，这些素质的培养需要多方面协作才能完成。通过校企合作，学校和企业可以发挥互补性优势，高校在微观教学场所、师资力量和硬件设备，以及宏观的教育理念、培训项目、学位认证等方面为企业培训提供支持；企业为高校投入科研经费，提供生产实践的场所和就业平台。通过资源互补的形式，培养出具有综合素质的人才。同时，企业利用高校的智力资源，来完善企业的智力库。校企合作有利于改善企业的人才结构，发挥人才对企业科技创新和可持续发展的重要作用，同时加快科技成果向现实生产力的转化，提高科技进步对企业发展的贡献。

（二）校企科研合作，促进高校继续教育改革，提升企业转型升级能力

随着中国高等教育扩招，高校出现培养资源短缺等问题，限制了高校继续教育的发展。通过校企科研合作，可以弥补高校继续教育的不足，积极调动教

① 中等职业学校开展校企合作教学的探析（课题阶段总结）[EB/OL]. http://www.docin.com/p-329727625.html.

师和学生深入企业一线，进行实地调研，提高教师解决企业实际问题的科研能力，培养学生的创新能力、分析问题能力和实际操作能力，把以课堂传播理论知识为主的学校教育与直接获取实践经验、技能为主的生产基地有机结合起来，把社会有效资源和社会力量纳入学校资源，弥补高校继续教育的不足，提升教学质量，促进高校继续教育的改革发展。同时，高校的技术和管理科研机构进入企业，与企业进行长期合作，可以帮助企业解决运营过程中的实际问题，缓解企业市场竞争和产业升级的压力。

（三）校企就业合作，提升毕业生就业竞争力，缓解高科技人才短缺

大多数校企合作还包含校企就业合作，即以市场和合作企业（或企业所属行业）人才需求为导向，利用学校和企业双方共同参与人才培养过程的优势，逐渐改进教学，培养出企业（或企业所属行业）适用的人才。校企就业合作，从就业的结果导向促进学校主动服务行业、产业，及时了解社会对人才需求的规格与数量的变化，在提高自身育人实用性的同时，培养出符合行业企业最新需求的高科技人才，有利于提高毕业生的就业竞争能力。此外，由企业设立奖学金、助学金，进行校企捐资助学合作，建立学校和企业在人才培养、员工培训、学生实习就业等方面的长期合作关系，实现学校、学生和企业多赢。

第二节 国外校企合作继续教育的发展

校企合作作为一个新的教学形式传入中国之后，经过多年的努力，已经在实践中有了一定的发展。但是，和发达国家相比，仍然有较大的差距，发展之路任重而道远。因此，探究发达国家校企合作发展模式的现状和发展，对推进中国继续教育校企合作的发展和成熟有着很大的启示作用。

一、美国“产学研合作教育”模式

美国的产学研合作教育是一种运用学校和社会两大教育环境，通过科学地编排理论学习课程和在企业中实际工作的机会，来促使学生更加扎实地掌握课本中的理论知识，进而对社会有更直观地了解并培养实践能力，提高自身

的素质和修养的一种教育模式。[①] 这种模式将高等学校的教育教学过程与社会发展的要求相呼应，充分发挥高校、科研和社会三个独立主体的社会服务功能。由于这种教育模式与传统的教育模式有很大区别，与当时的经济社会紧密相连，因此，“产学研合作教育”模式自出现就受到了教育界乃至全社会的广泛重视。

（一）“产学研合作教育”模式的发展历程

20 世纪上半叶，美国的“产学研合作教育”相继经历了发展期、萎缩期和快速发展期。

1. 发展期

美国的“产学研合作教育”正式开始于 1906 年。是年，辛辛那提大学同企业合作共同对 27 名技术系学生实施职业教育，由此以后的 40 年里，共有 43 个成功的“产学研合作教育”计划。1957 年，爱迪生基金会发起召开了美国“产学研合作教育”会议；1958 年至 1960 年，美国展开了对“产学研合作教育”的研究；20 世纪 60 年代中期以后，“产学研合作教育”得到了美国联邦教育总署和基金会的财政支持，其实施层次也逐步由高中职业科往研究生院的方向扩展。“产学研合作教育”得到了稳步发展。

2. 萎缩期

20 世纪 70 年代中期以后，美国教育界提出了“回到基础”的口号，此教育运动实质上是美国的一次恢复传统教育的思潮，从根本上否定了“进步教育”运动的基本主张。此外，由于“产学研合作教育”模式自身的问题，如证书制度滞后，该教育模式培养出来的学生未得到全美国学校的认可，社会对该模式的教学水平和教学质量存在质疑等。因此，由于当时时代背景的变化和“产学研合作教育”模式自身的发展瓶颈使得“产学研合作教育”模式的发展在这一时期停滞不前。

3. 快速发展期

20 世纪 90 年代，美国教育界努力通过多种途径，采取各种对策，以促使合作教育在更大规模上得以顺利开展。如呼吁联邦教育总署重视“产学研合作教育”，通过拨款、立法、人员配备等方式加大“产学研合作教育”的影响；积极说服高校，鼓励其实施教学改革，加强同企业，尤其是中小企业的紧密联系，增加企业急需的专业技能和学历要求都较高的大学专业设置，促进高校的培养更加贴近企业的实际需要等。此外，在合作教育委员会的推动下，成立了合作

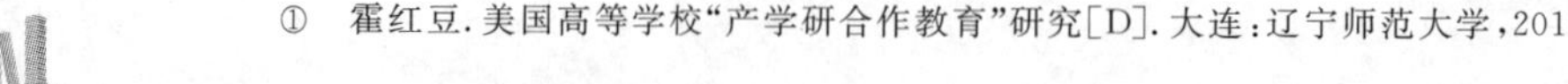

① 霍红豆. 美国高等学校“产学研合作教育”研究[D]. 大连：辽宁师范大学，2010.

教育协会(Cooperative Education Association)。1965 年通过了《高等教育法》,该法第三条款"增强发展中的学校"中,允许"发展中的学校"使用该条款确定的款项去发展"产学研合作教育"计划,并陆续在《国防教育法》《职业教育法》和《美国教育规则》等纲领性的法律法规中,通过相关法律条款为"产学研合作教育"模式构建了财政制度方面的保障,以及管理措施方面的支持。通过多方的努力,"产学研合作教育"开始在美国重获生机,逐步进入快速发展阶段。

(二)"产学研合作教育"模式的主要类型

目前,合作教育在美国已经发展出了多种类型和层次,在形式上主要有以下几类。

1."并行式"产学研合作教育

"并行式"产学研合作教育是指全日制在校生在课堂学习理论知识的同时也去企业实习。这种模式可以保障学生将在课堂上学习到的理论知识在第一时间就应用于实践,但同时也存在一些局限的地方,如由于学习和工作时间较为固定,因此学习地点和工作地点不能相距太远,否则会因为交通不便造成时间上的浪费;学校会根据企业对实习时间的安排来调整学生的业余工作岗位,但是寻找可以提供业余岗位的企业也不是一件容易的事情等。

2."交替式"产学研合作教育

"交替式"产学研合作教育是指全日制在校学生每学年分为学习和工作两个学期,并在每个学期结束之后进行交替,而且在工作学期期间的工作都是经学校同意并认可的,各个学期时间的长短也是完全由学校来决定的。[①] 这种模式下,学生的实习时间相对集中,可以使他们的实践经验具有一定的系统性和连续性,但是学习和实习之间生硬的交替,会造成学习和实习之间的间隔,导致学生在实习学期过去之后不能立即投入到理论知识的学习中去,影响实习之后下一个学习阶段的学校效果。

3."双重制"产学研合作教育

"双重制"产学研合作教育是将"并行式"和"交替式"同时使用的方式。这种方式很好地弥补了"并行式"和"交替式"在单独运用时所出现的弊端,为学生提供了更多的选择机会,使越来越多的学生参加到"产学研合作教育"的教育模式中。

---

① 霍红豆.美国高等学校"产学研合作教育"研究[D].大连:辽宁师范大学,2010.

二、英国“工学交替制”模式[①]

英国“工学交替制”模式是在第二次世界大战后随着英国职业技术教育的发展而形成的。其具体实施过程是要求学生在学校先进行一个阶段的基础知识学习，然后进入到企业进行一个阶段的生产劳动，接着再回到学校进行下一阶段的理论学习，随后再次回到企业进行实践。经过如此反复进行，直到学生完全掌握了所学的专业技能，并通过考试后，方能拿到毕业证书。这是一种在校学习和生存实践相互交替、被称为“三明治”的教育模式。因此，它被界定为：“在以人为本、以就业导向的教学思想指导下，以培养学生合格的职业能力为基本目标，根据职业能力的形成特点，组织学生在学校与企业两个不同的学习场合，分别在课堂与车间两个不同的学习环境、运用不同的学习方式交替完成理论与实践知识学习的过程。”

（一）英国“工学交替制”模式的特征

（1）改革传统的“先理论，后实践”的课程教学方法，将“必需、够用”的理论知识融入实训教学中，融“教、学、做”为一体，强化学生能力的培养。

（2）将工作岗位所需的应知应会内容贯穿于课程的教学过程中，为学生毕业后实现“零距离”上岗打下了坚实的基础。

（3）改革传统的作业与考核方式，重视过程的规范与能力的培养。课程作业、考核与职业技能鉴定相结合，与生产现场相接轨，缩短了学生就业的适应期，锻炼了学生的自主学习能力。

（4）注重教师工程实践能力的培养。包括课程负责人在内的所有教师都是相关单位的专家或工程师，有着丰富理论、生产调试等工程实践经验。

（5）吸纳企业专家进入专业指导委员会，审核修订人才培养方案等；聘请校外专家到校讲座、任课，加强了校企合作关系。

（二）英国“工学交替制”模式的学生类型

“工学交替制”模式中的学生分为两类：一类是以企业为依托。这类学生在学校学习和在企业劳动时，工资由企业发放。这类学生多为已经参加工作的企业员工，在与企业达成一定协商之后，进入学校学习，希望通过再次返回学校学习来提高自身的职业水平，从而改善其在企业单位的工作境遇，并将自己所学全部应用到自己的工作中，为企业带来更大的效益。另一类是以学校

① 田妍.发达国家继续教育模式及对我国的启示[D].太原：山西大学，2013.

为依托。这类学生由学校向学生提供资助，在企业工作后，学生的薪金由企业付给。这类学生多为在校学生，通过“工学交替制”的模式，在学习期间进入企业实践工作，提前感受企业文化，使自身在将来毕业时的就业过程中处于优势地位。

三、德国“双元制”模式[①]

德国“双元制”模式事实上是从学徒制度发展而成的，指高校与企业联合进行教学，共同培养学生的一种教育模式。在这种模式里，学生同时具有“高校学生”和“企业学徒”的双重身份，旨在最大限度地发挥高校和企业的资源优势，在传授理论知识的同时，培养学生的实践能力，将专业技术和技能的传授提到了一个前所未有的高度，在教学过程中，颠覆传统教学思维，转而以企业所需的职业技能为主，配合相应的理论知识教学，是一种培养既具有专业理论知识，又具有专业技术和技能，并可以将所学理论知识用以解决职业实际问题能力的教学模式。

（一）德国“双元制”模式的内涵

（1）两个培训主体，即企业和职业学校。

（2）两种教学内容。在企业主要是传授职业技能和与之相关的专业知识和职业经验；职业学校的教学内容除专业理论知识外，还包括语文、数学、外语、政治、体育、宗教、伦理等普通文化知识。

（3）两种教材，即实训教材和理论教材。培训企业使用的是联邦职业教育研究所编写的全国统编教材，以便确保达到统一的培训标准和质量；而职业学校使用的理论教材则是由各出版社组织著名专家编写的，没有统一的全国或全州统编教材。

（4）两种实施方式。企业遵循联邦职教所制定的培训条例来培训；职业学校则遵循所在州文教部颁布的教学计划组织教学。

（5）两类教师，即实训教师和理论教师。企业培训的实训教师是企业的雇员；职业学校的理论教师属于国家公务员。

（6）两种身份，即企业学徒和职校学生。

（二）德国“双元制”模式的特征

1. 企业发挥主导作用

德国“双元制”模式中，企业把对继续教育的投资作为对企业人力资源开

---

① 田妍. 发达国家继续教育模式及对我国的启示[D]. 太原：山西大学，2013.

发的投资，并在整个过程中发挥着举足轻重的作用。从招生工作、对学习者的培训课程设计、培训岗位数目的确定、培训计划的规划、培训的物质设备、实训场所，甚至是专门的教学训练车间等，全部由企业控制和提供。可以说，企业直接决定着“双元制”教育的规模和质量。

2. 突出教学中的实践技能培养

德国“双元制”模式从课程专业的设置、培养目标的确定、教学课程的设计到教学计划的实施都是围绕职业性而展开的。具体来说，第一，“双元制”模式的专业是以对职业进行科学的分析为基础来设置的，而不是传统学科体系的产物；第二，“双元制”模式的教学计划既包括专业能力又包括方法能力和社会能力，其中专业能力即合格的技能与知识结构；方法能力包括独立工作和独立学习的能力；社会能力包括个体与他人打交道的能力以及个体的心理承受能力；[①]第三，“双元制”模式的教师分为实训教师和理论教师，其中实训教师来自企业，理论教师来自高校。

3. 培训与考核相分离的考核模式

较之传统的教学，双元制在考核方式上也与传统的考试模式大不同。学生既要通过理论考试，还要通过实践环节的技能考试，只有两者都合格才能通过最后的毕业。[②]

4. 与普通高校教育等值

《联邦德国高等学校总法》规定，实施继续教育的高等专科学校合格毕业生授予与普通高等院校毕业文凭和学位同等地位及价值的学位证书，所享有的待遇也基本相同。[③]

第三节 中国校企合作继续教育的发展

校企合作，是学校与企业之间的一种合作模式，采取学校与企业合作的方式，有针对性地为企业培养人才，是使学校与企业资源、信息共享的双赢模式。

① 田妍. 发达国家继续教育模式及对我国的启示[D]. 太原：山西大学，2013.

② 倪妮. 德国双元制模式在改善我国高职教育工学交替模式中的借鉴研究[D]. 成都：四川师范大学，2013.

③ 田妍. 发达国家继续教育模式及对我国的启示[D]. 太原：山西大学，2013.

一、中国校企合作继续教育的基本模式

从合作模式来看，校企合作双方呈现积极主动的姿态，企业主动参与到人才培养的规划、设置等细节过程中，学校也主动深入企业，为人才培训计划进行深层的调研。目前，校企合作主要有以下五种模式："订单班"模式、"校中厂"模式、"厂中校"模式、"校企一体化办学"模式和"集团化办学"模式。其中，"订单班"模式，即学校根据企业特定的用工需求，与企业达成协议，共同制定教学计划，调整课程设置、实训安排、毕业考核和毕业生的接收等；"校中厂"模式，即学校提供生产经营场地，企业提供先进设备技术，选派专家和工程技术人员，全程介入学校的教学；"厂中校"模式，即学生进驻公司进行专业理论学习和技能实习，将课堂搬至企业生产一线，每周约50%的时间由企业委派技术骨干指导学生实训，其余时间由学校安排教师到公司进行专业理论教学；"校企一体化办学"模式，即学校利用企业的管理经验、技术规范、生产设备和场所，实现"理论与生产实践的有机结合"，学生"在做中学，在学中做"，将生产经营、人才培养和社会服务有机整合在一起；"集团化办学"模式，即以促进职业教育资源优化配置为原则，凝聚集团成员合力为手段，实现集团成员"共赢"为目的的"职业教育集团化办学"。①

二、中国校企合作继续教育的模式演变

校企合作作为一种全新的教学形式，近年来被广泛使用，并且紧随着实际的具体需求，演变出许多新的模式，如包括"政产学研一体化"和"校地共建"模在内的"校政合作"模式、多基地资源共建共享的"基地共建"模式等。

(一)校政合作

"校政合作"是高校通过地方政府与行业、企业进行深度合作的一种教育模式。高校在互利双赢的前提下与各级政府在人才培养、科学研究、成果转化、政策研究和决策咨询等方面开展协作联动，利用地方政府提供的政策资源创新高校办学模式，增强地方高校的比较优势，全面融入区域经济、政治和文化；地方政府作为地方经济发展的主要负责人，积极地配合、引导甚至主导高校发挥其在人才、技术等方面的优势，从而达到促进地方高校、合作企业，以及地方经济发展的最终目的。

---

① 潘荣江."基地+联盟"高技能人才培养模式的研究与探索[J].中国高教研究，2014(3).

“校政合作”的主要模式有“政产学研一体化”模式和“校地共建”模式。

1.“政产学研一体化”模式

“政产学研一体化”模式是传统“产学研一体化”模式的延伸和扩展。具体来说，“产学研一体化”模式是产业界、高校和科研院所组成的科研联合，是一种由产业部门主动联系，以高等院校、科研机构为技术主要输出方，企业为技术主要输入方，并以发展与拓宽企业的主体技术为合作领域，共同实施一项或多项高新技术开发或生产项目转移，风险同担、利益共享的联合形式。① 然而，随着社会主义市场经济体制的逐步完善和国际竞争的加剧，以市场为立足点，以利益为基本点的“产学研一体化”模式在客观上需要政府给以一定的指导，因此，20 世纪 90 年代以后，“产学研一体化”模式开始逐渐往“政产学研一体化”模式转变。“政产学研一体化”模式与“产学研一体化”模式相比，更加强调政府在整个合作过程中的主导作用，在政府职能的效能之下，新的模式得以打破“产学研一体化”模式中对于单个合作个体利益的过度关注，通过对合作各方所有资源的合理配置，促进技术创新所需各种生产要素的有效组合。经过多年的实践，目前，“政产学研一体化”模式已经发展稳定，在整合各类资源、促进科研转化、提升产业创新能力和分散校企合作的产品研发风险等方面发挥了重要的作用，并已形成“张江模式”、“陆家嘴模式”、“无锡模式”等众多成功模式。

2.“校地共建”模式

“校地共建”模式是“政产学研一体化”模式的创新模式，与“政产学研一体化”模式相比，“校地共建”模式最终获得更多发展的不再是企业，而是地方高校。“校地共建”模式更加注重地方政府所能发挥的作用，地方政府在整个合作过程中，不仅仅是引导者，更多地体现为一个参与者，地方政府会全方位地融入高校与地方社会经济组织的合作过程中，主要的表现形式为政府与高校合作建立人才培养基地或高校实验实训基地；政府与高校合作建设科技工业园区与城市发展综合信息平台；政府建立校企合作专门机构或平台等。“校地共建”模式的主要内容是在高校、地方政府地位平等的前提下，通过双方构建的合作平台，相互输出服务。具体来说，即高校为地方政府提供决策咨询、智力输出和人才培养服务，政府通过政策优惠、协调校企关系和提供搭建校地公共服务平台等方式，帮助高校拓展生存和发展空间。通过这个模式，高校很好地处理了自身的发展与地方政府以及地方经济发展的关系，为地方高校获得了更多的发展空间和生存优势。例如，华南理工大学以干部教育培训为核心，不断加强与地方政府的交流与合作。目前，学校已先后与郑州市委组织部、郑

① 刘金存.“卓越计划”模式下的“校政合作”机制探讨[J].扬州大学学报(高教研究所)，2010，14(6).

州市委党校、中共西宁市城西区委组织部共建“校地合作”培训基地，建立了全面战略合作伙伴关系，成了提升政府工作人员相关技能的摇篮，就是一个成功的例子。

（二）基地共建

“基地共建”模式的本质是指通过多个基地共建共享的形式，突破各基地之间的壁垒，有效汇聚各基地的资源和要素，充分释放各基地的人才、资本、信息、技术等要素的活力，通过整合资源，有效发挥所有资源的效用，从而达到“1＋1＞2”的协同效应。

“基地共建”模式的必要前提是建立相应的协同机制，包括资源投入机制和资源享有机制。具体来说，“基地共建”模式的各合作基地在持有自愿性、非营利性合作态度下签订一定的合作协议，在此协议下，各方自发投入各自的资源，并享有相对应的价值、甚至是更高价值的资源，从而形成一个激励机制，使各合作基地之间形成一个良性的资源流动系统，彼此之间相互信任、相互作用、相互依存。同时，在各共建基地之间建立共建合作项目，并从各基地共建项目的可实现性和参与项目主体利益的契合性等角度考虑，以共建项目为载体，将各共建基地构建成一个相互联系的整体，在各共建基地之间进行资源导向共建共享、学习导向共建共享、成本导向共建共享和政策导向共建共享等。通过这个模式，充分发挥各基地自身资源的效用性，促使各基地发展继续教育事业的最终实现。例如，湖北大学展开的“示范基地”与“合作基地”的联合共建，将各类办学资源统一纳入“双基地”旗下归口共建共管，按照“基地共建”对口衔接的思路加强对两个基地的建设和管理，实现了不同类型、不同模式基地之间资源的互通共享，取得了良好的社会效益和经济效益。

三、中国校企合作继续教育模式的现状分析

（一）校企合作政策制度的顶层设计不断完善

从国家层面来看，近年来，有关校企合作的政策和指导精神在多部国家发展战略规划和多次重大会议中被提及。例如2005年，《国务院关于大力发展职业教育的决定》提出“企业接收职业院校学生实习”制度；2010年，《国家中长期教育改革和发展规划纲要（2010—2020年）》明确提出要“制定促进校企合作办学法规，促进校企合作制度化”。此外，校企合作等相关法律法规的修订或制定工作也在稳步推进之中。这一系列举措为完善我国校企合作的体制机制提供了法理依据。

从地方层面来看，不少地方政府为推进本地校企合作的实施出台了一系

列配套措施和法规。这些配套措施和法规有的对校企合作中的职业院校的权利和义务、企业责任、政府职责、学生实习意外伤害预防和妥善处理机制等做出了规定，有的为校企合作发展专项资金，为地方校企合作培养技能型人才提供了法律保障。各地根据自身情况相继出台校企合作的实施办法，促进了我国校企合作相关制度顶层设计的完善，促进了校企合作运行保障的形成和创新。

（二）校企合作模式创新助推校企合作实践探索不断深化

从功能效用来说，校企合作初期的共赢目标已经实现，对于促进高校和企业深度发展的功能逐步彰显。具体来说，通过校企合作，高校继续教育转变以往的人才培养模式，主动对接高校所在区域产业布局，对接用人企业单位，为企业提供了人才支撑；通过校企合作，高校继续教育利用其优秀的教学资源，提升教育支撑产业发展的服务能力，为企业提供了技术服务；通过校企合作，高校继续教育主动承担了更多的社会培训，为满足经济转型、产业结构调整、技术升级，以及城乡一体化发展，培养了大量的社会和行业企业急需的高科技人才；通过校企合作，高校继续教育也得到了深入发展，在教学资源的整合和优化配置、利用、创新上，以及科研新成果的高效利用等方面有了长足发展，自身实力也得到了一定的提高。

四、中国校企合作继续教育发展的几点思考

尽管校企合作模式实现了高校继续教育的育人功能，也促进了企业的转型升级，但是，与发达国家相比，我国校企合作水平还存在制度建设滞后、管理体制尚不完善、运行机制缺乏协同等问题。

（一）校企合作实效受法制建设局限

尽管国家和地方政府颁布了校企合作有关法律法规，但整体而言，校企合作法制建设相对比较薄弱，在很大程度上主要是依靠学校和企业之间的情感来维系，制度建设滞后于校企合作的实际需要，两者之间的职责、权利、义务等界定不清，导致了学校服务企业意识不强，企业参与的内驱力不大等问题，在一定程度上影响了校企合作成效。

（二）高校办学的相对独立性受到挑战

校企双方作为不同的两个社会职能主体，其承担的社会职责和利益诉求具有很大的差异。具体来说，高等院校的根本任务是育人，公益性和社会性是学校教育的基本属性；而企业的主要目的是实现经济利益的最大化，盈利性和

利己性是企业的根本特征。在校企合作过程中,往往是以市场为导向的,这样的合作满足了企业的实际需求,高校作为教学的主体便不得不经常面临妥协的困境,导致高校不同程度地被削弱办学的独立性和自主权。

(三)校企合作容易走入管理混乱的困境

通过校企合作模式开展的继续教育,引入了企业的合作,也引入了社会和市场的干预,学校不再具有完全主导权,影响校企合作继续教育教学质量和效果的因素增多,更容易出现管理权限职责不明的现象,引起管理混乱,从而加大了教学管理的难度。学校、企业分属不同主管部门,校企合作主体之间相对独立和封闭,在信息沟通、资源共享、人才交流互动、技术研发、文化融合诸多方面存在如何构建协同机制的问题,阻碍了校企合作的有效运行和深入推进。

(四)校企合作容易出现"一头热一头冷"的现象

从博弈论角度看,学校和企业作为校企合作中的博弈双方,当学校或企业中的任何一方行为主体进行决策时,都会更多地从自身来考虑问题,从而削弱对方的满足程度;反之亦然。因而,校企合作容易出现"一头热一头冷"的现象,从而降低了合作教育的实效。

第四节 中部组五校继续教育示范基地建设——校企合作范例[①]

一、校企合作

案例:着力推进校企合作 合力提高育人质量——以华中科技大学信息技术人才培养基地建设为例

案例点评:

校企合作是教育机构与产业界在人才培养和技术服务等领域开展的各种合作活动,是现代继续教育的本质特征,也是近几年我校开展非学历职业教育

① 本节案例内容均摘自各校继续教育示范基地建设验收总结报告,略有改动。

教学改革的着眼点和着力点。非学历继续教育校企合作在我校起步较晚，但进展较快，发展势头良好。例如，为进一步提升湖北省软件技术人员专业技能和综合素质，适应当下IT市场的蓬勃发展和国家社会经济发展需要，为社会提供有效的人力资源保障，学校与武汉集成电路设计工程技术有限公司等企业联合打造信息技术类人才培养基地。基地充分整合了高校优质教育资源和教学经验、工程中心技术优势和就业优势，以及现代远程教育技术优势，采取远程学堂与集中面授相结合的培训模式，通过校企联动，努力统筹培训发展与产业规划、培养目标与用人素质、教学资源与生产资源、学生就业与企业用人的联系，提高了学校的培训教学质量和企业生产效益，增强了继续教育服务产业调整与转型升级的能力。

（一）信息技术类人才发展现状及校企合作的重要性

信息技术类专业包含计算机、电子、电信、自动控制等，是一个非常强调实践的专业。目前，信息技术已应用到生产生活的各个方面，企业需要大量的有一定的实践经验、能很快进入工作岗位的、动手能力强的人才。而目前，存在着学生不能掌握扎实、完整的专业理论基础，企业又不能培养学生熟练的应用能力的问题。学生普遍缺乏有针对性的实际练习，对工作环境陌生，不熟悉工作的具体环节。因此，培训教学要及时吸收和借鉴行业内各种先进的工作方法和经验，接受先进的技术，了解行业发展趋势和职业环境，针对行业特点、专业特点以及校企合作中存在的实际问题，找到校企合作的最佳模式，这是信息技术类专业人才培养的当务之急，也是提高人才培养质量的关键。

（二）信息化基地基本情况

为满足国家对软件人才的需求，华中科技大学远程与继续教育学院经过科学调研、充分论证，开展了针对行业特点的多项信息类教育培训项目，并于2008年率先在学院内部成立第一个专业化培训部门——信息技术培训部，专门负责华中科技大学信息技术类教育培训项目管理。在信息技术培训部管理下，建成了一个基于专业化的信息技术类人才培养基地。基地目前拥有一个项目品牌集群HIT(HUST Information Train)，该项目集群包含五大子类（嵌入式开发类、语言编程类、数据库类、网络工程师类和计算机安全类）20多个培训项目、5个现代化计算机机房、310台四核电脑和1个教育培训平台。自2007年以来先后培养学员900余名，培训金额突破1000万。为了更好地培养人才，增强培训效果，2009年我校携手华中地区唯一的国家集成电路人才培养基地——武汉集成电路设计工程技术有限公司（以下简称工程中心），本着“为产业培养优秀人才，为企业输送优秀人才，为学生提供最有价值的教育经历”

的原则，联合"武汉集成电路行业协会"和"深圳集成电路产业基地"，推出"嵌入式软件工程师"职业培训。合作以来，先后培养了近300名学员，经工程中心推荐，学员成功地在华为技术有限公司、武汉新芯集成电路制造有限公司、晶门科技深圳有限公司、上海士虹微电子科技有限公司、烽火科技集团、武汉芯动科技有限公司、武汉磐大微电子有限公司、大唐微电子技术有限公司、武汉群茂科技有限公司、深圳天马微电子有限公司等知名IC设计企业就业并从事版图设计工作，并有部分学员已经成为项目负责人。培训项目硕果累累。

(三)基地特色项目:ARM①

1. 项目简介

ARM认证工程师培训项目(以下简称本项目)是ARM ATC(即授权培训中心，以下简称ATC)、华中科技大学和工程中心从2009年起联合开办的专业集成电路设计培训项目。本项目通过扎实的理论课授课，多个完整、真实的项目实践将学生培养为具有项目及工程技术经验、符合企业用人需求的基于ARM的嵌入式系统设计工程师。本项目是ARM在华中地区唯一官方授权的培训项目，也是华中地区唯一的采用"以项目为导向"的培养机制、使用ARM官方认证课程、基于ARM最新嵌入式开发系统、由ARM认证培训讲师授课，并由ARM官方颁发全球通用的ARM认证工程师证书的培训项目。

2. 合作伙伴简介

工程中心成立于2003年9月，是由华中科技大学、武汉市科技局、武汉东湖新技术开发区、武汉华中曙光软件园有限公司共同出资设立的具有独立法人资格的企业。工程中心位于光谷软件园内，办公面积近2000平方米，是华中地区唯一从事集成电路设计和嵌入式系统设计方面研发和教育培训业务的权威机构。

3. 项目优势

(1)伴随嵌入式系统的不断发展，实用型嵌入式系统设计人才缺口不断增大，市场需求旺盛。

嵌入式系统作为一个热门的领域，涵盖了微电子技术、电子信息技术、计算机软件和硬件等多项技术领域的应用。随着时代的发展，嵌入式系统应用呈现系统复杂化、应用多样化、硬件集约化、软件平台化等特点。近年来，中国嵌入式系统市场增长快速。目前，中国嵌入式系统的主要客户分布在电信、医疗、汽车、安全、工业控制和消费类等行业。按照行业细分，嵌入式产品主要分布在消费类电子、通信、医疗、安全等行业。其中在消费类电子领域占有最大

---

① ARM，指英国ARM公司。

的市场份额。移动多媒体、数字娱乐、手机终端、汽车电子成为嵌入式系统应用市场的发展重点,尤其针对手机、便携式多媒体设备、家庭娱乐应用的音视频产品和解决方案增长潜力最大。

目前,中国的嵌入式系统开发涉及的行业众多,水平参差不齐,大多数停留在8位单片机开发的层面上,一部分单位开始采用32位机,并采用了实时操作系统。而具有能够同时进行软件设计和芯片设计的SOC(片上系统)设计的系统级高端人才几乎没有,国际上领先的多核嵌入式系统设计、可重构嵌入式系统设计在中国的应用还停留在少数研究单位的研究上,相关研究成果无法走入课堂。尽管很多大学的电子、计算机专业都开设了程序设计、微机原理、单片机等课程,但高校输送的人才与企业需要的人才却始终没有对应上。

ARM处理器以其低功耗、低成本、高性能的显著特点,成为众多工程师在开发SOC解决方案时首选的处理器,ARM公司的系列处理器内核在嵌入式系统设计上得到了广泛应用。采用ARM技术知识产权核的微处理器,即我们通常所说的ARM微处理器,已遍及工业控制、消费类电子产品、通信系统、网络系统、无线系统等各类产品市场,基于ARM技术的微处理器应用约占据了32位RISC微处理器75%以上的市场份额,在嵌入式系统领域处于实际垄断地位。基于ARM技术的产品正在逐步渗入人们生活的各个方面。面对中国如此巨大的半导体市场,更多的工程师提出对嵌入式系统设计和应用的培训需求,而ARM公司的授权培训中心在使人们获得并学习ARM技术上发挥着重要作用,也为中国拥有良好的行业环境提供了保障。

(2)完备的课程体系和先进的实训平台。

为满足华中地区和国内嵌入式系统设计企业对基于ARM的嵌入式系统设计人才的需求,解决高等教育体系下毕业生缺乏实际项目经验和工程管理经验的问题,华中科技大学、工程中心和华中区ATC在2009年正式开展本项目。为保证学生在项目设计和工程管理上得到充分锻炼,在教学上本项目采用分阶段的、以项目为导向的培养机制,使用ARM最新的嵌入式系统设计工具,采用ARM官方认可的教程。以真实设计案例为中心,同时穿插理论课程授课,在课程安排和组织上按照嵌入式系统设计企业内部的项目管理制度进行组织,真正实现和企业需求的“零距离”。

本项目所有课程由ARM认证培训讲师、华中科技大学电子系资深教师和业内资深工程师联合授课。ARM认证培训讲师和电子系资深教师负责理论课授课,业内资深工程师负责实训及项目指导,学生在完成整个课程学习后实际参与了两到三个完整、真实的基于ARM的嵌入式系统设计项目,能完成ARM系统开发、操作系统移植和在嵌入式操作系统下的驱动及应用开发。

(3)全球通用的证书授予。

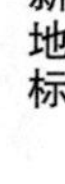

项目不仅建立了科学、完整、权威的课程体系，而且在 ARM 的大力支持下获得了全球通用 ARM 认证工程师培训证书的发放授权。

ARM 认证工程师证书是由在全球嵌入式市场处于领先地位的 ARM 公司唯一对外发放给嵌入式系统工程师的认证证书，是 ARM 客户服务体系中的重要组成部分，是全球通用的行业认证证书，得到了进行基于 ARM 的嵌入式系统设计公司的广泛认可。ARM 认证工程师证书的发放是依赖于 ARM 在全球授权的 21 家 ATC 进行的，发放的过程是严密而严谨的。要获得 ARM 认证工程师证书，必须在获得 ARM 授权的 ATC 进行培训、必须使用 ARM 官方认可的课程体系、必须由 ARM 认证培训讲师授课，并通过 ARM 认证工程师考试。

ARM 对 ATC 授权要求是极其严格的。目前 ARM 公司在全球包括英国、德国、美国、日本、韩国、新加坡等多个发达国家和地区设立了 21 家授权培训中心，获得授权的公司都是在当地拥有雄厚技术实力、在业界有相当知名度的公司。武汉 ATC 是 ARM 在中国颁发的第八家授权培训中心，也是目前华中地区和中西部地区唯一一家 ARM 授权培训中心。

(4)就业服务优势。

在完善的教学体系、实训平台和证书体系外，工程中心通过设计服务、人才培养和技术研讨会的形式和许多嵌入式系统企业建立了紧密的合作关系。工程中心从 2005 年起建立了工程中心自己的人才库。通过与企业的交流和合作，不仅进一步完善自身的教学体系和实训平台，也使企业高度认可工程中心的教育培训实力，将工程中心培训项目作为企业人才的重要来源之一。工程中心陆续与多家国内外嵌入式系统设计企业签订人才委托培养协议，每年都有多家企业在工程中心开展直接面向培训学员的招聘会，同时工程中心也不定期向企业推荐人才库中的优秀学员。

(四)基地主要做法

1. 工作基本情况

高研班共有学员 49 人，分别来自贵州、重庆、山东、青海、辽宁、广东、山西、深圳、湖北等地区，其中约 30%的学员来自外省。研修共分“宏观把握”、“业务精进”和“文化整合”三个模块，主要涉及超大规模集成电路设计与制造技术的发展趋势、最先进的制造工艺、集成电路封装与测试的前沿技术、业界具体案例与实际应用等内容，总学时达 36 学时。研修采取课堂授课、课间讨论、实地参观等形式。所有学员均上交了培训总结并顺利结业，同时获得了“专业技术人才知识更新工程”培训资格证书。

2. 主要做法

(1)组织领导，科学规划，保障研修顺利展开。

高研班得到了湖北省人力资源与社会保障厅和华中科技大学各级领导的重视，省厅及校领导数次亲临现场，参与高研班的规划部署，为研修工作有条不紊的开展提供了有力的保障。作为具体承办部门——华中科技大学远程与继续教育学院，在张国安院长带领下，坚持精细化管理、专业化服务，对高研班各项工作做了认真细致的准备。

(2)师资为本、质量是魂，倾力打造优质品牌。

教学质量是研修的生命线。开班前期，学院从师资、选题、研修案例、研修形式、参训学员组成等方面都做了全面、细致的部署，力争一炮打响，创造“专业技术人才知识更新工程”研修班的品牌效应。

本期高研班的授课教师均由学术界教授和工业界上市公司中国区副总裁以上专家组成，授课内容涉及超大规模集成电路设计及制造领域最新前沿课题，如全球集成电路产业趋势分析、面向深亚微米集成电路设计的EDA应对策略、超大规模集成电路制造技术与技术节点展望等，授课由浅入深、循序渐进，有专家面授、课堂讨论、小组讨论、实地参观等多种授课形式，赢得了学员的一致好评。

(3)规范化、标准化管理，责任到人，构建高效研修模式。

研修工作能有条不紊地进行，规范化管理起着关键作用。围绕“科学化、制度化”工作原则，对工作人员明确工作职责，建立班主任负责制，责任到人，各司其职，相互配合；同时制定了《学员须知》，严格考勤管理制度，为参训人员营造了一个和谐有序的培训环境。

立足工作实践，构建培训工作的标准化管理体系。根据本次研修的工作需求、工作内容、工作目的、拟达到的效果，学校统筹规划、组织协调，构建了一个从研修选题、教师选聘、学员层次划分、需求调研、会议发函、会务组织、学员评价体系构建、后期跟踪回访等方面组成的标准化工作流程，并在工作实践中不断完善、优化此标准化工作流程。实践证明，采用标准化管理服务，能提高工作效率、降低工作成本、从一定程度上提高了工作质量，高效、有序地开展了一次较为成功的高级研修班课程培训，并赢得了学员的一致好评。

学校在标准化管理中基本达到了“七个化”标准。

①研修服务质量最优化。要有一流的师资、最前沿的项目案例、最贴合生产实践的课程素材。

②服务流程简便化。

③班级管理制度化。采用班主任负责制，严格执行班级管理条例，维持良好的课堂秩序、维护所有学员的共同利益。

④工作人员言谈举止、仪表仪容专业化。在研修中努力使用“三性”语言，即礼貌性语言、解释性语言、鼓励性语言。

⑤服务学员细微化。从细处着眼，从细处着手，细致入微，关心备至。

⑥研修环境温馨化。努力营造“安静、舒适、文明、温馨”的研修环境。

⑦跟踪回访及时化。研修结束后，建立班级通信录、班级QQ群，及时跟踪回访、调研分析，为后续活动的开展获取宝贵资料，为工作的进一步改进打下基础。

3. 工作特色与成效

经过分析《教学质量反馈表》《研修服务质量反馈表》，总结班主任每天与学员沟通交流情况可知：97%的参训学员普遍认为知识时效性“好”，98%的学员认为课程内容创新性“强”，98%的学员认为参加本次研修受益度“高”，100%的学员对本次研修服务满意度评价“优”。他们对研修的组织、服务工作给予了充分肯定，认为“服务质量一流”，“组织工作细致、规范、专业”，“徐老师、李老师热情周到的帮助给我留下了极为深刻的印象”，有些来自民营企业的老板甚至表示从中获得了极大的启发，研修对于今后企业的经营思路和方向有着很强的指导作用。

(五)校企合作基地自我评价

1. 有利于合理设置课程

非学历继续教育为了生存必须根据市场需求，不断调整课程设置。既要保证基本理论知识够用，又要适应技术进步，培养企业急需的技术人才。通过联合实训，企业要求学生必备的基础自然就要体现在学院的课程设置里。例如，在修改培养方案时，按企业要求加强了.net、java、网络安全、CAD、UML等专业课的教学与实验。另外，企业用人模式也给学校课程设置是否合理提供了一个参考，毕竟学生最重要的是走出校门，所以让他们提前了解企业、熟悉企业运作模式。在素质扩展课程里增设礼仪常识、演讲、电子产品营销等，为学生进入社会提供多方面的基础知识。

2. 有利于改善教师队伍

普通高校的教师队伍，虽然理论基础扎实但一般缺少企业实践经验，教学方法也不适应培训学员。通过带队参加实训，可以了解企业要求，学习双师型教师的教学方法，改进自身的教学方法，提高学院的培训教学水平，保持教师队伍与时俱进。

3. 有利于增加教学设备

通过这种模式也解决学校的一些硬件投入问题。教学设备器材不够完善是很多院校普遍存在的问题，尤其是信息技术类专业，设备更新缓慢，远远满足不了教学需求，更不要提市场需求了。把学员送入基地，让学员把在学校学习的理论知识与企业里面的先进技术实践相结合，就可以减轻投资者的经济压力，把有限的财力投到新的专业发展上。这种做法有利于扩大招生范围，增加收入，培养社会和企业需要的人才，充分发挥社会效益。

4. 有利于培养学员的团队合作精神

让学员在学习的时候提前接触社会、了解社会，在某种程度上也增强了学员踏入社会的自信心，让他们敢于去做；同时也提高了他们的团队合作精神。企业好比是一个大家庭，要想让这个大家庭发展就必须所有成员一起合作。孟子曾说过："天时不如地利，地利不如人和。"善于合作，不仅能从中找到乐趣，也使人与人之间的关系更加紧密。一个和谐的团队可以调动团队成员的所有资源和才智。团队的目标，就是要创造出比团队成员个人所能创造出的总和更多的价值，这也是团队存在的意义。

5. 有利于培养学员良好的职业道德

职业道德的内容与职业实践活动紧密相连，道德行为也是在实践中体现出来的。推行教育与企业合作，学员接受企业的实践训练，不仅提高了学员的学习能力、实践能力，还能培养学员的敬业意识，有利于良好职业道德素质的培养。

(六)结语

实践证明，信息技术类校企合作基地的建设突出了非学历教育的办学特色，真正实现了学生、学校、企业"三满意"。信息技术类专业人才培养要紧跟社会的发展，建立以市场为导向、以培养应用型人才为目的，密切结合社会的发展动态、灵活运用适合专业的多层面多种类的校企合作模式，充分发挥校企双方的优势，做到资源共享，互惠互利，既为企业创造良好的效益，更为学校拓展产学研结合的渠道，同时带动专业建设，真正实现高技能、高素质人才的培养目标，从而推进学校、专业、行业、企业的发展，实现人才和效益的双赢。

华中科技大学也将继续秉持"明德厚学，求是创新"的校训，敢于竞争，善于转化，聚精会神，科学发展，全面提升培训办学水平，努力开创更加辉煌灿烂的明天。

案例：校企融合互动　联手共建继续教育基地　使百年老企业焕发新的生机与活力——以中国矿业大学-徐矿集团继续教育联合基地建设为例

案例点评：

徐州矿务集团有限公司(简称徐矿集团)是一个百年老企业，历来十分重视企业的人才培养和科技创新，经过多年的积累，与中国矿业大学形成了校企共建、"产学研"相结合的共同体，同时作为学校设在煤炭企业的继续教育基地，在校企合作开展继续教育方面，实现了学校与企业组织人事部门、教育培

训部门、教育实体部门(徐矿大学)的全方位合作。学校通过“现代函授教育”,企业特定人员的“订单式”教育,企业管理人员的高层次培训,专业技术人员的专业更新知识培训,全员参与、自主学习的“开放式”教育等项目,为这个百年企业培养、输送了大批合格专业技术人才,可以用“三个 70%”来概括:即现任矿处级干部、现任中级以上职称的技术人员、现任科级干部,各有约 70%的人员是通过继续教育达到现在的学历层次的。可见,徐矿集团能有今天的发展,与中国矿业大学的校企合作是分不开的。

中国矿业大学与徐矿集团联合培养人才,可追溯到 20 世纪 60 年代学校为徐州矿务局举办煤炭高等函授教育。经过几十年的发展,中国矿业大学与徐矿集团已经形成校企共建、“产学研”相结合的共同体。目前,徐矿集团是中国矿业大学董事单位,参与学校多层次的人才培养和科学研究;同时徐矿集团又是学校教学与科研实验、实习基地。学校委派知名教授、专家担任徐矿集团的企业顾问,参与企业发展和创新战略研究,解决生产实践中遇到的科学技术问题。学校为企业学习型组织的创建出谋划策,参与企业人力资源的规划、设计与实施,为徐矿集团的发展提供了人才培养与智力保障。

(一)徐矿集团职工队伍概况

徐矿集团是国家六部委首批核定的特大型企业,是江苏省人民政府授权的国有资产投资主体,已有 126 年的煤炭开采历史。现年产煤炭 2000 多万吨,资产 200 多亿元,是中国 500 强企业集团之一。

徐矿集团现有从业人员 6.1 万人,其中,全民合同制在岗职工 4.9 万人,劳务派遣工 0.7 万人,集体工 0.5 万人。具有专业技术职称的 9500 余人(含担任副科级以上职务的领导干部),其中技术人员 5600 余人,担任副科级以上领导职务的管理人员 3900 余人,分别占总数的 59%和 41%。技术工人 26300 余人,占在岗职工总数的 54%。

从学历层次看,徐矿集团现有大学本科以上专业人员 2900 余人,占专业人员总数的 31%;大专学历 3500 余人,占专业人员总数 37%,在全国同行业中处于中上水平。

从职称结构来看,徐矿集团现有高级职称专业人员 700 余人,占专业人员总数的 7.4%;中级职称 2500 余人,占专业人员总数的 26%。他们中既有承担煤炭开采所需的各类研究和管理人员,也有煤炭开采过程各个环节中的技术负责人,是徐矿集团实施战略发展的领军人物和中坚力量。

从年龄结构来看,50 岁以上专业技术人员占 8%,46~50 岁之间的专业技术人员占 15%,41~45 岁之间的专业技术人员占 31%。10 年内将有 20%左右的人员逐步退出工作岗位，企业人才引进和继续教育工作将面临较大的压力。

过去几年是中国煤炭工业大整合、大发展的重要历史时期，也是江苏省委省政府振兴徐州老工业基地的关键时期，徐矿集团的转型发展面临着前所未有的历史性机遇和挑战。要推动产业发展，实现徐矿集团的转型崛起，既需要一大批复合型专业技术人才和管理人才，又需要大量的技能骨干人才，而目前的职工队伍整体素质和人才队伍结构，与企业新的创业发展需求仍有一定差距。如各级管理人员综合素质有待进一步提高，煤炭主体专业采矿、机电、通风、地质测量等依然存在缺口，房地产、国际贸易、煤化工、电力等非煤专业人才缺乏。技术工人队伍结构还不合理，高级工、中级工培养力度需进一步加大等，迫切需要在推进岗位培训、学历教育、提升专业层次等方面取得新的突破。

（二）校企共赢，创新管理体制，是继续教育基地建设的重要基础

中国矿业大学-徐矿集团继续教育基地，位于徐矿集团所属的徐矿大学校园内。2007 年 1 月份，徐矿集团通过国有资产置换将原徐州经济管理干部学院校园纳入企业成立了徐矿大学，并对企业内部教育资源实施整合，将原党校、安全培训中心、函授教育和职工品行习练基地合并至徐矿大学。伴随着徐矿集团的振兴发展，徐矿大学从无到有，从小到大，从单一的业务培训、函授教育，发展成为集党训、干训、安全技术培训、学历教育、拓展训练等为一体的综合性教育培训机构。现徐矿大学占地 46 亩，教学设施齐全，功能完善，是举办各类继续教育的理想场所。

继续教育联合基地建设与发展必须以校企双方利益双赢为前提，创新管理体制和运行机制是基地良性发展的重要基础和保障。在双方的共同努力下，组建了基地建设指导委员会和继续教育工作组，建设指导委员会由学校分管继续教育的副校长和徐矿集团分管继续教育的副书记、副总经理任主任委员，成人教育学院和企业教育培训部、徐矿大学领导为委员，指导委员会从校企大局着眼，制定继续教育基地的发展规划和发展框架。继续教育工作组负责基地继续教育的具体实施和管理。徐矿集团公司职工教育培训部、人力资源部等职能部门具体负责整个企业的职工培训计划、组织和落实，徐矿大学则是承担教育培训管理工作的主要实体单位之一。徐矿集团的人才引进与培养整体规划及需求通过中国矿业大学董事会（对外合作发展处）、成人教育学院进行对口接洽。中国矿业大学成人教育学院负责教师的组织、各类培训教育计划的制定和教学实施工作。这样一个建立在校企双方共同发展和利益共赢基础上的管理体制和运行机制可充分调动双方开展工作的积极性，有利于校企双方的沟通、交流与合作，有利于继续教育基地的建设和发展。

扫一扫，了解ARM认证工程师项目

扫一扫，观看2013年国家级中职培训班宣传片

(三)发挥各自优势,强化投入,保证继续教育人才培养质量

2006年,徐矿集团出台了一系列有关职工参加继续教育和培训的政策,以及职工培训经费的计提、管理和使用办法,在经费的投入、学习资助制度和激励政策与机制、监管等方面都做出了明文规定,大大地激发了职工参加继续教育学习的积极性。在联合基地的硬件建设上,徐矿集团不断加大投入,改善基地办学条件,多年来通过集团的财力投入,建成了能充分满足教育培训要求的徐矿大学教学实验中心、多媒体教室、计算机室等,根据企业继续教育的要求,提供了多口实验矿井用于学员教学实践,为企业继续教育人才培养奠定了良好的质量平台。

中国矿业大学在基地建设和发展过程中,充分发挥学科优势和高水平师资的优势,根据企业的需求,创新培养模式和教学内容,为企业培训和培养各类急需人才。校企双方高度重视,充分发挥各自优势,保证了基地的人才培养质量和可持续发展。

(四)校企联合、共同打造煤炭继续教育基地,多形式、多途径为企业培养煤矿生产急需人才

为解决人才紧缺状况,徐矿集团除了少许企业自主开展技工培训之外,通过与中国矿业大学合作共建继续教育基地,开展各类教育与培训,满足了大批在职干部和职工的学习和深造的需求,解决了煤炭主体专业人才紧缺的问题。

1. 通过长线举办成人高等函授教育,源源不断地满足了企业广大在职从业人员求学深造的需求

中国矿业大学徐矿集团函授站始建于1962年。长期以来,学校为徐矿集团举办函授采矿工程、煤矿机电等本专科班,为企业输送和培养了数千名煤炭主体专业人才,他们中很多人已成为企业的技术骨干和厂矿级领导、集团公司领导,为徐矿集团的生产发展和科技进步做出了巨大贡献。

2. 通过校企合作办学,实行学工结合、对口订单培养

2002年以来,徐矿集团与中国矿业大学等院校联合,面向本企业职工子弟和社会招生,选送学校学习采矿、地质、机电等专业,培养合格者取得相应毕业证书,由徐矿集团录用安排工作。学校在徐矿集团建立"学生实习基地"和"双师型教师实践基地",这种"校企合作""学工结合"的办学形式改革了传统的招工形式,由招工变为招生,从源头上提高了煤矿职工的综合素质。徐矿实行校企合作开办"技师直通班"的做法得到了国家劳动和社会保障部领导的充分肯定。

3. 为满足徐矿集团培养高管和顶尖人才的需要，学校为其举办了多期在职培训

学校举办了研究生、工程硕士和EMBA等高层次人才研修班。徐矿集团通过向学校申请单独办班和个别选拔培养，已有近200名在职干部获得学校颁发的硕士和博士学位，为企业进一步的提升和发展，增添了新的活力。

4. 通过行业联合，采用现代远程（网络）教学手段，为徐矿集团提供教育服务

徐矿集团原有老煤矿因为资源枯竭已经关闭，新的生产矿井已转移到新疆、青海、贵州等边远地区。为适应新的远距离教学需求，自2004年起由企业、中国矿业大学与煤炭工业协会联合开展了远程教育培训。煤炭工业协会负责卫星传输和地面硬件建设，中国矿业大学负责选派高水平教师进行网络教学，面向徐矿集团等50多个企业举办了多期煤炭行业主体专业培训班，大大地缓解了企业人才匮乏的局面。

5. 根据企业需要，举办灵活多样的短、中期培训班

中国矿业大学根据徐矿集团需要，适时举办灵活多样的短、中期培训班，以业余为主脱产为辅，以继续教育基地为中心，学校选派教授、专家“送教上门”，如矿处级青年后备干部培训班（三个月）、煤炭行业企业工商管理培训（三个月）、矿处级煤矿安全培训班（一个月）、矿处级管理干部培训班（两个月）和采矿新技术讲座等。

（五）结语

中国矿业大学与徐矿集团经过多年的合作办学，为企业可持续发展和专业技术人才培养做出了重要贡献。据统计，徐矿集团现任10名局级干部中有3名博士研究生、4名硕士研究生、3名本科生，他们均是通过矿业大学继续教育提升学历水平的。现任的379名矿处级干部中，有275人（约占73%）通过继续教育达到博士、硕士和本、专科学历；现任的3171名中级以上职称的技术人员中有2200人（约占69%）通过继续教育达到本、专科层次；现任的2000余名科级干部中，有1400人（约占70%）通过继续教育达到专科以上学历。

众所周知，继续教育是提高专业技术人员创新能力和整体素质的重要途径，把中国人力资源的优势转化为生产力的优势是中国继续教育的重要任务之一。中国矿业大学与徐矿集团密切合作，发挥高等学校在人才培养和科技创新方面的优势，积极为徐矿集团老工业基地企业实现经济转型、跨越式发展和科技创新服务，使徐矿集团这个百年老企业焕发出新的生机与活力，成为江苏省新的经济增长点。

二、校地合作

案例:推进校地合作 实现互补共赢——华南理工大学干部培训创新经验探索

案例点评:

校地合作是一种新的办学模式。进入21世纪,随着社会结构的重大调整与变革,高等教育从经济发展的边缘走向中心,华南理工大学深刻认识到高等教育社会地位与功能的重大转变,积极调整办学理念,主动回应社会需求。近年来,学校为多个省份地级市举办干部培训班,与地方党组织部共建"校地合作培训基地",取得了较好的社会效益,实现了学校与地方的双赢、多赢。该案例给我们的启示是:高等教育应走出学术的"象牙塔",置身于社会生活的中心,不仅在人才培养、知识生成、文化传承等方面起重要基地的作用,而且应不断地为政府和社会提供各种各样的咨询服务和课题研究,成为促进社会发展和进步的"思想库",成为哺育知识密集型企业的"孵化器"。

为有效整合资源,实现优势互补,从2005年开始,学校以"校地合作、互补共赢"为宗旨,依托品牌、师资、学科、地理优势,以产学研为主导,以干部教育培训为核心,不断加强与地方政府全方位、深层次、多领域的交流与合作。历经8年的推进发展,学校已先后与郑州市委组织部、郑州市委党校、中共西宁市城西区委组织部共建校地合作培训基地,建立了全面战略合作伙伴关系;与广东、河南、贵州、四川、辽宁、青海、山西、浙江等8个省份19个地级市展开深度合作,举办了近百期干部培训班,培训干部学员5000余人。当前,校地合作项目成为学校与地方政府密切联系的桥梁和纽带,双方已形成了校政联动、共建平台、资源共享、优势互补的合作格局。

(一)管理创新,推进校地合作体制机制建设

学校高度重视校地合作,将校地合作纳入学校的中心工作,全局统筹、稳步推进,不断加大各类资源投入,加强体制机制建设,保证了校地合作的科学化、制度化、规范化运作。

1. 校地合作的科学化运作

学校根据地方政府对当地社会经济的发展定位、发展目标,当前存在的问题,进行科学分析,按照平等互利、合作共赢的原则,依靠其专业技术、人才优势,最终确立解决问题的途径与方法,并落实相关部门承担具体职责,从而有效地推动校地合作项目的进程,实现校地合作持续、稳定的发展。

2. 校地合作的制度化运作

校地合作是一项长期性的工作，也是一项系统工程，必须充分发挥制度的约束功能、协调功能、指挥功能、激励功能和导向功能。为推进校地合作的可持续发展，实现校地合作运作机制的标准化和程序化，学校出台了与校地合作有关的办学、教学管理、组织服务、证书管理、工作人员服务标准等规章制度；为提高校地合作质量，学校构建了工作管理、目标管理、教学质量监控、教学质量评估与反馈四位一体的质量保障体系。以机制促发展，以制度保规范，不断推动校地合作的有序化、高效化运作。

3. 校地合作的规范化运作

学校为保障校地合作健康发展，通过校内选拔及校外公开招聘的形式遴选了综合素质高、业务能力强、具有较强经营管理意识的干部，成立了校地合作工作团队，专门负责校地合作项目的运营发展。这支团队具备丰富的培训经验，为每一个校地合作项目提供运营标准化、服务细节化的教学管理和后勤服务。

(二)内容创新，丰富校地合作培训课程

习近平同志曾在全国干部教育培训工作会议上指出，干部教育培训工作是干部队伍建设的先导性、基础性、战略性工程。因此，干部培训是校地合作的核心业务，课程体系又是干部培训的重要内容，学校紧跟国家政策和时代发展要求，立足于学有所用，在整体性、层次性、动态性、灵活性原则的指导下，不断创新培训内容，构建了紧贴时代、针对性强、效果明显的课程体系，对帮助干部学员创新理念、启迪思维、提升素养起到了积极的作用。

1. 培训内容重“实”

学校根据干部的成长规律，结合地区的培训需求，精心打造具有学校特色的干部培训课程体系。干部培训体系包括三大专题：一是政府公共管理与政策理念专题，包括宏观政策解读、政府公共管理、创新管理与建设、社会管理、街道社区建设、新农村建设六大模块；二是行业培训专题，包括新产业新技术、建筑规划、食品安全、能源电力、城镇管理与建设、旅游产业、转型升级与现代服务业七大模块；三是人文素养与通用能力提升专题，包括人文素养与通用能力提升两大模块。这些有特色、有影响的精品课程模块，既有权威前沿的理论知识，又有与工作生活息息相关的实用技能，可有效促进干部学员实际工作能力的提高。

2. 培训内容重“时”

伴随着新形势的发展变化，培训内容要紧跟时代要求，与时俱进，不断更新，及时对干部培训的课程模块、课程内容进行改革。每当有重大政策调整和重要理论提出时，学校都是第一时间做出快速反应，在“三个代表”、“科学发展

观”、“中国梦”等重要思想的学习过程中，学校承担了具体宣讲任务。

3. 培训内容重“用”

课程设置要能吸引学员的兴趣，其基本要求就是贴近学员工作实际，对工作有“用”，能够帮助学员在短期内有一个全面的提高。学校对每一个干部培训班都非常重视，培训计划开始阶段，首先对学员进行调查分析，摸清学员的年龄、学历、职务、层次、主要从事的工作、工作对象、工作环境，进而分析他们在工作中可能遇到的问题，他们的学习兴趣点，根据调研结果，学校安排相关专家对每个培训班的培训目标、课程设置、培训师资、教学方式、管理模式、考察活动进行科学合理的设计。

（三）平台创新，拓展校地合作发展模式

学校和地方政府根据自身能力与需求，整合资源、搭建平台、科学分工、明确职责，创新各类合作模式，实现双方的共赢发展。

1. 培训模式灵活

学校干部培训工作顺应社会发展需要及细分地区市场需求，结合不同的地区、学员类型，为地方政府量身定制人才培养计划，探索多元开放的教育模式：一是集中培训，地方政府直接组织学员到学校学习，通过组织和学习实时管理，有利于普遍性问题的集中研讨和解决；二是送教上门，学校派老师直接到单位授课，提高了教育服务社会的能力，缓解了参训学员工学矛盾及参训单位培训经费紧张的问题；三是跨界学习，就是跨越政府干部的日常工作边界，向外界学习并寻求多元素交叉的一种学习方式。目前，学校跨界学习有跨行业和跨地域两种途径。

跨行业：一是学校安排干部学员参观珠三角著名企业，如广州珠江啤酒集团有限公司、广州丰田汽车有限公司、广东威创视讯科技股份有限公司、珠海格力电器股份有限公司、TCL 集团股份有限公司等，并安排政府干部与相关的企业干部座谈交流；二是参观学校的国家级或省级重点实验室，如塑料成型实验室、制浆造纸工程国家重点实验室、广东省金属新材料制备与成型重点实验室等，使学员能够近距离地了解中国高科技产业发展的前沿情况。

跨地域：一是地方政府安排学员在当地党校学习一段时间，然后再组织学员来学校学习；二是学员在学校集中培训一段时间，然后安排至港澳台、海外跨界学习考察。跨地域的学习模式有利于学员拓宽视野，激发灵感，挖掘潜力，提升能力。

2. 教学模式多元

改革传统授课单向传播的教学方式，采用师生之间、学员之间多边互动的教学模式。培训方式从过去单一的专题报告、案例分析，发展到小组讨论、学

术论坛、情景模拟、交流沙龙、实践考察、拓展训练等十多种培训模式，实现了理论学习与实践考察、静态学习与动态研讨相融合。丰富多彩的教学方式更加注重提升学员分析问题、解决问题的能力。此外，学校还开展了红酒品鉴、篮球比赛、歌唱联欢等各类联谊活动，为学员搭建了多元化、多类型的交流平台，使学员增长知识，收获人脉。

3. 合作领域扩大

学校以人才培训为基点，以点带面，通过成果转化、科技咨询、技术攻关、项目对接等方式，与地方政府在教育、科技、经济、文化建设等多个领域开展立体化、多层次的交流与合作。如学校与山西省长治县签署人才战略合作协议，利用学校的人才、技术、信息等科技资源为长治县县域经济发展规划及低碳建筑提供支持；学校与青海省西宁市城西区委组织部签订干部培训合作协议，为其培训干部队伍。这些校地合作项目，拓宽了教育的服务空间，提高了教育服务社会的能力。校地合作平台的搭建，使学校和地方政府之间产生了良好的互动效应。

（四）队伍创新，加强校地合作师资建设

参加干部培训的学员具有丰富的实践知识，他们都是带着工作过程中的问题来参加培训的，对老师的理论、实战经验要求特别高。学校为保证干部培训学员的上课质量，对培训师资的基本要求是有扎实的理论基础和丰富的实践经验，所讲授内容能够符合学员实际，并且要求每一个老师选聘都要有初选推荐、项目专家组考察、课前试听才能决定是否参与授课。培训结束后，由学员对每个老师做出具体的评价反馈，对于评价较差的老师，实行一次性淘汰制。

经过多年发展，学校以校地合作为纽带和集聚平台，建立了一支以本校老师为主，其他高校及政府、行业、企业专家为辅，适应各类干部学员需求的高素质师资团队，学校还建立了拥有数百名核心师资的干部培训师资库，为每一个培训老师建立了上课档案，详细记载每一次上课的课程内容、效果以及学员对老师的评价等信息，以便在干部培训班需要时，直接从师资库中选择合适的培训师资。

（五）服务创新，打造校地合作共赢新局面

近年来，学校努力改变传统的教育思维，把校地合作作为学校工作的重要组成部分，以服务为宗旨，逐步建立起以地方政府参训学员为导向的现代服务理念，把坚持实效、注重细节、完善服务作为校地合作的核心竞争力，讲服务、比服务，以服务赢口碑，以服务促发展。为提高服务质量，学校专门为校地合作工作团队制定了一本完善的工作手册，手册对工作人员的穿着、行为、与学

员沟通时的语气和用词，以及一些应急问题的处理方法等都做了详细的规定。

校地合作有利于学校与地方政府互补优势、互助发展、互惠共赢，实现高等教育发展与地方经济发展的齐头并进，共建、共享、共益。在学科建设方面，校地合作准确定位，强化学校的办学特色与发展方向，培育特色优势学科，促进学校“学科建设上水平、教育教学上质量、学校管理上效益”起到了非常重要的支持和促进作用；在服务社会方面，推进了教育服务社会的职能，提高了社会贡献率；在培训干部方面，学校通过知识更新和业务培训的方式，有效提高政府干部的整体素质，增强其执政本领，为中国中西部及广东地区的社会发展提供了强大的智力支撑。同时，地方政府借助校地合作契机，利用学校的人才、技术和科技创新能力，实现了当地政府干部队伍的转型升级，促进当地经济社会的可持续化发展。

三、校政合作

案例：中国海洋大学联合中国海监总队建立海监专职执法人员培训中心

案例点评：

党的十八大报告中明确提出“提高海洋资源开发能力，发展海洋经济，保护海洋生态环境，坚决维护国家海洋权益，建设海洋强国”。

为进一步加强中国海监执法人员的岗位培训，规范海监执法行为，提高海监执法的能力和水平，中国海监总队与中国海洋大学联合设立了中国海监专职执法人员培训中心，并与中国海洋大学签署了合作协议。中国海洋大学结合学校的优势和特色，结合经济社会发展和中国海监人员业务素质需求，改革继续教育课程体系、教学方法、教学模式，进一步增强课程内容的针对性和实效性，探索建立继续教育人才培养的创新模式和质量保障体系，创办高质量、高水平的非学历继续教育；结合现代信息技术的广泛应用，加强优质数字化教学资源的建设，建立数字化学习资源开放服务模式和机制，着力推进现代远程教育，搭建优质的高校继续服务体系学习平台建设，培养适应国家现代化建设需要的中国海洋监察的应用型、创新型专门人才，为将来中国海警继续教育模式提供很好的示范性。

（一）联合办学背景

中国海监总队肩负着对中国管辖海域及海岸带实施巡航监视，查处侵犯海洋权益、违法使用海域、损害海洋环境与资源、破坏海上设施、扰乱海上秩序等违法违规行为的重任，对中国管辖海域的权益维护，以及规范对海洋的保护、开发利用起到了重要作用。

中国海监成立十年来，海监执法队伍迅速壮大，海监工作快速发展，对执法工作提出了新的、更高的要求。为了进一步提高专职海监执法人员的业务素质和技能，更好地履行国家赋予中国海监的职责，经国家海洋局批准，中国海洋大学先后对三个海区海监总队和沿海省、市海监专职执法人员进行系统的执法业务培训。中国海监培训属于岗位（业务）培训，培训对象为具有海洋基础知识、系统掌握海洋管理政策法规实务、全面掌握海洋执法政策和实践技术的海监执法人员。培训的目的是为了提高中国海监及沿海省市专职执法人员的业务素质，使新加入海监专职执法队伍的人员学习执法需要的相关知识和技能，为上岗打下坚实的知识基础；使已在岗的专职执法人员接受系统的执法业务培训，全面提高海监专职执法人员的业务素质和执法水平，以适应海监执法工作快速发展的需要。

（二）中国海洋大学海监培训的优势和特色

中国海洋大学是一所以海洋和水产学科为特色、学科门类较为齐全的教育部直属重点综合性大学，是国家“985 工程”和“211 工程”重点建设高校之一。

多年来，学校在人才培养方面，特别是在海洋特色专业人才培养、培训方面取得了可喜的成绩。与国家海洋局、海军航保部以及沿海省（市）海洋渔业管理机构等举办了多期管理干部培训班、专业技术人员学历班等，先后举办了山东省气象局高级研讨班、浙江省第一～第五期海洋与渔业经济研修班、山东省日照市海洋管理高级培训班、河北省唐山市国土资源局业务骨干培训班、中国海监专职执法人员培训班（共三期）、中国海监沿海省（区、市）海监执法人员培训班（共六期）、青岛市气象局大气科学研究生课程进修班、中国海监项目管理研究生班、海军航保部研究生班、国家海洋局东海分局研究生班等学历或非学历继续教育达千余人。目前，学校及学院在原有基础上继续与上述单位保持密切联系。例如，与国家海洋局海监总队、东海分局等单位签订协议，定期举办海洋管理干部高端培训及基层预报台站的技术培训与学历教育，并且在中国海监总队培训期间录制了系列讲座，作为中国海监远程教育网中国海监行政执法人员上岗资格培训系列课程，同时还编写了中国海监培训系列丛书（分为海洋科学卷、海洋管理卷、海洋执法实务卷），发展势头良好。

（三）培训项目的实施及效果

1. 坚持培训的基本原则

（1）注重能力培养。

适应知识经济快速发展的要求，充分考虑行业专业技术人员及管理人员职

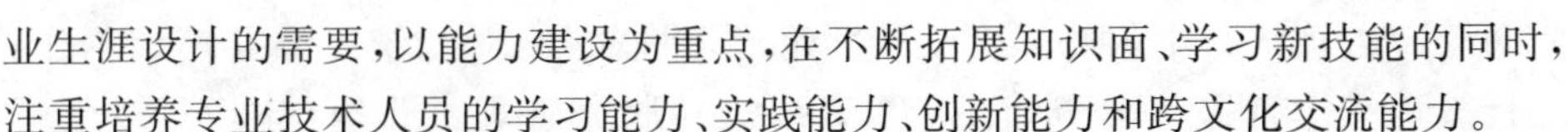

业生涯设计的需要，以能力建设为重点，在不断拓展知识面、学习新技能的同时，注重培养专业技术人员的学习能力、实践能力、创新能力和跨文化交流能力。

(2)服务经济发展。

适应改革开放和现代科学技术发展的需要，围绕经济建设和科技发展的重点领域、重点项目，在建设海洋强国、推动蓝色经济发展、建立现代企业制度、发展高新技术和高新技术产业等方面开展工作。

(3)联系工作实际。

根据中国海监的发展特点、岗位要求和能力水平开展继续教育工作，增强继续教育的针对性、实用性和引领性，注重开发专业技术人员的岗位创新能力。把继续教育与人才市场结合起来，为人才择业提供培训服务。

(4)强化学以致用。

开展继续教育是吸引人才、留住人才和用好人才的基本措施之一，通过继续教育增长专业技术人员的才干，调动专业技术人员的积极性和创造性。积极推进继续教育要与职(执)业资格认定、专业技术资格考试、评审等人才评价方式相结合，作为专业技术人员技术职务晋升、考核等的重要内容和聘任、承担项目等的重要参考依据。

2. 建立了一支优良的师资队伍

当前，世界各国在教育普及程度和知识创新水平不断提高的情况下，越来越重视提高教育质量和效益，并把培养具有创新能力和创造精神的优秀人才放在重要位置。而造就创新人才的途径是教育，造就创新人才的关键是教师。教师是实施教育的主体，教师队伍素质的高低必定要影响实施素质教育的效果。中国海监培训的师资主体来自中国海洋大学，主要承担知识模块的教学任务，执法实务部分的教学任务则由具有多年丰富执法经验的第一线领导承担。

参加中国海监培训的学员大多来自海监工作的第一线，许多学员还是业务和管理的骨干，他们在执法和管理中接触到了新信息和新技术，在技能方面甚至超过了教师。另外，由于继续教育的开放性，许多学员工学兼顾，他们在工作中会随时碰到难以解决的问题，需要教师的指导和解答。教师在教学中要淡化教师的中心地位，确立学员的主体地位，即认识到学员是学习的主体，是学习的主人。教师的作用重在引导，妙在点拨，要注意培养提高学员自主学习的积极性。在培训教育过程中，教师可向学员讲解自学的一般方法，不少学科可以通过自学来获取知识，况且很多教材编撰时，既讲理论，又讲实例，还附上思考及作业题解，为自学创造了良好的条件。

3. 设立了实用的培训方案和课程体系

(1)培养方案。

三个海区海监总队和沿海省、市海监专职执法人员系统的执法业务培训，由中国海监总队与中国海洋大学共同组成培训领导小组，统一领导培训工作，下设教学工作组、教学保障组、军事训练组和服务管理工作组（包括行政管理组、后勤服务组和文体宣传组）。分北、东、南海三个海区进行培训，每个海区培训集中面授时间为2个月，按军事化管理，严格执行作息时间，制定了一系列的规章制度，保证培训工作的顺利进行。

（2）课程体系。

课程体系分四个模块内容：海洋基础知识、海洋管理知识、海洋法律法规与执法实务和军事训练。

4. 建立数字化学习资源，开展远程网络培训

在早期培训中，将培训教师的授课进行全程录像，现已制作完成中国海监远程教育终端。中国海监远程教育网是中国海监队伍开展教育培训的专用网络，具有成熟、便捷、高效的特点，突破传统培训模式，不受时间和空间的限制。其主要功能有在线学习、在线练习与考试、在线交流、在线管理等，海监人员在这一网络上可实现学习、训练、考试、交流、管理五位一体的培训目标。目前，中国海监执法人员上岗资格培训已上线并投入使用，通过不断增加培训课程和培训项目，丰富网站功能，日益成为中国海监队伍学习和交流的重要平台。

5. 培训效果

参加中国海监培训的学员，取得岗位培训课程规定的学分后，由中国海监总队会同中国海洋大学对考试合格者颁发结业证书。对于已获得海洋执法监察证的人员，此证书作为年审和换证的依据；对于尚未获得海洋执法监察证的人员，此证书作为申领海洋执法监察证的依据。

新入职海监队员的职业培训是一个系统性工作，既要结合培训岗位所需的价值理念、基本技能、创新能力，还要考虑队员的短期目标和长期发展规划及实际效果。因此，我们应不断探索培训效果的实现途径，使培训工作成为一个系统化的整体。

（四）项目价值和推广意义

1. 扩展培训对象

为推进海上统一执法，提高执法效能，根据党的十八大会议精神要求，将国家海洋局的中国海监总队、农业部的多个海洋的渔政局、公安部的边防局、海关总署的缉私局进行整合，统一成立了中华人民共和国海警局，因此将来的培训对象将有可能扩展到中国海警，以适应海警执法工作快速发展的需要，提高中国海警执法人员的业务素质和执法水平。

2. 创新培训模式

高等学校继续教育以培养高等技术应用型人才为目标，这就需要以职业

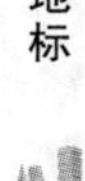

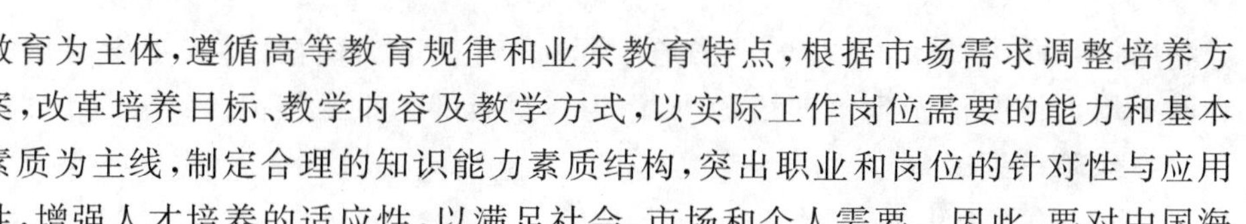

教育为主体，遵循高等教育规律和业余教育特点，根据市场需求调整培养方案，改革培养目标、教学内容及教学方式，以实际工作岗位需要的能力和基本素质为主线，制定合理的知识能力素质结构，突出职业和岗位的针对性与应用性，增强人才培养的适应性，以满足社会、市场和个人需要。因此，要对中国海警进行新形势业务培训，须在以下方面有所创新。

(1)深化教学模式改革，推动教学模式创新。

教学模式改革在继续教育诸项改革中处于核心地位。深化教学模式改革，关键是在培养目标、培养模式、课程内容和体系等方面进行创新。首先，要根据全面建设创新型、现代化国家对人才知识、能力、素质结构的要求，确定中国海警的培养目标，使培养对象既具有较高的思想道德素质、职业道德素质，又具有合理的知识结构和能力结构，以及较强的创新意识、创新能力。其次，在培养模式和教学模式上要有一个根本性的转变：由注重知识传授向注重素质培养、智能开发方向转变；由以学科为本位的理论型向以实践能力为本位的应用型、职业型方向转变。再次，课程内容和体系要追踪学科发展前沿水平，要根据人的知识结构、智能结构和素质结构来调整改革。

(2)变革课程设置。

课程设置是教育培训内部改革的关键所在。只有真正实现课程创新，才能体现海警培训的特色；只有不断深化课程改革，切实满足海警执法工作快速发展的需要，新形势下的业务培训才能得以实施。具体而言，教育培训课程的设置要遵循两大原则，即实用性原则和主体性原则。实用性原则要求课程设置体现现实发展和学习者的需要；主体性原则要求课程设置体现成人学习的特点，充分考虑他们的生理和心理的需求。

(3)变革教学管理体制，实行目标管理。

在中国传统的教学管理体制下，单纯地以考试作为评价学生的标准，以教学过程作为评价教师的标准，其根本缺陷是制约了创新型人才的培养，在这一体制下，学生的个性不能得到培养，教师的特长也不能充分发挥。提高中国海警执法人员的业务素质和执法水平，要求改革传统的教学管理体制，真正实行目标管理，加强教学质量监督，建立切实有效的激励与评价机制。

3. 拓宽培训渠道

围绕“目标管理”，不断创新培训形式，拓宽培训渠道，逐步形成多层次、多渠道、大规模、高质量的海警培训新格局。

通过集中培训，使海警全面系统地学习掌握基本理论、新知识、新技能。同时，在保证集中培训的前提下，加强对高等院校、外地培训基地的考察联系，逐步形成以集中培训为主体、以高校为补充、以外地培训机构为延伸的立体化、开放式、高覆盖的教育培训体系。引入现代科技手段，加强网络培训。充分利用信息网络技术，拓宽培训渠道。同时，建立培训档案，将参加学习培训和网上培训情况记录到培训档案中，作为考察干部的重要依据。

4. 保障培训效能

(1)完善师资队伍。

按照兼职为主、兼专结合的原则，拥有一支政治优良、业务精通、经验丰富的继续教育师资队伍。充分发挥高校师资队伍的作用，聘任政治素质较高、专业理论基础好、实践经验丰富的人员作为兼职教师。通过以往多年举办多期中国海监培训班等形式，历练了专职教师的专业水平，拓展了知识领域。

(2)强化教育培训管理机制。

教育培训工作的开展要统筹兼顾，协调发展，加强管理。积极建立和完善教育培训质量评估制度、证书登记制度、统计制度和考核制度。

(3)建立配套的教材体系。

在中国海监总队培训期间，完善了中国海监行政执法人员上岗资格培训系列课程，编写了中国海监培训系列丛书(分为海洋科学卷、海洋管理卷、海洋执法实务卷)，为将来海警培训打下了坚实的基础。

(五)对高校继续教育改革发展的思考与建议

高校开展继续教育培训，不能采取“打一枪换一个地方”的游击队方式，而必须考虑培训规模、培训效益和可持续发展的问题。因此，在进行培训项目开发时，应着眼于可持续发展，形成一个合理的教育培训产品储备和更新制度。注意以精品培训项目为核心，开发系列化的培训项目，形成具有市场竞争优势的培训项目群(序列)。要在战略层面上，优化培训项目体系，完成培训项目战略布局。

教育培训是展示高校形象的一个重要窗口，如果高校教育培训机构像企业那样进行轰炸式的商业广告宣传，很容易引起公众的反感，难以取得预期的市场反应效果。而高校教育培训产品如果一点不做广告，也难以为潜在的培训需求者所了解。因此，必须研究高校教育培训产品的广告策略和技巧，以达到更好的广告宣传效果。一是要结合教育培训机构的一些重大活动、纪念日等，在一些重要媒体发布形象广告，宣传教育培训办学理念、办学历史、取得的成就等，淡化商业气息；二是控制教育培训项目广告发布的频率和密度，除行业性非常强的培训项目产品外，尽量减少豆腐块式单一培训项目产品广告，而立足于树立统一的教育培训品牌形象，采取相对集中的广告投放策略，把一些性质相近的培训项目集中发布；三是重视对广告载体的选择。

四、基地共建

案例：依托“双基地”联盟推动继续教育转型发展的探索——以湖北大学“双基地”联盟共建为例

案例点评：

教育部高等学校继续教育示范基地顺利落户湖北大学，无疑为加快发展学校继续教育事业搭建了新的平台。在此背景下，高等学校继续教育示范基地与继续教育学院合作基地进行联盟与共建，共同推动继续教育转型发展，并在理论研究平台和实践探索平台上积极探路。目前，“双基地”联盟已在人才培养和评价、非学历教育和培训、社区教育等方面取得了一些建设性的成果，随着理论和实践两个维度研究和推进的不断深入，学校寄希望于将其打造和建设成为示范基地的亮点工程，为服务于全民学习和终身学习的学习型社会建设提供可资借鉴的经验和模式。

教育部“高等学校继续教育示范基地”的建设是为贯彻落实全国教育工作会议精神和《国家中长期教育改革和发展规划纲要(2010—2020年)》提出的“加快发展继续教育，建立健全继续教育体制机制”战略部署而设立的重大课题项目，作为理论研究与示范实践相结合的项目，总课题组将其解读为是要实现“两个目的”：一是在继续教育理论上有创新，要为高校继续教育综合改革提供理论支持；二是在继续教育实践上有突破，要为全国不同层次、不同类型的高校继续教育改革与发展提供示范性案例和经验。

示范基地项目建设以来，学校围绕项目任务书提出的建设目标和任务进行了积极的探索，在继续教育的一些领域和某些项目上都取得了较为明显的理论成果和实践经验。而依托“双基地”联盟这一模式开展其对推动继续教育转型的理论探索，这一研究方向一直没有停止过，并寄希望于通过理论研究和实践探索为联合培训基地的建设和发展提供新的思路。

(一)“双基地”联盟背景

“双基地”是“示范基地”+“合作基地”的简称。完整的表述应该是通过高等学校继续教育示范基地与合作基地双方进行联盟和共建，共同推动继续教育转型发展，并在理论研究平台和实践探索平台上谋求发展的模式。“双基地”概念是在“继续教育转型发展”宏观背景和示范基地建设客观需求下提出来的，其根本目的是推动继续教育转型发展，实现途径是建立联盟、整合资源、搭建平台、共享双赢，主要任务是在继续教育的人才培养、教育培训、社会服务等领域进行合作和协同创新。

继续教育转型发展的重要意义在《国家中长期教育改革和发展规划纲要(2010—2020年)》中做出了明确规定,今后要“大力发展非学历继续教育,稳步发展学历继续教育”,因此,从现在起,以学历补偿教育为主的成人高等教育将维持或逐步缩小规模,以能力培训为目的的非学历教育将成为继续教育的主体,提升在职从业人员的素质和能力将是学习型社会的主要任务,否则不可能建成创新型国家,国家不可能可持续快速发展。

示范基地的建设是一个宏大的系统工程,项目建设任务具有差异性,其突出表现为各个参与建设的学校具有不同的层次、类别,行业背景不同,学科优势有异,追溯“双基地”概念离不开对各个参建学校校情的考量。湖北大学作为一所省属综合性大学,主要为湖北区域经济和社会发展培养人才。如何突出本校特色、抓住机遇、实现继续教育成功转型,是学校当前的首要任务,也是示范基地建设的意义所在。如何充分利用高等学校继续教育示范基地这一平台资源,适时推动学校继续教育事业转型发展,需要对这一平台资源进行深度开发和利用,采取联盟的方式既是继续教育事业拓展的重要形式,也是协同创新、联合攻关的重要渠道和载体,更是对继续教育社会实践活动进行有益探索的重要切入点。因此,正是在这一背景下“双基地”联盟应运而生。

一年来,学校将各类办学资源统一纳入广义性“双基地”旗下归口共建共管,按照“示范基地”+“合作基地”对口衔接的思路加强对不同类型基地的建设和管理。基地就是阵地,基地就是资源。不同类型、不同模式基地间实现了资源互通共享,取得了良好的社会效益和经济效益。

一是生源型合作基地共11个,主要涵盖各职业技术院校,对接示范基地人才培养模式的建设板块;二是社会服务与培训需求型合作基地10个,主要包括政府职能部门的相关单位、企业、街道和社区,对接服务社会模式建设板块;三是研发型合作基地3个,对接“三位一体”合作模式理论建设板块。“双基地”的实践探索为编制培训基地可持续发展明确了方向。

(二)签订“双基地”联盟协议

为推动“高等学校继续教育示范基地”建设,学校先后与衔接教育的合作院校、成人高等教育联办单位就共建“双基地”达成如下合作框架协议,旨在推动以学历教育合作为基础的人才培养模式的改革,并承担着生源建设的任务。合作框架协议共包含八个方面的建设内容。

(1)共同达成对“双基地”建设的共识。“双基地”是合作双方拓展合作空间的一个重要载体,是把成人高等教育的共享资源进行延展的重要驱动力,共同承诺“双基地”合作共建的成果惠及合作双方,并为推动继续教育的转型升级协力同心。

(2)积极参与"双基地"的建设。依托示范基地共建合作基地,在共享共惠的合作理念下,遵循平等互利、合作双赢的总体原则,围绕"双基地"的建设目标和建设任务,相互支持、相互促进,筑牢"双基地"合作联盟基础,共同推进"双基地"建设进程。

(3)实现合作框架内继续教育资源的开放互通。搭建信息平台,实现资源共享,统筹合作、共同开拓学历教育和非学历教育两个市场。努力促进继续教育资源向社会开放的程度,共同营造为学习者提供终身学习和全民学习的环境。

(4)提供优质服务,加强行业自律。不断提高服务质量,让继续教育服务对象享受更加优质的服务,强化为联盟成员单位的发展提供支持服务,维护联盟成员单位权益,加强行业自律,推动继续教育发展环境的优化。

(5)共同开展"双基地"建设的理论研究。积极参与合作双方项目研发、课题研究,发挥合作双方各自的特色和优势,按照项目和课题载明的合作框架、合作领域、权利义务及总体原则开展联合攻关,联盟单位共享研发成果和应用成果。

(6)协同开展继续教育实践活动,建立联席会议制度和协商机制,推进继续教育课程、师资、人才、科研、资讯、实习实践基地等教育与需求资源的共享交流,提高教育资源使用和开发的效益。

(7)提升高校继续教育服务行业企业、服务城市地区发展和服务社会的能力,共同探索高校继续教育服务模式和服务渠道,并提供必要的财力支持和人力支撑。

(8)大力宣传全民学习、终身学习的意义。深入持久地为社会成员、社区居民开展继续教育宣传活动、公益活动,树立终身学习的观念,积极地投入到全民学习、终身学习行列中来,彰显继续教育的社会责任和终极价值。

(三)"双基地"建设的主要成果

1.继续教育人才培养模式和评价机制的探索取得了较为显著的成果

围绕继续教育人才培养模式和评价机制探索的目标,"双基地"联盟从四个方面着手推进。

一是不同学习形式的学历继续教育课程间互认和衔接的试点推进工作。该项内容建设重点是围绕课程内容的针对性和实效性开展对专业教学计划进行调研和整合。已初步完成了成人高等教育 20 个专科专业、43 个本科专业以及高等教育自学考试全日制助学班 42 个本科专业课程的摸查,筛选出学历继续教育相同本科层次中可以对其课程进行优化的 17 个专业,为下一个建设期内要完成的两项任务——对教学计划进行整合修订和在教学课程上打通或交叉覆盖——进行了必要的准备。

二是学历继续教育自学考试独立本科段与高职高专学习成果互认和衔接试点推进工作。建设的重点是在高等教育自学考试自考衔接教育的生源基地开展对学分积累与转换制度探索。学历继续教育学习成果互认和衔接是一项政策性非常强的工作,基本要求是在遵循国家关于自考工作的相关政策规定的前提下,逐步打破校际间学籍管理制度的壁垒。目前,此项工作的阶段性成果是:已与咸宁职院、随州职院、孝感职院、襄阳职院、武汉职院、省民政职院和省青年政治职院等单位签订了合作协议,就同类课程学习成果互认开展调研和摸查,与武汉市江城国际辅导学院进行“双证书”试点工作已搭建了合作框架。

三是在衔接教育签约学校挂牌,共建湖北大学继续教育合作共建基地,推动示范基地多边合作。试点推进需要科学而便捷的学籍管理系统平台的支撑,目前,教学管理和学籍管理部门已完成了“教学信息问卷调查单元”“教学管理情况反馈单元”“函授站课堂教学巡查单元”“教师课堂教学评价单元”等子项目的设计工作,为下一阶段的合成做了铺垫。

四是进行网络注册学习教育评价机制探索。高等教育自学考试课程“网络注册学习”,是全国考办“十一五”末推出的重大改革试点项目,湖北大学作为全省唯一的试点高校,开展了旨在探索和推进自学考试学习媒体、助学方式、考试方式和评价方式的综合改革,完善自学考试的教育功能和评价功能,实现自学考试教学资源的共享。如何针对学习过程控制和学业综合评价开展调研是该项目的一个重要组成部分。目前该项目运行平稳,网络注册学习2009级学生毕业率平均提高18.8个百分点。

这四个方面工作的推进为该类建设目标的标志性成果的顺利实现打下了坚实的基础,《湖北大学成人高等学历教育“专业课程设置模式改革”实施方案》在经过反复研究讨论和专家听证审定后出台,为人才培养模式的理论探索搭建了稳健的理论框架。

2. 非学历教育和培训工作有了稳健的发展,学校优势和特色进一步显现

2011年,发挥“双基地”平台作用,组织全省16个点约5000人的高校教师岗前培训,承办2012年湖北省农村教师素质提高工程的教师培训(2891人),举办2012年湖北省高校教师岗前培训(871人)、武汉市教育局的教师培训项目(420人)、高校教师精品课程(60人),先后开展了孝昌县教育局、香港嘉氏集团郭氏基金会教师培训项目(50人),第二期湖北省出国人员外语培训项目(43人),潜江园林高中教师培训(30人)。同时,着力加强对培训管理人员的培训,在项目的市场化运作、市场调研能力的提升、项目的研发和管理、教育培训理论和知识体系的建构等方面加大研发力度,为开拓市场夯实基础。使培

训项目从教学计划的拟定、课程设置与编排、授课教师的遴选、培训学员的管理以及后勤保障工作进行重构，紧跟不断变化的市场需求，永葆项目的生命力和活力。

2012 年，学员培训总人次 9212 人，颁发各类证书数目 8851 个，其中获得职业资格和水平认证证书人数 7252 人，当年办班总数 99 个，其中政府机构及事业单位内训项目 52 个，行业协会组织生源并委托培训项目 15 个，其他 32 个。

以提升软实力、优化非学历教育的发展环境为突破口，在非学历教育的建章立制上下力气，净化非学历教育和培训工作的软环境，借助示范基地建设契机，完成了《湖北大学非学历教育管理暂行办法》的调研和起草工作，规范、引领和推动非学历继续教育健康有序发展。

3. 理论探路，调研听证，政校合作，共同组建了武汉高校首个以大学命名并在社区正式挂牌的社区教育学院

学校与武昌区委、区政府、学校所在的辖区徐家棚街道办事处共同组建湖北大学社区教育学院，这既是对高校服务社区零散资源的集成和整合，也是高校服务社区建设和社会发展迈上一个新台阶的重要标志。围绕湖北大学社区教育学院的组建工作，课题组认真筹备，扎实推进，主要开展了如下工作。

在理论探路上，课题组完成了《关于组建湖北大学社区教育学院的工作报告》，对组建湖北大学社区教育学院的相关背景进行了分析和解读，并从四个方面阐述了如何开展组建工作：一是关于湖北大学社区教育学院的办学宗旨、职能和属性，二是关于湖北大学社区教育学院的管理模式的价值取向和社区教育学院管理机构基本框架，三是关于湖北大学社区教育学院的运行机制（包括学院的运行机制实行联席会议制度和学院各岗位及所属部门主要职责两个部分），四是分析了湖北大学社区教育学院所依托的资源和平台及明确了学院的使命和主要工作任务。在此基础上，就下一步学院选址和揭牌等具体工作推进提出了初步设想。

在调研听证环节中，课题组于 2013 年 4 月 12 日在学校召开了社区教育工作座谈会，邀请了徐家棚街道办事处的相关领导、区人大代表及来自所辖 7 个社区的干部，学校图书馆、政法与公共管理学院社区教育研究中心等相关部门负责同志近 30 人来学校进行了交流座谈。座谈会由徐家棚街道办事处党委书记陈鹏南主持，副校长杨鲜兰到会并做了讲话。会议听取了继续教育学院院长谢鉴同志的主题报告，与会人员就社区教育学院的组建及相关问题提出了许多建设性的意见和建议，形成了合作共识。同时，对平台设计和下一步社区工作思路提出了较为明晰的方向。在此基础上，5 月 3 日下午，徐家棚街召开“街校联手共促社区教育研讨会”。区委常委、组织部部长、统战部部长孙志军，区政府副区长向悦，湖北大学有关领导，以及区老干局、区教育局的有关同志出席会议，区老龄委、区老年大学、区社区教育学院等相关职能部门同志参加会议。在听取了相关人员对社区教育学院组建情况及徐家棚街近年来开展社区教育工作情况的介绍后，与会代表就加强和改进社区教育工作纷纷建言献策，进一步为湖北大学社区教育学院组建前的各项筹备工作进行了科学的部署。

5 月 31 日，湖北大学社区教育学院正式挂牌成立。《人民日报》6 月 3 日以“湖北大学社区办学”为题进行了宣传报道。同时《人民网》《中国日报》《新浪网》《湖北日报》《长江商报》《荆楚网》等主流媒体也进行了同步宣传，社会反应强烈。

与此同时，服务社会“三位一体”合作模式的理论探索取得了较为显著的成果。课题组围绕继续教育、社区文化等基地课题项目先后正式发表了多篇研究论文，取得了较好的社会效益。

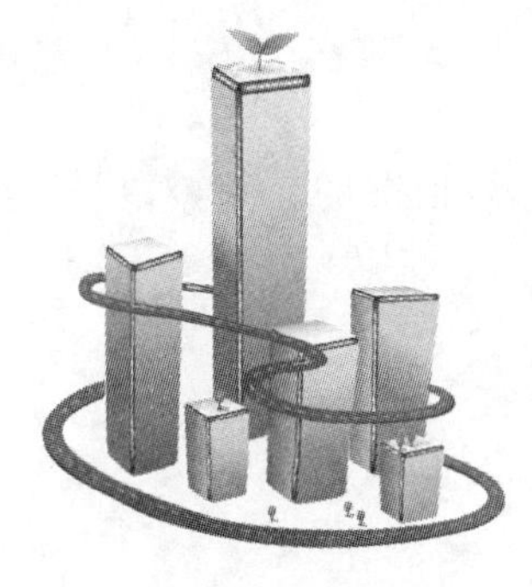

第五章
继续教育示范基地建设之他山之石——行业企业、专业机构继续教育

今天的中国高校继续教育面临着多方面的挑战：生源总体萎缩，竞争更加激烈，政策变数加大；教育部已全面放开网络教育试点；新兴技术的发展不断促使继续教育变革……因此，本章重点讨论高校继续教育在如今的发展大环境下，怎样借鉴行业企业、专业机构继续教育的成功经验，攻高校继续教育示范基地之玉。在挑战面前如何把握机遇，这是我们要共同面对的问题。

第一节 行业企业、专业机构继续教育发展现状

本节主要通过对中国行业企业、专业机构继续教育发展情况的介绍，对现有行业企业、专业机构继续教育研究问题进行梳理。

一、认识行业企业、专业机构继续教育

（一）行业企业继续教育

目前，行业企业继续教育并没有一个确切的定义。一般来说，是指行业企业根据自身发展需要，对企业员工开展的各种教育培训活动。其培训目标是提升行业企业岗位职工的技能、资格和能力。培训内容包括岗前适应性培训、岗位技能培训、职业资格培训、技术等级培训和安全技术培训等。随着中国经济体制改革逐步深入，产业结构不断升级，技术水平要求不断提高，行业企业继续教育逐步从为本行业企业服务向适应社会主义市场经济需要的方向转变，初步建成了由行业企业自身举办的培训机构、为企业提供培训服务的各类型培训学校，如企业大学以及专业的社会培训机构等构成的行业企业继续教育体系。这也成为中国继续教育乃至终身教育体系的重要组成部分。

从个人层面来看，行业企业继续教育有利于提升自己的技术能力、就业能力，甚至是心理能力、创造力和竞争力，从而与接受培训的学习者的收入水平直接挂钩，为自身创造更多的财富。

从企业层面来说，行业企业继续教育有利于培养行业企业内部所需要的人才，提高员工的工作效率，增强员工的创新力，从而增加企业的附加价值，提升企业竞争力，保障企业持续、健康、高效的发展。

从国家层面来讲，行业企业继续教育直接关系到行业企业人才的培养和职工队伍整体素质的提高，对国家整体发展起积极的推动作用，是中国产业结构调整与升级的助推器，是助推人力资源强国建设和造就各类专门人才的重要途径，是构建和谐社会的重要保障，对于增强中国经济竞争力具有重要意义。

（二）专业机构继续教育

本文所指的专业机构继续教育是以市场需求为导向，由社会各类组织向学习者提供各种教育培训（非学历）的专业培训机构。它具有灵活的市场导向性，可以满足社会多层面的教育需求，为广大求职、在职人员提供多种选择及

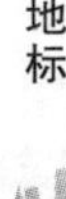

培训机会，为社会培养了大批急需人才。

从需求看，随着经济社会的发展，公众提高自身素质的需求攀升，并呈现出多样化、专业化的特点，仅靠学历教育已经无法完全满足当下的学习需求。

从供给看，公众对于教育消费的投入不断提高，不同类型和规模的教育培训机构大量涌现并迅速成长。公办教育投入的滞后和教育消费快速增长的迫切需求之间形成了巨大落差，稀缺的优秀教育资源与公众的需求之间存在差距，这使得专业机构继续教育快速发展，已经涉及 IT、外语、金融、管理、市场等职业培训，并逐步走向产业化。

（三）两者的共同属性

行业企业、专业机构继续教育具有以下几个共同特点：机制灵活、办学形式多样化；贴近需求，所设计的课程以市场需求为导向，提供的课程大多周期短、见效快、涉及面广；教学形式多样化，以学员为中心，注重实际，而且针对性强、适应性强；培训内容与社会发展同步或具有一定超前性，能迅速体现出其办学效益和社会效益。

二、行业企业、专业机构继续教育的发展环境

（一）经济环境

当前，中国社会经济发展面临“新常态”，发展速度、形态、模式、动力等都在发生变化，这些都将极大地推动教育的变革。尤其是 2013 年，中国倡导建设“丝绸之路经济带”和“21 世纪海上丝绸之路”（“一带一路”）的倡议，给教育带来了新的发展契机。“一带一路”战略不但涵盖区域基础设施建设的支持，还包含区域性的资本、政治和战略秩序的形成，以及区域治理的完善。而资本、产能、技术、理念与政策、贸易、货币的互联互通都需要人才投入与智库支持。

亚洲基础设施投资银行 2015 年底即将进入运行阶段，“一带一路”计划也将扬帆起航，亟须配套人才。在新常态下，行业企业、专业机构继续教育如何配合“一带一路”建设的大战略，是一个新的课题。

（二）政治环境

十八大报告中明确指出：“完善终身教育体系，建设学习型社会是实现全面建成小康社会重大战略任务的根本保障；要从战略高度进一步提高对终身学习重要性、紧迫性的认识，以终身学习理念为指导加强和改进学校教育，大力发展继续教育，高度重视和加快推进教育信息化，切实加强学习型社区、学

习型组织和学习型城市建设，全面开创学习型社会建设的新局面。”①

《国家中长期教育改革和发展规划纲要（2010—2020年）》中提出要“构建灵活开放的终身教育体系。大力发展教育培训服务，统筹扩大继续教育资源。鼓励学校、科研院所、企业等相关组织开展继续教育。”②

目前，终身教育的理念已得到全国范围的广泛接纳，终身学习的行动在中国各个行业与领域迅速有序地展开。

（三）技术环境

技术进步和知识更新速度的加快，为行业企业、专业机构继续教育的发展提供了必要的技术基础。现代信息技术在教育领域的广泛应用，教育培训向网络化、多媒体化和职能化方向发展，推动着教育培训理念和教育文化的创新。同时，技术环境促进技能型培训的发展。新技术的发展改变着生产方式，促进了新职业、新技能的产生，造成了技术人才稀缺，促使职业技能向高技能、复合型转化。

（四）社会文化环境

随着知识经济时代的发展，新技术的广泛应用，知识更新加快，职业挑战加剧，人们需要再学习，解决面对的挑战和压力；其次，面对就业压力，人们需要通过各种培训来增强自身能力，以便在激烈的竞争中取胜，由此行业企业、专业机构继续教育得以快速发展。除此之外，培训业被誉为有“钱景”的行业之一，这也促使行业企业、专业机构投身于教育培训这片“蓝海”之中。

三、行业企业、专业机构继续教育的特点

近年来，教育培训行业呈旺盛增长态势，成为中国经济领域闪亮的新热点。目前，中国各类培训机构已达数百万家，按照培训市场和对象划分，可以将培训市场划分为学生教育培训市场和其他教育培训市场。学生培训市场主要包括了针对中小学的培优教育，针对大学生等的英语、IT培训等。而针对其他人群的教育主要有专门的培训团体等开展的提高职业技能、改善知识结构、增强管理能力等的职业化培训。同时，在建设学习型社会的背景下、面向

① 胡锦涛.坚定不移沿着中国特色社会主义道路前进 为全面建成小康社会而奋斗——在中国共产党第十八次全国代表大会上的报告[R/OL]. 2012-11-19. http://www.xj.xinhuanet.com/2012-11/19/c_113722546.htm.

② 国家中长期教育改革和发展规划纲要（2010—2020年）[EB/OL]. 2010-03-01. http://www.china.com.cn/policy/txt/2010-03/01/content_19492625_3.htm.

终身教育和自身提高的兴趣培训将全体有需求的社会成员作为培训对象。[①]行业企业、专业机构继续教育主要呈现出以下特点。

(一)教育运行机制市场化

行业企业、专业机构继续教育是以市场继续教育需求为导向进行的培训。首先,行业企业、专业机构继续教育培训服务形成了较为成熟的市场需求模式,其显著特点是具有针对性,根据需求确定教学计划、教学内容、教学方法以及学时安排。培训工作按市场规律、市场机制运行。其次,培训服务的形式和内容直接反映市场需求。例如,经济的迅速发展和激烈的市场竞争催生了各种商业管理培训的出现。再次,培训服务的价格随市场供求关系的变化波动。最后,市场因素在教育培训资源配置方式中发挥重要作用,教育培训机构在市场化运作中形成的办学模式和运行机制,使得其生存和发展遵循优胜劣汰的市场法则。

(二)由快速扩张向内涵建设转型

行业企业、专业机构继续教育保持着平稳增长的发展态势。近两年,培训机构和接受培训的人数,以及各级各类非学历教育结业生人数都略有下降,行业企业、专业机构继续教育的发展速度正在逐步放缓,由快速扩张期向内涵建设期转型。比如,规模小的教育机构向单一专业方向发展,规模大的教育机构着力加强内部管理和品质提升等。

(三)资本化运营方式脚步放缓

随着教育培训行业的迅猛发展,出现了教育投资热。2006 年新东方教育集团在纽约上市后,越来越多的国内外资本将焦点聚集到教育培训领域。2010 年短短 4 个月内有四家中国教育培训机构先后在美国上市。“上市”成为众多教育培训机构的追求。然而,中国行业企业、专业机构继续教育培训机构在尚未发展成熟的情况下被推入资本市场,容易陷入盲目扩张、一味追求市场利润的误区,势必影响教学质量,并引发教育同质化倾向。近年来,中国行业企业、专业机构继续教育培训机构上市的资本化运作步伐正在逐渐放缓。

(四)互联网领域的线上竞争强势展开

网络技术和知识数字化的发展为行业企业、专业机构继续教育带来了新的机遇。越来越多的行业企业、专业机构继续教育培训机构开始关注线上竞

---

① 张国安.服务的力量[M].武汉:华中科技大学出版社,2013.

争，大型培训机构开始角力于互联网和移动互联网领域。除传统的网络课程外，社区式的网络学习平台、依托于移动客户端的APP应用、微课程等培训模式已经出现在教育培训市场上，如百度教育、淘宝同学、QQ教育、新东方在线、网易公开课、微课网等在网络教育方面不断推出新业务、新服务。

四、行业企业、专业机构继续教育发展趋势

（一）教育培训项目向综合化发展

《2014中国教育市场发展报告》中指出，未来几年，中国教育培训市场潜在规模将达到10000亿元。其中，2015年，仅在线教育市场的规模就将高达1200亿元。[①] 教育培训市场由传统的线下模式向线上模式转变，培训项目也在由单一化向综合化发展。培训项目更注意知识的整合、学科的融合、视角的新颖和理念的前沿，体现了鲜明的复合型、综合化特征。

（二）教育培训课程向个性化发展

随着培训市场竞争日趋激烈，个性化培训渐成主流。英语培训市场出现了金融英语、行业英语等"专业户"；IT培训市场开始分化为"白领培训"和"蓝领培训"两大阵营；企业培训也逐渐细分为管理培训、项目管理培训、销售培训、技术培训等。培训项目、课程、内容的个性化趋势也预示着教育培训市场的差异化竞争越来越激烈，细分培训市场的时代已经来临。

（三）教育培训外延向国际化发展

近年来，国外培训机构看中中国教育培训市场的发展潜力，进入中国培训市场的步伐加快。美国、英国、加拿大、韩国等国的教育机构都有意洽谈合作项目，已经进入中国教育培训市场的新加坡英华美教育集团、印度APTECH集团等则纷纷表示将继续扩大招生规模。预计未来中国培训市场的国外培训机构规模将进一步壮大。而国外培训机构的进入，进一步促进了教育培训国际化程度的加深，带来先进的办学方式和国际化的培训内容，将引发教育培训市场的变革。

（四）教育培训模式向多元化发展

目前，行业企业、专业机构继续教育培训一般是以课程为中心开展培训活

① 教育培训市场规模将达万亿[N/OL]. 2014-12-11. http://bjcb.morningpost.com.cn/html/2014-12/11/content_324397.htm.

动。随着竞争的加剧，有的培训机构开始探索新型培训模式，如集咨询、培训服务于一体的咨询式培训模式。在充分调查与分析的前提下，有效发现客户需求，为客户量身定做培训计划。教育培训内容体系呈现出从以课程培训为核心向咨询、培训服务一体化转变的发展趋势。另外，教育培训招生模式从面向个体的社会化招生向面向组织的会员制培训服务转变，教育培训开始走向大众化，通过强强联手的方式，搭建培训平台，通过规模效应，降低企业学员的培训成本，保证培训公司的利润，保障课程质量。

五、行业企业、专业机构继续教育发展存在的问题

行业企业、专业机构继续教育正在蓬勃发展，但是长期以来，也积累了一些问题，亟待解决。

(一)身份定位不清，相关法律依据有待健全

行业企业、专业机构继续教育兼具教育机构与商业机构的双重属性，同时具有公益性和民办非企业法人的属性。但是，与行业企业、专业机构身份定位相契合的政策法规还有待进一步健全和完善。

(二)品质良莠不齐，培训市场运行机制有待完善

目前中国培训市场没有权威的行业协会，也没有统一的行业标准。政府、市场、教育培训机构三者之间资源配置的相互关系也不够明晰。在社会需求的推动下，由于准入门槛偏低，导致教育培训机构鱼龙混杂、品质良莠不齐，课程设置、教材选择和教学管理等方面随意性过大，教学与服务质量难以得到保障。"直营"与"加盟"这两种经营形式是教育培训机构实现市场扩张的基本路径，但是"加盟"的管理权相对分散，导致培训机构内部品质监管不力，教学服务品质难以得到保障。

(三)师资队伍力量薄弱，职业化有待加强

培训教师的任职准入制度不健全，很多培训教师是半路出家，并不具有教育学、心理学等相关基础知识；对培训教师进行培训辅导的机构缺乏，导致专业化培训教师严重匮乏，培训机构专业特色不够、专业化程度不高。另外，教育培训市场的人才培养和研究还未得到充分重视，目前内地尚无高校开设相关方向的专业，研究教育培训市场和培训模式问题的专家学者更是寥寥无几。

(四)市场监管缺位，规范管理制度急需健全

政府对行业企业、专业机构继续教育培训机构实行多头管理，且规范管理

制度不统一，导致管理部门遇到问题相互推诿；加之培训行业协会尚未建立，部分培训机构的自律意识不够，片面追求经济效益，忽略社会效益，影响和制约了培训业的健康发展。

第二节 中外行业企业、专业机构继续教育经验总结

在批判地借鉴、学习与创新的基础上，对国内外行业企业、专业机构继续教育经验进行总结，找到高校继续教育示范基地未来的发展方向：要不断适应全球化、信息化、技术化、互联网化的趋势，使之更好地融入学习与发展当中；始终将学习与业务结果相连接，力求学习方式的快速有效，提升高校继续教育示范基地的竞争优势；要将继续教育与培养人力资源战略融合，更好地促进继续教育的发展。

一、中外行业企业继续教育模式研究分析

行业企业继续教育的模式有很多，“企业大学”是其中最具代表性的模式。“企业大学”这一术语是 20 世纪 50 年代由沃尔特·迪士尼(Walt Disney)公司首先采用的，直到 80 年代中期逐渐流行开来。[①] 以摩托罗拉创建企业大学为标志，现代企业大学在全球迅速崛起，从制造业很快发展到技术咨询服务业、金融保险业、医疗卫生业、运输业以及农业等各个行业，成为 20 世纪后期至 21 世纪发达国家继续教育领域一个令人瞩目的现象。[②]

近年来，随着惠普商学院、摩托罗拉大学中国分校、西门子管理学院在国内的建立，中国一些行业内知名企业，如招商银行、海尔、联想、吉利、春兰、海信、金蝶、蒙牛、中粮集团等，纷纷建立起自己的企业大学。预计到 2019 年，企业大学的数量将超过传统意义上的大学。

企业大学是行业企业继续教育的重要模式，也是构建终身教育体系的重要组成部分。对国内外企业大学的实践进行深入研究，总结成功企业大学经验，有助于中国企业大学功能的实现，为中国行业企业继续教育的发展提供有

① 袁锐锷，文金桃．美国企业大学现象透视[J]．华南师范大学学报：社会科学版，2002(4)．

② 邓瑞芳，武夷山．国外企业大学的发展经验对我国企业的启示[J]．科学学与科学技术管理，2006(10)．

益借鉴，促进终身教育与终身学习理念的逐步完善，为高校继续教育示范基地建设提供参考。

(一)企业大学的概念、功能和动因

1. 概念

对于“企业大学”，目前主要有三种角度的解读。

一是从企业大学宏观战略层面解读。美国学者艾伦(Allen)认为，企业大学是一种教育实体，是战略性工具，其职责是通过实施学习活动来培养个体或组织的知识和智慧，以协助公司达成任务。[①] 而在凯洛格公司，企业大学是对终身学习、学习型组织、核心能力竞争、人力资本等前沿理念的集成践行，无论是被定位为人才培养的“黄埔军校”、“头脑风暴”的论坛，还是被定位为赋能引擎、企业的第三空间，企业大学正以一种战略高度崛起。[②] 中国学者侯锷、闫晓珍认为，“企业大学是以企业文化、企业战略为核心，运用现代信息科技手段，按照混合式培训模式设立的虚拟化或器物化的企业组织学习基地。企业大学以构筑企业全员培训体系为基础，通过企业文化的导入和组织学习系统与流程的培育，形成企业战略执行、知识管理、人才培育、核心竞争力的智力平台，最终成为实现企业战略规划的战略工具。”[③]

二是从企业大学微观策略层面解读。在企业大学学习可以有效地提高个人的工作业绩。鲁斯·莫林和斯蒂芬·雷纳德(Lucie Morin & Stephane Renaud)通过对加拿大一家大型金融公司的1484名员工进行相关研究发现，有317名员工在1996年至1998年期间至少完成了一门企业大学的相关课程。通过分级回归分析模型得出结论：员工工作绩效的提高有19.4%源自他们在企业大学的学习。[④] 巴利(Barley)认为学习策略的成熟是企业大学区别于培训部门的显著标志。具体表现为：企业大学从对工作场所的挑战做出完全反应，到主动应对将要发生的变化；从关注个体到强调组织建设；从传递课程到提出系统化解决方案；将培训从人力资源开发拓展到战略层面，成为业务部门的合作伙伴；从零散式的培训记录到跟踪式中央控制；从很少或者没有评估实践到拥有强大的测量系统；从架空的支付模型到竞争性的、增值性的收费

---

① ALLEN M. The Corporate University Handbook[M]. New York：AMACOM，2002.

② 凯洛格. 企业大学白皮书——企业大学的最佳模式和建设实践[EB/OL]. http://www.key-logic.com.cn/.

③ 侯锷，闫晓珍. 企业大学战略[M]. 北京：人民邮电出版社，2009.

④ Lucie Morin，Stephane Renaud. Participation in Corporate University Training：Its Effect on Individual Job Performance[J]. Canadian Journal of Administrative Sciences，2004(4).

资产系统。[①]

三是从理论建构层面解读。李雪松强调企业大学在组织变革、企业文化、资源整合、社会责任方面的功能。[②] 他认为，企业大学成为企业整合战略资源的工具，与市场策略、品牌和文化等紧密结合，能为客户、供应商和合作伙伴提供完整的解决方案，增强客户忠诚度；企业大学除了培训知识技能外，还有一个重要的作用就是建设与传播企业文化。普林斯和比弗(Prince&Beaver)强调企业大学具有员工学习、知识管理、智慧中心的特征。他们认为企业大学的功能为：聚焦并组织员工的学习与发展；作为知识管理的工具与载体，是企业的思想领导所在地，且需要与企业最迫切的战略紧密关联；学习项目需要基于岗位能力模型进行设计；学习被越来越多地作为围绕一个目标来开发共同愿景的工具；成为创造知识及将个人学习转化为组织知识的实验室。吴峰对企业大学进行了界定：企业大学是为企业战略服务，以企业文化为基础，以教育理念为指导，以系统化、知识化、信息化、经济化为方法特征，以员工发展能力、领导能力、开放能力、品牌能力为能力特征，最终促进组织变革与绩效提升的非学历终身教育培训机构，是学习型社会的重要组成部分。[③]

总的来说，企业大学是一种由企业出资建立的新型教育培训组织，通过各种有计划的学习活动来推动个人和组织的学习，推动知识及智慧的发展，以支持企业实现其使命。它是现代化企业有效提升核心竞争力和保持独特性的重要手段和战略之一。在企业高速成长时，企业大学有助于解决企业员工素质提升和人才储备的需要；在企业转型时，企业大学可以帮助企业解决文化变革带来的问题。此外，企业大学还可以帮助企业获得供应商、客户以及战略伙伴的认同，在对它们进行质量控制和技术支持的同时，加强战略同盟关系。[④]

2. 功能[⑤]

企业大学的功能是逐步完善、逐渐发挥的过程。目前，企业大学主要有人才培养、文化建设、品牌营销等八大功能。

(1)孵化人才。企业大学通过整合企业培训资源，进行系统的知识管理，创造、发展和传承企业成功基因与商业思想。提升企业学习能力，孵化培养企

① Barley. K. Learning as a Competitive Business Variable[A]. ALLEN M. The Next Generation of Corporate Universities: Innovative Approaches for Developing People and Expanding Organization Capabilities[C]. John Wiley & Sons International Rights, Inc. 2007.

② 李雪松. 战略驱动的企业大学建设[J]. 人力资源，2009(1).

③ 吴峰. 企业大学评估指标体系建构及定量分析[J]. 现代远程教育研究，2012(6).

④ 邓瑞芳，武夷山. 国外企业大学的发展经验对我国企业的启示[J]. 科学学与科学技术管理，2006(10).

⑤ 高鑫. 中美企业大学运营模式比较研究——关于中国企业大学的发展建议[D]. 北京：首都师范大学，2013.

业内部的人才，从而提升企业的市场竞争力。如中国的阿里云大学，将联合北京航空航天大学、浙江大学、复旦大学、上海交通大学、西安交通大学、南京大学、武汉大学、华南理工大学在内的首批 8 所高校，开设云计算与数据科学专业方向，共建"互联网＋教育"的新生态。按照规划，2015—2017 年，阿里云与慧科教育集团将在全国 100 所高校完成专业课程开设，通过"互联网＋教育"的模式覆盖 300 所大学的云计算与数据科学教育，培养和认证 5 万名云计算和数据科学工作者。

(2)推动变革。企业大学是企业变革理念的来源地，也是变革的推进器。在企业大学，员工学习知识，分享经验，探讨问题，相互启迪思想，甚至主动提出变革想法，员工便成为变革的坚定拥护者和中坚力量。如此，企业变革的阻力与难度将大大降低，企业升级转型也将顺利完成。

(3)动态打造核心竞争力。根据企业内部与外部环境形势的发展，在动态的环境中，企业大学不断推动企业自身战略的调整和不断强化企业的核心竞争力。随着企业发展战略的变化，企业大学的工作重点也会根据企业战略的调整来重新制定，从而使企业能够在环境变化时，建立并保持竞争优势。

(4)推动企业创新发展。企业大学通过培养创新人才，完善创新机制，组建创新小组、传授创新方法、指导创新实践，完成企业制度创新、组织创新、管理创新、营销创新等创新工程，从而为企业发展献计献策。

(5)整合产业链。企业大学向上游的供应商和下游的客户提供培训服务，是为了提高其在产业链中的竞争力，同时向他们传递本企业的文化，渗透企业理念和文化内涵，让他们逐渐认同本企业文化，最终与上下游形成更为稳固良好的合作关系，整合产业链资源，形成竞争优势。

(6)企业文化建设功能。企业大学要根据企业的变化不断地研究、提炼、梳理企业文化，并且强化企业文化宣传，增强员工的认同感。企业大学是传播企业文化的最佳媒体，通过企业大学定制开发内化的培训课程，可以让员工逐步认识企业，了解、接受企业文化，并逐渐认同企业文化。

(7)品牌营销功能。企业要具有一定的规模和产值才有能力或有必要建立企业大学，因此建立企业大学无疑会给企业带来更大的社会影响力，进一步提高企业的品牌知名度。企业大学是企业对外交流的一个重要窗口，外界可以通过它了解本企业的文化，使本企业文化对外传播得更远更深。

(8)打造升级核心团队功能。企业大学对企业的发展战略及经营计划不断地进行深入研究，并将分步推进计划作为企业大学的培训内容，分别对企业中高层进行培训，从而加强中高层对企业战略的认识与理解，提高核心团队的凝聚力。

3. 动因

对于企业大学成立的原因，主要有以下四种观点。

第一，企业因面临挑战而设立企业大学。布拉斯(Blass)认为，21世纪的企业需要随着环境的不断变化而变革，需要具备不断增加员工学习机会的能力；需要能够面临全球化的挑战，特别是技术的挑战；需要具备将学习战略与商务目标整合起来的能力；要善于整合与统一企业文化，融合不同地域的差异；善于聚焦知识与学习，使自身具备创造与竞争优势。[①] 企业大学能有效开发人力资本、智力资本，提升企业及其员工的学习能力、创新能力，应对经济全球化挑战和日益激烈的市场竞争，能够帮助员工适应角色转变和新技术环境，能够提供企业急需的专门教育，提升企业的竞争力，促使企业大学快速发展。

第二，传统的大学教育满足不了企业的需求，而企业大学能围绕企业的经营战略目标协调培训活动，并且有助于整合、统筹、协调、共享和集约管理教育培训资源，避免资源浪费、重复建设，使企业教育培训更具成本效益优势，更具投资价值，还能培养员工的全局观念、战略意识、跨部门协作能力等。袁锐锷对美国企业大学的产生进行了分析。他认为，企业大学就是满足高等教育新需求的一种新形式，它强调组织与个人的共同发展，为不同年龄的人群提供形式多样、及时、方便的教育机会，使得工作中的成人对学习机会的把握和资源的利用更具有弹性，在时间、地点、进度、结果和方式等方面更适应个人的实际情况，从而不断激励个人的自我发展。[②]

第三，基于员工的需求设立企业大学。经济全球化和知识经济发展，促进了企业的战略转型，并因此导致技能型、知识型员工的短缺。尤其是新兴产业，更加注重终身任职能力，对于员工和管理者的素质能力有了更高的要求。周江林认为，企业员工最直接的需求是其终身任职能力需要不断提升，企业大学使雇主与员工之间形成新的契约关系，即雇主为员工提供增强其任职能力的机会，以换取员工在企业工作期间更高的生产力和对公司使命的承诺。[③] 企业大学不仅能持续开发和培养所需人才，而且通过提供学习和发展机会来吸引和留住优秀员工，并能有效提升员工的持续就业能力和任职能力。企业大学能增强企业的营利能力，通过提升员工的能力素质并将其迅速转化为商业利益，并且具有可衡量的财务收益。

第四，信息科学技术的推动。随着信息科学技术和经济全球化的发展，今天的企业不仅要与本国企业竞争，还要在各种新的历史舞台上参与国际竞争，这对企业适应全球化和信息化，提出了前所未有的挑战。因此，学习、变革、合

① BLASS E. The Rise and Rise of the Corporate University[J]. Journal of European Industrial Training, 2005, 29(1).

② 袁锐锷，文金桃. 美国企业大学现象透视[J]. 华南师范大学学报：社会科学版，2002(4).

③ 周江林. 企业大学创建与发展的战略思考[J]. 中国高等教育评估，2005(4).

作、创新等，成为每一个企业在21世纪必须具备的软实力。日新月异的信息技术对企业研发、生产、管理、培训（学习）等方面产生了深刻影响。仅就培训而言，数字化学习开始成为越来越多企业的首选，并且逐步成为许多大型企业学习的主流。企业大学利用网络技术为员工或客户提供学习平台，不再受时间和空间的限制。学员可以根据自身的情况灵活自由地掌握学习节奏和安排学习时间。很多企业的业务分布往往具有跨区域性，有些企业甚至是跨国的，分布式的网络技术解决了空间上的距离问题，员工可以统一学习企业的某项课程，减少了员工的学习成本，增加了员工的学习机会，为企业节约了资金。这种以数字化学习为支撑的跨时空、跨文化和全球化学习方式，催生了企业数字化学习和企业大学新模式（虚拟大学）的诞生。

（二）国外企业大学案例分析

如果从企业教育发展的源头追溯，国外企业大学的发展大致经历了行会学校（企业教育的原始形态）—企业培训学校（企业教育的规范形态）—企业大学（企业教育的高级形态）的发展过程。[①] 自20世纪90年代开始，国外企业大学的发展有了长足的进步，企业大学的性质与定位也逐渐明晰。下面以西门子管理学院为例进行解析。

西门子管理学院是西门子公司为提高全球员工的管理水平所开设的培训场所。目前，西门子公司在全球60多个国家设有培训场所。其使命是推进学习，提升个人、团队及组织的绩效。2014年6月，西门子管理学院因在学院建设、运营质量、绩效等方面表现出色，被亚洲企业大学联合会、清华大学等机构共同推出的《全球企业大学评价与评级标准》中认定为“业内标杆学院”。西门子全球管理学院主要针对企业的中基层干部，同时兼顾供应链和社区。既为公司内部员工提供培训，也为外部企业提供培训服务，还特别设置针对西门子合资企业的职业教育和商务培训。培训课程并不局限于管理类课程，而是涵盖计算机、经济、管理等多门学科。课程设置上，不仅拥有多门享誉全球的精品课程，还建立了专业深入的课程体系。

1. 享誉全球的精品课程

西门子管理学院目前已拥有多门享誉全球的精品课程，例如全球统一的“S系列领导力”五级课程，被世界公认为优质职场培训课程，并被业内称为“头等舱机票”。五级课程分别为西门子管理基础课程（S5），是西门子全球管理培训教程中的基础教程，主要面向西门子公司的初级员工，重点培训自我管理与团队管理；西门子管理发展课程（S4），为基层管理人员开设，培训重点围

① 罗建河.国外企业大学的发展与启示[J].高教探索，2011(1).

绕管理潜能的开发展开;西门子企业家课程(S3),针对某个综合团队领导人,此时,培训的课程不仅仅包括管理方面的内容,更涵盖了财务、销售等领域,培训重点是企业家潜能开发;西门子领导力课程(S2),面向在全球业务具有影响力的领导人,培训课程增加了文化差异管理,培训重点是领导层和创新;西门子高级管理人员课程(S1),是在西门子某些关键职位任职的高级管理人员的必修课程,培训重点上升到人力资源战略管理。

2. 专业深入的课程体系

西门子管理学院根据岗位和工作职能设计了专业深入的培训课程体系,并专注于知识管理工作。西门子管理学院课程设计与开发工作的主要依据是客户需求,通过对客户需求的评估来确定绩效与学习的差距,并且根据胜任素质模型确定此岗位和员工需要的胜任特征菜单,从而找到适合的学习与绩效解决方案。

具体来讲,除了语言、沟通、领导力等通用技能培训,西门子管理学院还在各职能领域设置了培训课程体系,并匹配相应的专家。同时,所有的授课教师都是"从业务中来、到业务中去",除了要具备实践经验,还需具备中层以上的管理经验。为了更好地协助个人和组织发展对技能提升的要求,促使团队合作更加有效,西门子管理学院引入教练技术,使管理者和员工能够通过分析、讨论和反馈,共同解决特定的绩效问题。

完善的课程体系和教练技术的使用,为员工提供了完整的学习与培训菜单,实现了员工的按需自主学习。在其他企业大学同行眼里,西门子管理学院已走在了企业大学培训体系建设与课程自主设计与研发的前沿阵地。

(三)中国企业大学案例分析

和国外企业大学相比,中国企业大学的影响力和普及度还远远不够,还存在一些问题,如:企业自身管理基础薄弱,导致企业大学创办目的性不强;盲目跟风,定位不明显;讲师资源过于依赖高校;培训课程形式单一,没有太大的竞争力等。客观来看,中国企业大学起步较晚,不可能在短时间内清除自身的所有弊端而追赶上国外企业大学的步伐,只能在学习外企大学的运作方式、培训模式等优点的同时,根据自身情况做出最适合自己的改变。中国企业大学自建设以来,也做了很多有益的尝试。

1. 用友大学

2008 年 11 月 10 日,用友大学秉承"只做上接战略下接绩效的培训"的宗旨正式成立。经过七年的建设,用友大学以其专业、创新、实战的优势赢得了社会的广泛认同。用友大学以"精品课程的五行"建设和开发精品课程。具体来说,精品课程的五要素包括目标、内容、形式、逻辑和过程,至少每个维度在

扫一扫，访问深圳达闻培训主页

扫一扫，了解图腾国际项目

3.5分以上，两个维度能达到4.5分以上，才可以称为精品课程。①

(1)目标。目标应该聚焦在学员的具体行为表现上，如改变什么态度、完成什么任务、解决什么问题。

(2)内容。培训内容要紧贴业务需要，要针对学员需要，分为知识、技能和态度三个类别。在认知过程中，不同类别的培训内容，大脑接受和加工机制不同，教学的策略也理应不同。

(3)形式。课程设计就是要为“死”的知识和思想，设计“活”的学员体验，也就是设计教学形式。

(4)逻辑。精品课程一定是有自己专属的逻辑。课程开发需要广泛收集素材，有逻辑地整合在一起。

(5)过程。授课的过程也同时是学员接受、理解、掌握新知识的过程，故学员的参与和体验至关重要。学员在前期能不能感受到重点，捕捉到意义？在过程中能否找到乐趣，有效能感？课后是否认同价值，愿意投入实践？过程设计既要考虑不同内容的时间分布，又要结合人的生理和心理规律，还要让课堂有层次感和节奏感。

2. 招银大学

招银大学由招商银行培训中心发展而来，于2008年12月正式挂牌成立，下辖两院(远程培训学院、IT培训学院)、四室(培训研发室、综合管理室、财务室、培训基地管理室)和一站(博士后科研工作站)，集内部员工培训、外部培训输出、金融研究和商学院四大职能为一体。

移动互联网时代，教育培训被带入一个智能科学的生态环境。在此基础上，招银大学开发了基于移动互联网技术的移动APP系统。该系统整合线上与线下学习资源，改变传统线下学习方式，创建培训管理及员工学习活动的智能化、在线化、效能化、个性化的学习环境，提升学习体验与服务，深化管理内涵与价值，形成O2O(线上到线下)一体化的培训管理模式。

(1)培训管理流程规范化、个性化。招银大学移动APP，进一步明确培训要求、流程、内容，实现培训管理的规范化；满足不同层级对培训管理的要求；根据在线管理的不同需求，将管理角色、系统功能、管理范围和影响区域灵活地组合，切实体现个性化。

(2)学习便捷化，学习形式多样化。招银大学移动APP充分发挥移动的便捷性和精准性，学习形式多样化。随时发起学习调研，随时进行学习测验和

① 刘江娜. 打造精品课程　做世界级企业大学——访用友大学校长田俊国[J]. 现代企业教育，2014(5).

成绩分析，随时进行讨论与分享；互动式知识问答分享平台，随时随地地移动学习。对管理者而言，可以用最短的时间将重要通知、学习课程等传递到指定员工手中；对员工而言，可以充分利用生活、工作中的碎片时间，自由接受和处理各类学习信息。

（3）学习管理模式轻盈化。招银大学移动APP学习管理模式轻盈化，表现在以下四个方面。一是管理"轻"。减少手工操作、手工统计等培训管理环节，逐步实现无纸化、智能化的高效管理。二是渠道"轻"。借助移动互联网技术，实现知识向员工的无缝推送，减少逐层培训、重复开发、多头培训等低效、资源浪费现象。三是知识"轻"。多样、开放的知识在员工手中快速地流动，最大限度地发挥知识资产价值。四是评估"轻"。提供多个维度的评估方式，包括学员互动、电子学习档案、学习状况分析、学习评估与建议等，更准确、全面地反映学习情况和效果。①

二、中外专业机构继续教育模式研究分析

（一）国外专业机构继续教育模式

欧美发达国家的继续教育开展较早，相关制度和体系也更为完善。下文以美国为例，介绍、分析两种典型的专业机构继续教育模式，为中国的专业机构继续教育提供参考意见。

1. 行业协会继续教育机构

美国行业协会是自愿设立、经费自理、活动自主、以服务为宗旨的民间团体。② 美国政府对行业协会的管理较为宽松，美国各行各业的工商业者自愿选择加入协会，行业协会各具特点，绝大多数是非营利组织。"美国继续教育行业协会发展迅速，组织体系庞大，如国际继续教育与训练协会（IACET）、美国成人及继续教育协会（AAACE，这是当前美国最重要的继续教育专业团体）、继续教育与训练审核理事会（AACE）、美国培训与发展协会（ATD），威斯康星成人及继续教育协会、密歇根成人及继续教育协会等众多地方性继续教育协会。这些专业的组织通过主办国际性或全国性研讨会、地区性会议，以及开设短期、长期培训班等灵活多样的方式开展继续教育。"③

在继续教育领域，美国行业协会依靠协会自身影响力吸引利益相关者参

① 吴洁.招银大学移动APP培训管理的五大特色[EB/OL].2015-06-03.http://www.zhongjiao-media.com/qiyedaxue/a/5279.html.

② 张仁峰.美国行业协会考察与借鉴[J].宏观经济管理，2005(9).

③ 张秋磊.美国继续教育研究[D].南京：南京师范大学，2010.

与继续教育，通过教育、技术援助、技术培训等项目帮助企业改善经营，扩展各行业发展空间，实现经济与继续教育共同发展的双赢目标。比如，美国统计协会（American Statistical Association，简称 ASA），是全美最主要的为统计学以及相关专业所设立的组织机构。ASA 成立于 1839 年，是国际上成立时间最早、地位最重要的统计学学术团体之一。该协会主要为统计学家、计量学家以及其他与统计需要密切相关的科学家提供服务，拥有 18000 名会员，广泛分布于政府、学术机构以及民间组织，遍布 90 余个国家。[①] 统计协会作为新知识、新理论、新方法的传播平台，通过向会员传递统计学领域的最新发展动态、召开统计学联会、出版统计学教育刊物等方式，提升统计学在实际领域中的有效应用，带动统计学行业领域的发展；为会员创造广阔平台，提升职业能力，创造新的职业机会。统计协会继续教育项目以商业形式运作，主要通过专题研讨会和短期教育课程两种形式开展继续教育项目，会员参加继续教育学习需要缴纳相应的费用。

具体来说，专题研讨会具有目标明确、内容集中、节约时间等诸多优点。专题研讨会的承办者一般都是该专题的研究部门，能代表该专题的最新发展动态。协会每个月举办的专题讨论会有 15 场之多，平均每隔一天就有一场专题研讨会，大多数的专题研讨会为半天会议甚至是只有两个小时的讲座，内容紧凑、时间短暂。随着网络科技的发展，专题研讨会还以“在线研讨会”的形式出现。专题研讨会的举办者可以通过专题研讨会增强专业领域的认可度，提升自己的专业形象。会员可以根据自己的学习需要和兴趣参加专题研讨，获取相关的知识和信息。

短期继续教育课程持续时间较长，但一般情况下，课程也会限制在一天到三天之内。短期教育课程项目包括继续教育课程和计算机技术讲习。其中，继续教育课程涵盖统计学大学课程没有涉及的内容以及统计学领域新发展；计算机技术讲习一般为新的统计软件的操作方法展示。为了保证项目质量，通常在统计联会召开前一年，统计协会就会制定出下一年的继续教育安排。统计协会有专门的教育中心和继续教育咨询委员会（the Advisory Council on Continuing Education，简称 ACCE）负责整个继续教育项目从计划开始到实施结束的整个过程，课程的承办者按照协会要求进行申报、送批和实施即可。

美国统计协会秉承“为会员服务”的理念，为会员提供各类学习服务。例如会员可以通过协会在网站上公布的短期继续课程信息，寻找自己所需要学习的课程，然后通过网络注册报名、交纳学费，按时参加课程学习。一般情况下，协会开办课程的基本前提是会员对该课程内容有参与的兴趣和热情，并且

① 美国统计协会官网首页[EB/OL]. http://www.amstat.org/about/index.cfm.

在课程时间安排、实施方式等方面都会考虑如何方便会员。

2. 私人教育机构——阿波罗教育集团

阿波罗教育集团是全球目前市值最大的教育上市公司。该集团由美国教育经济学家约翰·斯伯林创办于1972年，它的雏形是一个面向成人教育的私人组织，后来在与旧金山大学合作的过程中转变为一个营利性的教育公司，并于1976年正式成立阿波罗教育集团，1989年成为美国首批被认可提供网络学位教育的学校。

目前，阿波罗教育集团已经发展成为美国最大的在职人员教育产业集团，业务领域主要是职业和再就业培训。集团旗下的凤凰城大学在线教育课程遍布全世界，通过全美15所大学、97处校园和教学中心推广远程教育，为网上学生提供24小时在线服务，大量的顾问与老师利用电话与E-mail协助学生学习，选课、实习、注册、缴费、买数据、图书馆查阅、教学研讨、完成作业、考试与评估、毕业典礼等都可以在网上完成。

阿波罗教育获得这些成绩离不开其“以学生为中心”的办学宗旨，他们把那些以求职或获得能力提升为目标的学生当作客户来对待。课程内容根据对学生的调查结果来设置，即使学术专家也要研究课程在企业内的应用。教学计划也是按照学生设想中的工作市场和客户需求来制定的。同时，在授课时间和地点上以学生为中心，为其提供便利，使学生工作学习两不误。

目前，阿波罗集团的经营之道被誉为“阿波罗模式”，被众多教育机构争相效仿学习。具体来说，阿波罗教育的成功，其中一个重要原因就是实行连锁经营模式，其运用连锁化经营模式成功实现了教育规模的扩张，并且在发展规模的同时，把教学点办到方便学生日常生活和工作的地方，规模效益和连锁经营的紧密结合产生了独特的品牌效应，巨大的品牌认同价值使阿波罗从一个城市扩张到另一个城市，从一个国家扩张到另一个国家。可以说，这种超级品牌是阿波罗的第一法宝。

(二)中国专业机构继续教育模式

“近年来教育培训机构的发展呈现出如下特点。第一，教育培训机构数量下降。2008年至2012年，我国教育培训机构总数从18.16万家减少到14.40万家，五年间教育培训机构数量有增有减，总体而言正在平稳发展。第二，从业人员的数量总体呈现上升态势。如2008年职业技术培训机构教职工的总人数为49.58万人，2011年增至52.18万人，2012年教职工的总人数减至50.66万人。第三，培训机构的类型多元、内容多样。第四，培训方式多样化。通过网络向消费者提供培训服务的模式正在迅速发展，已占到市场份额的

17.12%。第五,教育培训机构发展的政策环境正在逐步规范和完善。”[①]可见,中国教育培训总体行情是机构数目多,需求旺,前景好。

下面主要选取资本实力雄厚、商业化运作体系完善、具有代表性的专业继续教育培训机构作为研究对象,以专业机构继续教育产品提供商模式、服务供应商模式、混合模式等三种模式为例,进一步分析说明中国专业机构继续教育现状,期望为市场环境中继续教育的发展方向提供指导。

1. 专业机构继续教育产品提供商模式

顾名思义,专业机构继续教育提供商就是为个体学习者提供继续教育产品(课程及相关服务)的教育机构。代表性的专业机构继续教育产品提供商有新东方教育科技集团、正保远程教育、中国政通教育等。

(1)新东方教育科技集团。新东方教育科技集团(以下简称新东方)由1993年11月16日成立的北京新东方学校发展壮大而来,于2006年9月7日在美国纽约证券交易所成功上市,成为中国内地首家在美国上市的教育培训机构。它的培训课程、培训人次和学习中心保有量三项均居全国第一。截至2014年5月31日,新东方已经在全国50座城市设立了56所学校、31家书店以及703家学习中心。自成立以来,新东方累计面授学员近2000万人次。[②]随着新技术的应用,新东方从线下拓展到线上。2000年新东方在线正式上线,网络课程横跨留学考试、学历考试、职业教育、英语充电、多种语言、中学教育等6大类,总量达2000多门。[③]

(2)正保远程教育。正保远程教育从中华会计网校起步,已发展成为中国第一家在纽交所上市的远程教育公司。目前拥有16个品牌网站,开设200多个辅导类别,覆盖会计、医药卫生、建设工程、法律、创业实训、中小学、自考、成人高考、考研、外语等13个不同种类。据统计,2014年培训规模达320万人。[④]

(3)中国政通教育。中国政通教育成立于1999年5月28日,由一家单纯性的家教辅导机构发展为集公务员培训教育和政府政策咨询为一体的战略性的教育集团。集团下属政通公务员培训学院、政通政法干警培训学校、中国政法干警考前培训中心、中国公务员培训中心、政通农村信用合作社培训学校、政通选调生培训学校、政通事业单位培训学校等分校。中国政通教育已经成

① 宋一安. 教育蓝皮书:教育培训机构数量下降　从业人员规模升[EB/OL]. 2014-05-13. http://new.china.com.cn/txt/2014-05/13/content_32374661.htm.

② 新东方教育科技集团简介[EB/OL]. http://www.xdf.cn/about/about.html.

③ 新东方在线[EB/OL]. http://www.koolearn.com/gb/aboutus.jsp? on=1.

④ 正保远程教育公司介绍[EB/OL]. http://www.cdeledu.com/about.

为公考三大品牌之一，也是公考界唯一以师资著称的考试品牌。[①]

(4)专业机构继续教育产品提供商特点

课程设置专业化。专业机构继续教育课程设置都迎合学习者的需求，专注于某一行业的延伸扩展，具有课程设置专业化的特点。比如，新东方致力于英语培训，涵盖托福、雅思、大学英语四六级、新概念、职称英语等多层次的课程。中国政通教育是全国第一家不含其他业务而专业从事公职人员录用考试培训的教育机构，以应试为导向，汇集公务员考试的每个科目、每个环节，首创的“行测模块教学法”、申论破题“十六字口诀”、“面试实战特训法”等成果被同业和学习者广泛借鉴和采用，成为行业典范。而正保远程教育旗下的各个网校独树一帜，涉及会计、医学、建设工程等不同的专业领域，如中华会计网在会计资格考试培训中的专业性获得学员的广泛认可。

教师团队名师化。“名师”的品牌效应已经成为各机构的核心竞争力。专业机构都在着力打造名师团队。比如，中国政通教育的教师队伍分为专职教师和兼职教师，一部分专职教师来自国内著名高校，如北京大学、中国人民大学、南开大学等。兼职教师一部分是从政府机构政策研究室退居二线的党政理论专家，另外还有中国政通教育自身培养的专家团队。正保远程教育虽然主讲教师均为兼职，但基本上是在该领域有一定的学术影响和声望的专家。新东方对部分专职教师从形象到教学内容都经过精心设计和包装，以发挥名师的广告效应和吸引力。

教育理念时尚化。在互联网时代，很多学习者需要从传统社会向网络化生存迁徙。互联网时代的教育需要充分考虑学习者的独立化、个性化、差异化。新东方在线、政通教育以及正保远程教育的相关学习网站中，都推出了移动学习课程。尤其是正保远程教育自主建设的智能交互远程教育平台，采用高清视频课件，结合手机移动课堂，为学员提供高质量的课程，并辅以 24 小时在线答疑和客户服务，倾力打造完美的虚拟课堂。这些时尚的教育产品不仅体现了专业机构继续教育对数字时代的紧紧跟进，也体现了他们对技术推动下市场变化的敏锐洞察力，迎合了目标群体求新求变的心理需求。

2. 专业机构继续教育服务供应商模式

专业机构继续教育服务供应商以提供继续教育技术支持和服务为主，代表性专业机构继续教育服务供应商为 ATA 集团、安博教育等。

ATA 集团是一家以考试与测评服务为主营业务的上市公司，以世界领先的考试技术、丰富的考试运营和管理经验，以及遍布全国的 3000 余家考站为

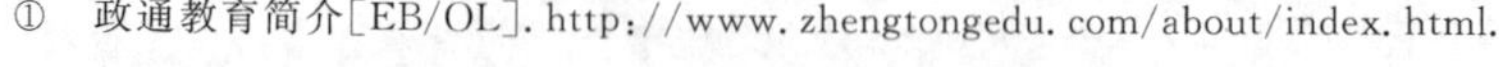

① 政通教育简介[EB/OL]. http://www.zhengtongedu.com/about/index.html.

政府机构、教育机构、企事业单位和数千万考生提供专业化的考试和测评服务。①

安博教育通过线上、线下结合的手段,以学习引擎为驱动,为个人及机构提供学习和教育服务。旗下的安博高考与同步培训机构、安博国际学校、安博实训基地、安博职业教育学院、安博学习体验中心等机构遍及全国二十多个重点城市,形成了以区域教育服务中心和实训基地为依托,以师资、课程、服务流程、IT 支持、网络学习服务的标准化为载体的服务体系。此外,安博教育致力于技术研发,旗下的安博研究院的工作就是前瞻性教育理念和资源的创造与创新。②

专业机构继续教育服务供应商的特点表现为以下几点。

以技术为发展核心。技术是专业机构继续教育服务供应商的核心竞争力。比如,ATA 集团凭借世界领先的考试技术将形成性评价技术应用于在线学习领域,为后续教育主管机构提供可靠的远程培训技术和运营服务。安博教育致力于技术研发,取得了数十种自主知识产权技术、产品获得了国家版权认证、专利认证和科技成果鉴定。安博"学习引擎"和安博 i3-builder,不仅为自身的继续教育平台服务,也为地方教育行政部门构建城域教育网服务。

构建合作机制。ATA 集团不但注重与企业、行业协会及政府部门的合作,还注重走出国门,与全球顶级人才测评内容提供商 SHL 集团及全美 ACT 考试(美国大学入学考试)的出品方 ACT Inc. 建立战略合作关系,拓展自己的国际事业版图。安博教育公司与北京师范大学合作创立北师大安博教育发展研究院,开展教育政策与理论探索及国际高端项目交流,目前已参与和承办了多项国家重大教育课题和国际高端学术论坛。

3. 专业机构继续教育混合模式

专业机构继续教育混合模式,简单来说,即教育机构既是继续教育产品提供商,同时也是继续教育服务供应商。代表性专业机构继续教育混合模式为奥鹏教育、弘成教育等。这种混合模式融合了以上两种模式的特点,这里就不再赘述。

奥鹏远程教育中心(简称奥鹏教育)被教育部批准为中国第一个国家级远程教育公共服务体系,并批准建立奥鹏远程教育学习中心,成为国内标准化、规范化发展远程教育的示范性单位。目前,奥鹏教育构建了 1800 多个遍布全国的学习中心,有 54 个合作伙伴,70 多万在读学生。奥鹏教育从最基本的为学员提供学历教育的学习平台向提供技能、培训证书的学习平台转化,并逐步

---

① ATA 考试服务专家[EB/OL]. http://www.ata.net.cn/cn/about/index.aspx? Id=454&parentId=453&navId=0.

② 安博-关于安博[EB/OL]. http://www.ambow.com/about/about_1_01/index.shtml.

成为学习资源的汇集者、学习信息的交换中心和学习者的聚集中心，最后实现奥鹏教育倡导的“Edutainment”，即为寓教于乐式的学习与生活态度。①

弘成教育也是教育部批准在全国开展现代远程教育公共服务体系建设试点项目的教育服务公司之一。业务覆盖网络高等教育服务、在线教育职业培训服务、中小学教辅服务等领域，帮助1000余万中小学生、170余万网络大学生、100余万中小学教师学习、成长、进步。凭借先进的技术、优质的资源及对教育的深厚理解，先后与百余所院校建立合作，提供从技术到招生、从项目服务到全面合作等灵活多样的远程教育技术支持服务模式，构建了“网络教学平台、课件开发应用平台、网络通信平台、服务管理平台、虚拟校园平台”五大平台，以及“技术支持体系、运营体系、课件开发体系、招生推广体系”四大体系，为合作院校提供远程继续教育技术支持服务。②

第三节 行业企业、专业机构继续教育发展模式的启示

随着互联网在所有领域的纵深发展，知识更新和技术创新逐步促成了知识网络化、数字化的形成，知识和技术不再只是存储在书本和图书馆中，而是更多地存储在网络上。面对信息化、技术化、教育互联网化等多重挑战，通过分析中外行业企业、专业机构继续教育的现状及其成效，为高校继续教育示范基地建设找到自己新的核心竞争力，提供有益的经验和启示。

一、品牌化战略

品牌化战略是市场经济不断发展的产物，它通过树立行业企业、专业机构继续教育培训品牌来形成核心竞争力，以获取差别利润和价值为经营目的。在市场化体系中，品牌效应可以创造可观的价值。比如，只要提起英语培训就会想到“新东方”。品牌化战略就是要形成高度的心理认知度，使品牌成为培训产品和服务的代名词。

加快中国继续教育示范基地品牌建设，打造“品牌专业”“品牌师资”“品牌

① 奥鹏教育[EB/OL]. http://www.open.com.cn/about/index.html.

② 弘成教育[EB/OL]. http://www.chinaedu.net.

课程”,不断提高中国继续教育品牌知名度和美誉度,增强核心竞争力和发展凝聚力,是引领继续教育发展和转型的一个重要战略举措。

(一)强化品牌发展理念,制定科学的品牌发展规划

加强品牌建设,强化品牌意识,塑造员工以品牌思维思考问题,提高学习者对中国继续教育示范基地培训产品和服务的品牌认知度。认真评估中国继续教育品牌建设现状和未来发展前景,分析影响中国继续教育品牌形象的关键因素,制定适合中国继续教育品牌发展方针,提出具体实施方案。

(二)明确价值理念,定位继续教育品牌建设

中国高校继续教育价值定位包括:体现高校服务社会经济发展的一种责任和能力;体现高校培养人才的新思路、新渠道和新途径;为社会大众提供知识交易和服务平台;不断满足社会大众的学习需求;传播新理论、新知识、新思想、新方法、新技术、新技能;提高人们适应社会和时代发展要求的素质和能力。明确价值理念,定位高校继续教育品牌建设,打造中国继续教育品牌化发展新引擎。

(三)把握优势,走特色化品牌发展之路

从品牌建设的角度看,高校继续教育应该把握自身优势,走特色化品牌发展之路。一是要打造“精品”,创造专业化、多元化、系列化的精品培训项目和培训课程,满足学习者不同的学习需求。二是要打造“特品”、“个品”。依托高校学科优势,专业优势以及在行业、区域中的地位,开发出具有个性和特色的培训项目,为社会大众提供个性化、特色化的培训服务。三是要打造“质品”,注重制度化、标准化、规范化,维护好高校品牌,创造出高质量继续教育品牌。

(四)培育品牌文化,构建品牌形象

在继续教育实践中传承高校的文化价值传统和精神气韵,形成自己的品牌特色,实施开放办学,加强对外交流与合作,学习借鉴先进的继续教育理念和模式,引进优质教育资源。通过品牌文化建设,把高校的品牌形象有效转化为继续教育机构的品牌形象。

二、缔结联盟战略

缔结联盟战略是指培训机构寻求合适的合作伙伴,利用双方的品牌资源或顾客资源,进行一系列的互利互惠合作,从而迅速扩大市场份额和增强竞争

力的战略。具体而言，缔结联盟战略是合作者相互利用对方的教学设备、办学影响力、客户等来增强自身的实力，达到共赢的战略，其合作形式主要有相互推荐学员、利用对方的平台宣传自身的培训机构、联合举办活动和交换各种教学资源四种。随着卫星、通信、网络和多媒体技术等现代信息技术的发展，以及社会大众对继续教育的需求加剧，进一步整合数字化学习资源，探索网络学习、移动学习等新型学习模式的特点和规律，建设数字化终身学习技术服务平台，将是高校继续教育基地发展与转型的一个重要方向。

中国高校继续教育示范基地建设战略合作联盟可以从以下两个层次进行尝试。

（一）与其他高校、高校内部各专业院系建立合作关系，搭建资源共享的终身学习服务平台

中国高校继续教育示范基地与专业院系或科研院所合作，重点开发培训项目，实现师资共享和市场拓展，进而突出培训项目的学术特色，提升可持续发展能力。例如，华中科技大学作为发起单位之一，已建成国家级专业技术培养培训联盟和高校数字化资源建设联盟等多个联盟。这种类型的合作可以充分利用各高校和各类教育机构间的继续教育平台和课程资源的共建共享机制，整合各方继续教育资源优势，开发相应的数字资源和文字资源，建设培训专题交流等内容，提升学院资源建设水平；共建共享师资库和先进资源。同时，促进继续教育基地学术研究、交流合作与创新，开展与继续教育示范基地有关的学术活动和培训，培养和提升中国技术与资源开发人员的能力和水平。

（二）与政府部门、行业协会、大中型企业建立战略合作联盟

一是取得政府及政府的行业主管部门支持，获得培训政策的支持和方向性引导。二是与行业协会合作，主要是“培训资质授权”和“认证”。三是与大中型企业合作，发展长期稳定的核心客户群。[1] 华中科技大学与多个政府部门打造区域联盟。比如，在国家人社部的指导下，与湖北省人社厅联合建立湖北人才培训网。

三、多元化经营策略

教育培训对象和教育需求的多元化必然要求业务领域的多元化。行业企

① 刁庆军，吴志勇．推进高校继续教育发展模式的创新与转型——认真落实《国家中长期教育改革和发展规划纲要（2010—2020年）》[J]．成人教育，2011(10)．

业、专业机构在开展继续教育培训的过程中，不断向教育培训的上下游产业延伸，从事课程开发、教材出版等活动，开发的培训课程越来越多，出版教材的数量越来越大，受教的人群也越来越多，从而构成了广大而密集的多元化的教育网络，形成了众多完整的产业链。

中国高校继续教育示范基地可以拓展和完善高校继续教育服务链。依托各高校自身优势，做好终身学习理念的积极倡导者、终身教育平台的构建者、高校教育服务社会的有效组织者、高校及社会各种教育培训资源的整合者、高校教育体制机制改革创新的探索实践者等角色，积极联结继续教育上下游产业，上游整合优质教育培训资源，下游整合社会及大众学习者，成为上下游教育服务的供应商。

此外，还可以拓展多元化的培养模式。从终身教育视角重新审视新时期人才培养的特点和规律，将国家需求、社会需求、企业需求、个人需求等多元化需求与学校优势特色专业学科对接，探索形成以学习者为中心，以国家经济社会需求、行业企业需求为导向，知识与能力并重，理论与实践相结合的多元化应用型、技术型人才培养模式。

四、专业化服务战略

行业企业、专业机构继续教育的发展，无不渗透着服务的理念。专业化的服务是中国高校继续教育示范基地建设的依托，也是其规范化、标准化、服务化的体现，是继续教育专业化发展的保障。

（一）促进办学模式多元化

继续教育服务市场的理念，要求高校继续教育示范基地因地制宜，围绕本地区经济发展、产业推动、企业驱动等特点，特别要贴紧企业需求，建立合作模式，来凸显继续教育的服务功能。专业化的服务体现在课程设置上量身定制，在授课时间上灵活互动，在费用上企业与员工共同承担。这种“基地—企业—员工—学生”多元化相关联模式，推动了继续教育市场蓬勃发展。

（二）促进培训项目多样化和内容时代化

高校继续教育示范基地要树立为经济结构调整和技术进步服务的理念。紧密围绕产业结构调整和技术进步的要求，主动潜入市场，深挖市场。根据产业结构调整和劳动力市场变化，及时调整专业和人才培养、培训结构，提高教学质量；积极发展面向新兴产业和现代服务业的专业，拓宽专业服务面向培训项目的多样化，增强适应性，培训内容时代化，以满足产业结构调整对专业技术人员的需要。

(三)促进考核评价多元化

在项目实施过程中,针对不同项目特点,因需调整,以培养为目标,以时效化为追求,充分利用各级各类教学资源,有序调整教学计划,无论在时间节点、空间大小、专业需求、技能培养及择业需求上做到充分细化、量化,把培训过程前后有序衔接,提高资源利用率,提升服务品牌,提振学员满意度。以市场为导向,兼顾常规考核,强调年度考核的重点,重点激励、留有弹性、全程监督、量化目标,建立一套标准化考核体系,推进高校继续教育示范基地的可持续发展。

(四)促进国际化服务体系建设

随着经济全球化、信息化和技术化的深入发展,继续教育也要走向国际化。高校继续教育示范基地要在培养目标、人才规格、教学质量、课程体系、教学内容、教学方法、教学手段、学生生源、就业市场、师资队伍和职业资格标准等方面都走国际化发展之路,向先进的信息技术靠拢,培养复合型、技术型、实用型的技术人才。

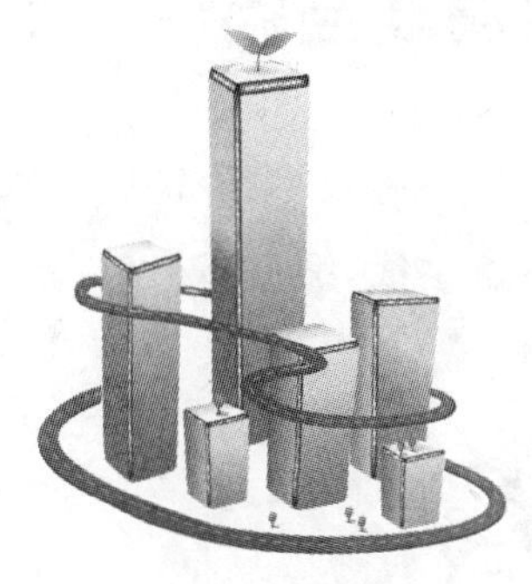

第六章 继续教育示范基地建设之行为示范——经典案例

2011年5月，教育部“高等学校继续教育示范基地建设”项目正式启动。经过四年多的时间，各示范基地进行理论研究和实践探索，圆满完成了前期预设的项目目标和各项任务，取得了一大批具有示范性、引领性和可推广性的理论和实践成果。

本章选取中部组五校四年来发展继续教育示范基地的有关发展定位、管理体制、运行机制、人才培训模式、教学资源建设等方面的经验和经典案例，以“且行且思”的态度，进行分析和自我总结，为中部组五校在新形势下实现继续教育的深度发展指引方向，并为后续启动的示范基地积累些许可借鉴的经验。

第一节　国外继续教育示范基地发展经验

本节以国外继续教育示范基地的三大类型为主要讨论主线，分别阐述各类型继续教育示范基地的发展经验。

一、以高校为基本载体的继续教育示范基地

（一）哈佛大学

哈佛大学是美国历史最为悠久的高等教育机构，其最早可以追溯到1636年建立的哈佛学院。在不断提高本科生和研究生的教学水平和培养水平的同时，哈佛大学各个院系利用优势资源，面向社会开展多层次、跨学科的继续教育项目。各个学院都针对自己的优势和背景为社会提供对应的教育项目，几乎每个学院都有自身的继续教育品牌和项目，其发展经验主要体现为以下几点。

1. 开放式的教育理念

哈佛大学继续教育工作的开展主要致力于将学校的大门向社会最大程度地打开，从而更有力地服务于社会和大众。以文理学院来说，其继续教育项目的开展大大满足了社区民众对于高等教育的需求。哈佛大学同时强调，教学质量是基础和生命线，任何教育工作的开展都要以教学质量的保证和提高作为出发点。

2. 规模化的教育维度

从规模来看，哈佛大学的继续教育与培训规模相当大，有数百门课程和涉及各领域的培训。这主要是因为哈佛大学的各院系本身就具有相当成熟的发展规模。而且，哈佛大学的教学基础设施也比较充足，为开展规模化的继续教育奠定了基础。哈佛大学在经、管、文、理、法、教、医等各学科专业都有着很强的实力，因而开展的培训项目内容也很广泛，使各行各业的社会成员都能在哈佛实现自己的继续教育与培训需求。哈佛的培训对象既有中学生，也有硕士、博士；既有普通的职业人士，也有高级管理者和政府官员；既有在职人员，也有退休人员。

3. 个性化的教学内容

哈佛大学的继续教育除了常规的培训项目外，还有很多的客户定制项目，几乎每个学院的继续教育项目都有为专门的客户群体开展的项目。哈佛的继

续教育工作重视与集体客户形成长期的合作关系并保持密切联系,针对客户的具体需求研究制定专门的教育项目和教育计划,更加有针对性地为客户提供教育服务并帮助客户解决面临的特殊问题。

(二)日本早稻田大学

早稻田大学是日本推行继续教育历史最长的高校,早在联合国教科文组织成人教育局局长保罗·朗格朗有关终身教育的提案被通过之前,该校的继续教育工作就已经开始了。早稻田大学的前身是东京专门学校,在其成立之时,其创始人就已经关注到继续教育,并于建校后不久在对美国高校继续教育研究的基础之上,刊印了《早稻田讲义录》。另外,还在各地举办讲演会,开展继续教育事业。出于对早稻田大学继续教育持续发展的考虑,该校于 1981 年创立了继续教育中心;于 1988 年又开设了“开放式学院”(Open College);2000 年成立了开放教育中心;2002 年成立了远程教育中心。目前该校正在向终身学习新体系即“开放式大学”(Open University)迈进。

1. 会员式学习制度

早稻田大学的继续教育中心实行会员制。只要在继续教育中心听过一次讲座,并交纳 8000 日元(约合人民币 400 元),就可以申请成为该中心会员,申请入会时,不受年龄及学历限制,也不必经过考试。会员有效期为四年,在会员有效期间,会员可以享受许多优惠政策以帮助学习,如持会员卡可出入中央图书馆、演剧博物馆、纪念博物馆,以及早稻田大学举办的各种讲演会等。此外,早稻田大学对继续教育中心开设的公开讲座规定学分,90 分钟的课听讲 5 次,折合 7.5 小时,就可取得 1 个学分,各讲座的出席率达到三分之二以上的,就可以取得规定的学分。当获得的总学分达到 76 个学分时,就可以获得早稻田大学开放式学院结业证书。①

2. 学习形式种类繁多

早稻田大学向全日本广泛开放,通过公开讲座、巡回演讲、旅游学习、海外短期留学及商务学校等种类繁多的学习形式向不同年龄、性别和学历的人提供继续教育。其中,最值得一提的是,公开讲座的三种主要形式,即校内公开讲座、可以在家学习的特殊讲座和远程教育讲座,通过公开讲座除了可以为那些有条件来校学习的学员办校内讲座,还可以为无法来校学习的学员提供基于互联网的远程教育。

① 王李文.日本早稻田大学终身教育现状及其启示[J].中国科教创新导刊,2008(17).

二、以高校联盟为基本载体的继续教育示范基地

20世纪中期，随着科学技术的突飞猛进，美国很多工程师发觉如果不接受继续教育，仅靠从大学培养出来的科学技术将使他们很快落后于时代，于是，他们之中很多人都有着回到学校继续深造，攻读更高学位的迫切想法。然而，受到工作单位距离开设继续工程教育的大学较远，工作事务或者生活琐事缠身等现实条件的限制，重返校园存在很大的困难。因此，当时的美国工程技术人员亟须一个全新的学习形式，使他们可以在工作所在地接受美国各著名大学提供的大学后工程技术教育。美国国家技术大学（National Technological University，NTU）就是在这样的时代背景下诞生的。

美国国家技术大学是一个全新的教育形式，这所大学是一所虚拟大学，它没有实体校园，没有专职教授，更没有教育技术以外的研究机构，仅仅以美国49所高校联盟为基础，通过卫星教学电视网向其成员机构提供工程硕士学历继续教育和少许非学历继续教育及相关管理工作。

随着信息与通信技术的迅猛发展，尤其是计算机网络技术的发展与完善，利用互联网技术开展远程教育变得更加方便和容易，与国家技术大学合作的成员大学开始逐渐开展自己的远程教育项目。现如今的美国国家技术大学已成为华尔登大学的一个专门学院。然而，曾经为其带来巨大影响力的成功经验仍然具有可借鉴之处。

（一）完善的机构管理体系

美国国家技术大学拥有完善的机构管理体系（如图6-1所示）。美国国家技术大学的最高权力和决策机构是校务会/董事会，它是由参加国家技术大学卫星网的美国公司和大学的代表们组成的。校务会的职能是委任大学校长、全体教学人员和管理人员，授权教师委员会和管理者委员会在政策和程序的许可范围内就学术政策提出建议，同时，校务会还对大学教学政策和管理工作进行评议。

五大学院的院长由国家技术大学的学术主管任命，学院院长每年在必要时会召开一次院长会议，休会期间利用电子邮件、计算机会议和电话会议开展活动。各学院院长和学术主管还组成学术执行委员会（Academic Executive Committee，AEC），就学术事务向校长和国家技术大学董事会提出学术建议。

（二）课程设置多样化

美国国家技术大学实施的硕士学位工程继续教育计划包括计算机工程、

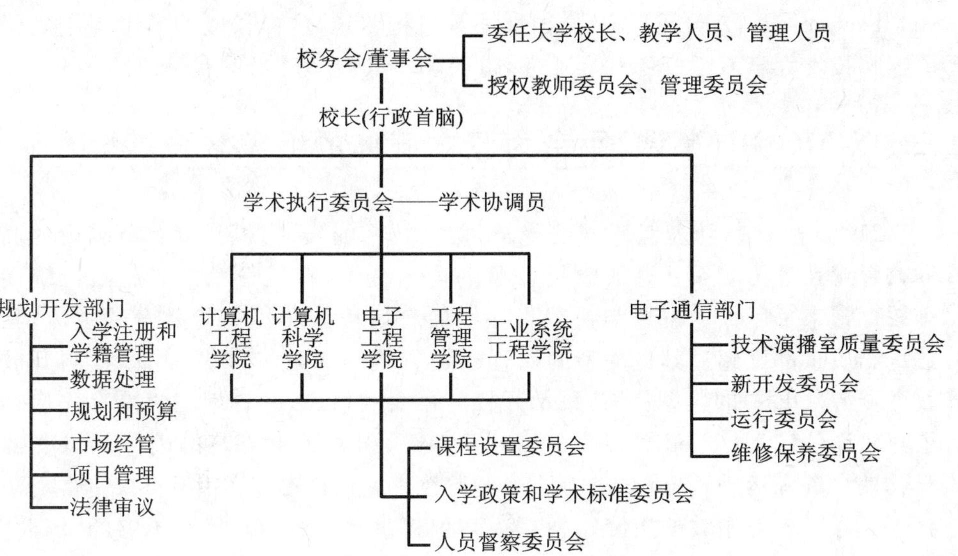

图 6-1　美国国家技术大学组织机构图

计算机科学、电子工程、工程管理和工业系统工程 5 个专业学科领域，所有学科的课程都被划分成核心课、加深课、加宽课和选修课 4 个部分。此外，对那些背景知识不充分的学生，国家技术大学还提供本科水平的各专业过渡课程。下设的五个学院都有各自的选课规则，但都以简明、宽松为原则，尽量为学生留下充分的自由选课余地。学分的核算标准采用美国大学通行的学期学分制，这样有助于学生将在国家技术大学的学分与其他高校的学分进行互相转接。

(三)集教学、推广和研究于一身

美国国家技术大学不仅提供硕士学位工程继续教育，而且重视开设工程研究专题讲座，向全美国的工程界传播工程技术的最新研究成果和发展信息，把各地的工程师带到世界工程研究的最前沿，而且每次讲座都请全美国第一流专家学者和工业界领袖主讲。据资料显示，每次讲座参与接收的地区非常多，收听的人数也多达数万人。此外，同美国所有大学一样，国家技术大学还重视组织和实施科学技术研究。它与伊利诺斯大学厄巴那分校合作承担的复合材料研究项目即是一例。

(四)权威的教学评估体系

每个为国家技术大学提供工程学科教学的成员大学，其提供的本科教学计划都由工程与技术鉴定委员会(the Accreditation Board for Engineering and Technology,ABET)或其全国性同等机构鉴定,这样权威的学术鉴定确保了国家技术大学教学资源的专业性,也保障了其教学质量保有一定的水平。

三、以MOOC(慕课)平台为基本载体的继续教育基地

21世纪以来,随着互联网的普及、信息技术的飞速发展,世界范围内的高等教育正在经历着一场开放教育资源的全球变革,在线教育的兴起给传统高等教育带来了巨大的机遇与挑战。在线教育已成为美国高等教育的主流,其数量和质量都已超过其他类型的课程递送方式。2001年4月4日,作为开放教育资源(OER)的典型代表,秉承开放与自由的理念,麻省理工学院率先启动了开放课件计划(Open Course Ware,OCW),引领了世界范围内方兴未艾的开放教育资源运动,该运动成为推动人类教育发展的变革性里程碑,使得资源共享成为了教育领域的主旋律。[①] 然而,仅提供教育资源是远远不够的,因此,2012年以来,随着如火如荼的开放课件运动,一种新型的开放资源模式——MOOC(大型开放式网络课程)在全球迅速崛起,成为国际高等教育发展的新趋势、新动向。从OCW到MOOC的发展,实际体现着学习中心的转变,前者更多的是单向的、以教为主的知识传递模式,而后者则是双向的交流,以学生为中心、注重知识的生态化生长的模式。[②]

从OCW到MOOC的这种由"单向以教为主的知识传递"到"以学生为中心更加注重双向交流沟通"的转变,与高校传统教育教学模式向高校继续教育的全新教育教学模式转变的方向基本一致。因此,本节选取以国外高校为发起者或者导向者的MOOC为例,期望通过对国外高校继续教育示范基地的现行经验的凝练,为我国的高校继续教育示范基地建设提供可总结和参考的经验。

美国时代课程(Coursera)于2011年11月,由斯坦福大学的两位计算机教授达芙妮·科勒(Daphne Koller)和安德鲁·恩格(Andrew Ng)创建,是目前MOOC三巨头中发展规模最为庞大、速度最快的。其最具代表性的是它的核心理念——掌握性学习、交互式学习和反馈式学习。其中,掌握性学习,确保学习者在使用新知识解答问题时可以进行多次尝试;交互式学习,鼓励学生在学习中投入,从而有助于他们的记忆长期保留;反馈式学习,使得学习者可以检查自己的进度和确保自己掌握的所学内容。

① 焦建利.从开放教育资源到"慕课"——我们能从中学到些什么[J].中小学信息技术教育,2012(10).

② 张振虹,刘文,韩智.从OCW课堂到MOOC学堂:学习本源的回归[J].现代远程教育研究,2013(3).

截至2014年，Coursera已经拥有世界范围内90余所高等院校与机构的合作伙伴，注册学生人数已超过500万，授课语言包括英语、中文、法语、西班牙语、葡萄牙语等12种语言，上线课程囊括了人文、医学、生物学、社会科学、数学、商业和计算机科学等广泛的学科领域。同时，其运行机制也在逐渐走向成熟化和商业化，规模也在不断地壮大。

(一)课程设计个性化，且符合教育规律

Coursera作为网络教育平台，面向社会，为大众提供免费、高质量的教育课程，满足各种人群对不同专业课程的需求，为各阶层人群提供享受优秀教育资源的机会，在教学过程中营造公平的学习环境，为人们实现自己的人生理想搭建平台。从技术层面来看，Coursera所采用的网络2.0平台对于用户来说是开放的，学生可以根据自己的兴趣形成聚合点的社群，进行个性化的学习。另外，Coursera遵循教育规律，提高了学生的学习兴趣和效率。在Coursera的每门课程中，每周设计4～6个教学演示视频，每个视频都控制在10～25分钟。心理学家研究发现，一般情况下，学生的注意力根据教师讲课时间的变化而变化。开始上课时的10分钟内，学生的注意力逐步增强，中间10～25分钟学生的注意力为理想的稳定、高效状态，之后注意力将开始分散、下降，整个过程学生的注意力成梯形结构。① 因此，将每个课程的时间控制在10～25分钟，可以有效地确保学生学习的效率和质量。

(二)满足个性化的同时确保教学质量

教育作为社会的亚单元，同样不能摆脱社会控制的特征，脱离约束的教育是不存在的。通过教学约束，最大的"收益"就是可以确保一定程度的教学质量。Coursera通过每周作业对选择课程的学生实施一定的"教育约束"，在给予学生一定的选择学习进度和学习课程的权利的同时，每周都要通过E-mail为学生发送所选课程的小测试，学生需要在规定的时间内完成。在完成作业的过程中，根据作业测试题目的不同，采用的评价方式也有所差异。例如，部分题目交由系统判分，而一些主观题则由上课的学生交换改批。

(三)教学评价方式多样化

Coursera课程的评价方式各有不同。在线教育缺少师生间的直接交流与互动，因此保持学生学习的持续性、保证较高的评价质量是达到教育效果的关键因素，Coursera教育平台根据课程的特点实施多样化的教学评价机制。例

---

① 刘宁. Coursera：新型网络教育的特点与启示[J]. 高等教育研究，2013(12).

如,Coursera 有的作业是通过一个小测试,有的需要完成一个小型的项目设计,有的则是在看完文献后写一篇课程论文。对作业或论文的评价方式除了传统的由教师批改外,还有选课同学互相间评议的方式,而且学生只有在完成并按时提交自己的作业或论文,并完成对其他学生作业或论文的评价后,才能得到该课程完成的分数。这种教学评价过程,可以有效地解决大规模课程学习的作业批改问题,更重要的是,可以让学生边学边评,让学生既是参与者,又是裁定者,帮助学生从不同的视角去进行知识建构与塑造,不仅有益于学生之间的学习和交流,同时也巩固了所学的知识,拓宽了学习范围。

(四)搭建平台提供技术支撑

在资源建设过程中,Coursera 通过对合作学校开放其学习管理服务系统,为教师提供建设课程资源的权利,使得教师可以建设符合 Coursera 教学理念的教学资源。如录制编辑交互性的视频短片、智能化的作业系统、网上讨论系统等。同时,Coursera 平台具有强大的数据挖掘和分析能力,可以帮助教师了解学生的学习情况,及时调整教学计划,提高教学质量。[①]

第二节　中国继续教育示范基地发展经验

高校教育的核心价值是培养人才。对传统高校教育来说,其具体落脚点为本科教育和研究生教育,学生年龄段集中在 18～28 岁,占高校教育 90%以上的份额。随着社会需求和技术手段的发展,终身学习成了人生需要。高校继续教育正是在这样的时代召唤下走上了人才培养的大舞台。具体来说,高校继续教育培养对象的年龄段由传统高校教育的十年扩展到了终身,借助传统高校丰富的教育资源,高校继续教育的培养方式也由传统的学历继续教育扩展到学历继续教育和非学历继续教育并行。

总体来说,我国继续教育示范基地的发展目前已呈现出“从学历继续教育为主”向“学历继续教育和非学历继续教育两翼齐飞”的转变,有的高校已经出现二者旗鼓相当,甚至非学历继续教育略有超过学历继续教育的状况,而以清

① 吴维宁. 大规模网络开放课程(MOOC)——Coursera 评析[J]. 黑龙江教育(高教研究与评估),2013(2).

华大学为代表的一些高校已经以非学历继续教育为其全部教育内容。

具体来说，首批50家高校继续教育示范基地学历继续教育注册人数51万余人，在读人数124万余人，毕业人数36万余人。其中，采用“网络/远程教育”学习方式的人数占在读人员的64%，采用其他学习方式人数占比依次为夜大学14%，函授12%，自考助学8%；非学历继续教育开展培训总人次279万余人次，颁发各类证书94万余份，开展资格水平认证37万余人次，面向社会招生，面向政府机构、事业单位及企业内部举办的面授培训班12683班次。

可以说，我国高校继续教育示范基地的学历继续教育规模发展稳定，学习方式较倾向于网络学习方式；非学历继续教育规模发展迅猛，带有各高校特色的培训稳中有增。因此，在梳理我国继续教育示范基地发展经验时，我们需要关注学历继续教育和非学历继续教育二者的数据和针对学历继续教育和非学历继续教育以及二者融合的不同经验举措。

一、结合高校自身优势，打造高校继续教育品牌

随着我国高等学校继续教育的迅猛发展，继续教育资源体量和学生体量都在不断增大。据教育部2012年发布的统计数据显示，我国高等学校学历继续教育在校生规模已接近上千万人，参与非学历继续教育的学习人数也在逐年增加。与此同时，高校继续教育的发展环境也发生了巨大的变化，传统全日制学历教育扩招，职业教育得到越来越多的重视，其他教育培训机构的出现等，这些都在无形中给高校继续教育的发展带来了压力和挑战，高校继续教育需要借建设示范基地之顶层政策指导的高度和优势，结合高校自身的优势和特色，迅速形成具有鲜明特色的高校继续教育品牌。通过依托高校自身的学科优势、资源优势、声誉优势等，结合高校所在地的社会经济发展和人们职业发展的实际需要，研究市场需求，调整专业结构、课程结构、人才培养模式，找准自身定位，不断提升社会认同度、知名度及竞争力，逐步完善、扩大和执行高校服务社会的功能。

例如，华中科技大学发挥自身资源优势和特色，在继续教育示范基地建设的过程中，积极探索湖北经济社会发展、行业和企业需求，深入挖掘教育培训资源，努力开拓培训市场，在华中科技大学校内，与其他院系共同建立了多个校内教育培训中心，以及三个校外教育培训中心，并以此为基础，凝练出企业高管人才研修班、投资专业人员研修班、银行支行行长（副行长）培训、领导干部素质提升班培训、电力公司系列培训、城镇化建设领导干部研修班、进出口贸易职业经理人培训、保险从业人员知识更新培训等众多非学历继续教育品牌。

又如，中国海洋大学结合学校的优势和特色对中国海监专职执法人员进

行培训。通过培训，使学员全面、系统掌握海监执法的基础理论、基本知识和基本技能，了解国内外海洋工作形势、政策法规和行政执法工作基本情况，全面提高海监执法人员的业务素质和执法水平，培养适应海监执法工作快速发展需要的应用型、创新型专门人才。此外，该校还与中国海监总队签署了合作协议，联合设立了中国海监专职执法人员培训中心，用以积累双方的经验，为将来持续的中国海警培训打下良好的基础。

二、建立各类型之间融通机制，搭建多层次人才培养“立交桥”

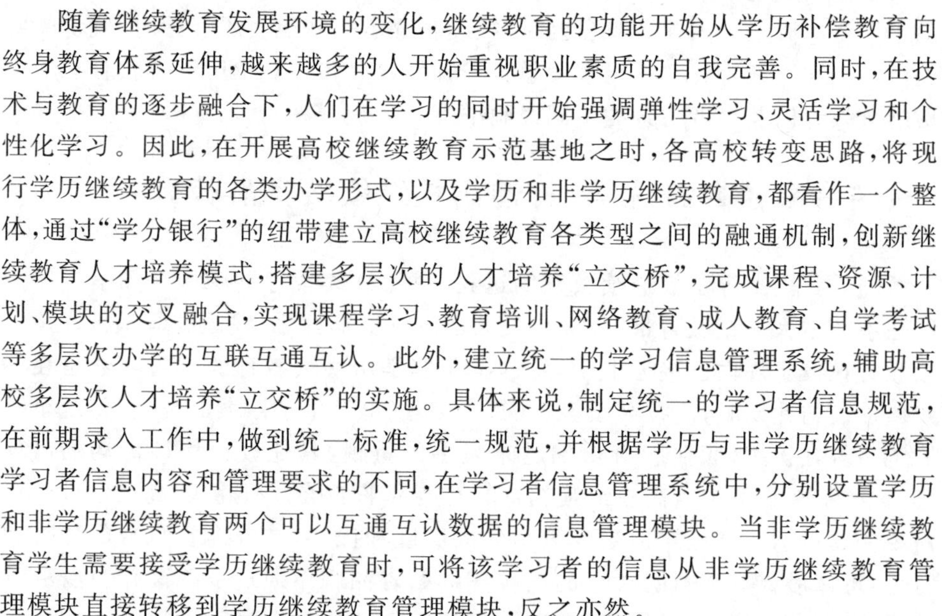

随着继续教育发展环境的变化，继续教育的功能开始从学历补偿教育向终身教育体系延伸，越来越多的人开始重视职业素质的自我完善。同时，在技术与教育的逐步融合下，人们在学习的同时开始强调弹性学习、灵活学习和个性化学习。因此，在开展高校继续教育示范基地之时，各高校转变思路，将现行学历继续教育的各类办学形式，以及学历和非学历继续教育，都看作一个整体，通过“学分银行”的纽带建立高校继续教育各类型之间的融通机制，创新继续教育人才培养模式，搭建多层次的人才培养“立交桥”，完成课程、资源、计划、模块的交叉融合，实现课程学习、教育培训、网络教育、成人教育、自学考试等多层次办学的互联互通互认。此外，建立统一的学习信息管理系统，辅助高校多层次人才培养“立交桥”的实施。具体来说，制定统一的学习者信息规范，在前期录入工作中，做到统一标准，统一规范，并根据学历与非学历继续教育学习者信息内容和管理要求的不同，在学习者信息管理系统中，分别设置学历和非学历继续教育两个可以互通互认数据的信息管理模块。当非学历继续教育学生需要接受学历继续教育时，可将该学习者的信息从非学历继续教育管理模块直接转移到学历继续教育管理模块，反之亦然。

例如，华南理工大学将网络教育和成人教育进行融合，整合了网络教育和成人教育各自优势，结合课程特点、教学资源和成人学习特性，优化组合课堂面授教学和网络课件教学，实施“面授＋网络”教学模式试验改革，满足不同教学需要，提高教学效果。新型教学模式的实现，既弥补了远程教学“时空分离”的不足，又充分发挥了现代教育技术在成人教育中的作用，改进了成人教育教学手段和教学方法，缓解了成人学生的“工学矛盾”，有效解决了成人教育办学中师资紧张等问题。

三、实行非学历继续教育归口管理制度，确保继续教育培训管理规范

随着高校全日制大学的扩招，学历继续教育的补偿功能相比非学历继续

教育在一定程度上被弱化，因此，利用高校富余的优秀教学资源而存在的补偿教育——非学历继续教育在高校继续教育示范基地迎来了前所未有的高峰期。然而，在非学历继续教育快速发展的过程中，在一些高校内部，将非学历继续教育放在了“为高校赚钱”的位置上，仅仅以营利为目的，这样使得非学历继续教育在招生宣传、收费管理、教学实施、质量监控等方面缺乏有效监控，出现了各自为政、良莠不齐的状况。有些办班单位只顾眼前利益，把关不严，无法保证培训质量，对学校的声誉造成了损害。因此，为了保证高校非学历继续教育的健康发展，进一步扩大其与市场契合度，能够更好地满足经济发展和市场人才需求的优势，有必要对非学历继续教育实行统一管理，即由高校继续教育学院（或成人教育学院）代表学校对全校教育培训工作进行统一归口管理，传达、贯彻和落实国家、教育部、省市各级政府和学校的教育培训相关的文件政策和精神，代表学校与相关部门进行工作联系；制定、完善和落实教育培训有关规章制度和工作流程；负责学校教育培训的立项审批，项目结算、培训项目广告宣传的审核工作；规范和督查各院系等办学单位的办学活动；维护学校声誉，打击校外培训侵权行为；负责监督教育培训项目的组织和实施、核算培训教学工作量、培训教学质量评估以及经费的分配；负责各类教育培训结业证书的管理；制作、审核、颁发、认证管理及学员各类注册工作；负责教育培训各类信息与数据的统计及培训资料的归档与管理工作；组织实施教育培训管理队伍专业化建设；整合校内资源，组建学校培训教师师资库和高端专家库等，在非学历继续教育工作中的办学行为监管、教学组织实施、培训经费使用等方面全程参与，有效规避高校非学历继续教育在发展过程中可能会遇到的问题。

例如，华中科技大学对该校各类非学历继续教育进行归口管理，通过华中科技大学远程与继续教育学院实施具体的非学历继续教育管理工作，由其他学院实施具体教学工作的方式，对全校的非学历继续教育进行统一归口管理。截至 2013 年 11 月，远程与继续教育学院已累计办理管理学院等 20 个院系共计 100 多个培训立项审批，非学历继续教育的规范管理工作取得一定成效。

四、开发多样化教学资源，为泛在学习提供可行性支持

对于继续教育的学生而言，在学习过程中，从始至终都存在着工学矛盾或者家学矛盾。随着移动技术的发展和移动设备的日益普及，这两个主要矛盾得到了一定程度上的解决。通过将最新的技术和设计理念与教学资源开发结合，在教学资源库的整体形式上，针对不同学习风格的学习者可选择其适合的课程资源形式，各种类型的课程资源也在多样的自主学习活动中扮演不同的

角色。通过对课程设计对象和目标要求的前期调研和基本了解，强化课程的教学设计，挖掘课程的特色，采用多种形式如问答、游戏、案例、情境等，传授相应知识点，制作出更多符合基本教育规律、学生学习需求和可以应用到多种终端的课程，为初步实现“泛在学习”提供可行性支持。

例如，华中科技大学在网络学习资源的建设上呈现多样性，目前按照课程类型分类，学习资源可分为学历课件、非学历课程、精品资源类课件、移动类课件、公开课和微课程等六大类型。此外，在资源建设上，学校也进行了不断地探索和发展，在技术和理念上紧跟主流形势的发展。以学历类课件为例，其发展从最初的将讲解视频、课件文档和课程纲要三大块整合成一体的固定模式的三分屏多媒体课件，发展到可以将图文、音视频和动画等多种类型的元素进行混排的复合型课件，解决了网络教育课件在三分屏时期只能进行单向灌输式教学的问题，满足了个性化的学习要求，也融入了更多的教学活动和支持服务。

随着移动通信技术和移动终端的普及和进步，学校将移动学习引入泛在学习体系，使学习者能够在移动设备的帮助下，在任何时间、任何地点进行学习。同时，移动学习所使用的移动计算设备必须能够有效地呈现学习内容并且提供教师与学习者之间的双向交流，并为此制作了一批包括手机课件、安卓平板资源包和 iBooks 电子书等一系列移动资源课件，使课件资源可在 PC 端与移动端无缝结合，实现了移动学习，为泛在学习提供了强有力的资源支持。

五、以资源整合为准则，建立教学资源共建共享机制

信息资源逐渐数字化，信息传递方式全面网络化，这些改变对继续教育教学资源建设提出了新的要求。重新建设不仅受到时间和精力上的局限，也有可能造成教学资源的重复和浪费。因此，在继续教育示范基地内部，对各高校自身拥有的资源进行科学的整合，优化各类教育资源配置，以效率与公平兼顾、现实与长远兼顾、科学性与可行性相结合和服务性为主要原则，从统一领导、统一机构、统一制度、统一财务和统一规划等方面入手，将各高校内资源进行组织和协调，把各高校内部彼此相关却彼此分离的资源整合为一体，根据各高校发展战略和企业、行业、社会实际人才需求对各高校内资源进行重新配置，通过共建共享的机制寻求高校继续教育示范基地建设与人才培养模式改革的最佳结合点。

例如，华中科技大学在继续教育示范基地建设的过程中，进行了五基地的共建共享(见图 6-2)，以华中科技大学高等学校继续教育示范基地为核心，联合人社部专业技术人员继续教育基地和教育部网络教育从业者培训基地、民

图 6-2　华中科技大学五基地共建共享示意图

政部社会工作专业人才培训基地和教育部职教师资培养培训基地，五大基地联动共享、互通有无；校内与其他院系共同建立起了培训中心。通过这一系列的共建共享基本实现了校内校外的资源深入融合，信息高度互通。

六、围绕企业和经济发展需求，主动广泛地服务行业、地方经济

继续教育示范基地的人才培养模式应紧紧围绕“以企业需求为导向、以学科知识为基础、以实践能力为核心”这一准则，联姻行业、企业，更多地开展与行业企业的合作，在更广泛的层面上构建教学内容与生产实际、教学过程与生产过程紧密结合的应用型、技能型人才培养的课程体系，创建更多的适合艰苦行业人才培养的理论教学和实践教学的数字化资源，实现艰苦行业人才培养由知识型向技能型、应用型转型的示范及引领作用，为企业培养“学得实、留得住、用得上”的应用型人才。[①] 发挥学校品牌和学科优势，适应地方、行业和企业需求，探索和开拓多层次、多类型的继续教育培训，通过产学研对接，以高校、政府、企业、行业互动与合作的方式，打造培训基地。积极建设有特色、有针对性、有影响和有效益的精品项目。

---

① 侯兴宇，郑娜. 国家级专业技术人员继续教育基地建设模式研究——以中科院北京分院继续教育基地为例[J]. 继续教育，2014(10).

例如，中国矿业大学在与中煤集团公司前期开展函授教育以及“订单式”人才培养的基础上，针对中煤集团公司特定的人才培养要求，通过反复调研、论证，为中煤集团公司量身定制了煤矿开采技术、机电一体化技术、矿井通风与安全、水文地质与勘查技术四个专业的人才培养方案，形成了特有的煤炭主体专业紧缺人才培养的又一新模式——“技工学”人才培养模式，打造煤炭企业的“乌金蓝领精英”，为煤炭行业可持续发展提供智力保障。

又如，湖北大学与湖北省武汉市武昌区徐家棚街道办事处，在服务社区的建设内容的指导下，组建了全国首个以所在学校命名的湖北大学社区教育学院，其面向社区居民和社区群干，扎根于社区党员群众服务中心，关注社区自身建设和社区学院建设的理论研究，又从实践的角度提出了社区教育学院的管理模式、运行机制、工作计划与未来愿景。

第三节 中部组五校继续教育示范基地建设经验案例汇总

一、以教育国际化的培养思路 帮助企业参与国际竞争 ——华中科技大学外贸进出口职业经理人培训项目

案例点评：

众所周知，国家综合实力的竞争，归根到底是人才的竞争。谁拥有数量多、素质高、具有创新精神和富于创新能力的人才，谁就能把握社会经济发展的主动权，在激烈的竞争中立于不败之地。教育培训也正是在这样的意识之下，被推上了人才培养领域越来越广阔的舞台，传统的仅仅着眼于国内的教育培训逐渐开始走向国际化，希望在经济全球化、贸易自由化的大背景下，充分利用国内和国际两个教育市场，优化配置国内的教育资源和要素，抢占世界教育的制高点，培养出在国际上有竞争力的高素质的人才。

外贸进出口职业经理人培训项目给我们的启示是：教育培训，只有着眼于培养，放眼于需求，才能达到教育的最初目的——使人获得一技之长，拥有立身之本；才能达到教育的最终目的——使人成为社会、市场和企业所需要的可

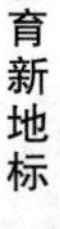

用人才；只有着眼于国内，放眼于国际，才能培养出具有国际意识、国际交往能力、国际竞争能力的优秀人才；只有着眼于理论，放眼于实操，才能培养出了解自身优势与不足，学会学习，学会理论应用于实践，具有足够信心和创新自主意识的高能人才；只有着眼于人才，放眼于企业，才能以人才为基点，辐射改变传统企业仅满足于做“小买卖”的思维模式，尤其是农村企业，真正贯彻国家“服务三农”的政策，激发国内农村企业的国际竞争意识和潜能。

(一)需求导向，构建教育培训国际化培养体系

外贸进出口职业经理人培训项目的总体目标是通过理论教学与实操体验，培养学员独立完成外贸订单的能力，为学员今后自主创业和自主就业积累经验，奠定基础，这个目标设想与国家近期对职业教育发展“以用立业”、“坚持以就业为导向，满足社会、市场和企业的需求”的指导思想不谋而合。同时，在外贸进出口职业经理人培训项目的培训对象定位、培训内容设计、培训师资挑选以及培训进程推进的环节中，都是以社会、市场和企业的需求为导向，构建不仅能够满足国内需求，而且能够适应国际产业分工、贸易互补等经济文化交流与合作的国际化的教育培训培养体系。

1. 培训对象无专业门槛限制

外贸进出口职业经理人培训项目对培训对象的专业没有任何限制，凡是本科及本科以上，有一定的英语基础，对贸易行业感兴趣，希望从事对外贸易事业的学习者都可以报名参加。

2. 培训内容重理论更重实操

外贸进出口职业经理人培训项目的培训内容包括熟练掌握进口贸易业务流程及进出口贸易管理流程，学习各相关职能部门的工作性质及工作流程，参观企业，了解产品的生产过程和授权企业的产品在国际市场的推广和销售实践，这样的设置与传统教育培训最大的不同在于极大地提升了实操部分所占的比例，扩大了传统教育培训的范围，将贸易进出口所可能涉及的环节全部囊括其中。通过理论知识与实际案例结合，在学习理论知识的同时，学习现代优秀企业的实战经验，达到知识与技能灵活运用的效果；通过对相关职能部门的参观，可以让学员对进出口贸易拥有更深入的感性认识；通过对进出口产品的了解，让学员学习如何获得客户的认可和信任，抢占贸易成功的先机；通过寻找进出口企业参与培训过程，让学员真正运用所学技能完成订单，增强学员信心，明确就业方向。

3. 培训师资既是专业学者又是实践专家

外贸进出口职业经理人培训项目的培训老师不仅是华中科技大学经济学院国际商务专业硕士导师、国际贸易实务授课教师，还是武汉外贸公司总经

理、湖北省国际贸易促进委员会和湖北省国际商会专家。这样集学者、专家于一身的培训老师，在培训的过程中不仅能够传授扎实的理论知识，还能够分享其在进出口贸易行业的实战经验，使学员能够将学习到的知识点迅速地对应到实际中，以最快的速度达到理论与实际相结合的最佳效果。

4. 培训进程模拟全真贸易订单流程

外贸进出口职业经理人培训项目的最后一个环节就是将理论应用于实践。该项目会积极为学员寻找进出口企业，并授权培训班为其公司产品在国际市场进行推广和销售。目前，该项目第五期正在进行中，项目培训班已传来喜讯：学员运用所学技能为企业完成了向新加坡出口柑橘和蜜柚的两笔订单。模拟全真贸易订单流程的培训进程安排为学员提供了一个完整的进出口贸易订单的全真流程，不仅让学员在学习的过程中了解完成贸易订单所需要的知识储备和所要经历的流程，还能够让学员真实地体验将所学知识转化为财富、经验的喜悦，为学员今后自主创业和自主就业积攒资源。

（二）学会学习，奠定学员自主创业与自主就业基础

外贸进出口职业经理人培训项目作为学院“教育培训国际化”培养计划的子项目，其培养的重心就是让培训学员和授权企业在国际市场竞争中共同成长、共同壮大。与传统教育培训不同的是，该项目不以培训班的结业为结束，而是以此为一个开始，为培训学员提供在校期间跟踪指导的深度培训，在学员需要帮助的时候适时给予指导帮助，达到超越常规培训，对学员进行专业培养的目的。这样使得学员在实践操作中，增强信心、发现不足、学会学习、学会理论应用于实践，为其今后自主创业和自主就业积累经验、奠定基础。

（三）服务“三农”，激发农村企业国际竞争意识与潜能

通过对目前给予外贸进出口职业经理人培训项目培训班授权的企业进行统计发现，农产品企业占据了很大比例，可见，外贸进出口职业经理人培训项目对农产品企业给予了很大的帮助。此外，项目培训班学员通过其掌握的外贸技能也潜移默化地引导着这些企业的传统思维方式，让他们看到自己的农副产品在国际市场与国内市场销售之间存在的利润差距，对全面提高综合能力也起到了促进作用。同时，也激发了农村企业的国际竞争意识与潜能，很好地贯彻与完成了国家服务“三农”的政策。

纵观外贸进出口职业经理人培训项目，从项目获得的“四个满意”——“让政府（荆州市商务局等）满意”、“让企业满意”、“让学校满意”和“让学生满意”，我们看到了该项目为完成国家对继续教育的指导建议，满足社会、市场和企业需求所做出的努力。

从项目获得的“三个受益”——“企业因为实现了产品‘走出去’而受益”、“国外客户因为有了贸易订单而能够享用国内优质产品而受益”和“学生因为项目培训而获得了知识、财富和经验而受益”，我们看到了该项目为教育培训国际化而做出的努力。

从项目获得的“三个第一”——“农村合作社有了第一个美元账户”、“湖北荆州地区第一次新鲜水果出口”和“武汉港（阳逻港）第一次新鲜水果出口”，我们看到了该项目为服务“三农”所做出的努力。

我们相信这个遵循着国家“以用立业”、“坚持以就业为导向”的指导思想，以标准化、规范化的流程进行着教育培训国际化建设与探索的培训项目，将开启学院教育培训新的征途，推动学校教育培训事业的进一步发展、壮大。

二、服务企业，创新现代远程教育人才培养新模式——华南理工大学网络教育学院的实践

案例点评：

面向企业开展现代远程教育是企业人力资源二次开发的有力保证。鼓励员工参与现代远程教育学习专业知识、提高劳动者能力和综合素质，可为企业发展注入新的活力和动力。华南理工大学主动顺应社会和企业的需要，秉承“服务企业”的办学理念，积极开展面向企业的现代远程教育，很好地满足了企业人力资源提升的需要，受到企业的充分肯定，具有可持续性和可推广性，社会效益好。该案例给我们的启示：一是要结合企业需求的实际制定和实施人才培养方案；二是要在现代远程教育的“教学活动的设计”、“教学管理机制”、“人才培养方法和手段”上不断进行改革和创新，只有贴近企业和学员实际的办学定位，才能受到企业和学员的欢迎。

（一）校企合作开展现代远程教育是企业发展的必然要求

当今社会，企业的生存、发展与企业拥有的人才息息相关，企业的竞争归根结底是人才的竞争。企业要提高在经济社会中的竞争力，则需依靠企业员工能力和综合素质的提升，而选择什么样的方式和途径来提高员工的能力和综合素质，成为企业首要考虑的问题。现代远程教育以在职人员为主体，逐渐进入了企业领导人的视野，特别是其具有的“不受时空限制”的优势逐渐成为企业人才培养的理想途径之一。

对于企业的领导人来说，对员工的培养和继续教育有明确的、特定的目标，如有的是为了企业能上市，有的是为了能留住员工，但无论如何，有一点是肯定的，那就是都希望通过教育和培训的方式，实现员工业务水平和工作能力

方面的提升。我们知道，个人能力和素质的提升有赖于一个人的“知识水平”和“知识结构”的完善，一些企业的员工由于多种原因往往没有经过高等教育的系统教育，他们在参与实际工作之后，逐渐感觉到系统知识和理论知识的欠缺，抱有继续提升自身知识结构的强烈需求。因此，一旦有合适的机会，都希望能继续进行“充电”。

在这样的背景下，作为华南理工大学现代远程教育的具体实施单位，自开展现代远程教育试点工作以来，华南理工大学网络教育学院陆续与省内多家企业行业展开了合作，开展了“送教上门”、“量身定制人才培养方案”等别开生面的人才培养模式。合作的企业有深圳富士康、恩斯迈、广州捷普电子有限公司、南方电网、联通等企业，开设的专业有电子科学与技术、土木工程、计算机科学与技术、电气工程自动化、市场营销等专业。目前，学院来自企业的在读学生数达6000人，约占学院全部在读学生人数的1/4。

(二)结合企业实际，量身定制人才培养方案

1. 明确人才培养标准，转变思路，注重理论学习和技能培养相统一

面向企业开展现代远程教育，人才培养标准主要来自两方面。第一，符合我国现代远程教育人才培养质量的要求；第二，应紧贴企业对人才培养规格的要求，与企业生产实际相结合，培养与企业发展相适应的专门人才。传统高等教育更加注重学生理论知识的学习和掌握，而企业则往往更加希望员工在业务能力和技能水平上有所提高，在这种情况下，学院与合作企业在共同探讨的基础上达成共识，打破传统高等教育的惯性思维定式；在课程设置上，努力结合企业的人才培养需求，适时调整和改革人才培养方案和教学计划，合理设置课程，开发符合企业需求的课程资源，结合企业需要适当提高实践课程比重，体现了理论知识学习和技能培养的统一。

学院与捷普公司的合作中，应企业的期望和需求，在“电子科学与技术”专业的教学计划中，将“现代检测仪器与技术”、“传感器技术与应用”两门课程作为专业主干课程，加重教学比例，使得学生学有所得、学有所用。

2. 教学活动设计注重工作与学习相结合

学习的过程本质上是一个认识的过程，有着发生发展的客观规律。根据辩证唯物主义认识论，“教育与生产劳动相结合”、“理论与实践相结合”是促进学习和人的全面发展的有效途径。来自企业的在职人员都有着丰富的工作和生活经验，感性认识丰富，在教学活动设计时学院注意坚持“工作与学习相结合”的原则，注重引导学生在参与社会工作实践的同时也要重视书本学习；既引导学生认真学习专业技能，也使他们通过理论知识的学习来进一步丰富和发展自己，把工作和学习、增长知识和发展能力有机结合起来。

据调查，企业员工在学习中遇到的最大问题是在“工作、学习和家庭”之间精力和时间安排上的困难，即工学矛盾问题。诚然，学生在工作和生活之余，要抽出许多时间来参与网络学习是不太符合实际的。针对这一问题，我们主要采取了“网络学习和面授辅导教学”两种教学活动组织形式。结合企业生产实践的作息安排，为帮助学生取得更好的学习效果，对于一些专业骨干课程，固定在周末或者晚上等特定时间，学院选派一些教学经验丰富的教师去企业进行集中面对面地授课教学。这一方式得到了所有学生的认可和欢迎，学生认为面对面教学来得直接、有互动交流，可以很好地保证学习效果。从捷普班学生面授课到课率（保持在90%左右）可以看出，绝大多数学生能珍惜面授机会，坚持认真地参与学习并完成平时的练习和作业。此外，学生们在工作之余一起上课、一起学习的过程也有效地加深了学生之间的友谊，增强了公司员工的凝聚力。

（三）项目创新点

1. 促进现代远程教育目标价值取向的转变

过去由于对继续教育的认识不足以及继续教育发展水平的制约，各网络教育学院在办学过程中过分强调招生和办学的规范性，往往优先考虑办学的硬件环境和条件，如教学平台建设、资源建设、教学管理的规范性等；在教学管理上，又偏重对招生环节、考核环节、毕业环节的管理而不同程度地忽视了对教学过程和学生学习过程的关心。而面向企业开展继续教育，由于企业有提高员工知识水平和能力素质的客观需求，往往有特定的或成批的生源，且对继续教育的期望值较高，这就要求高校不得不将重心放在努力提高教学质量与教学效果上，这样才能使所培养的人才接受企业的检验和良好评价。由此，在一定程度上就促进了继续教育的目标价值取向的转变，从追求办学规模转向了追求办学质量的提高，从追求办学的规范转向了追求教学质量和效益上来，这种转变对于当前继续教育的发展来说，其意义是极为重大的。

2. 促进继续教育管理机制的创新

长期以来，普通高等学校开设的专业、课程设置、教学管理运行机制等，形成了一种由学校单方说了算的权威的、封闭的局面。然而，这种权威的运行机制往往不能满足企业的需求，这是因为企业的员工处在生产和社会服务的第一线，如果完全照搬传统高等教育的人才培养模式来运作的话，其长期运行的结果是培养质量不能满足预期的目标、所培养的人才与企业的需要相脱节。面向企业开展继续教育，根据企业的实际需求开办专业，要求培养的毕业生的知识、能力和素质是适应企业发展需求的，这也必然要求学校教学管理运行机制是合作的、开放的。继续教育的发展要提高办学活力，也必须要改革教育管理体制和运行机制。

因此面向企业开展继续教育，可以促进教育管理运行机制从权威型转向合作型、从封闭型转向开放型，建立学校和企业之间的结合机制，这也是促进人才培养模式创新的重要方面。企业作为我国经济建设的主体，具有资金、市场、技术、经营管理等方面的优势，而高等学校则拥有充足的智力、信息资源、学科等综合优势，面向企业开展继续教育既帮助企业提高技术水平和员工专业素质，也增强高校的办学活力，促进高校教学和科研的深入发展。

在面向捷普公司开展继续教育以来，在人才培养上我们采取有效的措施优化教学过程管理，充分融合并发挥学校和企业的各自优势，形成了校企联合培养机制。如在“电子工艺实习”的实践课程教学上，学院聘请捷普公司的工程师担任课程教学技术辅助人员，直接参与教学实践，对“电子技术”的工艺和技术做详细解说，这样就使得学生很容易地将课堂上所学的理论知识和生产实践结合起来了。

3. 促进人才培养方法和手段的创新

据调查，企业员工参加继续教育学习的动机主要有两种：一是出于自我提高的内在需要，希望能完善和充实个人知识文化水平和素质；二是出于应对职业和岗位需要的考虑，将继续学习作为加强专业技能和提高个人业务能力的途径。虽然他们具备一些共同的学习心理特征，如学习目的明确，学习主动性强，但是，由于年龄层次、知识结构和生活经历的不同，其兴趣、经验和学习风格是各不相同的，因此从学习基础的角度来说，他们的差异程度相对于普通全日制高等教育的学生来说显得更加悬殊。

企业要求培养的人才既要有宽广和丰富的知识，又要有较强的创新能力和较高的综合素质。如何促进这一目标的实现？这就涉及人才培养方法和策略的问题。以互联网为基础的继续教育为学习者提供了方便、灵活、个性化的学习条件，信息化教学手段和个性化学习环境的创设，可以促进人才培养方法的创新。信息化教学平台往往都具有丰富的学习资源，提供了许多导学、督学、促学的工具和功能，通过这些工具和功能的操作和应用，能增强学生的自我管理能力，增强学生管理时间、管理学习的能力，进而提高学习和工作效能。更重要的是，它还促进了培养方法的个别化，可以激发学生的学习兴趣，使学生主动学习、积极思考，培养个性和创新精神。

为此，鉴于这种差异性，本着为学生提供更多选择的原则，满足不同学习风格、学习兴趣和学习基础的需要，学院的网络教育学习平台是集“导学、督学、助学和协作学习”于一体的信息化系统，它一方面可以使得学生获得丰富的学习资源和掌握及时的导学信息，还可以收到系统的“温馨提示”等个别化、人性化的提醒通知；在平时成绩的积累上采用“进度条”标志的方式让学生很

扫一扫，了解广西住建培训班内容

扫一扫，了解新能源及节能专业技术人才研修班内容直观地看到自己积累的过程和效果，对激励学生主动学习、进一步维持学习动力起到了良好的效果。

(四)项目发展

随着广东经济的迅速发展，各类企业对人才的需求和培养将更加强烈；地处改革开放前沿的广州，对周边城市尤其是珠江三角洲地区具有较强的辐射作用。华南理工大学在南方素有“企业家的摇篮”的称号，为广东培养了一大批高级技术人才和管理人才，受到了各级企业和行业的广泛认可。

不断探索和创新人才培养模式是高等学校主动适应经济社会发展的重要途径和方向。华南理工大学网络教育学院在与多家企业合作的基础上，逐步形成了一些宝贵的办学经验。多年来，面向企业开展继续教育、“送教上门”这一方式，也引起了众多企业的关注，不少企业主动与我们联系商讨员工培养的事宜。今后，华南理工大学网络教育学院将进一步走向社会、走向企业，面向企业行业开展教育和培训，为企业提供更多地人力资源和智力支持；进一步改革和创新教学模式，打造品牌，逐步形成鲜明的人才培养模式和办学优势。

三、校街联手共谋社区教育，里外同力齐促基地建设
——湖北大学社区教育学院项目

案例点评：

高校服务政府、服务社会、服务城市发展的重点是阵地建设，难点是如何寻找到一条有效的服务社会的途径。该项目最大的社会意义是在高校与政府之间找到了完美的对接点，高校的文化教育资源因此得到了充分的开发与利用，而高校通过服务政府与社会不仅优化了自身的社会形象，扩大了社会影响力，还为本身的发展找到更多更好的突破口。湖北大学社区教育学院项目是一项提升城市居民文化素质的惠民工程，从价值取向看，它体现了一个地区一个单位的文化软实力，同时，也为湖北大学自身的发展带来了活力。

——湖北大学继续教育学院院长　谢鉴

(一)项目内容

1. 目标与宗旨

湖北大学社区教育学院的目标与宗旨，就是立足高校优质文化教育资源，以繁荣社区教育、丰富社区文化、服务社区发展为己任，以满足社区居民精神文化生活和教育需求为导向，发挥继续教育在提高社区居民文化素质方面的

重要作用，彰显继续教育在终身教育体系构建与和谐社会建设中的社会职责。

2. 属性与职能

湖北大学社区教育学院是公益性社会服务组织，是政府与高校合作互动的平台，是湖北大学作为高校服务于当地社会经济发展的重要窗口。

3. 管理与运行机制及相关职责

(1)湖北大学社区教育学院实行共同管理、多方参与、协商议事的委员会制。根据社区教育学院的目标、宗旨、职能与属性，成立湖北大学社区教育学院工作委员会(以下简称“社工委”)，负责管理社区教育学院日常事务。

(2)学院在运行机制方面实行联席会议制度。由社工委主任提议，由一方或另一方牵头，召开联席会议，就年度工作计划、重大活动、经费保障或重要的专题性工作进行研究审议。在充分发扬民主的基础上，达成共识，形成具有约束力的规范性意见，并通过联席会议纪要的形式确定下来，用以指导湖北大学社区教育学院开展工作，解决问题。休会期间，日常工作由执行主任兼院长部署落实。

(3)学院各岗位及相关职责。社工委主任职责：贯彻学院办学宗旨，全面指导学院工作；组织召开联席会议，督导会议纪要贯彻落实；综合协调学院重大事务，审议决定重大事项。执行主任兼院长职责：执行会议纪要精神，负责领导和管理学院的全面工作；全面贯彻、执行国家的教育方针，努力为社区教育、社区文化和社区发展服务；建立健全各项制度和岗位职责，指挥、协调、检查、督促学院工作；落实联席会议确立的学院年度和学期工作计划，并认真组织实施；领导学院全体工作人员开展好学院的各项培训、服务和教科研工作；严格执行国家财经纪律和财务制度，积极筹措经费，不断改善办学条件，丰富活动内容。

4. 湖北大学社区教育学院的主要工作目标

(1)开展面向社区老人、儿童、残疾人等的生活帮困和公益服务，有针对性地进行面向全体社区成员的便民利民服务和面向属地单位的社会化服务。

(2)开展包括社区公共卫生、医疗保健和计划生育等的咨询服务。

(3)开展经常性和群众性的法制教育和法律咨询服务。

(4)开展包括绿化、环境建设和环境保护等的宣传教育活动。

(5)开展包括各种群众性的文化、体育、教育、科普活动，以及其他形式的社会主义精神文明建设活动，不断满足居民群众学习、娱乐和健身活动的需要。

(6)开展包括社区组织、社区家庭、社区居民等组织和成员的培训服务。

(二)项目的社会意义与效益

湖北大学社区教育学院项目最大的社会意义是在高校与政府之间找到了

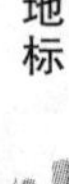

完美的对接点，高校的文化教育资源因此得到了最充分的开发与利用，而高校通过服务政府与社会也为自身的发展找到更多更好的突破口。

(1)湖北大学社区教育学院项目促进了湖北大学与所属地方政府的交流与互动，优化了学校的办学环境，真正实现了《中国教育改革与发展纲要》提出的支持学校附近的企事业单位、街道或村民委员会建立社区教育组织，吸引社会各界支持学校建设，参与学校管理，优化育人环境，探索出符合中国特色的高校与政府及社会相结合的新型办学形式。

(2)湖北大学社区教育学院项目是政府引导高校参与社区服务、实现校地结对共建以及共谋地方社会经济发展，扶持优秀社会公益服务项目的“孵化器”。

(3)湖北大学社区教育学院项目深度挖掘与利用湖北大学丰富的文化教育资源，实现了共驻社区、共谋发展、共享资源、共建文明的发展目标；属地居民素质的提高，不仅会整体提升城市的软环境，也会为城市的招商引资及其他方面的可持续性发展增加引擎。

(4)属地居民走进湖北大学社区教育学院，客观上也对湖北大学的办学能力与管理水平提出了更高的要求，使得学校不得不进一步提升办学能力与管理水平，在硬件与软件上取得新的发展与突破。

(5)属地居民通过参加湖北大学社区教育学院的各种培训与活动，会进一步加深对湖北大学的认识与了解，这对提高湖北大学的知名度、扩大湖北大学的影响力无疑会产生非常大的作用；而湖北大学知名度的提高、影响力的扩大，反过来又会给湖北大学的发展带来一系列正太效应，比如说生源的质量会更高，各种科研项目会更多，融资渠道会更为广泛，社会信誉度会大幅度攀升等。

(三)项目思考

高校服务政府、服务社会、服务城市发展的重点是阵地建设，难点是如何寻找到一条有效的服务社会的途径。湖北大学社区教育学院项目对推进高校文化教育资源服务政府、服务社会具有重要的辐射作用，为和谐社会的建设发挥着重要引领作用。与此同时，该项目在推进过程中，不可避免地会遇到各种问题：一是社区与社区居民的学习氛围仅靠湖北大学社区教育学院这一平台单打独斗恐怕短时间内难以形成气候，在拜金主义甚嚣尘上的大环境里建设学习型社区任重而道远。二是社区与社区居民中愿意参加社区教育学院各种学习活动的都是有大量空闲时间的人，而急需充电的人却往往为生活与工作所累，如何持续吸引社区居民参与学习，需要长期的努力。三是湖北大学社区教育学院项目虽然有着十分显著的社会效益，但是如果没有必要的经济效益作为支持，想实现可持续性发展其未来前景不容乐观。四是该项目虽然会遇到许多瓶颈，但毕竟拉开了社区居民有序学习与活动的帷幕，只要政府全力支持，高校倾心投入，这种全新的办学理念一定会取得丰硕的成果。

四、创新煤炭主体专业人才培养模式，打造乌金蓝领精英——中国矿业大学“中国中煤能源集团有限公司‘乌金蓝领精英’培训项目”

案例点评：

煤炭主体专业“技工学”人才培养模式，是中国矿业大学开展“高等学校继续教育示范基地建设”项目过程中实施的全新的人才培养模式，是建立在高校与煤炭企业密切合作的基础上，充分整合高校、企业、社会优质的教育资源，针对企业特殊需求，为企业培养技能型、应用型人才；“技工学”人才培养实现教学内容与工作实际、岗位实际相结合，教学内容与技能培训相结合，采取“五平台多模块”式的课程体系，实现课程设置围绕企业需求的动态调整，通过“前校后厂”式的教学，着力培养与岗位直接对接，生产一线的岗位能手、巧手、“专家”——煤炭企业的“乌金蓝领精英”。“技工学”人才培养真正做到培养目标、培养计划、管理过程的“校企合作”，真正做到课程设置、实习实训、毕业设计等教学环节的“工学结合”。此种人才培养模式是继“开放式”、“订单式”之后的又一种模式，三种人才培养模式的结合开启了煤炭行业主体专业人才培养的绿色通道，也是高校继续教育向职业化转型的一种途径。

（一）校企合作，服务煤炭行业人才培养

中国能源资源的特点是富煤、缺油、少气，中国以煤炭为主的能源格局在今后相当长一段时间内不会改变。但我国煤炭工业与世界主要采煤国家相比，还存在着采掘机械化程度低、用人多、效率低、安全状况不好、污染严重等问题。我国煤炭工业技术创新程度低和专业工程技术人员匮乏已成为制约煤炭工业长远发展的“瓶颈”，成为导致煤炭工业增长方式粗放、科技水平低、安全事故多发、资源浪费严重、环境治理滞后的重要因素，严重影响了煤炭工业的持续健康发展。

特大煤矿安全事故屡屡发生，引起党中央、国务院的高度重视。国务院前总理温家宝在视察陈家湾煤矿特大瓦斯爆炸现场后指示，国家要加大对煤矿安全的投入，煤炭高校要为煤炭行业培养人才；针对“关于在高等学校加强煤矿专业技术人员的培养问题”，国务院前副总理黄菊曾做出过重要批示；前国

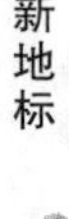

务委员陈至立曾在“武汉教育部直属高校工作咨询委员会议”上提出，要从国家经济社会发展的高度，对农、林、水、地、矿、油等学校给予支持。但许多政策、措施还未落实到位，煤矿专业人才紧缺问题仍十分突出。

全国唯一一所以“矿业”命名、具有百年办学历史的中国矿业大学，始终坚持“服务行业，服务社会”的办学理念，拥有以煤炭为主体专业的雄厚的师资资源和丰富的办学经验，迎煤炭行业紧缺人才培养的难题而上，创新人才培养模式，开启煤炭行业紧缺人才培养的绿色通道。

中国矿业大学在与中煤集团公司前期开展函授教育以及“订单式”人才培养的基础上，针对中煤集团公司特定的人才培养要求，通过反复调研、论证，发挥高校在煤炭行业继续教育中“三个参与”的作用：即高校参与行业继续教育规划的制定；高校参与有关行业继续教育政策的制定；高校参与行业继续教育的组织与实施，为中煤集团公司量身定制了煤矿开采技术、机电一体化技术、矿井通风与安全、水文地质与勘查技术四个专业的人才培养方案，形成了特有的煤炭主体专业紧缺人才培养的又一新模式——“技工学”人才培养模式。

“技工学”人才培养建立在高校与煤炭企业密切合作的基础上，高校在煤炭企业建立继续教育基地，充分利用高校、煤炭企业双方的资源优势，为企业培养技能型、应用型人才。煤炭企业选拔人员送往企业继续教育基地，校企双方共同确定人才培养方案，共同商讨课程体系设置、课程内容、实践环节等，共同参与教学过程管理及教学成果评价，利用学校在煤炭企业所建继续教育基地进行“理论＋实践”的分段式教学，实现教学内容与工作实际、岗位实际相结合，教学内容与技能培训相结合，通过“前校后厂”式的教学，着力培养与岗位直接对接，生产一线的岗位能手、巧手、专家——煤炭企业的“乌金蓝领精英”。

(二)资源整合，实现“技工学”人才培养与岗位的对接

中国中煤能源集团有限公司是国务院国资委管理的国有重点骨干企业，是中国第二大煤炭生产企业，在册职工 11 万人。2013 年，中煤集团原煤产量 1.92 亿吨，实现营业收入 1087.2 亿元，利润总额 56.1 亿元，是煤炭企业“国字号”的代表。上海大屯能源股份有限公司（简称大屯能源公司）为中国中煤能源股份有限公司控股子公司，公司注册地在上海浦东，生产基地在江苏沛县境内，是在“成长、创新、回报、公司治理、社会责任”五个维度中表现优异的上市公司的榜样。

中煤集团公司在大屯能源公司成立了“中煤能源职业技术（培训）学院”，作为中煤集团公司采矿、安全、机电、地质等专业技术人员的培训基地，每年在总公司各企业针对班组长人员进行选拔培训，并将此培训方式列入企业的长

期培训计划。大屯能源公司是中国矿业大学最早的函授站之一，也是学校校企合作的继续教育基地，中国矿业大学和中国中煤集团公司签订协议，共建“中煤能源职业技术（培训）学院”，学校参与人才培养规划、人才培养方案、课程体系结构等的规划及教学实施。校企合作、资源共享、利益共赢，“前校后厂”式的教学，实现理论与实践的高度结合、快速结合，为中煤集团公司培养“乌金蓝领精英”。

（三）管理创新，保证“技工学”人才培养学有成效

解决中煤集团公司人才培养的难题，打造“乌金蓝领精英”，为中煤集团公司加快推进发展战略转型提供坚强的人才保证，就要求“技工学”人才培养在课程规划、师资队伍、教学管理方式、人才培养质量等方面不断改进、日臻完善、注重实效、创造品牌。

1. 打破学历继续教育课程设置框架，注重应用型、技能型人才的培养

由于学员全部来自中煤集团公司下属的各企业，是生产一线班组长以上的生产骨干，有着丰富的生产实践经验，因此，在课程规划方面，构建了符合成人教育规律、适合煤炭行业生产一线人才培养需求的“五平台多模块”式的课程体系。“五平台”包括素质教育及拓展知识平台（含公共基础课）、专业基础课平台、专业必修课平台、专业选修课平台和实习实训平台，各平台下都设有若干个课程模块或实践模块，其内容均是为中煤集团公司量身设置的。素质教育及拓展知识平台增加了大量的讲座课程，如“阳光心态”、“哲学思维与人生境界”、“创新思维与创新管理”、“走向成功”、“班组建设与管理”、“如何当好班组长”、“沟通激励与团队管理”等专题，专业选修课平台的知识根据企业的要求随时增加相关专业前沿知识的课程设置，将理论课平台与实习实训平台紧密结合。理论课和实训课的比例调整为 1∶1，并专门编写了四个专业 61 个模块 164 万字的实训教材，在实践环节中融入了大量专业技能培训的内容，为学员获得多证书创造条件。这种通过课程模块搭建“平台”的课程体系，可以满足不同企业对人才培养的不同需求，实现了课程设置围绕企业需求的动态调整及学历继续教育与非学历继续教育的衔接。

2. 构建教授、专家、工程师相结合的师资队伍

本着理论实践相结合，整合资源、取众家所长的原则，各专业主干课程的教学任务和毕业环节由中国矿业大学相关专业学院的教授承担；聘请知名高校的专家、学者开展知识讲座，拓展学员的视野；聘请企业知名专家、工程师作为相关专业的实训课程教师，全程参与教学实践活动，指导学员实现理论与实践的紧密结合。

3. 建立企业继续教育基地，提供满足专业需求的办学条件

中煤职业技术学院是中国矿业大学在大屯能源公司建立的企业继续教育

基地,基地建有标准化教室、学员公寓、食堂、运动场,以及相关专业的实习、实训场所,有采掘、通风、运输、控制、矿井布局等模拟实验室,矿区报废的矿井作为学员生产实习矿井。学员实习接触的设备大都是生产一线的设备,所有实习内容都有很强的针对性。同时中国矿业大学相关专业的专业实验室、实习实训基地同样为学员开放。校企合作共建的企业继续教育基地,为煤炭主体专业技能型、应用型人才的培养提供了必备的条件,也为高校继续教育向职业化的转型奠定了基础。

4. 集中封闭的教学,保证人才培养质量

经过中煤集团公司选拔的学员,在企业继续教育基地集中脱产学习,实行每周 6 天学习制,每个学期结束休息一周。高校与企业基地相关人员联合管理,整个教学过程均在基地完成,教学过程的相关规定及文件由高校制定,高校对基地的教学运转情况随时监控。企业继续教育基地对学员采取半军事化的管理,专门的教学管理机构保障教学的正常运行;专门的班主任保障学员的思想工作及日常管理,确保学员在培训期间的安全稳定;专门的实习、实训场所,实习工厂,井工生产实习矿井,保证学员理论与实践的结合;严格的教学监控措施和畅通的信息反馈渠道,确保教育教学质量。

5. 首批试点结束,培训初见成效

为中煤集团公司量身打造的"技工学"人才培养模式,于 2012 年 4 月在"中煤能源职业技术学校"试点,首批采矿、机电、安全、水文地质四个专业 115 名学员,已经完成了全部学习任务,目前已经毕业返回各自的工作岗位。经过一年多的历练,有 93.75%的学员学习达标,有 10 名学员被中国矿业大学评为 2012 年度优秀学员,3 名学员被评为大屯能源公司 2012 年度学院新人新事,2 名学员被评为优秀学生党员,2 名学员在参加大屯能源公司青年 AutoCAD 大赛中获得优胜,更为可喜的是有 24 名学员毕业时获得了煤炭行业的技师资格证书,这充分显示了"技工学"人才培养模式实训教学的成效。

中国矿业大学和继续教育基地的相关人员对首批四个专业人才的培养情况、培养模式进行了总结,完善了新一轮的培养计划,新的培养周期正在进行中。这种"技工学"人才培养模式将在煤炭行业其他继续教育基地推广。

(四)项目创新点

中煤集团公司首批"乌金蓝领精英班"学员经过封闭式的学习,收获了知识,增强了技能,也创造了若干个第一。

(1)开创了煤炭行业校企合作,在煤炭企业内共建继续教育基地——中煤职业技术(培训)学院,以煤炭企业一线班组长以上的生产骨干为培训对象,为企业培养技能型、应用型人才的先河。

(2)校企共建企业继续教育基地实习实训场所。通过各类模拟实验室、实习工厂以及井工实习矿井，进行各类实训教学，并做到实训设备与现场使用设备一致，实训操作要求与现场操作要求一致，从教学设施和教学条件上实现了教学内容与岗位要求的“零距离”。

(3)生源组织的创新。中煤集团公司班组长的培训、轮训全面纳入总公司培训计划，并通过公司人力资源部门，根据各子公司岗位需求的轻重缓急，由总公司统筹安排，有组织、有计划地选拔学员到企业“继续教育基地”进行培训，保证了学员学有所用，学以致用。

(4)高校继续教育向职业化转型的创新。“技工学”人才培养模式，通过“前校后厂”式的教学，实现教学内容与工作实际、岗位实际相结合，教学内容与技能培训相结合，提高了教育教学的针对性和有效性，是培养应用型、技能型人才的有效手段，更是高校继续教育向职业化转型的一种有效途径。

(五)项目发展前景

(1)随着中国能源工业的进一步发展，煤炭作为中国能源的主力军，在企业扩张、兼并、转型的过程中，煤炭行业技能型、应用型人才的需求量将进一步增加，仅靠普通高校培养的人才是难以满足煤炭企业不同岗位对人员素质的不同的需求。加大企业继续教育基地的建设，可以为煤炭行业培养技能型、应用型紧缺人才拓宽渠道。

(2)探讨适合煤炭行业不同企业需求的校企合作人才培养模式，为煤炭行业可持续发展提供智力保障。

(3)这种人才培养模式，充分发挥了企业继续教育基地的作用，有效地使用了企业的教育资源。

(4)在农、林、水、地、油等艰苦行业实施多模式的人才培养，既为艰苦行业紧缺人才培养拓宽了渠道，也彰显了艰苦行业成人高等教育的办学特色。

五、转变观念创新培训模式　精心组织服务半岛经济——中国海洋大学EMBA课程总裁班项目

案例点评：

以“打造管理精英，振兴半岛经济，做半岛地区最具特色的企业家学习平台”为目标，定位于“汇集国内权威实战专家，铸造半岛地区管理黄埔”的中国海洋大学EMBA(高级管理人员工商管理硕士)课程总裁班，是中国海洋大学实施的高端非学历管理类培训项目成功典范，它开创了中国海洋大学高端培训的新篇章。该项目以“全新的办学理念、权威顶级的师资、精彩实战的课程、

高端的人脉平台”为主要特色，以及权威性、前瞻性、战略性、创新性、实用性等特质，在山东半岛地区竞争激烈的高管培训市场独树一帜，产生了强烈的反响。从培训项目的设计、筹备到实施，从招生手段的多样化到教学服务的优质化，从课程设置的实用性到师资遴选的严格性，从课堂教学组织的高效性到学员课外活动的丰富性，都体现了项目的高起点、高层次、高水准、高规格、高品质。

从 2011 年项目一期的 145 名学员开始，中国海洋大学 EMBA 课程总裁班在短短一年半的时间里开办了 6 期班，平均班级人数超过了 150 人。自该项目运作以来，以其创新的实践取得了良好的社会效益和经济效益，具有较高的推广价值。

(一)转变观念，与时俱进，为商界管理精英量身定制高端培训项目

青岛，全国 5 个计划单列市之一、副省级城市、中国区域中心城市、国际著名港口城市，国际滨海旅游度假胜地，国家历史文化名城，中国东部沿海重要的经济、文化中心。青岛又是全国 14 个沿海开放城市之一，是中国十大最具经济活力城市，是中国面向世界的重要区域性经济中心。

由于经济基础雄厚，经济发展较快，青岛的培训市场曾经风生水起，全国多所知名大学和培训机构纷纷看好青岛，在青岛开设各类总裁班和各种管理类培训课程，培训市场竞争十分激烈。经过近十年的发展，原有的市场已十分混乱，高管培训项目良莠不齐，给许多有学习需求的高管带来了不同程度的伤害。许多高管对青岛本土的培训机构产生了不信任的想法，纷纷外出到异地学习。到了 2010 年，整个青岛的高管培训市场处于低迷混乱状态。后金融危机时代，中国企业面临着新的挑战与机遇。高新技术迅猛发展、经济全球化步伐加快、国内外政治经济凸现出新的发展态势。

生存与发展、二次创业、企业持续成长等成为企业家面对的重要课题。企业家的成长必须超前于社会的发展，企业家的思考必须超前于社会的认知。如何从容面对市场竞争？怎样才能轻松应对现代企业管理？客观形势要求管理精英们不断改造自己的思维、丰富自己的知识及思想以适应前所未有的挑战。

面对新形势、新机遇，中国海洋大学继续教育学院决定顺势而为，转变传统的办学理念，寻求在高管培训中的新的突破。经过多方论证和大量的市场调研，以及到全国十几所大学进行考察学习，结合山东半岛的实际情况，学院开始定位总裁班这个高端培训项目。

EMBA 课程总裁班作为一种高层次的工商管理教育项目，旨在培养具有丰富管理经验、良好商业道德、较强开拓创新能力、适应国际竞争需要的商界精英。以“汇集国内权威实战专家，打造半岛地区管理黄埔”为宗旨的海大

EMBA 课程总裁班，将持续关注半岛地区经济社会发展，为半岛蓝色经济区建设提供强大的智力支持和高端管理人才的支撑。

（二）高起点、高规格、高品质，打造半岛地区高管培训的制高点

2011 年 11 月 3 日，中国海洋大学 EMBA 课程总裁一班隆重开班。经过精心审计、多方论证又大胆创新的中国海洋大学 EMBA 课程总裁班一经出现，便显现出与众不同的品质，在半岛地区的高管培训市场力拔头筹。短短一年半多的时间，海大总裁班已成功开办了 6 期班，学员人数已达 900 多人，这在全国的高端培训市场也是个奇迹。究其原因，品质的保证无疑是成功的关键。以下四个方面的工作确保了项目的品质。

1. 保证师资质量

海大总裁班的项目定位是：汇集国内权威实战专家，铸造半岛地区管理黄埔。10 门核心课程师资整合了北大、清华、人大、复旦、上海交大等多所著名学府的资深教授和国内各领域的顶级权威专家，许多老师同时兼任着大型企业的独立董事或顾问，有些本身就是管理咨询公司的负责人，长期从事企业管理咨询及辅导工作。学院派和实战派的有机结合、博采众家之长是中国海洋大学 EMBA 总裁班建立品牌的基本要素。

2. 优化课程设置

实用的课程内容：结合半岛地区企业的实际情况，针对众多企业所关注的战略定位、成本控制、风险规避、流程优化、人才选用以及专项管理等诸多难题，特将课程分为三大模块：战略管理、人力资源管理、财务管理。科学系统地对企业家所必备的杰出的战略管理能力、强大的运营控制能力、出色的营销开拓能力、优化的人力资源配置能力等多方面实现有效提升，全面塑造半岛地区企业家的管理智慧。

3. 先进的教学模式和管理手段

教学采用国际通用的案例教学法，理论讲授和案例演练有机结合，注重师生间的有效互动和知识与经验的共享。总裁班的教学不只是简单的、传统的知识传授，更多的是案例援引、经验分享、角色扮演、互动研讨。大家听课的过程不是单向的被动接受，而是双向的交流、多元的探索。

丰富的教学活动：总裁班安排了拓展训练、商务考察、高管论坛、专题讲座、大型联谊年会、返校周、海外游学等一系列精彩丰富的活动。

严格的教学管理：总裁班安排班主任和专职的教务助理全程跟踪和管理班级，选举班长等班委成员，建立每位学员的个人学习档案，确保每位学员都学有所获。

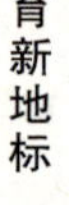

周到的教学服务：班主任老师和教务助理以学员为中心，全程跟踪学员的

学习和进展，全心全意为学员服务，及时将学员的学习情况反馈给授课教师，授课教师根据反馈进行更具针对性的课程内容准备。

4. 完善的质量监控系统

海大总裁班对师资评价的唯一标准就是学员的满意度。每门课程结束，每位学员都会填写反馈表。从表达能力、创新能力、理论与实际结合、课堂感染力、职业态度等多方面对任课教师进行综合测评。如果有20%的学员不满意，这门课程学校就会无条件安排重上。即使十门核心课程学员满意度都超过了80%，每一个班也会末位淘汰一位主讲教师。即使这样，学校也在不停地调整教师。力争自我加压，提高标准，把更多的大家、名师请到海大总裁班的讲台。

（三）创新运作模式、搭建高端平台，提升项目价值

中国海洋大学EMBA课程总裁班与目前市场上名目繁多的各类高级培训课程项目相比，除了在师资的遴选和课程的设置上狠下工夫，来满足学员学习管理智慧、提升管理能力这一核心诉求的同时，还注重在学员另一个核心诉求上下大力气，即搭建一个高端的人脉平台。

为此，海大总裁班在初创时就提出，严格把好入学关，企业高管必须要具备5年以上高管经历，严格控制80后学员。同时，从总体上要注意每个班的学员结构，每个班要保证有10多位大型企业的主要负责人。在已开办的6期总裁班900多名学员中，企业高管中的董事长、总裁、总经理占到了80%以上。优质的人脉资源，商界精英的同班就读，构成了海大总裁班的一大亮点，为学员未来的事业发展奠定了良好的发展基础。

借助海大总裁班及其同学会搭建的人脉平台，建立学员之间、学员和专家之间、企业之间、企业和社会之间的纽带与桥梁，整合资源，共谋共赢。强大而稳定的平台为学员提供一个融入高端人脉网络的良机。

在第二次集中授课前，还要安排学员们参加“点燃激情，演绎梦想”的野外拓展训练，真正挑战极限，熔炼班级团队。拓展训练结束后的课上，要公开、公平地选举产生班委会。为规范班委会的工作，制定了《总裁班班委会工作规则》《总裁班班委会岗位职责》《总裁班班级文化建设的实施建议》等。各班还要产生本班的班训、班规、班歌等。通过总裁班高端人脉的搭建和良好班级文化的构建，为各位学员整合人脉资源、谋求共赢发展带来极大的帮助。

为了铸就终身的学习平台，EDP（高级经理人发展课程）中心的承诺是：一朝跨入海大总裁班，铸就终身学习平台。一年的学习，终身的教育，永不毕业的理念！中国海洋大学EMBA课程总裁班的大门将永远为学员们敞开。一年的学制结束后，全部学员可免费参加每年海大EDP中心举办的多场高管论

坛的学习；对于每年新增课程或新调整老师的课程，对所有学员都是免费开放的，学员只要预约就可以听课。

(四)盘点收获

在结业典礼上，中国海洋大学副校长李巍然教授盘点了一年来学员们的收获。

一是拓宽了思路，明确了方向。通过聆听名家、教授的讲座，使各位学员更加明确了学习在经营管理中的重要性。大家充分认识到，只有不断增强发展意识、创新意识，才能明确奋斗方向和目标，才能实现企业发展的美好愿景。

二是掌握了知识，提高了能力。在总裁班中，大家普遍感到在以往的工作中存在着两个方面的瓶颈。一方面，对企业管理理论知识的学习不系统、不专业，主要是依靠经验去管理企业，不能打破陈旧的思维定式，不能运用新思路思考问题；另一方面，在具体工作中，对管理知识的学习抓得不够紧，不能开创性地开展工作，难以适应在金融危机下管理经营企业的需要。这次总裁班给各位学员提供了良好的学习环境，使各位学员学习掌握了相关理论和专业知识，增强了理论修养，提高了管理水平和工作能力。

三是培养了骨干，储备了力量。参加总裁班学习的学员都是半岛地区各行业的领导骨干和管理精英，大家担负着社会建设、企业发展的重任。建设一支业务能力强、创新层次高、能适应半岛地区社会经济发展的新型人才队伍，一直是各级领导十分关注的重要问题。通过总裁班，达到了培养企业管理骨干、建设高素质企业管理人才的目的，为促进半岛地区企业健康发展提供了人才保证。

四是促进了交流，增强了合力。海大总裁班给大家提供了一个非常难得的相互学习、相互交流的机会，促进了组织和个人间多方面的业务协作和资源整合，增强了开创企业发展新局面的合力。在学习期间，大家能够主动切磋，取长补短，广泛交流，加深了解，增进了友谊，形成了团结活泼、互帮互学、共同进步的良好氛围。

(五)精益求精，锐意进取，让海大总裁班焕发出无限生命力

海大总裁班在社会上引起了极大的反响。首期班开班典礼已通过半岛都市网、青岛电视台晚间新闻节目进行了报道。2011 年 11 月 3 日，《半岛都市报》(A28 版)对总裁班的开班进行了报道。《青岛早报》2012 年 11 月 29 日第 35 版，用二分之一的版面，以“汇集国内权威实战专家，铸造半岛地区‘管理黄埔’——中国海洋大学为山东半岛蓝色经济区建设培育管理精英”为题，全面介绍了海大 EMBA 课程总裁班的运作情况和取得的效果，获得了社会的

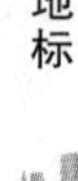

赞誉。

伴随着山东半岛蓝色经济区的发展，海大总裁班还将在生动的实践中不断完善和提升，从优质教育资源的整合、新课程新项目的研发、运作模式的创新、品牌的精心培育等多方面实现新的跨越。

我们相信，在大家的共同努力下，本着精益求精、锐意进取的精神，中国海洋大学 EMBA 课程总裁班必将焕发出无限的生命力，具有广阔的前景，为半岛蓝色经济区的快速发展培养更多的管理精英，发挥更大的作用。

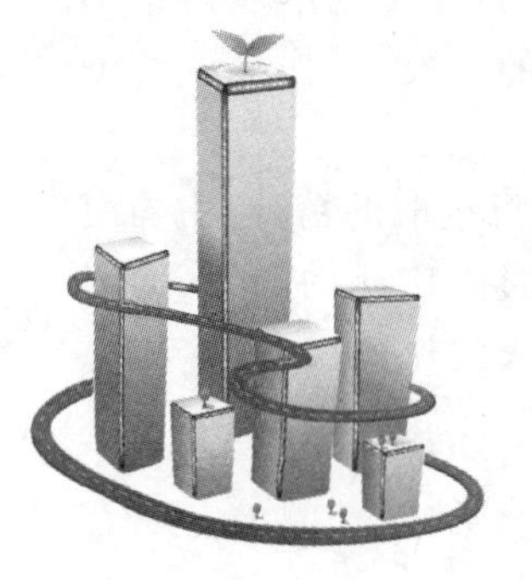

第七章 继续教育示范基地建设之融合共进——学习“立交桥”

在继续教育示范基地的建设过程中，许多基地根据自身条件和特点，创新了继续教育人才培养模式，完成了课程、资源、计划、模块的交叉融合，实现了课程学习、教育培训、网络教育、成人教育、自学考试等多层次办学的互联、互通、互认，成功搭建了多类型继续教育学习“立交桥”。本章将以华中科技大学继续教育示范基地为例，深入探究继续教育示范基地建设如何通过深化教学改革，实现学历与非学历以及各类办学形式间的学分互认，拓展继续教育示范基地的办学规模，增强继续教育示范基地面向行业企业的吸引力。

第一节 继续教育各类办学的融合与互通互认

学分银行是一种模拟或是借鉴银行的功能和特点，使学生能够自由选择学习内容、学习时间和学习地点，且随时可以进行积累和支取的管理模式。

一、中外学分互认发展现状

(一)国外学分互认发展现状

学分互认在欧洲、美洲、东亚地区得到了良好的发展，也引起了世界各地的关注，学分互认在欧美等地区的理论研究已经展开多年，且形成了一些成功的经验。如欧洲学分转换系统、学分银行等理论，美国则在不同层次高校学分互换方面发展较为成熟，东亚地区如韩国和日本的学分累计制度应用也值得国内高校借鉴。

欧洲学分转换系统(European Credit Transfer System，ECTS)出现于1987年的“伊拉斯莫”高等教育合作计划中。这项合作计划旨在推动大学生在欧盟国家内的流动及通过合作提高欧盟国家高等教育的质量，学分转换系统作为推动学生流动的工具，应运而生，并取得了一定的效果。随后，在1999年的《波洛尼亚宣言》中，欧洲学分转换系统促进学生流动的功能被肯定，同时，也被希望附加上积累功能，以促进终身学习。具体来说，欧洲学分转换系统由三个关键文件：信息包裹、学习协议和成绩档案组成，其中信息包裹包括一般信息和课程信息，用来提供本机构的地理位置、住宿情况、注册程序、校历、课程内容、要求、评估模式、时间单位、课程类型、使用的教学方法，以及分配的欧洲学分转换系统学分及对所提供课程的院系的描述。为了保证信息的准确性，信息包裹每年更新一次，并同时使用欧盟另外一国的语言来完成。学生在进行海外学习之前，必须与有关机构签署一份学习协议，上面载明了将要在海外学习的课程。成绩档案用于出示学生海外学习之前和之后的学习成果，记录学生每门课程的学习情况，通常用欧洲学分转换系统学分及评估等级进行表述，如果当地有不同的学分及评估标准可以同时使用。

欧洲学分转换系统实现了欧盟成员和欧洲经济区域内近30个国家中高等院校之间的学分互认和转换，为学生的跨国流动、跨国学习提供了便利。在某一个欧洲国家获得的资格(或进行的学习)在全欧洲都能得到认可,吸引了更多的学生到欧洲留学,加速了欧洲高等教育一体化的进程,可以说,欧洲学分转换系统是当今欧洲高等教育一体化进程中的一个亮点。①

在美国,学生转学是非常普遍的。学分可以自由转入和转出,包括从社区学院先学1～2年,然后转入四年制大学拿学士学位。一般美国大学部要124个学分就能拿到学士学位。但外国转入生到毕业时可能已累计150个学分以上,而且比原来预计的修业年限更久。学校会向转入生提供一份评估报告,包括已有的学分情况和争取到学位还将完成的内容,对已经取得的学分进行认定。这些资料可使学生了解完成学位所需要的时间。不少企业与普通高等院校联合开办"企业大学",成绩可转换成大学课程学分,与大学之间的学分转换相同。

在亚洲,各大机构和国家在学分互认方面都进行了探索。1991年由亚太地区高教组织组成的亚太大学交流会(UMAP),运行了UCTS机制(学分转换机制);韩国于1997年建立起一种学分库制度(学分银行制度);日本在各类高校实施学分累积加算制度和学分互换制度以及"等效制"教育制度。

(二)中国学分互认发展现状

由于中国继续教育面向教育对象众多、教育资源相对匮乏、办学形式和办学层次多样、各学校间教育宗旨和教育质量水平参差不齐等因素,中国高校继续教育课程体系改革与学分互认机制建设与发达国家相比,还有一定的差距。在我国,高校在学分互认方面的形式非常有限,主要形成了两种形式的学分互认机制:一种是在地域相邻的大学间或在"大学城"内展开合作,以实现资源优势互补;另一种形式则是相距较远的高校间在教学内容或课程共享等方面的交流,主要是以计算机网络教育为主要形式的远程教学共享,此种形式因技术和人机对话的局限,学分互认的范围较狭窄。②

继续教育虽然得到政府高度重视,形式也多种多样,但由于法律、制度、利益等各种原因导致实行学分制的学校不多,就更谈不上学分互认机制,不同学校、不同教育形式间互相承认学分尚未形成普遍的原则③。可喜的是,有一些区域和学校已经在进行探索。目前继续教育学分互认的形式有:成人高等学历继续教育的课程免修和联合学分;自学考试开展了与普通高校的课程和学分互认,如江苏省自学考试在全日制高校建立"自考学院",浙江杭州工商大学率先进行自学考试与在校本、专科教育的学分互认;非学历继续教育(培训)与

① 曹畅.欧洲学分转换系统研究[D].重庆:西南大学,2008.

② 康和平,刘奉越.近十年中国成人教育法立法研究综论[J].继续教育,2008(3).

③ 马敬峰.论成人高等教育学分互认机制的构建[J].河北大学成人教育学院学报,2006(1).

其他教育类型之间的融通等。[①]

二、中国推行学分互认机制存在的问题

(一)高校在培养目标与培养人才层次方面的不同,给学分互认带来了难度

由于各校有不同规格的教学计划,同一专业在教学计划执行过程中亦存在着差异,客观上为各种教育类型之间的衔接和沟通、院校之间的学分互认、中外交流带来了一系列困难。因此,目前学分互认面比较窄,通过资料检索和整理,我们发现中国现在的学分互认主要局限于区域内互认。上海、北京、武汉等一些比较发达城市的部分高校之间通过联合办学的形式,签订相关协议,已构建了优势互补的学分互换模式,但全国范围内的高校学分互认却是未显端倪。

(二)学分设置及质量标准不规范,没有统一标准

高校各自为政,情形千样百态。即便在学校内部,学分与学分之间在质量上也是不等值的。学分通兑系数更加难以确定。没有形成统一的制度和学分互认的标准。

(三)学分互换实施管理操作不规范

中国高校专业管理经验和操作技能不完善,管理难度增大,管理成本高。少数高校学分互认中试行校际选课,发展时间不长,制度建设也不尽完善,缺乏经验和具体操作办法,学分互认工作具有一定的复杂性,目前在中国还缺乏翔实的资料研究、学分互认标准的计算和学分转换方法。

(四)利益问题难以协调

实行完全学分制度,按选修课程收费,那么学分的收费问题也会给校际资源共享及其开放程度产生障碍,如何收费,收费的标准如何确定,都没有形成统一的标准。每个学校的资源利用都会考虑到自身的利益。

(五)相关政策不配套

学分制不仅需要教育内部政策的改革,还需要物价、人事、劳动等部门各项政策的协调。学分互认作为学分制发展至今最完善的形式,需要政策环境

---

① 刘华,姜为.学分互认的现状探究[J].继续教育研究,2007(2).

的支撑。①

三、学分互认机制的设计和构建

继续教育学分互认机制的建立需要确定学分互认的范畴，借鉴国内外高等教育不同院校间学分互认的经验，结合继续教育的特点和教学管理改革的需要。学分互认不仅要包含对于其他高等教育形式的学分互认、不同机构间的学分互认和不同教学形式间的学分互认，而且更要包含对于学生在实际工作中取得的“非课程项目”成果，如科研成果、技术发明、技能岗位资格证书等的学分互认，从而为继续教育推行完全学分制管理打下坚实的基础。要完成高校之间的学分转换，建立广泛的学分互认系统，至少需在以下几方面努力。②

（一）加强顶层设计，建立学分互认系统管理体制

管理包含法律法规和政策方面，也包括技术和服务层面。

第一，国家教育主管部门制定继续教育学分制学籍管理、学分互认和学分转移相关制度，作为权威性文件下发，推动并指导该项工作的展开。

第二，建立学分互认的管理机构，即拥有组织上的保证。政府的这个机构应直接参与规划和协调，各高校也应设有与之相关的机构、顾问与协调员。

第三，设立具体的共同认可的运行规则。这个规则可协调各种教育形式之间、高校之间的利益，衔接各种学历资格。如进行相关课程学分指标体系的制定、验证、协调和实施；研究可实施的通兑规则，找出通用学分；制定操作规范，建立业务流程，实施动态监控。

第四，设置一种新的联合文凭。当学生的学分来自多个学校，超出每个学校发放文凭的限度时，学生可自行申请联合文凭。这样可保证精英文凭、大众文凭和普及文凭之间的差距。

（二）以信息化为基础，探索实施学分互认系统

第一，设立学分互认的组织机构。配合政府的管理机构，各大学也应设有学分互换处，并配有顾问与协调员。例如，可以建设课程选择的咨询机构，入学教育时注重对于选课的政策规定讲解说明。咨询机构统一负责学生的选课、选修以及校际间学分互认问题，是学分互认机制的创建者、实施者和维护者。学校常设咨询机构，为学生提供模块化结合的建议，在学生选课时提供指

① 刘华，姜为.成人高等教育学分互认探析[J].继续教育研究，2007(1).

② 李娜.校际学分互认系统的设计与实现[D].武汉：华中师范大学，2007.

导，从学员特性出发，为其量身定做。模块与学生的基本能力、职业规划、社会需求相结合，使所选模块能够构成合理有用的模块课程。

第二，明确不同主体在高校学分互认中的责任。这里的主体包括三个方面，主要是地区协调机构、高校和学生，学分互认的有效实施离不开地区机构的协调，离不开高校的管理与执行，也离不开学生的主动性和积极性的支持。[①]

第三，修订自身的学分体系，使之具有一个相对稳定的系统。按标准模式进行课程设置并发展广泛的学分互认等合作关系，整个系统运行会更有效率。

第四，课程建设是重要内容。学校应按课程标准构建国际化的课程体系。课程体系应该保持相对的稳定性，并有具体的内容和目标，这是进行学分互认的基础和依据点。

第五，建立继续教育管理平台，信息化是实行学分互认的基础。要能跨区域、跨学校，甚至是跨国进行学分互认转移，只有充分利用网络信息技术，开发适应新的办学模式的教务管理软件，建立强大的学务管理平台，才能有利于学分互认及学籍管理。

第六，积极寻求校际间的合作，实现优势互补，这样才能达到共赢。教育的无边界化，意味着校际间的合作将是大势所趋。探索解决利益冲突的最佳办法，这是保证学分互认持续的长久之计。

第七，完善高校学分互换的内在激励机制。首先要以市场为导向完善课程体系，实现对学生需要的有效激励。其次要调动教师的教学积极性，形成人才激励的长效机制。再次要实现高校自身完善和发展，以高水平与声望促进激励的良性循环。[②]

（三）以创新为导向，积极实践学分互认系统

第一，同等层次的教育类型可以设立联合学分制度，如各校的自学考试之间、学历继续教育之间。考虑到各校在制定学分制上的差异，建议构建统一或相容的联合学分制度，确定课程标准以及相关学分的互认或相互转换的方式。

第二，学历继续教育与非学历继续教育（培训）的互认。学历继续教育和非学历继续教育并重，这是高校继续发展的方向。非学历继续教育的培训除了适应市场化的要求外，还应积极探索与各类教育之间的衔接，这样才能纳入学习化社会的大教育之中。

第三，在已有实践的基础上，积极探索新的模式。增加学分折算和学分补

---

① 刘华，姜为. 成人高等教育学分互认：现状、成因与对策[J]. 中国远程教育，2007(4).

② 马敬峰. 论成人高等教育学分互认机制的构建[J]. 河北大学成人教育学院学报，2006(1).

偿的学分互认方式。如资格证书、社会实践经历等可进行学分折算，纳入教学计划中；又如低一层次的课程，可增加考试环节后可纳入高层次学校学分的体系，但必须同时增加学分补偿的内容。

(四) 立足国家层面，搭建信息化网络平台与反馈机制

站在国家层面，由国家教育管理机构组织建设全国性的信息化平台，或者建立相关校际间的联盟，如清华大学继续教育学院牵头建立的大学与企业继续教育联盟平台、北京大学继续教育部牵头建立的高校继续教育数字化学习资源开放与在线教育联盟平台。各所高校执行统一的继续教育课程名称和学分互认信息系统。其中，统一的信息系统在设计时要考虑多数学校原有系统的可接入性，减少替换成本。与此同时，在系统中要有反馈机制，让选修的学生在学习之后能够真实反映和评价课程体系、教材、学分互认、考核方法、师资结构和水平及教学效果等。根据反馈结果，进行统计分析，进而完善和调整，保证继续教育循序渐进的发展。

四、学分互认体系的设想

根据国内外各高校通行的学分互认机制总结设计一套学分互认模型，在此模型的基础上说明如何构建学分互认体系(见图 7-1)。

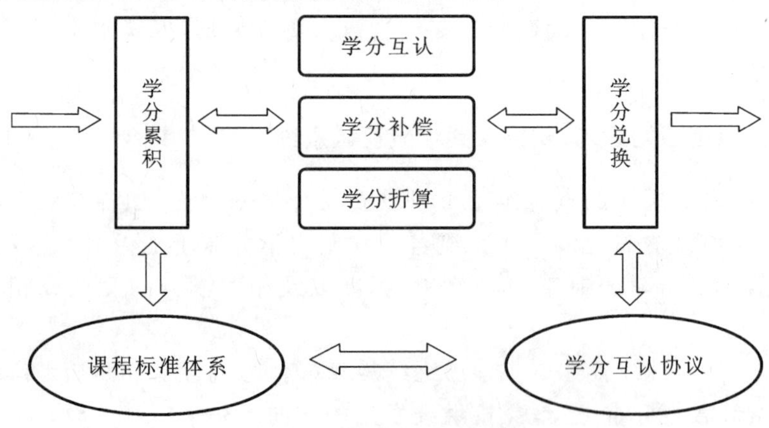

图 7-1　学分互认模型[①]

课程标准体系：课程体系有广义和狭义之分。狭义的课程体系特指课程结构，是各类课程之间的组织和配合。广义的课程体系是在一定的教育价值理念指导下，将课程的各个构成要素加以排列组合，使各个课程要素在动态过

① 刘华，姜为. 成人高等教育学分互认：现状、成因与对策[J]. 中国远程教育，2007(4).

程中统一指向课程体系目标或专业目标实现的系统。课程标准体系是学分互认的前提。

学分互认协议：学分互认协议是两个学校之间进行学分互认的依据和基础，是校际学分互认操作的纲领性文件，它由两个学校负责学分互认工作的部门负责人签署。学分互认协议应该包括协议适用的专业，专业培养目标，所修课程或专业学分要求，专业培养计划（通识课、专业课、选修课、交叉课等），双方相似或相近课程学分互认表，每学分需缴纳的学费，修完相应课程所获得的学位等。

模型上半部分是学分互认的实现，主要涉及三个环节。

第一个环节是学分累积。这个环节主要是互认课程学分的存储问题，学生把在 A 学校选修的课程获得的学分存储到数据库，进行学分累积。

第二个环节是学分互认、学分补偿与学分折算。此环节中，把存储到数据库中的课程的学分依据课程体系标准，即课程属于必修课还是属于选修课等，进行学分替代、补偿和折算。

第三个环节是学分兑换。学分经过第二个环节的互认、补偿与折算后，可以依据学分互认协议兑换到 B 学校。

经过这三个环节，就实现了两学校之间的学分互认。

五、华中科技大学继续教育各类办学的融合与互通互认

近年来，华中科技大学继续教育探索以现代信息技术平台为基础，结合华中科技大学继续教育办学实际情况，在各类办学形式之间对学分互认进行了探索，建立多种类型办学形式和教育层次互通互联的“继续教育立交桥”。

（一）华中科技大学继续教育推行学分互认制度的原则

（1）统一办学思想，确定继续教育转学和学分互认制度。做好顶层设计，认识到转学和学分互认制度是人才培养的必备要求。继续教育是在职从业人员利用业余时间进行知识更新、补充、拓展和提升能力的一种较高层次的追加教育制度，培养人才目标和办学宗旨是：服务于国家、服务于社会，强调应用性、实用性，针对性强，有利于学生个性发展。教育行政主管部门及高校应统一认识，尽快建立继续教育转学和学分互认制度。

（2）综合考虑整体利益及学生发展和社会效益。高校举办继续教育往往从本校的局部利益出发，过多地考虑其经济效益，只是局限在本学校范围内整合资源，而不是从如何充分利用社会各类教学资源，发挥高等教育整体优势和办学效益为出发点，在一定程度上消极对待转学和学分互认工作。因

为学分互认意味着学生在本校所修学分必定要少于规定学分，按学分收取学费也相应减少，使办学的经济效益降低。应该切实以学生为中心，考虑学生的需求。

(3)克服办学层次复杂多样的障碍，使转学和学分互认具有广泛流通性。高校现在有网络教育、函授教育、夜大教育、自学考试等不同办学形式，办学层次有高中起点本科、高中起点专科、专科起点本科等。由于不同办学形式、办学层次之间教学计划中的课程设置和学分安排的要求不同，给相同课程在不同形式、层次间的互认带来一定的困难。因此，在不同办学形式、办学层次之间虽然存在相似的课程学分互认的基础，仍然有待于教育管理部门和高校去规划设计实施方案，将不同形式的相同课程进行整合。

(4)学生个人兴趣与市场需求相结合。学分制教学计划中的课程设置应根据学生提升学历和市场需求的知识结构来设计。例如，在职从业人员提升学历继续教育，以培养生产、管理、服务、技术一线岗位人才为目标，应注重与工作岗位相关的知识学习、转岗培训、进修提高等不同要求，结合职业岗位技能应用型人才的能力、素质要求，结合行业特点，有针对性地设置组合课程或模块课程。

(二)华中科技大学继续教育各类办学学分互认的实施办法

自2008年起，教育部建立了网络教育阳光招生平台，这一举措为高校继续教育下一步启动转学、转专业和学分互认奠定了基础。华中科技大学积极探索各类办学形式间新的转学和学分互认制度，享受网络信息平台及科学发展成果，以人为本，方便学生，开放办学，服务社会。

第一，学院在教育管理上进行改革，以管理性质归类，分设学生工作部招生办、教务部和资源技术部，建立了统一的网络学习平台和学习支持服务系统。除配备先进的硬件软件外，还配备了素质高、责任感强、业务强、专职且稳定的管理队伍。

第二，修订《华中科技大学网络教育、成人教育学籍管理条例》，对课程互认范围、原则及申请办法做了明确规定，试行学历继续教育各种类型、各种层次、各种形式教育与非学历继续教育之间、校际之间的互通“立交桥”，如网络教育、成人教育、自学考试、非学历培训等办学形式之间，中职、专科、本科与研究生课程之间，武汉地方高校与其他学校间的学分进行互认互通，顺应社会，优胜劣汰，进一步推动继续教育健康、快速发展。

第三，大力进行人才培养模式改革，精选一部分职业素养类和职业资格证书类非学历课程学分纳入专业教学计划的必修课中，课件制作水平高，能充分吸引学生学习，提高了学生的职业素养。同时建立“学分银行”，设置小学分课

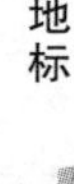

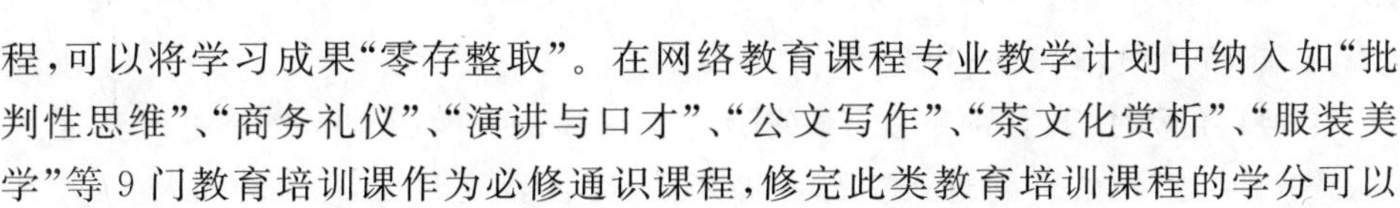

程，可以将学习成果“零存整取”。在网络教育课程专业教学计划中纳入如“批判性思维”、“商务礼仪”、“演讲与口才”、“公文写作”、“茶文化赏析”、“服装美学”等 9 门教育培训课作为必修通识课程，修完此类教育培训课程的学分可以互认。同时，学历课程的学分也可以作为非学历课程的学分。

第四，进一步完善继续教育的自身建设，使学习支持服务能满足学生个性化的需求，制定了科学合理的学分制实用型人才教学计划，课程设置丰富多样，以及学分单位标准化，具备转学、转专业学分互认的合理性、可行性、互通性和操作性，推动继续教育的科学化管理进程。修订学分制实用型人才教学计划，在华中科技大学社会长线培训项目中精选一部分课程作为学历继续教育选修课，计入学生成绩档案，如 ARM 项目培训课程和物联网项目培训课程中分别有 20 个学分共 8 门课程纳入了学历继续教育选修课目录，考试成绩在学历和培训项目中互认。

第五，学分互认包含有科研成果、技术发明、技能岗位资格证书和国家组织的各类考试的合格成绩等，类似的课程可免修并认可其学分。

第六，充分利用信息技术服务继续教育示范基地建设，使各办学类型间学分互认成为可能，“学分银行”理念中的“零存整取”在教学管理平台上操作更为便利，为学分互联互通的实施提供技术的保障。

第二节 华中科技大学继续教育各类办学的组织与管理

按照继续教育示范基地建设的规范要求，华中科技大学注重各类办学的组织与管理，按照翻转课堂的理念设计网络教育和成人教育的教学模式。本节通过对华中科技大学远程与继续教育学院网络教育不同发展时期的情况介绍，探索出可以满足学生个性化学习需要的教学模式。成人教育采取与网络教育相同的教学模式组织教学，辅以行之有效的教学管理措施，取得了较好的教学效果，为继续教育示范基地提供更好的服务打下建设基础。

一、网络教育的教学过程

(一)网络教育教学方式与教学支撑系统

华中科技大学网络教育教学方式与教学支撑系统经历了三个阶段。

1. 起步阶段(2000—2002 年)

2000 年 7 月,教育部下发了《关于对北京师范大学、东北大学、上海交通大学、华中科技大学、华南理工大学开展现代远程教育试点工作的批复》(教高【2000】12 号),华中科技大学成立网络教育学院,标志着华中科技大学现代远程教育试点工作正式起步。

当时,因互联网技术条件限制,其教学方式主要采取直播式,直播课堂是通过电信部门 ISDN 或 DDN 来实现教师视频音频信号的传输并以此进行教学,这种教学方式基本上是照搬校内教学方式,无法体现网络教育的教学特点,因电信线路条件受限,也无法满足正常教学要求。

从网络教育教学对教学资源的基本需求出发,学院启动了系统建设与课件制作工程。系统建设包括服务器等硬件的建设、卫星教学系统的建设、天地网结合的实时教学系统建设、教学管理平台的建设、实时课件录制系统的建设、课件点播系统的建设、课件录制室和答疑教室等方面的建设。

课件制作分为两类:一是实时视频流课件。在教师讲课的同时将音视频录制下来,通过后期编辑合成三分屏视频流课件,这种课件现场感比较强,对于刚开始接触网络教育的学生比较实用。虽然较显粗糙,但对当时的网络教学提供了有力支撑,也为不少兄弟院校解了燃眉之急。二是网页课件。分三期在全校范围内组织开展了 115 项现代远程教育资源建设项目,由院系推荐、校内专家评审验收、课题组教师负责开发。这些网页课件从教学内容设计到技术实现都较视频流课件更丰富。通过这些课件的制作,锻炼了一批从事网络教育教学的教师,极大地提高了教师课件制作水平,为后期网络精品课程奠定了坚实的基础。

2. 改革完善阶段(2003—2005 年)

2003 年,教育部进一步加强了远程教育的规范管理,将远程教育明确定位为对在职从业人员的继续教育,为此,远程教育技术支撑手段由原来的实时教学为主转向以网络平台非实时教学为主。教学方式是以双向交互卫星远程通信的实时串讲,同时学生可以在网上点播课件,采用了讲授式、协作式和自主学习式教学模式相结合的混合模式。这种方式基本上能满足网络教育教学需要。

为了满足学生自主学习需求,华中科技大学远程与继续教育学院从 2003 年起对平台功能进行扩充升级,除技术上保证其稳定、开放、可扩展和支持大规模并发访问外,先后增加了网上报名招生管理、学习过程跟踪记录、网上学习成绩记载等功能,补充了题库与在线考试系统,这些系统与功能的完善大大提高了对学生导学、助学、督学等各环节的技术支撑,使学生养成了良好的网上自主学习的习惯,师生网上互动持续活跃。在此过程中,卫星实时教学系统

也由原来的 TrainNet™系统升级为 OrientWay 双向视频交互教学系统，增加了小站视频回传功能，解决了原系统双向非对称模式下只能支持学生的语音回传，无法满足双向视频交互的问题。

在课件建设方面，以视频流课件为主，建成了专门的课件录制室，开发了统一的课件模板，制定了统一风格的首页面，完善了导航系统，对电子讲稿做了详尽的规定，配备了详细的学习资料（包括学习大纲、教师简介、模拟试题及答案等），色彩的搭配有专门的美工负责，文字的编审由出版社把关。

3. 创新规范阶段（2006 年至今）

采用基于 Internet 的视频会议系统作为课程导学、串讲和论文答辩的教学手段，同时要求学生在网上工作室里点播课件、上交作业、参与讨论、网上答疑、题库自测等，充分发挥网络技术的优势，体现网络教育新型教学模式的特点，将讲授式、协作式、个性化和自主学习式教学方式有机地结合，有针对性地进行个性化教学，使这种教学模式能满足学生学习的需求。

随着现代教育技术进一步发展，原来开发的课件已经不能满足教学的需求，我们启动了课件更新工作，在充分考虑视频流课件和网页型课件优势的基础上将两者结合成复合型课件，采用了光盘版和网络版相补充的网络课程呈现方式，并针对远程学习者的特点对每门课程配置学习与考试指导书，课程设计中注意教学组织、教学方法、虚拟实验、学习素材等教学表现形式，以出版的资源包形式按专业发放给学生。

2008 年至今，华中科技大学多次对远程教育系统进行改造，一是基于互联网的实时教学交互平台取代卫星成为实时教学的主要手段，它突破了原有卫星集中教学模式，面向终端学员解决个性学习问题，避免了传统意义上的组班式学习的困扰，提高了学员自主学习的效率。二是短信平台的启用。该系统能在教学的关键环节提醒学生、教师的及时参与，能将师生关心的消息主动传递，能在节假日将学校的贴心关怀送达师生手中。三是平台收费功能的启用。一度曾有个别学习中心学费难以按时缴清，网络平台收费功能启用后，只有按时足额缴费的学生才能进入网上工作室学习，解决了收费难问题。

（二）网络教育理论课程教学过程

主要采取网络课程和适当的面授相结合的教学方式，“实时/非实时、同步/非同步”网上学习方式。具体学习方式如下。

1. Web 课程点播方式

学院建立远程教育网站，开发教学平台和丰富、优质的基于互联网的网络课程。学生通过访问华中科技大学远程与继续教育学院的网站（http://www.hust-snde.com），登录网络课堂，选择自己所需的课件进行学习。

2. 视频会议系统实时导学和串讲的方式

在规定时间内，学员登录视频会议系统进入教师实时导学和串讲课程，同步学习老师讲授的内容或与老师互动。如错过讲课时间也可进入 ftp://221.232.133.124/下载课程内容进行自学。

3. 光盘及移动学习方式

目前华中科技大学网络教育各专业网络课程均以电子教材的形式出版，课件包里有各网络课程的光盘、平板或 TF 卡，方便学生自主学习。

4. 网上学习、交流

通过 Internet，登录华中科技大学远程与继续教育学院远程教育网站，查阅相关教学资料和教学信息；通过课程教学管理系统，实现网上提交作业；通过实时交流系统，实现师生之间提问、答疑和讨论；通过公共论坛，实现老师与学生、学生与学生之间的学习讨论和交流等。

5. 教学实施中，以网上学习为主，适当安排必要的面授辅导

主要采用主讲教师导学、网络课程点播与文字教材相配合的教学模式和学习方法，即学生在网络课程和教材自学的基础上，通过互联网进行网上答疑、讨论、提交作业和适当的课程面授辅导等，最后参加在当地集中进行的课程考试。

6. 通过题库系统学员可以进行考前模拟在线自测

测试结束后系统自动生成测试结果并公布正确答案，使学员能有针对性地进行考前复习，达到巩固知识的目的。

由于网络(远程)教育实现基于网络的教与学互动，学生在网上学习，因而要求学生首先要懂得一些计算机和网络常识，具备基本的上网操作技能，为此，华中科技大学远程与继续教育学院设立了“网络教育学习指导”课程，使学生可以更快地掌握基本的上网操作技能和了解华中科技大学网络教育的教学管理要求等，从而更好地掌握知识。

(三)网络教育实践教学过程

1. 课程实验和集中实践相结合，合理安排实践教学

从学生入学开始，就及早筹划，组织教师对实践环节教学在课程中进行一体化设计，避免工作的盲目，确保教学有序进行。如计算机科学与技术专业的大实践教学系统定为“综合测试”，是将电子线路与数字逻辑、操作系统原理、数据结构、计算机组成原理、计算机网络和数据库等六门课程的实践环节集中起来进行教学指导和测试，这样能更科学、合理、系统地培养学生的动手能力，开发学生的创新能力，提高学生的发展后劲。

2. 将学生的实践要求与课程总成绩挂钩

学习中心结合当地的实践条件科学合理地安排实践环节的教学指导和测

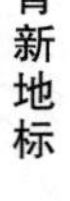

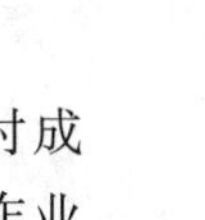

试，测试成绩以课程平时成绩的形式记载到总成绩中，由各学习中心将平时成绩上传到平台。同时要求教师在布置网上作业时要注重实践教学环节大作业的检查，及时了解各学习中心实践教学的情况，了解学生分析问题、解决问题和动手操作的能力。

3. 积极推进网上视频答辩

不断进行网络教育毕业设计(论文)答辩的改革与创新，积极推进网上视频答辩，普及率呈逐年增长态势，参加网上答辩人数由 2006 年不足 10%上升到 2008 年的 50%，这项工作的改革为学习中心和承办院系节约人力物力，降低了教学成本。

二、网络教育的教学环节

(一)网络教育常规性教学环节

(1)华中科技大学远程与继续教育学院以育人为目标，以学科为依托，以社会需求为导向，精心确定培养目标和教学计划，制定《网络教育人才培养计划》和《网络教育课程教学大纲》。各专业和层次按毕业学分要求开设课程。

(2)网络教育教学环节由华中科技大学远程与继续教育学院设计，主办院系和站点组织实施，学院对教学过程进行指导、管理和监督。在教学实施进程中，必须严格执行教学计划，不得随意增删课程及教学内容，以保证教学计划的严肃性。凡课程调整，须报学院教务部，经同意后方能执行。

(3)充分应用信息技术，提高教学质量。一是在教学活动中广泛采用信息技术，不断推进教学资源的共建共享，逐步实现教学及管理的网络化和数字化，使教学双方交互充分运用信息技术开展教学活动，培养和提高学生通过计算机和多媒体课件学习的能力，以及利用网络资源进行学习的能力。二是充分应用网络教育的学习系统环境、教学平台和软件工具。针对特定的教育目标，特定的教学内容和特定的对象选择最适用的教学方式，并加以适当的组合，取得最佳的教学效果。三是要求学习中心具有多媒体、网络教室或其他现代教育技术手段的教室，要求具有相关专业的图书资料或图书馆并向学生开放；具有开办专业的实验、实训设施或能依托其他单位租用的实验室和设备。四是充分运用互联网进行实时视频串讲和在线辅导，改变过去对天网的依赖性，克服因卫星公司的网络故障或双向站点少等因素而影响正常的教学秩序的弊端。采用互联网的视频会议系统，新的教学方式保证了教学视频信号传输的流畅性。新型方式实施以来，提高了教师工作效率，学生网上学习的积极性和互动参与性也明显提高，形成了华中科技大学远程与继续教育学院网络教育新的特色。

(4)在统考公共课教学方面，采取为学习者提供技术指导、课程指导、答疑、讨论等双向沟通和对教学的反馈；组织教师广泛收集资料，编制模拟题，做出应考指导；尽可能增加辅导答疑、串讲次数等措施，努力提高通过率。在素质教育方面，通过视频教室举办人文讲座，开展远程实时教育；通过互联网开放校园网站，开展远程非实时教育；通过向各学习中心邮寄校报，开展传统形式的校园文化教育。

(5)加强教学条件及教学资源建设，推动教育技术的发展和进步。华中科技大学远程与继续教育学院不断建立和完善具有多种教学形式的教学课程资源以及网上教学辅助资源(如虚拟课堂、辅导答疑、通过网络平台进行师生互动、学习指导书、题库、数字图书馆、虚拟实验室等)。所有开设的专业包括新设专业的课件，本科均以课件包形式、专科以课件形式，配送到学生手中；进一步做好平台改版工作，使平台功能更加完善，操作更加方便，更加具有人性化；对学习中心多媒体、网络教室或其他现代教育技术手段的教室进行一次核查，改进教育设施，尽最大可能地满足教学需求。

(二)网络教育学习支持服务

1. 建立学习支持服务体系，全面提高学生学习效率

(1)教学资源技术服务。包括课程登录系统、信息检索、课程、课件、教学辅助材料、视听设备、通信设施、网络环境等以帮助学生寻找及选择其所需的课程和教学资源，满足个性化学习要求。

(2)教学过程服务。为学生提供课程学习指导、答疑、讨论等双向交互和对教学的反馈和评价。

(3)师生交流服务。鼓励师生之间的交流和学生间的协作学习，激励学生的学习动机，开发学生的学习潜能，提供个性化辅导，使学生学会学习并产生认同感和归属感。

(4)学生管理服务。为学生提供良好的咨询服务。通过信息交流，及时掌握学生学习动态，切实帮助学生处理好学习和生活中的困难。办好学生工作简报，组织交流学习经验，营造良好的学习环境和学习氛围。

2. 加强资源建设，不断完善学习支持服务技术设施

华中科技大学从2000年7月起陆续投资4000多万元建设网络实时和非实时教学系统，形成天网、地网、人网合一，网络、通信、光盘等多媒体统一使用的现代远程教育体系，广泛适应各类学生多元化、个性化学习需求。在全国设立学习中心100多个，现在册学生达4万余人，有300多门课程的课件在网上运行。运用互联网、卫星通信、多媒体等现代信息技术，采取在线和离线相结合、网络教学和课件相结合、电子教材与文字教材相结合、课堂学习和自主学

习相结合等学习形式,使学习者不受时间和空间的限制,获取最新知识和信息。近几年,随着互联网的广泛应用,启用四大系统保证教学的需要,即教学教务管理系统、视频会议系统、题库练习系统和课件点播系统。实现多种媒体教学资源共享和网上教学及教学管理,能进行实时和非实时的交互式教学;学生可以不受时间、地点限制,随时访问华中科技大学网站和教学平台,查询、浏览、下载网上教学资源,接受教学辅导和指导,参与讨论和提问,在网上完成作业,学生根据自己的需要选择学习时间和地点,选择所需的学习资源,实现真正的自主化学习。

(三)科学规划资源建设,努力提高资源质量

1. 审视中国远程教育的发展,科学规划资源建设工作

华中科技大学对网络教育资源的建设十分重视,从各方面提供支持和保障。一是在建设过程中,严格按照科研立项、教师参与、学院指导跟踪、专业团队开发、专家验收等步骤实施,从课程内容、教学设计、技术路线等多方面严格把关,为资源建设质量提供了有力的保证;二是密切关注国内外远程教育的发展动态,及时跟踪分析,并采取相应的对策,落实到实际工作中;三是无论是网页课件、视频流课件还是课程资源包的建设,采取教改立项的方式进行管理,确保教师制作经费及时到位,同时作为教师的科研成果,使其利益得到保障;四是为保护教师的知识产权,提高资源质量,从 2003 年开始我们将制作完成的课件交由出版社正式出版发行,从而调动了教师参与建设的积极性;五是为实现资源共享,华中科技大学在资源建设过程中一直重视标准化建设工作,2006 年后开发的课件均满足 CELTS 标准(即网络教育技术标准),平台和其他系统也是基于标准而建设的。目前有 10 余所高校引入了华中科技大学的网络教育资源。

2. 大胆尝试虚拟实验的开发,解决实践环节的困难

实验实践教学环节是网络教育中的难点。为了解决这个问题,华中科技大学制定了相应的激励政策,鼓励教师参与课程的虚拟实验开发,取得了显著成效。目前,不少理工类网络课程都设有虚拟实验,极少数课程实现了在线实验,例如,2007 年的精品课程“工程测试与信息处理”、“医学免疫学”;2008 年的“数字电路与逻辑设计”、“机械工程控制基础”等。“工程测试与信息处理”网上虚拟实验室和 DRVI 可重构虚拟仪器平台等学习资源的服务器访问累计超过 1 万人次。近年来全国已有上百所大学采用该课程的教学资源和实验教学软件。

3. 以学习支持服务为主线,抓好平台升级改版工作

在资源建设中,以学习支持服务为主线,从制度的建立、人员的配备到服

务内容的拓展都围绕这条主线。做到运用多种方式和手段为学生提供学习支持服务，激发学生自主学习和协作学习的积极性和主动性。为实现这一目标，仅在远程教育管理平台就结合学生学习需求升级改版了 6 次，为学生提供了关于课程安排、课程内容答疑、资源使用、教学管理等与学习有关的支持服务，并配套了相应的服务保障制度，如服务器值班制度、督导员制度等。平台上教师、管理人员对学生的服务均有服务记录，确保了服务质量。①

三、成人教育的教学过程

（一）中国函授、夜大学办学模式和运行机制

1. 办学模式

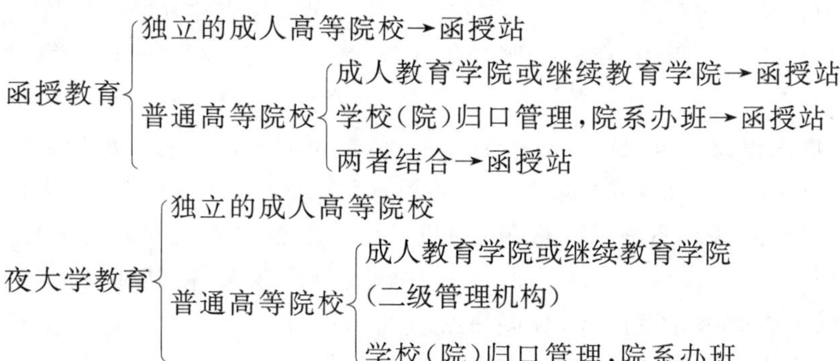

2. 运行机制

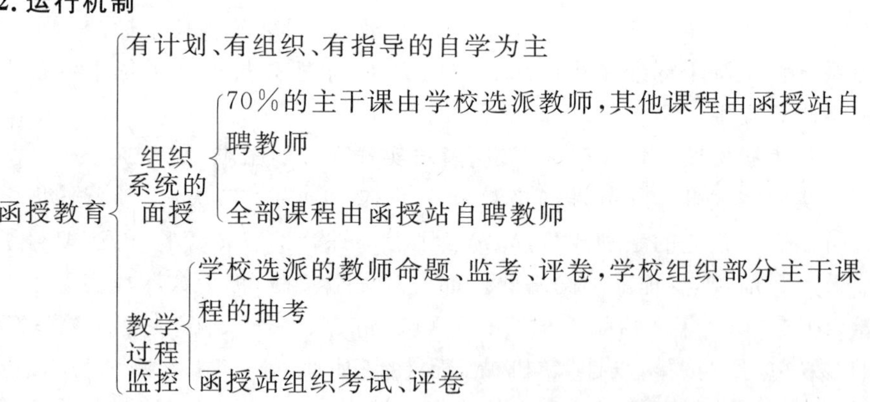

函授教育：面授学时约占总学时 30％，每学期组织一两次面授，约二十天。夜大学教育：安排业余时间授课，学生用休息或工作时间上课。类似减少

① 周学斌. 现代远程教育学习支持服务体系的建设与思考[J]. 现代企业教育，2012(10).

学时的全日制教学运行方式。

(二)成人教育教学网络化改革的主要技术方案

随着信息技术的快速发展,成人教育教学网络化改革成为可能。改革的核心问题是将网络教育现代技术运用于函授、夜大学教育。目前,华中科技大学网络教育的实际办学经验丰富,教学手段和技术条件使得实施对函授、夜大学改造的主要技术问题很容易解决,而且教学投入和教学成本相对较低,操作较为简便,并能够实现资源共享,可以相信,不久两者的融合将成为一种趋势和潮流。

1. 实时交互式教学

采用互联网的视频教学(会议)系统。函授站只需购置多媒体教室投影设备和服务器等辅助设备,可基本满足教学需要,如果用于夜大班,可错开授课时间,安排更多的专业班级授课。实时教学主要用于实时在线串讲、辅导答疑、视频答辩等。

2. 非实时教学系统

(1)网络课件点播系统:学校将预先制作好的课件挂在学校教学网站或下载到学生所在教学站的当地服务器上,可供学生随时随地反复按需要点播或查阅课件内容,进行自主学习。

(2)教师在网上做好导学有关工作:在规定的时间做好课程介绍和教学进度安排;网上辅导答疑;通过网络平台布置和批改作业;网上师生交流园地的公告栏可传递和反馈信息。

(3)课件光盘或者移动学习方式:学校或相关服务机构将学校录制的课件光盘发售给学生,学生可通过电脑随时随地进行自主学习。

第三节 华中科技大学继续教育各类办学的信息技术应用

高等学校继续教育借力现代信息技术赢得巨大发展空间。现代信息技术特别是云计算技术、移动技术、虚拟现实技术等的深入应用,为继续教育示范基地资源共享和平台建设提供了新思路、新方法,它有助于降低继续教育平台建设的成本,有效地对教育资源进行整合,为搭建学习“立交桥”提供技术支持,同时使现代信息技术支撑下的继续教育彰显其旺盛的生命活力。

一、利用云计算技术搭建继续教育资源共享服务平台

继续教育数字化学习资源建设的最终目的和归宿是其在继续教育中得以充分的应用。因此,资源共享就被提上了议事日程,因为任何一所学校的校内资源都是十分有限的,学生对知识的需求却是无限的,如果许多高校联手起来共享资源不仅能发挥名校、名师和名课的作用,也是资源建设应谋求的最佳效益。

云计算是面向服务的架构、分布式计算、网格计算和虚拟化等多种技术混合演进的结果,可以有效地解决教育资源分配不均等问题,合理分配有利于继续教育示范基地的均衡发展,尤其是西部欠发达地区的继续教育需求十分强劲,各级教育机构的资源建设以及商业资源的开发利用都可以通过云端服务器来调配,合理运用,有效整合。

(一)资源建设及共享

华中科技大学在近两年的资源建设中,一方面落实从“有”转为“精”的资源建设思路,一方面强调资源共享的实施,并取得了一定的成效。

学校在资源建设方面重点抓了以下几项工作:第一,针对学生成人业余学习和应用型人才培养的特点,严格在精品课程各项评审指标指导下进行资源建设。第二,创新课件资源结构,由原来以教师为主导的章节教学形式变为以学生为主导的问题引导式教学,使教学内容的呈现符合成人学习者的特征。第三,强化课程资源的教学设计,创立形式多样的教学活动,激发学生的学习兴趣。第四,建设了虚拟实验平台,统一了实验实践教学环节的要求,正在逐步推进专业网上实验的开展。第五,探索基于 Android 和 IOS 操作系统的移动资源建设,实现多终端学习。开发并正式出版 Android 版“e 本沃能”平板资源包,供学生按专业选择使用。在 APP Store 正式上线 64 个护理类的微课程,全世界免费共享。

目前,在学校内部的继续教育教学中,各类教育的资源共享已经迈出了第一步,成人教育与网络教育、学历继续教育和非学历培训在资源的使用上共用一个大平台。学校同时是“普通高等学校继续教育数字化学习资源开放服务模式的研究及应用”项目组成员,加入了普通高等学校继续教育数字化学习资源开放联盟。学校聘请国内外名师,建设了 6 期 136 个学时的视频公开课,课程内容涉及“批判性思维”“商务礼仪”“信息社会的数字化学习”“中西语言文化意识培养与对比研究”“演讲与口才”“希腊神话对欧美文学的发生学意义”等多方面。同时,购买了包括“茶文化赏析”“服装美学”“瓷器艺术赏析”等 9

扫一扫，了解湖北银行培训内容

扫一扫，观看学习导航微课视频：创新管理能力

门通识类精品课程，拓展了资源开放共享的范围。

(二)云教育服务平台的建设

第一，云计算教育平台架构的设计和部署。利用虚拟化技术，将应用程序和设备虚拟化，整合已有的十多个平台和系统，对外提供统一的访问方式，提高数据的访问性能。第二，建立了远程教育平台数据的云存储系统。云存储系统整合多个存储设备，通过集群功能、分布式文件系统等联合起来协同工作，并通过一定的应用软件或应用接口，对用户提供一定类型的存储服务和访问服务，学校通过云计算技术，把多年来积累的各类存储资源整合在一起，如同一个磁盘阵列，对外提供服务，提高了设备的利用率。

二、利用网络技术创新继续教育学习模式

(一)创新继续教育学习模式的实践

1.社会化学习平台的建设

2012年，学校在利用技术创新学习激励机制方面进行了大胆探索。新建了基于Web2.0技术的以社交网络为基础，以学生为中心的SNS网络教育学习服务平台。在平台中，设立了学生与学生之间、学生与老师之间、学生与课程之间的交互网络，激发了学生的学习兴趣。学生在平台中不再仅仅是知识的获得者，也是知识的产生者。在你问我答的学习方式中，学生的回答会沉淀为知识，让后来者不必重复错误。优秀论文、优秀作业等好的范例，通过老师的知识加工，成为其他学习者学习的范本和榜样。优秀学生的学习经验和学习方法，可以通过平台，推送给感兴趣的学生。学生感兴趣的话题、活动、人物动态等，也可以主动推送给学生。同时，在平台学习活动的设计中，借鉴游戏化学习的理念，引入了游戏机制的典型代表PBL(问题式学习)，建立学习积分，学生按学习积分进行排名，包括班级排名、年级排名、历史排名等；对学习排名靠前的学生进行奖励；学生在平台的各项活动，包括学习、提交作业、提问、回答其他人的提问等都可以获得积分。游戏化学习激发了学生的学习积极性，使学生更主动地接受学习成为可能。

2.移动学习资源和平台的建设

随着移动互联网的发展，目前的网络学习已经形成由E-Learning到M-Learning再到U-Learning的发展趋势，移动学习已经积累了从理论到资源、从终端到平台等多方面的研究成果。国际新媒体联盟2012年发布的《地平线

报告(2012 高等教育版)》预测，移动应用程序和平板电脑在高等教育中的应用将成为主流。华中科技大学顺应移动学习潮流，将原有的 PC 版学历继续教育课程资源全部改版为基于 Android 操作系统的移动资源；建设了基于 IOS 操作系统的微课程在 APP Store 上线，同时启动了 iBook 电子书建设；建设了网络学历继续教育平台的 iPAD 版本。网络学历继续教育基本实现了随时可学，处处可学，走在了全国高校继续教育行业的前列。

(二)借力现代信息技术，构建终身学习"立交桥"

为达成终身学习目标，需改变现时各类教育自成体系、缺乏沟通的现状，建立各级各类教育衔接沟通的"立交桥"，努力达成成人教育、职业教育、社区教育等的顺畅沟通机制。基于信息技术的继续教育由于其能突破时空的局限，提供丰富的学习资源和个性化的学习设计，有效的学习支持服务等优势成为终身学习的首选方式，使建立终身学习体系的目标成为可能。随着现代信息技术的发展而发展的继续教育对推动终身学习的实践所起的作用不容忽视。

为贯彻实施《国家中长期人才发展规划纲要(2010—2020 年)》的要求，做好专业技术人才知识更新工程的组织实施工作，人力资源和社会保障部发布了《2012 年国家专业技术人才知识更新工程工作计划》。为服务湖北专业技术人才继续教育，华中科技大学与湖北省人力资源与社会保障厅共建了"湖北省专业技术人员继续教育网"，服务于全省专业技术人员的知识更新、学历继续教育、职业资格论证等继续教育需求。网站资源采取自建资源，购买资源，全民共建资源的方式，最终形成面向全省的大型学习资源超市，在资源的使用上提供公共调用接口，可以无缝接入第三方学习和应用系统，为行业教育应用提供资源云服务。该网站最终建设目标可以概括为：以优质资源库共建共享为中心，建设一大门户，即"湖北省专业技术人员继续教育网"；两大管理系统，即针对非学历继续教育培训的管理系统，以及针对社区教育的管理系统；三大支撑平台，即针对非学历继续教育的支撑平台(包括学习型组织支撑平台)，针对社区教育的实验室支撑平台，针对全民的社会化网络支撑平台(为全民提供一个学习空间，不但进行互动交流，而且可以上传积累的资源)；四大库，即底层支撑应用系统运行的学习者库、资源库、教师库、项目库等。整个大平台的运行以"学分银行"为纽带，将全民学习，非学历培训与学历继续教育，职业教育和继续教育结合起来，从一定意义上真正实现全民学习，打造成湖北省最大的终身学习公共服务体系。

第四节 华中科技大学继续教育各类办学的改革与创新

本节通过对网络教育和成人教育教学改革具体方案的阐述，总结出符合当前实际情况的教学模式。实行网络教育先行先试、成人教育和自学考试逐步完善、非学历继续教育辅助服务的办法进行网上教学，对网络教育成功的经验进行推广。在改革过程中注重各办学形式间学分互认“立交桥”的搭建，让学员能最大限度地享受到一流高校的资源和技术的服务，发挥了继续教育示范基地的优势。

一、网络教育人才培养创新模式的实践

(一)全面深化教学改革

学历继续教育教学改革“以学生为中心”，围绕教育理念的变革、课程体系改革、测评体系改革和制度改革进行，将网络教育的教学理念融入教师日常的教学和管理中，基本实现从“以教论学”到“以学论教”的改变。

1. 网络教育理念的改革

通过开展系列活动，促使教师和管理人员转变观念，一切以学生为中心，加强导学、促学力度。充分发挥教师的主观能动性，把主要精力集中于教学，不断改进工作，从而提高教学效果；要求管理人员进一步做到严格管理、热情服务，讲求科学化、规范化和精细化，提高工作效率。

2. 课程体系的改革

第一，探索以“课程体系建设”为核心的课程建设方式，确保课程建设的完整性。多渠道引进各方优秀教师团队，构建课件制作、辅导答疑、考试等为一体的课程建设体系。第二，根据继续教育发展新趋势，结合成人在职学习的特点，对人才培养计划不断修订完善，着重对人才培养计划的指导思想、基本原则、培养目标、基本规格、学习年限与毕业学分、课程设置等进行了完善，特别将提高综合素质的课程纳入课程体系中，增加教育培训类、实践类课程，以契合行业发展对人才的需求，达到全面、创新型人才的培养目标。

3. 测评体系的改革

第一，实施质量工程，加强对学习中心教学管理工作测评。加强对网上课程辅导质量的测评。定制平台测评功能，对任课教师的网上辅导教学质量进

行问卷调查，学生对课堂做出评价，督促教师做好个性化的学习支持服务。第二，不断完善教学监督系统，坚持教学督导制度、听课制度、学生信息员制度、教学检查评估制度等，全面监控教学过程的每个环节，努力提高教学水平，提高学生培养质量。

4. 管理制度的改革

第一，变交费开课制为试学定期结算制，录取的学生开学后进入平台试学习一个月，试学期结束后 15 天内完成交费数据清理工作，将未交费学生做学籍异动处理。第二，充分利用学校开发的优质教学资源和优质的师资力量，在学历教学平台推出免费的体验式学习，面向社会开放，吸引更多的生源。同时，学院的管理人员在平台上以学员身份进行体验式学习，找出课件资源和教学管理中的不足之处，有效改进。第三，改革考试方式。采取灵活多样的适当的考试方式，增加网上作业考试课程。第四，开展“学习之星”评选活动，激发学生学习热情，营造学习竞赛的良好氛围。第五，改革网上学习分值，加大其在总评成绩中的权重。平时成绩∶网上学习分值∶卷面成绩＝20∶10∶70，改变为 20∶20∶60。

（二）不断完善质量保障体系

1. 加强教学环节的监控与管理

第一，制定网络学历继续教育教学效果评价指标，提高教学质量。教学效果评价指标主要内容有：教学内容是否具有科学性、完整性和新颖性，是否满足学生的需要；教学目标是否明确，是否具有引导和学习支持作用，是否方便学生学习并具有交互作用，是否符合认知规律并获得好的教学效果；教学资源是否充分发挥了各种媒介的优势，是否符合学生的学习习惯；学习者是否容易获取并使用课件。第二，深入调查教与学双方信息，及时处理教学中存在的问题。广泛、及时地收集教学信息，正确把握实际教学中存在的各类问题，作为加强教学宏观管理的依据。坚持网络教育教学评估检查，组织专家组进行期初期中教学检查、巡视工作。第三，建立任课教师上岗培训制度与激励机制，提高教学水平。通过岗前培训，使教师明确教育职责，适应角色转变，在教学过程中始终坚持积极主动调动学生的学习积极性。出台了网络教育教师工作量计算办法，对教师每次登录、布置和批改作业的酬金标准做了详尽规定。从制度上保证了任课教师的合理收益。设置了继续教育教学优秀奖，获评学校教学质量优秀奖者，由学校进行表彰和奖励；获得校教学质量优秀奖者在申报高一级专业技术职务时，按学校申报专业技术职务评审条件的有关奖励条例执行，极大地提高了教师参与继续教育教学的积极性。

2. 健全教学质量监督评估系统

（1）教学监督系统建设。教学监督系统主要由教学督导制度、学习体验制

度、学生信息员制度、教学检查制度组成。

教学督导制度:教学顾问组是学院教学督导和评议咨询机构,对学院重大教学工作实行监督、检查、评估、审议和指导。教学顾问组成员监控导学课堂,做好详细记载并及时反馈教学情况,提出改进教学指导性意见。

学习体验制度:远程与继续教育学院全体职工、各学习中心教学相关领导和工作人员必须参加网络教育相关专业体验式学习活动。他们均以普通学员身份参加网上选课,体验学习过程。通过体验式学习,教学管理人员能切实体验到学生在学习过程中的实际需求,体会到学生个性化服务的需求,明确作为一名管理者如何在实践中提高学习支持服务的质量。

学生信息员制度:各学习中心确定3～5名学生信息员,对口部门确定一名接收和反馈信息的联络员并提供QQ号,及时在网上联系,给学生以更直接的途径向学校反映教学及管理中存在的问题并对教学提出意见和建议,使学院的管理和教学更加贴近学生、贴近实际。

教学检查制度:日常教学检查制度是提高教学质量最基本和常用的手段。从期初到期末,教学情况的检查工作应贯穿始终。期初检查的重点放在课程导学,主要检查教师按时开课情况,教学运行是否正常;期中检查重点放在课程辅导答疑。除此展开对学习中心有针对性的分期分批检查。检查前要召开工作布置会,检查后要有小结会,凡参加检查的工作人员对检查情况要有书面报告,对检查过程的异常问题要及时向有关领导汇报。发现问题并及时解决问题,注重归纳分析和总结经验以指导工作,不断提高教学效果,解决教学过程中的实际问题,深化教学内容、方法、手段的改革。

调查问卷制度:通过建立调查问卷制度,全面掌握教师导学课及平台互动状况和质量,充分收集学习者反映的情况,以便采取必要的措施和对策,确保教学质量。这项制度主要通过教学平台设置问卷调查若干项目及选项,即最满意和最不满意串讲、辅导答疑课堂,教师教学效果优、良、中、差评价,平台教学互动中教师服务优、良、中、差评价等。问卷调查后通过平台统计功能显现其结果,实行优胜劣汰,对教学优秀的教师进行表彰奖励;对一些责任心不强,教学效果差的教师责成有关院系进行调换,确保网上平台教学质量。

座谈交流互动制度:定期召开导学教师、学生座谈会,全面直观地掌握教学双方动态是华中科技大学教学质量管理的一项举措。按有关规定,一年召开四次导学教师座谈会,分别在每学期期中和期末进行。会议议题主要围绕针对学习对象特点实施教学,不断改进教学方法;如何做好视频辅导、实时串讲、导学,推进网上辅导答疑,增进师生交互;研究解决教学中存在的问题。学生座谈会是对学习中心抽查时召开的,每次会议都要征求学生对学校教学管理工作的意见和建议、课件与教材匹配情况、网上作业批改问题、教师与学生的互动情况、平台功能与网上学习等问题。通过座谈交流互动制度，使我们的工作更加贴近实际，更具针对性、时效性。

(2)教学评估系统建设。由远程与继续教育学院聘请的教学督导组负责对学校的学历继续教育教学工作进行评议、审核和咨询，包括教学效果评估、专业与课程评估、学生学习评估、课程考试评估、实践教学评估、教学管理工作评估、毕业生社会评价跟踪调查评估、网络教育学习中心评估等。通过这些评估收集相关教学质量的各类信息，为学校的学历继续教学管理与决策服务。

教学效果评估。通过听课、问卷调查、同行评议、专家评价、学生评估等形式，对教师的教学工作进行综合考评，评估指标做到既有宏观层面又有微观层面，理想与现实相结合，考评的结果与教师的岗位聘任挂钩，力求使教师教学工作的评估发挥实际的指导作用。

专业与课程评估。一是做好专业设置的评估工作，对各个专业设置进行人才需求和办学条件的论证与评估；二是以课程评估为手段开展课程建设，建成一批具有网络教育的特色课程，调动教师建设课程的积极性，提高整体课程教学水平，从而提高教学质量。

学生学习的评估。学生学习质量是教学质量的重要表现。对学生学习活动采取监控和评估，根据教学平台的学习记载及时提醒，及时向学习中心反馈意见。由学习中心辅导教师督促学生学习。

教学平台统计分析。一是对教师视频辅导、实时串讲、网上互动、批改作业和辅导答疑次数的统计分析；二是对学生网上学习情况、提交作业情况、网上互动情况的统计分析。及时反馈教学活动情况，不断改进教学工作。

课程考试评价。对考试试卷进行随机抽查，了解成绩分布状况，对不符合正态分布或不及格比例较大的课程进行重点分析，查明原因即刻采取措施。

毕业设计(论文)评估。一是对毕业设计(论文)组织过程、指导过程、答辩过程、评分过程进行全方位的考核与评估。拟定若干评估指标，即毕业设计(论文)工作的规章制度、毕业设计(论文)指导书、指导教师教学进度计划、答辩组织与安排总结与自我评价、评分标准及评阅情况。二是组织有关专家，按毕业设计(论文)总数的5%比例进行抽查。了解毕业设计(论文)归档情况综合运用所学知识解决实际问题的能力，设计与计算能力，计算机应用能力，文献检索与外文翻译能力，说明书撰写质量和图纸、图表质量及技术经济分析能力等。

3. 开展教学质量管理专项活动

学院开展了教学质量管理专项活动，重点抓了以教学质量为中心的七项工作：注重教学环节、教学过程、考试考务环节、毕业环节、教学管理和招生入口的检查与评价；注重完善各项管理制度、工作流程和执行力度；注重教风、学

风建设，学生信息反馈和评价；注重教学资源和平台建设与应用；注重教学评估指标体系的评价结果；注重服务意识、服务态度、服务质量和工作效率；注重教学质量管理活动的总结和表彰。

通过专项活动的开展，取得了七大教学工作成果：极大地增强了教学管理人员质量管理意识和敬业精神；形成了完善的教学质量监督制度；充分发挥了教师在教学活动中的作用，提高了教学效果；建立完善了学习支持服务体系，全面提高学生学习效率；推动了教学资源建设和教育技术的发展和进步；促进了学风建设，积累了学生管理工作经验；发现了一批教学的典型，树立了一批优秀教学及教学管理工作的标兵。

(三)加速传统成人教育改造

借助现代信息技术手段改造传统成人教育是近年来的趋势。在具体实践中，华中科技大学采取了以下措施促进成人教育和网络教育两者的融合。①对成人教育管理工作人员进行更新观念的教育。②以适应市场需求为原则，调整了函授教育部分专业。③针对原来因办学形式不同而导致两者培养计划中的课程设置、学时、学分等不同问题，逐步融合打通，2013 年实现了人才培养计划的统一。④在成人教育课程中引入网络教育课件资源，实现资源共享。⑤借鉴网络学习平台优势，建成基于 B/S 模式的新成人教育学习管理平台。⑥调整函授站布局，探索引导办学条件较好的函数站向网络教育学习中心转移。通过以上措施的实行，建立不同类型成人教育体系的沟通渠道，构建终身教育“立交桥”。

二、改革函授、夜大学办学模式的实践

继续教育在实施过程中有许多的理论、政策、技术、教学、管理、服务、模式、机制等方面的研究成果，特别是在继续教育的发展过程中，随着互联网和多媒体等信息技术手段的引入，继续教育领域发生了一场深刻的革命，传统的函授、夜大学教学方式显得相形见绌，迫切需要改革，注入新的血液，赋予新的活力，形成新的亮点，为中国教育的改革和发展，为开放式终身教育体系的构建提供新的思路和途径。

(一)办学理念的转变

要实现函授、夜大学的现代化技术改造，首先，教育观念要更新，要跟上时代的前进步伐。目前，中国高等教育市场从过去的“教方市场”迅速转变为“学方市场”，教育市场已经出现供大于求的局面，学生的自主选择将决定学校或

教学站的兴衰。其次，教育技术扩张。用现代远程教育技术改造函授、夜大学,本身就是一项技术更新的过程。只有提高现有办学形式的科学技术含量,才能提升自身的市场竞争能力。

(二)统一培养计划、教学大纲、教材、课件

这两类办学在培养目标、定位、培养对象、学习形式等方面具有同一性,是两类教学方式融合的基础。要实现函授、夜大学与网络教育各类办学模式逐步整合,必须统一培养计划、教学大纲、教材、课件,改变原来因办学形式不同而导致培养计划中课程设置、学时、学分等多样化,使其向一致性过渡。逐步融合打通、学分互认,实现资源共享,优化组合。

(三)函授站布局调整及办学条件重新论证

1. 合理布局,优化调整函授站

华中科技大学现有 24 个函授站(不含医学类)。在这些站点中,在籍学生规模在 300 人以上的有 6 个,从目前状况分析,站点处于数量大、规模小、效益差的态势。在站点设置方面,缺乏统一规划,统一布局。

2. 函授站办学条件重新论证

对现有函授站进行一次清理,重点围绕办学条件展开问卷调查。调查内容包括:一是对传统函授教学改革的意见,二是具备基本现代教育技术条件,三是管理人员的素质和是否具备现代技术操控能力。

(四)适当调整部分专业与相关专业课件开发

一是以适应市场需求为原则,适当调整函授教育部分专业,为降低教学成本充分利用现有资源,实现融合和资源共享,将一些生源少、专业偏的专业做适当调整;二是做好特定专业课件开发,满足华中科技大学函授、夜大学教育需求。

(五)管理平台与教学平台的调整与融合

根据函授、夜大学教育改革后的运行模式,资源建设部对现有管理平台与教学平台等信息系统进行调整,以适应新的变化。

(六)提高从业人员信息化水平

用现代信息技术改造函授、夜大学,需要教学管理人员的素质全面提高,也会导致从领导方式到人员基本构成和工作基本技能发生许多前所未有的变化。要适应新的环境,不仅要求学院的管理人员提高计算机操作技能,还要对

函授站的教学管理人员进行技术培训，掌握驾驭未来现代远程教育技术条件下教学和管理的基本技能。

第五节 华中科技大学继续教育各类办学的行业特色和社会评价

华中科技大学学历继续教育和非学历继续教育行业特色鲜明，优势专业集中，学历和非学历继续教育课程已经实现互相联通，学分互认，相得益彰，协调发展。从学历和非学历继续教育学员评价可以看出，依托优势专业师资力量、职业化队伍和专业化服务水平培养出来的继续教育学员领略到名校名师的教育、前沿的课程内容和一流的学习支持服务，感觉学有所获。课程的互联互通，让学生得到了实惠，学生对学历和非学历间课程学分互认的态度是积极的、认可的，从而形成了继续教育示范基地的特色。

一、华中科技大学学历继续教育各类办学的行业特色

华中科技大学网络教育和成人教育开设专业主要集中在土建、管理和机械三大类，此三类专业来自华中科技大学传统的特色和强势学科，课程课件配备齐全，师资力量充足，学生规模大，所招收的学生也主要集中在相关行业中，已经形成三足鼎立的格局。

华中科技大学是一所综合性的大学，学科门类齐全，涵盖有理、工、文、经、法、管、医等各类学科，各学科之间交叉互融性强，在继续教育专业教学计划中，工科专业必修课既有管理类课程也有职业素养类课程，文科专业必修课中既有文科类课程也有管理类课程，医科类专业既有医学课程也有经管和职业素养类课程等，原各专业相同课程不同教学大纲的，现在也已经完全设为通识课程，统一教学大纲。通过课程体系改革，各专业课程间已实现互联互通。

二、华中科技大学非学历继续教育面向行业、企业的实用模式

华中科技大学继续教育积极实施学历和非学历继续教育办学“两翼齐飞”发展战略，推动非学历继续教育由零起步，快速发展，非学历继续教育已成为

继续教育各类办学中新的增长点。

学校发挥自身资源优势和特色，结合湖北经济社会发展、行业和企业需求，深入挖掘教育培训资源，努力开拓培训市场，搭建了完善的教育培训项目架构，提供全方位、多层次的非学历继续教育培训服务。除高等学校继续教育示范基地外，华中科技大学还是国家级专业技术人员继续教育培训基地、教育部网络教育从业者培训基地、全国重点建设职教师资培养培训基地、卫生部医疗美容咨询师培训资格专业培训基地，同时还培育了十八个校内教育培训中心，建立了三个校外教育培训中心。以此为基础，华中科技大学稳步推进湖北省农村中小学教师培训、湖北省高中新课程改革培训、中职专业骨干教师国家级培训等项目的开展，重点打造 ARM 培训、国际商务英语培训等品牌项目，积极探索在校学生培训、企业定制培训、校外站点合作培训等。

在充分了解高校在师资、科研环境、学术品牌、实验设备等领域的特质后，结合非学历继续教育的特点分析高校发展非学历继续教育的优劣势，学会吸纳政府及企业的力量，强强联合，共同打造校政校企培养培训基地，如湖北省农村教师素质提高工程培养基地、湖北省专业技术人员继续教育培训基地、信息技术人才培养基地、湖北银行人才培养基地和广西住建厅领导干部培训基地等。

（一）校政培养培训基地的建设

与政府部门的合作主要是组织、人事部门，涉及范围很广。这类培训具有培训需求稳定、培训对象稳定、培训项目稳定等特点，项目运作的重点在于需要针对特定对象（党政和专业技术干部）研发培训项目和课程，做到普遍化培训和个性化培训的有机结合，达到提升干部队伍的素质能力。

（二）校企培养培训基地的建设

校企合作是教育机构与产业界在人才培养和技术服务等领域开展的各种合作活动，是近几年华中科技大学开展非学历职业教育教学改革的着眼点和着力点。非学历继续教育校企合作在华中科技大学起步较晚，但进展较快，发展势头良好。

与行业企业合作主要指针对企业员工职业能力和岗位能力的提升培训。随着政府职能的转变，行业企业对于本企业的职业、岗位能力标准的制定具有决定性的话语权。华中科技大学充分发挥品牌和办学资源的优势，加强与相关行业的联系，积极参与，探索新的培训市场。例如，加大市场调研力度，深入企业内部收集分析企业存在的切实问题和发展瓶颈，合理制定企业发展规划及培训方案，从理论高度进行分析，从实际角度着眼解决。

华中科技大学学历继续教育和非学历继续教育行业特色鲜明，优势专业集中，政府类培训和行业类培训项目长期稳定，学历和非学历课程互相联通，学分互认，相得益彰，协调发展。

三、学历继续教育的学生评价

学历继续教育质量管理渗透在学习过程的各个环节，对学习过程中的每个环节的质量控制不仅是通过不断地自我评价、自我改进和自我提高来实现，而且借助于政府和社会的评价来推动，最终实现学习过程的有效控制。学生毕业后，学历继续教育培养出来的人才的综合素质如何，只有用人单位和社会来进行评价。学历教育的综合性和复杂性，决定学生评价指标必须更为多元化。华中科技大学根据学历继续教育学生的特点要求和特点设计评价标准，评价内容更贴近学生的综合素质实际。

（一）构建多元化的评价指标体系

评价标准必须多元化，不能一种标准用到底，对不同年龄资历和性格的学生采取不同的评价方式。根据学生的实际情况，多元化的评价指标可以细化为学生素质、工作状况、工作效果等。其中，学生素质包含思想品德、业务知识、工作能力、心理品质等；工作状况包含组织能力、表达能力、自信心、团队精神等；工作效果包含工作数量、工作质量、工作成果等。

（二）坚持自评与他评相结合，突出评价主体的多元化

领导、专家、同行、同事和单位评定都是学生评价中的“他评”，都是促进学生素质提高和专业发展的外部因素。同时，应突出被评学生的参与性，使评价过程成为学生认识自我、分析自我、改进自我、完善自我和教育自我的过程。学生评价应坚持自评与他评相结合，突出主体多元化。

（三）坚持评价方式的多元化

在对学生进行评价时，有些评价要素的标准可以量化，就可以采用定量分析，但是在某些抽象化的问题上就只能用定性分析去评价了。定量评价和定性评价各有利弊。学历继续教育采取了多种评价方式对学生进行评价，如问卷调查法、评价指标体系测评法、用人单位对学生的评定结论、荣誉证书、对工作能力的肯定等。华中科技大学定期发放学生评价表，从收回的评价结果来看，用人单位和同事对学生的工作能力和素质做出了充分的肯定，认为他们视野变得开阔，工作能力和自信心有所增强，业绩也有所增长。同时对个别地方

提出了建议，这些建议可以作为学校学历继续教育教学改革的方向。

四、非学历继续教育的社会评价

（一）建立了内部评价和外部评价相结合的教育培训服务质量评价反馈机制

学校管理部门制定严格的工作计划并组织实施，通过详细的工作记录，量化工作考核指标，通过相应的数据分析，进行内部审核和管理评审，提高服务工作的有效性。

为准确了解培训班培训效果，不断改进培训工作，提高培训质量，学校在每期培训班结束之前组织全体学员对培训班进行综合评估。根据学员们总体评价分析，高达98%的学员对培训班给予了好评，一致认为培训效果良好，授课教师准备充分，通过学习丰富了知识，更新了观念，受到了启发。培训班管理与服务工作十分到位，管理人员尽心尽责，解除了学生在外地学习的后顾之忧。学校文化氛围浓厚，使自己不仅在知识上得到熏陶，在精神上也得到了洗礼。

参训学员评价节选：

“让我的心灵多了一份关注，多了一份释怀，多了一份宽容，多了一份坚强，懂得用宽阔的胸怀容纳世事变动，期间所感知、所感悟、所感动，令我受益匪浅，的确是一次难忘的心灵旅程。”

“知识如浩渺的大海，我们无法一睹其全貌，但是，只要我们持之以恒，每天观察多一点，便会领悟更多。因此，我们要坚持学习。此次的培训结束了，但是我们的学习之旅才刚刚开始，将所学用于实践，我们将会赢来一个更加美好的未来。让自己的每一天都比昨天精彩，让自己的每一个明天都比今天更优秀。”

“坐在华中科技大学宽敞明亮的教室内，聚精会神聆听知名教授深入浅出的精彩授课，从政治到经济，从理论到实践，从宏观到微观，令我耳目一新，受益匪浅。在理论、理性、理智方面都有了进一步的提高，在整个学习过程中，无论是所听、所闻、所学、所思、所感、所悟，时时刻刻、分分秒秒，我们都沉浸在感动、快乐之中，充满了真情与感谢。”

“华科之行，大家由陌生到相知到不舍，我们共同在学习中感悟，在互动中交流，在启迪中创新思想，回到不同地区的工作岗位上我们将学以致用，在感悟中激发奋进。”

“通过这次培训，我学到了很多新的管理理念和方法，增长了我的知识，拓展了思维，开阔了视野，激发了我的工作情感，也触动了我的心灵。我将把所学的东西运用到平时的生活、工作中，影响和带动我的团队。”

目前，华中科技大学已经凝练出众多非学历继续教育品牌，打造了一批优质的企业培训项目，包括企业高管人才研修班、投资专业人员研修班、银行支行行长（副行长）培训、领导干部素质提升班培训、电力公司系列培训、城镇化建设领导干部研修班、进出口贸易职业经理人培训、保险从业人员知识更新培训，等等。

（二）注重校政校企培养特色培训的社会评价及反馈机制

校政校企培养培训基地的打造，一方面为湖北经济社会的发展做出了贡献，另一方面也树立了学校非学历继续教育的品牌。政府和企业的相关负责人均对华中科技大学的培训工作给予了高度评价。

省委组织部领导：学校培训组织服务非常、非常、非常好。

教育厅领导：华中科技大学的培训组织管理最放心。

咸宁市人力资源和社会保障局领导：感谢学校提供专业化、职业化的培训管理与服务。

湖北银行高管层表示：培训形式活泼，非常成功。

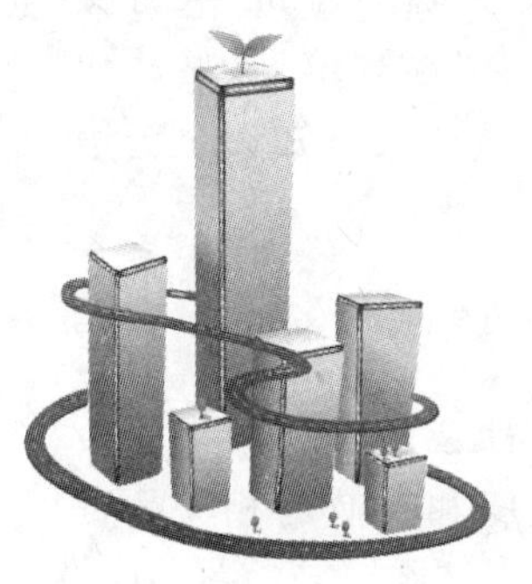

第八章 继续教育示范基地建设之技术引领——云计算服务

随着社会和经济的发展，人们普遍追求更丰富更优质的教育经历和教育背景，特别是借助现代教育技术手段来感知和接受“互联网+”的继续教育，以满足社会与行业企业对个人的工作与学习要求。继续教育示范基地如何向社会公众提供更好更快捷的教育资源和服务，华中科技大学集众家之长，提出学历继续教育与非学历继续教育“两翼齐飞”的办学理念，在资源建设和技术环境上采用云计算服务的发展路线，取得良好的办学效果，打开了继续教育发展的新局面。

第一节 继续教育示范基地的云计算服务平台

什么是云计算服务？云计算服务(Cloud Computing Service)是将大量用网络连接的计算资源统一管理和调度，构成一个计算资源池向用户按需服务。用户通过网络以按需、易扩展的方式获得所需资源和服务。①

继续教育示范基地的云计算服务平台可分为学历继续教育资源技术平台和非学历继续教育资源技术平台。

一、学历继续教育资源技术平台及功能

华中科技大学远程与继续教育学院学历继续教育资源技术平台是利用先进的网络技术手段，为学院广大师生提供的网络学习平台，目前有5万余名学生、900多名教师、300多名管理人员正在使用该平台。该平台主要为网络学历继续教育提供管理和学习支持服务，负责从学历继续教育学生网上报名、招生录取、课程学习、课程考试到毕业申请、毕业答辩、毕业等一系列活动的数据信息的管理，如用户信息管理、基础信息管理、教学计划管理、总站招生管理、学费管理、教材管理、教学实施和管理、学籍管理、考试管理、成绩管理、教学分析、毕业管理、学位管理、网络统考管理、教学中心管理等；以及学生的教学支持，包括学生工作室和教师工作室。

网络学历继续教育平台主要包含教学教务管理平台和教学支撑平台。其中教学教务管理平台主要面向学院和站点的管理人员，提供招生、缴费、教学等学院管理工作在线信息管理；教学支撑平台是面向所有的学生和指导教师，利用社会化学习手段建立的学习平台，提供在线学习、在线指导、社交网络信息发布等功能。

(一)教学教务管理平台

教学教务管理平台主要包括系统管理、教务管理、教学支撑管理、学习支持、资源管理五大功能模块。

(1)系统管理主要子模块有管理维护系统和新闻信息管理系统。管理维护系统主要功能包括统一身份认证、权限分级管理、论坛支撑服务、操作日志

① 云计算服务[EB/OL]. http://baike.baidu.com/view/6696909.htm.

管理等；新闻信息管理系统主要功能包括新闻发布管理、新闻类型管理、重要消息发布、调查问卷发布和统计、通知发布、信息访问统计等。

（2）教务管理主要有总站教学管理子系统和教学中心管理子系统两个子模块。总站教学管理子系统主要功能包括用户信息管理、基础信息管理、教学计划管理、总站招生管理、学费管理、教材管理、教学实施和管理、学籍管理、考试管理、成绩管理、教学分析、毕业管理、学位管理、年报年检系统数据输出、网络统考管理、课件包订购管理等；教学中心管理子系统主要功能包括教学中心权限管理、在线招生报名、教学站招生管理、教学中心学生教学管理、新闻发布等。

（3）教学支撑管理主要有在线学习子系统和学习反馈子系统两个子模块。在线学习子系统主要功能包括学习讨论区、辅助学习工具、在线学习记录跟踪等；学习反馈子系统主要功能是提供接口，支持在线作业系统、在线自测系统、在线考试系统和统考练习系统等。

（4）学习支持主要子模块有微信服务子系统和全文检索子系统。微信服务子系统主要功能是将平台与微信进行对接，学生通过微信可以直接查询平台中的关键信息，如考试成绩、未做作业等，方便学生及时了解信息，更好地为学生服务；全文检索子系统主要功能是提供平台相关内容的检索。

（5）资源管理主要包括课件资源管理、资源发布管理、资源分类管理、课件点播等，负责网络课件资源的管理和播放。

（二）教学支撑平台

教学支撑平台主要包括 SNS 学生工作室和 SNS 教师工作室。SNS 学生工作室主要功能包括学生基本信息管理、社交消息管理、通知公告查询、在线课程学习、离线作业、课程答疑、小组学习、课程论坛、课程笔记、在线测试、毕业设计、费用管理、毕业情况、教学计划、学习排行等。SNS 教师工作室主要功能包括教师基本信息管理、社交消息管理、通知公告查询、在线课程指导、课程公告管理、离线作业管理、课程答疑、小组学习管理、课程论坛管理、毕业设计指导等。

二、非学历继续教育资源技术平台及功能

华中科技大学非学历继续教育资源技术平台，采用高层次的设计战略和创意设计发展方向，为用户体现了完美的系统性能。它以应用为核心，以实用、易用、好用三大主线为出发点，充分考虑系统的标准性、适用性、易用性、可靠性、高性能、开放性、灵活性、可扩展性和可管理性等多方面的因素，全面兼

顾技术、应用与发展的和谐统一。既注重实效，满足用户的现实需要，又为系统的后续升级和扩展留有余地，大大提升了各项指标和整体性能。它支持从非学历继续教育管理到学习、答疑、考试的各个环节，能满足不同阶层人员学习的需求，每项功能都归属于某一模块，受整个平台的控制管理，系统之间有着良好的兼容性，能资源共享，为学习提供了最大的方便和灵活性。各模块间互相协作，形成了一个整体的教育解决方案，能够最大限度地满足教育多方位需求，并且极大地降低了培训成本。

整个平台共由三个子系统构成。

(1)宣传门户网站提供了快速建站功能、信息发布、课件展示、证书查询、快速报名通道、后台管理人员角色及权限管理等功能。

(2)培训管理系统包括用户管理、学籍管理、项目管理、课程管理、新闻管理、考核管理、资源管理、购买管理、证书管理、在线调查等功能。

(3)在线学习系统包括站内邮件系统、在线选课、在线学习、学习工具、协作交流、在线答疑、学习资源管理、在线作业/考试、学习进度管理、就业安置模块、在线支付等功能。

第二节 继续教育示范基地的资源技术创新

上一节介绍了继续教育示范基地两大平台的功能。不难看出，用户数量大、访问平台数据量高，平台反应要求迅速是两大平台的基本特点，加上学生和培训学员分布较广，采用云计算技术才能最充分、合理地调配资源。那么部署在继续教育示范基地平台上众多的资源应用在技术上采用了哪些手段呢？主要有以下七个方面。

一、底层设计云架构

将所有服务器采用虚拟化的方式进行整体部署，使用 Dubbo 和 Zookeeper 对系统进行整合，按需分配 CPU、内存、硬盘等资源，操作系统和数据库采用分布式结构，业务系统应用实现模板化配置，资源支持弹性扩展，使用 Nagios、Cacti 及 Awstats，实现了对多业务平台复杂业务的持续支持以及对硬件资源的统一管理、监控、报警及自动恢复。

二、资源融合云共享

打破传统的知识结构体系，借鉴 MOOC 理念，以微课程的方式建设学习资源，在资源建设中细化学习模式，注重资源体系设计、学习内容的设计、学习任务的设计和学习评价/反馈的设计。通过资源云共享的方式，将网络学历继续教育、成人教育、非学历培训和专业技术人员继续教育等四大学习平台的教学资源进行融合，存储在资源共享与点播平台云端，大大提高了资源的共享性、可重用性，为华中科技大学不同模式远程教学活动的开展提供底层资源支持。其中特色资源包括在 APP Store 上线的护理系列微课、机械专业核心课程的 iBOOKS 电子书、正式出版的移动资源包“e 本沃能”等。

三、一云多屏云适配

云适配使得远程学习在网址不变的情况下完成内容实时更新的跨屏体验，通过采用 OAuth 2.0 认证以及 Amaze UI 技术，使得网络学历继续教育、专业技术人员继续教育两类学习平台，实现了电脑、智能手机、平板电脑等多终端覆盖，背后的“一云”即是底层云结构设计。云适配为真正实现随时随地的学习提供了保证。

四、用户体验的快速提升

学校上线了 SNS 社会化学习平台，引入了游戏化的竞争机制，学生的网上交互非常活跃。建立了远程学院的微信公众号，可以实现消息、学习资源的推送和教学相关信息的查询等。互联网技术的快速引入与建设，加上 UI、UE 的设计，快速提升了用户的体验。

五、奠定大数据挖掘及分析基础

基于云平台整体的设计，使用分布式聚合方案(Apache Flume)，学习平台记录了整个学习过程各个环节发生的数据，为后期利用大数据挖掘技术，实现核心教学业务的观察分析，实现学生有效的个性化学习和管理者分析决策奠定了基础。

六、课程资源SCORM化，追踪学员学习轨迹

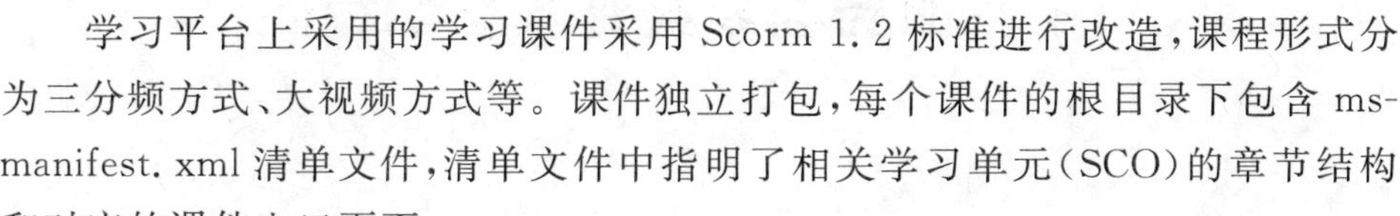

学习平台上采用的学习课件采用Scorm 1.2标准进行改造，课程形式分为三分频方式、大视频方式等。课件独立打包，每个课件的根目录下包含ms-manifest.xml清单文件，清单文件中指明了相关学习单元(SCO)的章节结构和对应的课件入口页面。

SCO是Scorm课件导入平台的最小单元，平台对整个Scorm课件的学习状态的追踪到SCO这一级别。平台将根据课件SCO单元的控制要求存储学习状态数据来初始化自身的状态。课件需要将是否学习完成的信息提交给平台。记录的信息包括：SCO的学习状态、得分、学习时间等信息。

学员学习课程后，平台将记录学习的每个SCO信息，留下详细学习记录，用于追踪和记录课程完成情况，从而达到量化考核的目的。

七、课件资源中视频资源的CDN分布

继续教育资源网络课程往往由教学素材、教学视频、教学辅助资料组成，其中教学视频作为课件中最重要的一个资源，对网络带宽的要求会随着用户量的急剧增加，出现访问瓶颈。视频流媒体化后，以100M带宽、400K码率的视频(中等清晰度)来说，约250名学员同时在线观看就会导致带宽不够用；不同运营商之间的用户对服务器资源的访问速度，也相差甚远；即使是同一运营商出入口，也会因地域原因，导致访问速度差异巨大。如何解决网络瓶颈，成为教学环节中不可避免的问题。

采用CDN加速是一个比较好的解决方案，CDN加速优点是成本低，速度快。简单地说，就是把原服务器上数据复制到其他服务器上，用户访问时，哪台服务器近访问到的就是那台服务器上的数据，同时也可将CDN节点上提供多种运营商的出口，根据用户终端网络运营商情况，选择就近的同运营商出口CDN节点来进行视频的访问，从而达到比较好的学习体验。

同时为了保证CDN节点正常对外服务，由此也要对CDN节点进行监控：经过CDN分发后的课程资源，在确保所有节点均分发完毕后，正式对外提供下载或者点播服务。网梯公司的CDN监控系统可以实时地对所有资源CDN节点服务器的CPU、IO、带宽、硬盘空间、课件同步状态等信息进行监控。

第三节 继续教育示范基地资源技术服务国家级专技基地综述

“他山之石，可以攻玉”，继续教育示范基地在建设过程中对基地高校其他的工作特别是资源建设工作有很强的参考和借鉴作用。例如，华中科技大学在2011年首批获得国家人力资源与社会保障部国家级专业技术人员继续教育基地（以下简称专技基地）。在专技基地建设过程中，无论在发展目标、模式、内容、方法和组织形式特别是发挥资源技术服务作用时，通过优化、整合继续教育资源，建立了新的管理体制，全面盘活现有的资源存量，使资源优势发挥到了最大化。

一、国家级基地资源特点

（一）创新的培训模式

国家级专技基地充分借鉴了继续教育示范基地建设中提出的理论，并将理论通过整合优质教育资源、办学经验，借助现代远程教育技术优势，具有覆盖范围广、课程水平高、学习方式灵活、成本相对低等特点，是一种全新的专业技术人员培训模式。它将有效解决目前专业技术人员培训过程中存在的难点，并使专业技术人员工作技能的培训真正实现“大规模、可持续、有实效、低成本、高水平、能推广”。在此基础上，积极探索建立与培训项目相配套的专业技术人员岗位资格认证体系，这将为专业技术人员职业化道路发展奠定基础，具有一定的创新意义。

（二）系统的课程体系

课程设计以专业技术人员上岗条件和总体目标要求为基础，以培养专业技术人员在工作中所需要的各种能力和提高自身素质为目标。课程体系设计具有较强的科学性、系统性、针对性、实用性和前瞻性，内容标准、规范，对专业技术人员培训具有一定的指导和示范作用。

（三）优质的师资资源

充分利用华中科技大学教育品牌优势，根据专业技术人员岗位要求和工

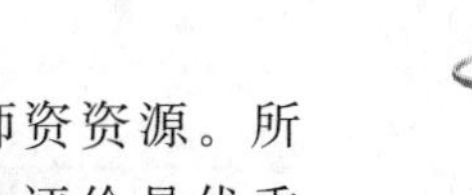

作特点，按照“实战为主、兼顾理论”的原则，整合国内外一流的师资资源。所选师资在华中科技大学培训体系中都具有良好的教学评价（综合评价是优秀等级的）。建立师资评价体系，实行教师准入与退出机制，以确保课程的质量和水平。

(四)丰富的课件形式

根据课程内容的具体特点和要求，采用不同的技术，制作不同类型的课件。课件表现形式丰富多彩，内容生动形象，符合学员学习习惯。

(1)精品型：课件的制作运用大量的网页设计、Flash 技术、多媒体技术等，课件表现形式多样、内容丰富、页面设计精美。

(2)复合型：以“web＋flash”的形式呈现课程资源。根据课程知识体系设计个性化的栏目，采用文字、图形、图像、动画等丰富多样的表现形式，将课程内容以及各类课程辅助材料有机集成在一起，课程演示和示范效果良好。

(3)标准型：使用最先进的课件制作工具，将教师授课过程以及课程讲义资源录制生成课程资源，网络课程形式风格统一、内容标准规范。

(五)专业化培训服务

以专业技术人员为服务中心，以满足专业技术人员培训需求为服务宗旨，以“高标准、高效率、高品质”为服务目标，坚持标准化服务流程、精细化管理方式，组建专业化培训团队，提供专业化培训服务，打造一流培训品牌。

二、国家级专业技术人员继续教育基地资源建设培训体系建设(见表 8-1)

表 8-1　国家级专业技术人员继续教育基地资源建设培训体系建设表

序号	项目类别	项 目 名 称
1	物联网	物联网及云计算技术在产业中的运用国家级高级研修班
2	软件	三网融合技术高级研修班
		数字媒体技术高级研修班
3	社会学	社会保障体系建设与社会工作服务高级研修班
		社会转型与社会工作发展规划高级研修班

续表

序号	项目类别	项目名称
4	电信	移动通信高级研修班
		防伪技术与产业发展高级研修班
		嵌入式系统设计及应用技术高级研修班
5	电子	超大规模集成电路设计及制造技术高级研修班
		物联网技术与应用分析高级研修班
6	土木	综合交通运输体系可持续发展关键技术
7	材料	数值化模具设计及先进制造技术高级研修班
8	能源	新能源与 CO_2 减排技术高级研修班
9	环境	生态建设和环境保护专题研修班
		生态管理与技术高级研修班
10	新闻	网络时代新闻评论人才高级研修班
		传媒管理精英人才高级研修班
11	知识更新工程系列	知识产权、现代物流、生态环境保护

三、国家级专技基地资源建设若干做法

(一)开放资源,普惠社会

资源独占是继续教育的传统办学思路,但这种思路其实深深地束缚了学习者的学习兴趣。闭门造车不仅导致了相当多的课件粗制滥造、良莠不齐,而且同类资源不同高校重复建设率特别高,人力物力财力浪费极其严重,并且与国家和社会对继续教育开放的要求背道而驰。

为了使继续教育更加接地气和永葆活力,华中科技大学通过深入社会和行业调研,决定创新。在专业技术人员继续教育平台上免费开放大部分课件资源,并积极地参与到国内知名高校发起的资源共建联盟建设当中。只有继续教育的管理者和参与者真正做到资源开放,受惠的学习者越多,继续教育在社会的影响力才能更大。

(二)新舞台,继续教育平台,空间巨大

一个优秀的继续教育平台,应该要满足以下四点功能。

(1)构建终身教育体系、建设学习型社会的综合门户网站。

(2)构建各级各类教育实现纵向衔接、横向沟通的公共服务平台。

(3)构建学习型网站的集群、大型学习资源超市。

(4)能提供无时不有、无处不在的支持服务的网上虚拟大学。

为满足上述功能,华中科技大学按照“循序渐进,逐步完善”的原则,每一阶段项目建设都设立明确的目标和时间进度,保证项目总目标的按期实现和建设质量。经过三年建设,目前我们的专业技术继续教育培训平台已建成如下模块。

(1)大门户:专业技术人员继续教育网。

(2)一大管理系统:非学历培训管理系统。

(3)两大支撑平台:非学历培训支撑平台(包括学习型组织支撑平台);社会化网络支撑平台(终身教育公共学习平台)。

(4)四大库:学习者库、资源库、师资库、项目库。

(5)十大支撑子系统:资源管理系统、内容发布系统、用户管理系统、SNS学习系统、CALL CENTER、学情监控系统、统计系统等。

通过这个平台的建设,其完善的功能不仅为众多学习者提供远程学习交流的舞台,并且还支持泛在学习、社区服务和个人学习记录,学习者在这里可以获得更好的学习空间和体验服务。

(三)新载体,APP,使继续教育无时不有,无处不在

随着智能手机和平板电脑等移动终端设备的普及,人们逐渐习惯了使用APP上网的方式,这种趋势也改变了学习者的学习意识,意识指导行为习惯,所以在教育行业中APP的发展也是突飞猛进的。

从实际诉求上说,专业技术人员参加用人单位岗位评定、职务晋升等相关职称考核活动,每年必须有参加一定学时的继续教育的记录;而客观现实中,专业技术人员往往工作很忙,他们学习受时间和空间的限制很多。基于此,华中科技大学开发的APP是帮助专业技术人员解决学习受限的最佳选择。

从学习过程中来说,专业技术人才知识更新计划主要提供的学习形式是通过在线学习的方式,学习一定量的课时,并进行学习考核。在学习过程中可能会遇到各种问题。针对这种情况,专业技术人才知识更新计划也可以通过APP应用客户端对学生进行随时随地远程辅导、帮助学生解决学习中的各种问题。同时,一些常态的学习、共性的问题通过APP应用客户端发布也可以

减轻教师的工作量、提高工作效率。

从宣传上说,通过APP应用客户端的建立,为专业技术人才知识更新计划建设永久性的电子宣传图册,使专业技术人才知识更新计划更形象、更生动地展示给大众;同时APP应用客户端将专业技术人才知识更新计划的最新消息以最快的速度、最便捷的方式提供给目标人群,相比传统宣传方式,其传播方式更具有黏性。

APP应用客户端的主要功能如下。

1. 微网站

为专业技术人员知识更新计划打造精美的手机微网站,为浏览者提供一站式的信息服务。专业技术人员知识更新计划将以微电子图册的形式推送给用户,使其依据自身意愿进行选择性浏览。同时,可根据专业技术人员知识更新计划的实际情况随时地进行调整优化,相比传统纸质图册更实用、更经济、更便捷、更环保。

2. 精品课程展示

可以把优秀的授课视频上传系统,一方面,为学生提供随时随地的在线学习;另一方面,也为计划宣传推广做软硬件的展示,同时为用户提供新的了解渠道,增强用户黏性。

3. 交互功能

系统为提高用户的参与度,降低通信成本,还提供留言反馈和在线报名模块。

为了更高效地使用管理专业技术人员知识更新计划APP应用客户端,后台以一站式管理模式进行设计。系统自身设计了很多高效的操作方法,如一键导入信息、批量进行管理等。

APP的引入和推广,使继续教育的呈现形式更加多姿多彩,学习者选择的机会更多。它穿越时空,把个人习惯和学习紧密联合起来,给学习者带来了更多的福音。

(四)新资源,内容丰富,学习者爱不释手

利用华中科技大学远程与继续教育学院原有的资源进行改造和制作,根据专业技术人才的特点建设资源共享中心(包括知识更新工程和学习中心两个模块),支持不同类型资源的上传、下载和管理,同时支持大规模并发点播;可提供基于Web Service的丰富接口对接其他单位的各种资源;通过资源的共享,还可以支持资源运营,单独对资源进行管理,对资源的使用者和提供者提供支撑。

1. 实施方案

开展专业技术人员的继续教育,是人才资源开发最重要、最有效、最经济

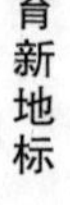

的方式，是专业技术人员队伍建设的有力手段。资源中心将所有资源分为两大模块：公需科目和专业科目。

公需科目每年建设20门左右公需科目，其中50%免费向全社会开放。

专业科目是根据实际专业的需要，按照“统筹协调、分类指导、按需施教、讲求实效”的原则，以重大专项培训项目为主要内容，注重针对性和实用性。按初级、中级、高级三大等级进行分层次的资源配置。每年制作或购买或共建3～5个专业的专业科目。

2. 资源建设分两个阶段实施

第一阶段（2012年1月—2012年12月）：资源建设推广阶段，以平台建设和已有资源改造为重点。

第二阶段（2013年1月—2013年12月）：资源建设应用阶段，以继续扩大服务覆盖面、重点提高服务深度为重点。

第三个阶段（2014年1月至今）以定制资源和推广为重点。课件资源将按照用户需求，细分成专业化、个性化的高附加值资源。按每年建设3～5个专业的专业科目，20门左右公需科目分步骤实施。

经过三个阶段，平台目前拥有16个专业327门专业课和262门微课件，资源门类齐全，涵盖信息、装备、新材料、金融财会、能源、管理、小语种、职业素养、社会工作、建筑、交通、法律等多个专业，资源形式多样，包括视频公开课、三分频课件和微课等多种形式，为广大学习者提供了多种选择。他们不仅可以按自己的专业进行学习，也可以根据个人兴趣进行深造，真正做到了各取所需。

通过上述四条举措，我校国家级专技基地资源建设取得了长足的进步。

综上所述，继续教育示范基地在资源技术服务上确实对国家级专技基地有很好的参考和借鉴作用，如果说前者是在理论上开辟了继续教育新的方向和路线，那么在专技基地建设上则充分把理论接地，尤其是基于云计算服务的建设内容实质性地把理论变成了一串串丰硕的实践成果。

第四节 继续教育示范基地资源技术服务典型案例

服务行业服务企业是继续教育示范基地发挥作用的主要示范作用之一，特别是围绕行业和企业人才培养，精心开展教育培训项目。作为培训组织工作的重要一环，就是发挥资源技术在培训中服务的作用，特别是运用云计算服务开展远程培训服务和线下服务相结合，使培训对象能有效克服工学矛盾，克服时间紧张等多类客观问题。本节将用两个典型案例来诠释如何运用资源技术来服务行业和企业培训人才。

表 8-2　继续教育示范基地培训与一般远程培训比较

	继续教育示范基地的远程培训	一般远程培训
课程安排	基地研修与网络研修相结合，解决实际教学所需	集中在某一时段统一学习
课程内容	可根据学员层次与需求，定制专属课程	课程一般为购买，内容难以调整
课程设计	立足本土化的教学需求	以引进、购买课程为主
课程呈现	灵活多样的网络研修呈现模式	讲座为主，形式较固定、单一
授课专家	定期邀请省内外企业和行业知名专家	缺少系统的组织
研训方式	直播＋录播，可与授课专家在线互动与交流	观看录播课程为主
培训组织	线上线下相结合，专家与学员、学员与学员沟通无阻	在线学习为主
学习方式	通过 PC 端或移动端均可在线学习	以 PC 端访问学习为主
学习记录	与湖北省专业技术人员数据库打通，可跟踪记录教师学习轨迹	学习记录无连续性

通过表 8-2 中的对比，我们发现借助于非学历继续教育平台，可以有效地弥补短期培训的弊端，同时也克服了一般远程培训的不足，形成了线上和线下培训双管齐下的氛围。

一、服务行业的典型——物联网及云计算技术在产业中的运用高级研修班

物联网是新时期我国经济社会发展的战略性方向，发展物联网对拉动有效投资和促进信息消费、推进发展方式转变和小康社会建设具有重要支撑作

用。从全球范围看，物联网正推动新一轮信息化发展浪潮，众多国家纷纷将发展物联网作为战略部署的优先行动领域，作为抢占新时期国际经济、科技和产业竞争制高点的重要举措。近年来，我国物联网创新取得显著进展，完整产业链初步形成，应用服务水平不断提升，电子商务、软件外包、云计算等新兴业态蓬勃发展，相关保障逐步加强，但我国物联网仍然存在应用服务不够丰富、技术原创能力不足，特别是物联网领域人才培养缺口巨大等问题，亟须得到解决。根据《2006—2020 年国家信息化发展战略》《关于推进物联网有序健康发展的指导意见》(国发[2013]7 号文件)和《教育部 2015 年工作要点》的总体要求，学院特制定《物联网工程师 E 行动实施方案》，旨在加强战略引导和系统部署，推动我国物联网人才快速健康发展，力争 3～5 年内把联盟发展成为在物联网行业有影响的终身学习机构。在发展过程中，不断通过知识产权保护，形成在中国乃至世界有影响力的物联网工程师培训品牌。

(一)发展目标

(1)建立开放共享的数字化物联网工程师培训资源体系，各类信息数据库和服务平台不断完善，促进信息资源的共享。

(2)每年培养高端物联网人才 70 名，中职以上物联网师资 50 人，利用平台开展在线物联网培训 2000 人次，提升项目应用效益。

(3)加强互联网技术为物联网工程师培训教学、培训管理及学习型社区建设服务，逐步形成区域物联网人才信息化公共服务体系，开发培训教具 10 套，专业课程建设 8～10 门。

(二)发展时间表

充分利用现有物联网基础，围绕经济社会发展总体要求和发展目标，加强和完善总体布局，系统解决物联网高端人才知识更新、各级人才培养标准、师资建设、教学环节和教具设计、教学模式设计及校企合作等关键问题，强化技术发展和培训保障，不断提高人才发展整体水平，全面提升支撑经济社会可持续发展的人才储备能力。

1. 全面提速阶段(至 2015 年 6 月底)

重点加强物联网高端人才知识更新工程，完成一期国家级专业技术人员知识更新工程——“物联网及云计算技术在产业中的运用”高级研修班(人力资源与社会保障部)，培养高级人才 70 名。

2. 推广普及阶段(2015 年 6 月—2015 年 12 月)

重点在继续推进物联网工程师和教育部国家级中等职业学校骨干级教师培训招生的同时，加快物联网工程师培训覆盖范围和规模，深化应用普及，计划师资培训 50 名，线上各类培训 2000 人次。

3. 优化升级阶段(2016 年 1 月—2016 年 9 月)

重点推进物联网人才培养方案优化和技术演进升级，物联网人才质量、应用水平和人才对物联网产业支撑能力达到国内先进水平。

(三)重点任务：推进物联网高端人才知识更新，培养高素质专业人才

(1)研修目的和作用：了解物联网及云计算技术国内外发展状况，研究和探讨物联网及云计算技术的产业运用，体会该技术在智慧城市、智慧建筑、智慧工业、智慧 IT 运维管理行业的实际运用案例，推动我国物联网及云计算技术产业的快速发展。

(2)研修内容和方式：精心设置高级研修项目课程，邀请权威专家授课，采取主题报告、专题研讨、学术交流、现场教学等多种有效方式进行研修。

(3)培训对象：具有中高级专业技术职务(或职称)的全国各省专业技术人员或管理人员 70 名。

(4)教学模块(见表 8-3)。

表 8-3　物联网教学模块

第一天	08:30—08:45	开班典礼
	09:00—12:00	世界物联网及云计算技术的发展状况
	14:30—17:00	综合远程监控管理技术的发展趋势
第二天	08:30—11:30	音视频技术的发展趋势
	14:30—17:00	智能图像分析技术的发展状况
第三天	08:30—11:30	无线物联网技术的发展状况
	14:30—17:00	物联网及云计算技术在智慧城市的运用
第四天	08:30—11:30	物联网及云计算技术在智慧建筑的运用
	14:30—17:00	物联网及云计算技术在智慧工业的运用
第五天	08:30—11:30	物联网及云计算技术在 IT 运维管理的运用
	14:30—17:00	演示及体验
第六天	08:30—11:30	交流会
	14:30—17:00	结业典礼

(四)以教育部国家级中等职业学校骨干级教师培训为抓手，促进物联网师资建设

1. 培训目标

通过培训，参加培训的教师的政治思想和职业道德水准、专业知识与专业技能、学术水平、教育教学能力和社会实践能力等方面的综合素质有显著的提高，成为具有高素质、高水平，具有终身学习能力和教育创造能力的国家级骨

干教师。

培养骨干教师及时了解国内外最新的教育教学理念，了解教学的发展趋势，熟悉掌握先进的教学方法，提高教学基本技能。

在教学实践中起到骨干带头和示范辐射作用，整体提高教师的业务能力，使教师进一步树立终身学习的观念，自觉提升自己，带动学校教师队伍，实现学校、教师共同成长的远景。

2. 培训形式

培训采取集中培训和企业实践交替的方式进行，实行小班教学、分组训练，每个培训班 50 人左右。

3. 培训安排

培训主要包括四方面内容。

(1)教育理论与教学方法、师德建设(80 学时左右)。学习国家职业教育政策、爱岗敬业、献身教育、更新观念、努力创新、提高教师的思想政治素质和职业道德水平。学习先进职业教育理论与教学方法、现代教育技术手段、分组研讨职业教育教学研究方法等。

(2)专业知识与技能训练(160 学时左右)。学习本专业领域的前沿理论知识、先进技术，进行专业技能训练(两节理论课＋两节上机实践课)。

(3)分组研讨与教学演练(80 学时左右)。总结专业培训和企业实践情况，进行教学方法训练，组织教学研讨与交流，开展备课、说课及教学演练等活动。

(4)企业实践活动(160 学时左右)。了解企业组织方式、技术、岗位规范、管理制度、企业文化等，进行关键岗位实践和技能训练，增加生产实际经验。

(五)建设物联网工程师远程培训云平台，加快项目信息化水平

1. 自主开发的物联网人才远程培训系统

(1)课程介绍、会员、通知公告、国家相关政策、行业新闻、后台管理、平台介绍；

(2)会员：注册、登录、选课、缴费、学习、证书；

(3)后台管理：发布课件；每个会员听课时间统计；会员统计；

(4)远程学习：在线听课；远程互动；

(5)远程试验：3D 仿真；

(6)3D 远程监控操作体验中心：PC 网站直接控制；

(7)多媒体教学课件；

(8)试题库在线模拟；

(9)移动终端下载 APP，资料下载。

2. 制作开发物联网工程师系列课件

目前已经完成“综合远程监控管理技术”(64 学时)，未来将根据项目发展

需要录制8～10门物联网专业课程，投放平台进行资源共享。

3. 开发系列物联网工程师培训专用教具

免费对购买教具的单位和个人进行物联网设备培训。

4. 创新教学模式，制订培训标准，促进学习方式的变革

以教师指导为主导，学生自主学习为主体，由师生共同合作完成学习任务。逐步推进学校课程管理和创新，引进MOOCS、微课等教学技术，满足学生多元化、个性化学习需求，形成基于网络开放、互动、共享的信息化教育模式，促进学生学习方式的变革。2015年项目启动，2016年平台上线试运行。

（六）项目取得的成绩

1. “物联网工程师E行动”在线平台

基于物联网人才实训系统的“物联网工程师E行动”在线平台是一个功能完善的培训平台，学员通过平台学习不仅可以系统地掌握物联网知识，更能通过3D远程监控操作体验中心深度感知物联网系统全方位运用，从而加深对物联网知识理解和深化。

2. “物联网工程师E行动”在线资源

专业公开课10门，教材1套，辅助学习微课262门，其他相关课程视频37门。

3. 培训评价

该培训班已于2015年5月12日开班，培训学员反映良好(见表8-4)。

表8-4　对培训班的评价

评价项目	评价内容	优秀率%
教学评价	教学内容	91.40%
	教学水平	91.40%
	教学模式	84.30%
服务管理评价	组织管理	95.70%
	后勤保障	95.70%
	服务水平	100%
	学员满意度	97%

4. 物联网工程师培训宣传片

制作了高清物联网工程师宣传片一部，时长5′50″，共分“物联网，感知世界”，“新兴学科，感知人才”和“智能物联，感知未来”三部分，画面精美视野开阔，令人震撼！

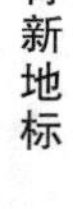

二、服务企业的典型——咸宁市民营企业高管人才研修班

民营经济是公有制经济的有益补充，对我国 GDP 的增长、市场经济的活跃以及国家税收的增长有着不可磨灭的贡献。如何促进民营企业的健康发展，提升企业经营者的综合素养，成了当今政府部门发展经济时需要面对的一个问题。湖北省人力资源与社会保障厅联合华中科技大学建立民营企业家培养培训基地，旨在重点培养民营企业发展骨干技术人才和企业高管，从而促进民营经济的健康持续发展。基地主要职责是承担湖北省民营企业家培训项目，通过发挥云计算技术来开展包括专家师资库、在线学习平台和培训资源建设等任务。

(一)研修班发展情况

改革开放 30 多年来中国民营经济实现了飞跃式发展，成为支撑中国发展的基础性力量，特别是在面临金融危机的不利影响时，中国民营企业家加快转型升级，积极稳妥布局，走出去，充分利用两个市场、两种资源谋求发展，显示出蓬勃生机和强劲活力。

为保障民营企业能健康可持续规范发展，在湖北省人社厅的指导下，学校与咸宁市委市政府、咸宁市人社局合作开办了两期咸宁市民营企业高管人才研修班。通过对民营企业高层管理人员培训，不断提高企业领导班子的知识水平，增强企业经营管理人员战略思维能力、资本运营能力、技术创新能力和现代企业管理能力，加快培养造就一支熟悉市场运行规则、具有战略眼光、市场开拓精神的优秀企业经营管理人才队伍，推进咸宁市企业创业创新和经济转型升级。

研修班按照企业发展要素制定科学合理的培训课程，注重宏观战略与微观经济结合，现代管理与传统文化并存，围绕企业战略、资本运营、领导艺术、思维创新、人文修养、企业文化建设等方面的知识进行全面系统培训，着力解决企业发展过程中出现的战略选择、资金营运、公司管理等制约企业发展的内在因素，提高企业战略决策、风险应对和管理运营能力。研修主要采取课堂授课、分组讨论、实地参观，线上辅导和答疑等形式。课堂的管理采取专业化服务的模式，针对学员、授课教师分别实施专业化服务，在餐饮、住宿、报到接待环境设计、报到接待车辆调遣、报到接待语言问答、报到接待住房安排等细节方面，均采取统一标准化模式，并结合学员个人特点灵活处理。在教学组织和管理环节，严格按照企业模式操作，在实践制度化、制度流程化、流程规范化上下足功夫。

两期研修班学员们均反映培训课程设置针对性强，培训内容新，信息量大，教师构成全面，教学水平高，教学过程注重学员的线上和线下沟通互动，后勤服务细致，参加培训对提高自身的管理与知识水平大有裨益，达到了预期目的。

（二）培训优势

1. 系统的课程体系和课件资源

课程设计是以民营企业所面对的机遇和挑战以及发展目标为基础，以培养民营企业在发展和传承中所需要的各种能力、文化、价值和素养为目标。课程体系设计具有较强的科学性、系统性、针对性、实用性和前瞻性，内容标准、规范，对各类培训具有一定的指导和示范作用。围绕研修班，继续教育示范基地投入专门经费建设了包括清洁能源、太阳能光伏系列课程、领导力和社会创新等课件资源，极大地满足了民营企业培训的要求。

2. 优质的师资资源

充分利用华中科技大学教育品牌优势，根据民营企业家培训特点，按照“实战为主、兼顾理论”的原则，整合国内外一流的师资资源。所选师资在华中科技大学培训体系中都具有良好的教学评价(综合评价是优秀等级的)。线上开展培训学习、交流互动和测评并建立师资评价体系，实行教师准入与退出机制，以确保课程的质量和水平。

3. 专业化培训服务

以企业家为服务中心，以满足民营企业培训发展需求为服务宗旨，以“高标准、高效率、高品质”为服务目标，坚持标准化服务流程、精细化管理方式，组建专业化培训团队，提供专业化培训服务，打造一流培训品牌。

（三）实施情况与效果

1. 培训体系建设(见表 8-5)

表 8-5　培训体系建设

序　　号	培训类别	培训方向
1	经济管理	企业管理、金融、投资等
2	电子信息	软件开发、数字媒体、通信技术等
3	工程技术	装备制造、现代物流、建筑施工等
4	能源环保	新能源与节能、节能与环保等

2. 培训体系实施

(1)培训规划——科学规划，保障研修顺利展开。

扫一扫，观看物联网培训项目宣传片

扫一扫，了解咸宁“企业高管人才研修班”培训内容

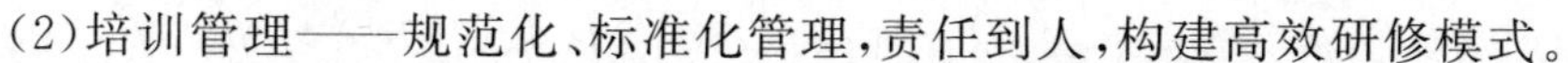
(2)培训管理——规范化、标准化管理，责任到人，构建高效研修模式。

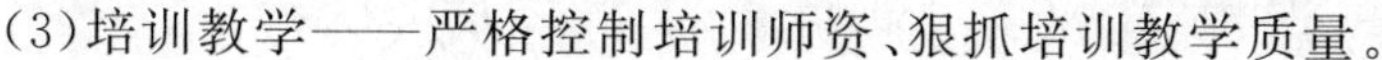
(3)培训教学——严格控制培训师资、狠抓培训教学质量。

经过分析《教学质量反馈表》《研修服务质量反馈表》和班主任每天与学员沟通交流的情况可知：学员对培训教学质量一致反映很好。97%的参训学员普遍认为知识时效性“好”，98%的学员认为课程内容创新性“强”、教师授课水平“优”、听课受益度“优”。

(四)展望

“好风凭借力，送尔上青天”。继续教育示范基地借助云计算技术建设培训平台、课件资源和课程体系，以线上和线下相结合的方式开展各类培训，不仅全面提升了湖北省民营企业家培养培训质量，而且充分满足了企业不同层次的培训需求，真正发挥了为企业发展助力的作用。

泛泛数言，不一而足。两个典型实例的介绍窥斑见豹，服务行业服务企业是继续教育示范基地发挥作用的主要示范作用之一，通过云计算服务开展远程培训和线下不仅延伸了课堂上培训的效果同时加强了培训对象(教师与学生、学生与学生、教师与教师)互联互通，构建出一个新型的社交网络(SNS)，为扩大继续教育示范基地培训事业的发展另辟新径，意义非凡。

第五节 继续教育示范基地资源技术的专业化服务能力

“云深不知处，只在此山中”。继续教育示范基地在建设过程中积累了海量的资源，如何发挥这些资源使用的效率，这对资源技术的服务能力提出了更高的要求。基地以打造品牌“ALL FOR YOU”为抓手，围绕用户满意为中心，重视细节和过程，把职业化和专业化建设落在实处，取得了良好的效果。

“ALL FOR YOU”——继续教育示范基地资源技术的服务品牌，可以解读为所有的资源、所有的技术、所有的人员，一切全心为您！口号简洁明了，结合远程教育“online”的特点，充分体现了资源技术“服务不下线”的特性，在展示服务态度的同时，也体现了资源技术员工时刻准备着为所有对象提供服务的敬业精神。员工们清醒地认识到，只有不断地重视服务对象，持续满足并超越服务对象的要求，才能使团队得以生存。资源技术作为继续教育的支撑，其服务容易停留在被动服务、表层服务、经验式服务的层面，要达到专业化服务的要求，必须上升到主动服务、内涵服务、体验式服务的水平。

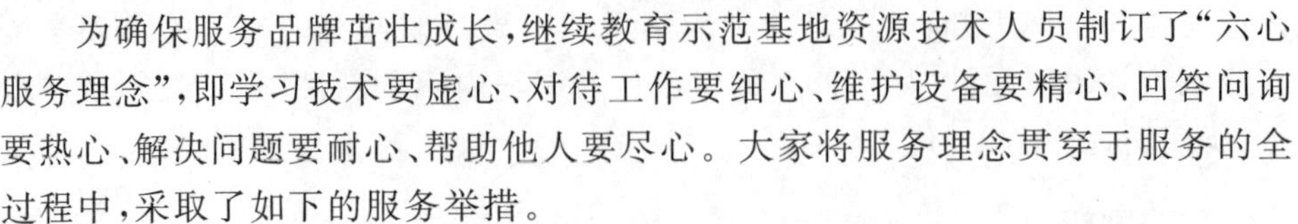

一、继续教育示范基地资源技术服务品牌

为确保服务品牌茁壮成长，继续教育示范基地资源技术人员制订了“六心服务理念”，即学习技术要虚心、对待工作要细心、维护设备要精心、回答问询要热心、解决问题要耐心、帮助他人要尽心。大家将服务理念贯穿于服务的全过程中，采取了如下的服务举措。

(1)定一个“调子”，理清服务思路。要达到专业化服务的要求，必须从以往的被动服务、表层服务、简单服务、单一服务、多段式服务、经验式服务的层面，上升到主动服务、内涵服务、体验式服务、全方位服务、一站式服务、规范化服务的水平。

(2)树一只“靶子”，制订服务承诺。制订了相应的服务承诺，共十项，涉及工作的各个方面；完成了服务承诺上墙的工作，接受大众的监督。

(3)用一把“梳子”，规范服务行为。“靶子”确定以后，又用“梳子”仔细地梳理服务过程和服务管理思路，理顺各项工作之间的关系和上下工作的接口，清理并评估现有工作中存在的问题。整理、更新工作相关管理制度 20 条，制定规范工作流程图 8 个，所有工作都规范化，流程化，极大地提高了工作效率。

(4)钉一颗“钉子”，明确服务职责。“钉钉子”就是明确服务工作职责、确定管理要求的过程，目的就是要做到“板上钉钉，稳固有效”。根据工作实际，重新审定了业务管理范围和员工的岗位职责，使管理职责和个人的岗位职责更加明晰。

(5)搭一座“台子”，夯实服务基础。专业化的服务要靠专业化的团队来实施，基地资源技术人员充分利用已有资源，搭建一个学习锻炼的“平台”，通过“平台”打造内外兼修的“学习型团队”，提高员工的专业化服务水平。先后聘请多位技术专家开展专题讲座，在全院取得了不错的反响；为使员工都能从小事做起，养成事事“讲究”的习惯，从而达到提升整体服务质量的目的，借鉴了日本一种比较优秀的质量管理方法——“5S 管理”，即整理(seiri)、整顿(seiton)、清扫(seiso)、清洁(seiketsu)、素养(shitsuke)，对营造服务氛围以及创建良好的服务文化起到了显著的效果。

(6)拿一把“尺子”，注重服务质量。专业化服务不应该仅仅停留在口号上，也不是做了就可以的，服务的质量和服务的效果如何，必须有一把度量的“尺子”。严格工作计划与实施，利用信息化手段(如在 OA 系统上填写工作日志)等方式自查督查。通过详细的工作记录，量化工作考核指标，通过相应的数据分析，进行内部审核和管理评审，提高服务工作的有效性。内部评价和外部评价相结合的服务质量评价反馈机制基本建立。

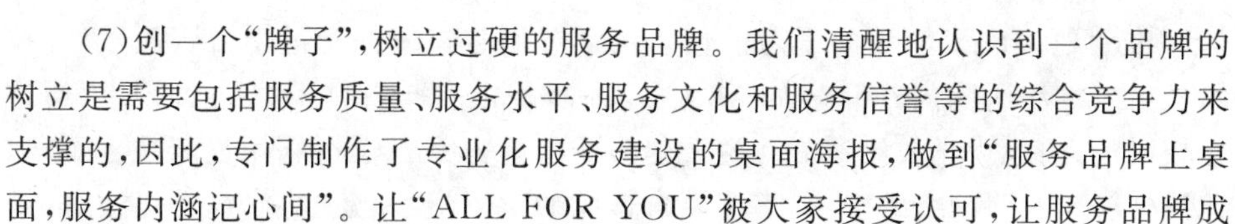

(7)创一个“牌子”,树立过硬的服务品牌。我们清醒地认识到一个品牌的树立是需要包括服务质量、服务水平、服务文化和服务信誉等的综合竞争力来支撑的,因此,专门制作了专业化服务建设的桌面海报,做到“服务品牌上桌面,服务内涵记心间”。让“ALL FOR YOU”被大家接受认可,让服务品牌成为员工实现自我价值的载体,助力继续教育示范基地的发展。

二、继续教育示范基地资源技术服务能力——主动服务

改变过去被动服务的局面,主动根据个人岗位实际,提出改进服务的意见、建议,在服务学员、帮助学员解决问题的时候,资源技术员工都能借沟通的机会,主动地和学员交流,开展总结提炼和前瞻性思考,把服务工作做到问题的前面。在服务过程中,员工们都能积极参与,主动服务,勇于担当。例如,在教师、站点服务群中,资源技术员工 24 小时在线,对于非技术层面的问题也能主动问询,缓解教师或站点工作人员的情绪。他们扎实的工作和主动服务的态度得到了学员、教师和合作部门的一致认可。

三、继续教育示范基地资源技术服务能力——内涵服务

在学习资源建设中,资源技术员工深度参与,建立资源建设规范,以资源编导者的身份,引导教师和制作人员细化教学设计,以多角度多媒体分层次呈现学习内容,吸引学生学习兴趣。在国内率先提出了建设资源包的设想并将其作为正式出版物发行;随着移动学习的出现,改造原有资源,出版发行移动资源包“e 本沃能”。在平台和系统建设中,资源技术员工作为新技术的跟随者和倡导者,帮助业务部门与时俱进的推出新功能,完善继续教育服务体系。为确保各类教育教学业务线上服务的规范性,作为学院各类业务流的串接者,资源技术员工主动剖析关键业务环节和关键流程,提出相关解决方案供业务部门参考。

四、继续教育示范基地资源技术服务能力——体验式服务

在资源建设、平台建设和系统建设中,资源技术员工潜心研究如何提供“以学生为中心”的服务,力求将最新的技术、最好的设计奉献给服务对象。在上线的 SNS 学习平台中,搭建虚拟学习社区,让学员之间可以互相关注并组成学习小组,消除学员在网络学习中的孤独感。引入了游戏中的竞争元素,将学生的网上提问、论坛发帖、学习笔记、作业等记录累计积分,形成“学习达人

榜”，极大地调动了学生的学习热情。为学习借鉴国内外先进学习资源，资源技术员工自觉注册国内外有名的MOOC课程，积极参与并体验学习者需求，通过比较讨论，内化为学校继续教育资源建设的实施方案。学校利用最新技术手段，建设多层次、碎片化、跨平台、多终端自适应的学习资源，建立全方位一体化的继续教育学习与服务解决方案，以适应继续教育业余从业者的学习需要。

继续教育示范基地资源建设一路走来，风风雨雨，既取得了累累硕果也走了一些弯路和出现了一些问题。主要存在以下问题。

(1)资源建设的标准化与国际化。由于国内对资源建设的标准不统一，目前大部分课件虽然满足SCORM标准但不少课件亟须改造，质量有待完善；国际化课件特别是MOOC建设更是刚刚开始，与继续教育示范基地的众多成员高校办学实力和地位严重不符，任重而道远。

(2)资源建设理论不足，滞后技术手段的发展。目前国内外资源建设理论发展迅猛，可汗学院、翻转课堂、MOOC、大数据等多项技术手段更是日新月异，这些教育理论在基地资源建设的实践中还体现的不够。

(3)资源建设的体制和激励机制不够，学校对继续教育资源重视程度和专业教师的积极性还要提高。继续教育不同于传统的全日制教育，由于受众的范围和层次参差不齐，因此对课件资源建设提出了更高的要求。在建设实践中，很多继续教育示范基地的成员高校的教师更多的精力投向了科研和全日制教育，加上体制束缚，很多时候教师在资源建设中工作量不被所在院系承认，同时由于财务制度局限，教师的积极性很难提高，因此迫切需要改变现有体制，建立有吸引力的激励机制。

(4)资源建设力量比较单薄，从长远来看偏重管理职能的资源技术队伍会成为资源建设的短板。

由于历史原因，继续教育在相当长的时间被定位于管理部门，专职的教师队伍没有，而资源技术建设队伍更是不齐备。随着技术的发展，在“互联网＋”时代开展资源建设，这对从业者提出更高的专业技术要求，同时由于事业单位的局限，继续教育示范基地成员高校很难从社会上引进合格的人才，有时甚至出现培养成熟一个即被企业挖走跳槽的现象，资源建设队伍单薄的情况很难改变。

“这是最坏的时代，也是最好的时代”。当下的神州大地，继续教育既面临着巨大的发展前景也面临着空前的严峻考验。继续教育示范基地在资源建设的过程中也面临着“To be or not to Be”的抉择。杜牧有诗云：“远上寒山石径斜，白云生处有人家”，只要基地坚持以云计算服务为代表的资源技术引领，坚持为大众提供高质量实用的优秀课件资源，坚持发挥基地的正能量示范作用，必然会迎来“待到山花烂漫时，她在丛中笑”的美好未来！

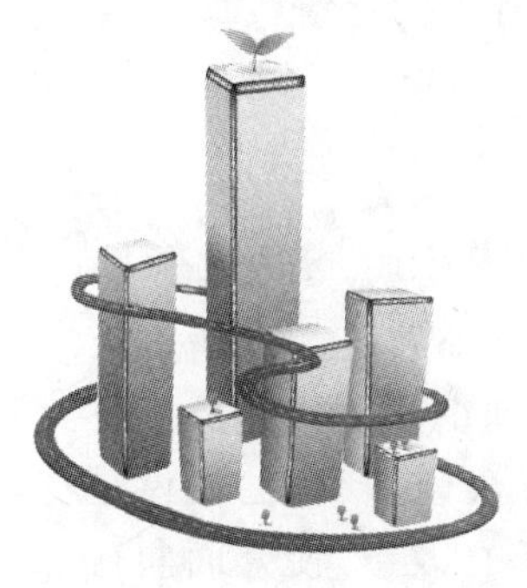

第九章 继续教育示范基地建设之空间无限——未来展望

建立在原初教育基础上的继续教育，已成为终身教育体系的重要组成部分。科技发展与产业升级的现实背景、加快继续教育发展的政策红利、高校资源扩充和对继续教育的重视程度增加等因素为继续教育示范基地的发展开拓出了广阔的空间。本章将在充分讨论高校继续教育示范基地发展所面临的环境和困难的基础上，从国家层面和高校层面上对示范基地未来发展作出展望。

第一节　继续教育示范基地建设的未来环境

传统的封闭式、一次性教育形式已经远不能满足社会教育需求，继续教育在建设人力资源强国与创新型国家的进程中具有重要的战略意义。建设创新型国家及教育强国的政策背景为继续教育示范基地的发展提供了优越的大环境，互联网教育的出现、“一带一路”的提出、“大众创业万众创新”的倡议更是为继续教育发展带来新的生命力。为此，推进继续教育综合改革，使其面向行业和区域提供高质量的学历与非学历继续教育，成为一项紧要的任务。

一、“互联网+”为基地建设带来新活力

互联网是各行各业升级发展的催化剂，教育也不例外。中国国家发展战略提出要在2020年基本实现教育现代化，大力促进教育公平，要构建信息化手段，扩大优质教育资源覆盖面的有效机制，逐步缩小区域城乡校区的差距。这一决定充分肯定了信息技术网络在促进教育公平、更好地配置教育资源方面的作用，无疑为教育发展指明了方向，也肯定了互联网教育的地位。近年来，基于互联网发展的新型教育形态正风靡全球，其快速发展立刻获得了互联网巨头和资本市场的青睐，随着用户对碎片化、多样化学习需求的出现和增加，互联网教育越来越被用户所接受和喜爱。在技术条件日益成熟的情况下，国内互联网教育领域也开始呈现出一派热火朝天的创新景象，从MOOC的普及到智慧课堂、翻转课堂的出现，纷纷掀起了教育界的技术革命。互联网教育被人们看作是继互联网金融后又一潜力产业。数据显示，2004年中国互联网教育市场规模达到了143亿元，2012年已达723亿元，预计到2015年末有望达到1745亿元。[①]

对于继续教育示范基地而言，随着移动互联网、大数据、云计算等技术的发展，学员们接收与反馈教育信息的方式会发生巨大变化，学习思维也因此转变。

（一）互联网为继续教育思维带来新活力

进入2013年后，大批关于互联网教育的公司和企业突然涌现。据统计，

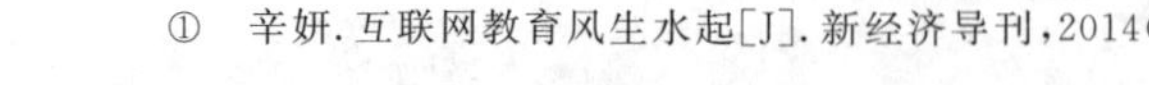

① 辛妍. 互联网教育风生水起[J]. 新经济导刊，2014(Z1).

每天新增的互联网教育公司就达到了2.6家。[①] 互联网教育具有开放、包容和跨界等特点，它不仅会改变继续教育的运作模式，也会使得整个继续教育思维产生较大变革。有了互联网的继续教育思维就像被激活了一样，从教学到管理再到监管，各个环节都可以将互联网融入其中。从教学来说，互联网的加入旨在通过交流、研讨、协商与协作等活动，建设具有中国特色的、高水平的课程平台；从管理和监管来说，互联网可以使得继续教育管理工作的各个环节更加透明、连贯，管理的手段更加灵活、现代化。

(二)互联网为继续教育内容带来新活力

互联网教育的本质是教育，而教育的核心是教育内容和资源。教育资源作为一种有限的经济资源，如何优化配置越来越成为人们密切关注的问题。以现代信息技术为支撑的互联网教育可以使教育资源不受时空限制地迅速流通，给教育的发展带来无限生机。说到底，加入互联网后，继续教育拼的就是优质的教学内容和丰富的教学资源，没有雄厚的专家队伍，没有专业的教育内容的提供，就很难形成互联网教育时代强大的竞争力。

(三)互联网为继续教育方式带来新活力

互联网为继续教育教学方式的创新和变革提供了广阔的技术空间和技术环境，目前，很多继续教育示范基地正尝试以信息化为引领，逐步变革继续教育的教学方式，创新支持服务模式，努力建设和整合各类网络精品课程、模块化课程、微课程等新型优质数字化资源，促进高校优质教育资源向社会开放，还在逐步建设一批基于联盟平台的综合性、行业性继续教育数字化资源中心及公共学习服务平台，这些创新成果的研发和应用提高了基地建设的效率、促进了基地教学方式的多元化发展。这些都是互联网为继续教育教学方式带来的发展红利。

然而，我们对于互联网带来的福利并没有充分利用。从教育产品来看，当前的在线继续教育产品，基本上只做到了“互联网＋教育”，或者“互联网×教育”，未来更具颠覆性的产品应该是“互联网÷教育”，即用互联网解构传统学习模式与教育体制，并且重新制定一套新的教与学互动模式，这将改变人类几千年以教师为中心的授课模式；[②]从教育服务来看，继续教育应当在更大程度上由“以教师为中心”转向“以学生为中心”，为学生提供全方位、个性化、持续的学习服务，克服在线教育互动性不够、代入感不强等问题，这是未来教育发

① 辛妍．互联网教育风生水起[J]．新经济导刊，2014(Z1)．

② 互联网教育：玩法与困境[EB/OL]．2013-06-20．http://www.huxiu.com/article/15958/1.html．

展的必然趋势。

二、"一带一路"为基地建设送来新机遇

推进"一带一路"建设，将为实现"两个一百年"奋斗目标开拓新局面、创造新机遇，为实现中华民族伟大复兴的中国梦增添新动力、营造良好环境。"一带一路"战略的实施一方面将有效盘活国内生产要素、优化经济空间格局、拓展国际市场，从而为中国经济高速增长提供持续动力。另一方面可以为中国和相关国家分享新一轮经济全球化红利搭建重要平台，信息技术的普及和全球价值链的深化成为新一轮经济全球化的重要推动力量，世界各国相互依赖和利益交融程度进一步加深。受国际金融危机影响，全球经济缓慢复苏、发展分化，国际投资贸易格局和多边投资贸易规则正酝酿深刻调整。世界各国迫切需要开展更大范围、更高水平、更深层次的区域合作，打造开放、包容、均衡、普惠的区域经济合作架构。"一带一路"战略致力于亚欧非大陆及附近海洋的互联互通，建立和加强沿线各国互联互通伙伴关系，构建全方位、多层次、复合型的互联互通网络，实现沿线各国多元、自主、平衡、可持续的发展。[①]

"一带一路"这一开放性和包容性兼容的发展理念和国际合作发展模式的提出，为继续教育发挥独特教育形式优势、为各示范基地利用自身的区域优势拓展外向型发展，以及进一步深化建设提供了新的战略方向和战略支点。

(一)"一带一路"为继续教育示范基地的区域化合作共赢指明道路

在"一带一路"倡议中，互利共赢是一个非常重要的原则，也是合作可持续的前提。因此，在宏观环境营造、项目选择、投资方式、运营模式、保障机制等方面，都会把降低风险、提高收益作为重要考虑的因素，并采取一些切实可行的措施，呼吁不同发展主体规划间的衔接和融合，倡议签署高水平的双边和多边合作等。[②] 面对"一带一路"为我们创造的机遇与挑战，继续教育示范基地教育理应坚持走合作化教育发展道路，采用"联合发展、开放化、多样化"战略，统筹推进相互间的战略联盟，集中优势资源，通过人才培养模式的创新和教育竞争力的综合提升，切实增强继续教育示范基地服务区域经济和社会发展的能力。

不少示范基地受到"一带一路"发展战略的启发，构建起了立足于服务区

① 为实现中国梦增添动力、营造环境 "一带一路"：实现百年梦想的重大部署[EB/OL]. 2015-06-11. http://news. xiancity. cn/readnews. php? id=227039.

② "一带一路"，激活区域发展潜力[EB/OL]. 2015-05-14. http://theory. people. com. cn/n/2015/0514/c40531-26998255. html.

域经济社会发展的继续教育办学体系。以华中科技大学为组长单位的示范基地中部地区组五所高校，以助推“中部崛起”为方向，建立了服务于具有区域特色支柱产业的继续教育办学服务体系。江南大学通过与无锡、太仓、丹阳、江阴等地总工会合作，构建了区域职工教育培训体系。西藏大学在拉萨、日喀则、山南、昌都、林芝、阿里地区分别成立了继续教育中心，构建覆盖西藏全区的继续教育服务体系。为了服务于西部大开发战略，清华大学、四川大学、西北大学、西南科技大学、浙江大学等高校紧密结合西部经济社会发展所需，积极把高校优质教育资源向西部地区输送，以培养重点行业骨干人才为抓手，培养了一大批“留得住、用得上”的高层次应用型人才。

(二)“一带一路”为继续教育示范基地的国际化开放发展搭建平台

“一带一路”东起发展势头强劲的东亚经济圈，西至发达的欧洲经济圈，连接起一条纵贯东西的巨型经济带，必将成为世界上跨度最长、最具活力、发展前景看好的经济走廊。[①] 这也为继续教育国际化向更深层次发展提供了平台。

西北大学专门成立了“丝绸之路研究院”，就“丝绸之路”相关领域开展协同创新研究和短期培训。浙江大学承办了“丝绸之路经济带建设高级研修班”，各省(自治区、直辖市)发改委和对外合作等“一带一路”项目相关部门的66位分管领导参加了研修学习。中国石油大学(华东)与中石油共建“中亚培训中心”，发展新型继续教育，支持“丝绸之路经济带”发展，直接服务于国家海外石油发展重大战略。

三、“大众创业、万众创新”为基地建设传来新思路

“大众创业、万众创新”是治疗传统发展动力减弱的中国良方，更是推动中国经济发展调速不减势、量增质优，实现中国经济提质增效升级“双引擎”中的重要一擎。[②] 这一方针的提出和贯彻很有可能推动形成继20世纪80年代“个体户”创业潮、90年代“网络精英”创业潮之后中国改革开放以来的第三次大面积的创业潮。那么应该如何全面推动大众创业、万众创新？本文认为应当从以下三个方面入手：一是将政府出台的各项法规及政策措施落实到位，支持创业创新；二是继续优化市场环境，创造一个公平、正义的市场环境，使大众创业更加顺畅；三是要改善教育服务，优质的教育服务可以为创业和创新提供坚实的人才基础。那么继续教育在这中间可以发挥什么样的作用呢？

---

① “一带一路”：实现百年梦想的重大部署[EB/OL]. 2015-06-11. http://hb.people.com.cn/n/2015/0611/c194063-25198151.html.

② 熊思东. 大众创业、万众创新中的大学作为[J]. 群言，2015(4).

(一)继续教育为大众创业、万众创新解决育人问题

大众创业,教育先行;万众创新,文化先行。人是创业创新最关键的因素,创业创新关键是要发挥千千万万中国人的智慧,把"人"的积极性更加充分地调动起来。必须充分尊重人才、保障人才权益、最大限度地激发人的创造活力,吸引和激励更多人投身创新创业,让人们在创业创新中不仅创造物质财富,而且也实现精神追求和人生价值。没有创新的人才,不可能有创业的成功;没有创新的教育,不可能有创新的人才。[①] 如果缺少专业能力与基本素质,盲目创新、创业,出现的结果一定不会乐观。继续教育示范基地要在帮助学生构建基本知识体系的基础上着力培育其创新精神,营造健康文明的创新文化,同时也要将创业教育纳入高校教育,切实推动人才培养标准与企业用人标准对接、专业课程内容与职业要求对接,有针对性地培养创新型人才。

育人不仅仅要依靠义务教育、普通高等教育等阶段性教育,继续教育在这其中应当发挥更主动的作用。尤其是非学历继续教育蓬勃发展,可以为社会输送数量巨大的创新创业人才,在经济快速发展、社会转型升级的当下,我们的教育需要对于市场有着较强的敏感度并能够快速对环境的变化做出回应,而非学历继续教育发展的着眼点正好与这些相契合。

(二)继续教育为大众创业、万众创新营造社会环境

不论是创新还是创业,社会环境和社会氛围都至关重要,要营造鼓励大胆探索、包容失败的宽松社会氛围,使创业创新成为全社会共同的价值追求,让大家愿意并且喜欢去创新、创业。要增强大众创业、万众创新的意识和能力,鼓励人们讲道德、重诚信、循法治、守契约,使创业创新成为人们普遍的生活方式,成为社会纵向流动的强大动力。那么继续教育在这个时候就能够发挥积极作用,各继续教育示范基地应当更多开发与创业创新有关的优质的培训项目,一方面给民众的意识逐步植入创新创业意识,另一方面通过教育成果的宣传和辐射效应可以自然地吸引更多民众参与到学习当中,营造热烈的创新创业气氛。

很多示范基地看到了"大众创业、万众创新"为继续教育带来的新的发展思路和路径。如华中科技大学针对创业能力和创新能力的培养和提高开发了外贸进出口职业经理人培训项目,该项目作为学院"教育培训国际化"培养计划的子项目,其培养的重心是就是让培训学员和授权企业在国际市场竞争中

① 实现大众创业创新重在人才"破茧"[EB/OL]. 2015-03-15. http://www.qstheory.cn/wp/2015-03/15/c_1114645302.htm.

共同成长、共同壮大。与传统教育培训不同的是，该项目不以培训班的结业为结束，而是以此为开始，为培训学员提供在校期间跟踪指导的深度培训，在学员需要帮助的时候适时给予指导帮助，达到超越常规培训，对学员进行专业培养的目的。这样使得学员在实践操作中增强信心、发现不足、学会学习，学会理论应用于实践，为其今后自主创业和自主就业积累经验奠定基础。

第二节 继续教育示范基地建设目前存在的问题

一、教育定位需要进一步明确

在开展继续教育活动之前，弄清楚继续教育的定位和目的是至关重要的，高校继续教育示范基地发展应当以“敢想”、“敢先”、“敢为”的精神为指导，着力解决影响继续教育改革发展的各种问题与矛盾，在发展理念上有新高度、在发展原则上有新蕴义、在发展方向上有新突破。

(一)思想认识定位

继续教育示范基地要在发展理念上与国家继续教育战略相统一，发展取向上与国家继续教育发展目标相统一，发展行为上与国家继续教育创新要求相统一。一方面，要树立发展理念。坚持发展为第一要务，坚持发展是硬道理，坚持全面、和谐、科学、可持续发展，开创学校继续教育事业新局面。另一方面，要树立创新理念。创新是继续教育发展的不竭源泉，要进一步弘扬创新精神，在创新中求发展，通过推进观念创新、制度创新、体制创新、机制创新、学科建设创新，解决好继续教育发展中的重大现实问题，破除束缚继续教育发展的不合时宜的观念、做法和体制弊端，扬长避短，突出自身特色，筹划更有利的发展。[①]

(二)基本原则定位

示范基地的发展和规划要确立“三个坚持”原则：要坚持“学历教育与非学

① 毛海英，谢琴，郑玉双.高校继续教育转型发展设计与路径探求[J].中国成人教育，2014(8).

历教育并重”原则，高校要按需办学，适时调整专业课程设置，优化教学资源配置，拓展联合办学点，保证基本办学条件，维持稳定发展；要确立“传统教育与现代教育同步”的原则，示范基地的教育方式要在传承和发扬传统教育的特色与优势的同时，大力发展现代信息技术教育，使学校继续教育在传统教育与现代教育融合中保持稳中有升的发展势头；要坚持“学校教育与社会教育共举”原则，示范基地在开展教学活动时应当将校内理论与校外实践结合起来，在开展校内继续教育的同时，让学员们走出校门，去行业企业体验、实践，锻炼和提高动手能力、职业素养以及专业技术水平，为社会进步、经济发展、科技提升贡献力量。

二、教育质量有待进一步提高

继续教育的教学质量作为整个教学活动效果的最终体现，是继续教育示范基地发展的立身之本。但一方面由于传统教育观念的束缚，另一方面由于继续教育自身的发展局限，国内继续教育示范基地的教学质量水平仍然无法达到传统教育的普遍水平，原因有以下几方面。首先，基地的师资力量还不够雄厚。随着社会经济发展对人才要求的不断提高，继续教育的任务也随之变得愈发艰巨，师资力量紧缺的情况也就显得格外严重，有些基地无法调动高水平教学人才参与到继续教育当中，使得部分课程和班次无法达到最好的教学效果以体现基地的最高教学水平，长此以往，便会使得继续教育教学质量得不到社会的广泛认可。其次，教学与实践脱节。继续教育区别于普通高等教育的最突出特点就是其鲜明的岗位针对性，然而，当前由于部分基地一味地追赶普通高等教育的步伐以及拥有专业实践经验的“双师型”的缺乏，导致在教学环节中缺乏职业岗位的实践环节，失去了个性，削弱了市场变化的应对能力，没有很好地完成从“以教育者为中心”向“以学习者为中心”的转变，将继续教育的教学质量带入了一个盲区。再次，缺乏全面的质量监控体系。没有科学具体的继续教育教学质量评价标准，就没有高质量的教学效果，也就很难培养出具有社会竞争力的学生。

三、教育结构需要进一步调整

国内继续教育示范基地的建设和发展近些年取得了重要成绩，但面临的形势同样严峻。继续教育发展面临的国际和国内环境都发生了很大的变化，继续教育的内涵和外延也在不断地变动，目前多元化的市场情势要求国内继

续教育示范基地必须牢牢抓住非学历教育这个板块，平衡教育结构，拓展继续教育的服务职能。

考察中国继续教育发展历程可以发现，学历继续教育曾经为解决中国普通高等教育供应阶段性不足发挥了重要作用，扮演了补偿性教育的角色，为推动教育的普遍化和大众化做出了不小的贡献，并由此一度促成其规模化发展。但随着中国高等教育事业的快速发展，招生人数的逐年提高，学历继续教育应当逐渐由外延式发展回归到稳定规模、提高质量的内涵式发展道路上来，那么与此同时，随着新知识、新技术的不断涌现，以提高职业技能和创新能力为主要要素的非学历继续教育应当在各示范基地蓬勃发展起来。

四、教育层次还需进一步提升

终身教育、继续教育、学习型社会理念日渐深入人心，继续教育对于大众来说已经不仅仅是获得学历的渠道，而是提高技能的重要手段。继续教育示范基地在科研、师资等方面的资源优于其他的继续教育办学机构，所以应当花更大的力气在高层次继续教育培训上，为社会培养具有较高素质的复合型人才。许多党政机构和企事业组织的领导人也已经逐渐地意识到，要长期地保持自身的社会竞争力处于较高的水平，就要具备比竞争对手学习得更快、更多、更精的能力。这些机构正把高层次继续教育的眼光瞄准继续教育示范基地，寄希望通过高校优秀的师资队伍、良好的校园氛围来为其培养高层次领军人才和骨干精英。如中共江苏省委宣传部委托的“北京大学江苏省‘五个一批’高级人才研修班”，不少参加培训的学员本身就是博士、教授；清华大学继续教育学院坚持大学后继续教育方向，并在此基础上实行了“三高三不”原则，即高层次、高质量、高效益，不再进行成人学历教育、不挤占本科生和研究生紧缺的教育资源、向社会扩展过程中不损害学校的声誉。[①]

通过开展高层次继续教育，示范基地不仅可以将先进文化传播给当代中国社会各阶层，而且还能借助培训的机会传播学校的办学理念和人文精神，从而在更广泛、更深入的层面上引起社会对学校发展的关注和重视，提高学校的社会影响力。但高层次继续教育的开展一定要严格遵守法律法规及政策的要求，不能随心所欲地办学，各项教育活动应在制度化、规范化的轨道上运行。

---

① 吴智泉.高校继续教育发展研究[D].北京：中国地质大学，2006.

第三节 继续教育示范基地建设的展望

一、国家层面

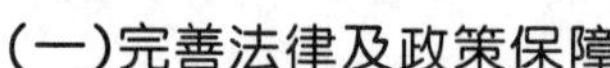

(一)完善法律及政策保障

法律和政策保障是政府角色在继续教育发展中最鲜明的体现,也是国家继续教育管理体系中宏观调控的重要职能。中国在《中华人民共和国教育法》的基础上,相继颁布了《中华人民共和国职业教育法》《社会力量办学条例》《中华人民共和国中外合作办学条例》,各地方政府也颁布了本地的继续教育条例等继续教育相关法律法规。党和政府近些年对继续教育的重视程度空前,出台了《国家中长期教育改革和发展规划纲要(2010—2020 年)》和《国家中长期人才发展规划纲要(2010—2020 年)》,为继续教育实现大发展提供了良好的政策大环境,并且初步指明了继续教育的方向。除此之外,《关于加快发展继续教育的若干意见》《继续教育专题规划》等文件的出台,也为继续教育的进一步发展提供了政策依据。

但从中国继续教育的实际情况来看,法律体系和政策体系都有待完善。完善继续教育体系,有利于加强继续教育的稳定性、连续性和权威性,保证对继续教育人力和财力的投入,使办学规模、经费、编制等适应发展状况的需要,规范继续教育行为。为此,一方面要构建体系完整、结构合理、内容清晰的法律体系,并且要结合自身的情况,制定具体的实施细则和地方性法规,特别是针对继续教育示范基地的实施细则,使得各项法规政策制定落到实处,为继续教育示范基地的法制化运行提供根基,并及时对社会经济的变化做出反应,及时修改和完善法规政策;另一方面要明确规定继续教育在国家社会和经济发展中的战略地位,加强宣传,强化民众对继续教育以及继续教育与社会发展、自身发展之间关系的认识,形成全社会重视继续教育的大环境。

(二)建立统筹管理体制

做好继续教育示范基地建设和管理工作,制度要先行,要建立和完善相应的规章制度;要协调统筹好政府管理、办学单位管理和社会管理之间的关系以及资源、经费和办学之间的关系;要积极探索适应社会主义市场经济的继续教育管理体制和运行机制,建立以市场导向、政府调控、行业指导、单位自主、社

会约束为框架的新机制，强化学校对继续教育的统一管理，理顺社会、学校、办学单位等几方面的关系，将国家利益、单位利益和个人利益有机统一起来，使继续教育走上法制化、规范化的轨道。

第一，要建立行之有效的统筹机构，赋予各层级继续教育统筹管理部门相应的职权和职责，统一领导、分工负责；第二，要将行业企业纳入继续教育的合作伙伴和组织协调机构，并积极为行业企业与办学单位之间的联动合作牵线搭桥；第三，对继续教育示范基地的招生、证书资格考核、就业等问题进行宏观统筹管理，更大程度上帮助继续教育适应社会劳动力和就业需求；第四，通过对各继续教育示范基地进行布局调整和顶层调控进行资源的进一步整合和重组，打破部门和行业的界限，强强联合，实现资源配置的优化；第五，经费统筹是继续教育示范基地建设和发展的重点，应当设立规范的经费统筹渠道、确定经费统筹比例以及分配方案、监督经费使用情况，让经费统筹制度化、规范化。

(三)搭建公共服务和支持平台

随着教育信息化的发展，为了配合教育管理新模式和新思路，同时确保宏观调控的有效性，政府和主管教育部门应当搭建统一的公共服务和支持平台。

1. 搭建统一化继续教育服务支持平台

纵向来说，从事前、事中、事后三个层面提供公共服务和支持；横向来说，从招生和升学到教学再到毕业和就业都应当为继续教育示范基地提供有效的指导渠道，总之，公共服务和支持应当贯穿继续教育示范基地运行的每个重点环节。平台不仅能够在一定程度上保证继续教育示范基地各项工作开展的规范性、帮助资源整合和共享，而且能大大提高信息传递的效率和基地运行的灵活度。

2. 建立国家级继续教育理论研究平台

应依托四年多来全国 50 所示范高校所形成的紧密合作关系，在教育部领导以及职成司的指导下，立足现有成果基础，提出新的研究项目。可以成立中国组织学习研究院，挂靠清华大学继续教育学院，研究发达国家和地区组织学习发展的新理念、新技术及成功经验，探索形成中国特色的继续教育理论体系及组织学习理论和技术体系，为加快和全面提升继续教育的质量与实效奠定扎实的基础。

(四)推进继续教育国际化

随着经济全球化的不断推进，跨国界、跨民族、跨文化的多边交流与合作愈来愈广泛和深入，国际教育服务贸易也在不断发展。据统计，目前，境外消费是教育服务贸易中的最大份额，约占世界贸易组织国家全部服务贸易额的3%，随着跨境支付(远程学习)和合作培训等教育服务贸易形势的迅速发展，境外消费占的比例可能逐步下降。[1] 全球教育资源越来越丰富，教育形式越来越多样，教育机构越来越发达，受教育者的选择也越来越多，教育已经成为个人和组织在发展的过程中的重要选择，而继续教育正是这多变环境中保持自身竞争力的法宝。

同时，由于信息技术在教育领域的愈发广泛的应用，使得继续教育已经逐步摆脱了时间和空间的局限，尤其是“互联网+”教育理念的出现和应用，使得继续教育需要更大程度上的融合发展，融合境内境外优秀的继续教育资源，互利共赢。因而，必须促进继续教育国际化，一方面可以多样化地与国外优秀继续教育机构合作联盟，扩大合作范围和合作形式，并从中学习好的经验和模式；另一方面可以通过国际化将国内好的教育理念和文化传播到世界范围内，扩大中国教育在世界上的影响力。

二、高校层面

(一)大力推进教育信息化建设

信息化建设可以激发继续教育示范基地的活力和创造力，同时它也是继续教育可持续发展和增强自身竞争力的需要，是继续教育示范基地建设路途上强有力的武器。示范基地要发挥在继续教育信息化建设中的示范、引领作用，打破固化思维，树立开放观念，以信息化为抓手，积极搭建集继续教育教学、服务、管理于一体的终身学习服务支持平台，以信息化促进继续教育改革和发展，推进优质数字化课程建设，提高教育资源的传输、共享和学习支持服务能力。

1. 以现代信息技术促进各类教育融合发展

各示范基地自项目实施以来积极推进各类教育形式的融合，包括普通教育、职业教育与继续教育的融合，线上教育与线下教育的融合等。其中，华中科技大学为培养应用型创新人才，提高教学质量，适应信息技术的发展，满足学生个性化的学习需求，针对在职业余学生学习特点，大力推进多层次办学立交，实现互认互通。将成人教育和网络教育进行融合，在两者之间搭建“立交桥”，进行学分互认。具体包括教育观念的融合、教学计划的融合、成人教育教务管理网络化、成人教育教学手段网络化、教学评价的融合和网络教育函授化。例如，中国传媒大学力推本校网络教育资源在校内本科教学的应用，自 2013 年

---

① 周满生. 国际教育服务贸易的新趋向及对策思考[J]. 教育研究，2003(1).

扫一扫，观看“大众创业、万众创新”视频短片

南安市装备制造业领军人才“数控一代”专题培训班 2015.7.20

扫一扫，了解“数控一代”专题培训班内容

起就开始利用现代远程教育平台和课程对普通本科生开设网络公选课，并且，校内一些教师主动利用远程与继续教育学院网络平台和课程资源在本科教学中开展“翻转课堂”教改实验。

2. 以现代信息技术促进个性化智能学习环境的构建

继续教育代表了个性化教育服务的发展趋势，各示范高校正在为个性化智能学习环境的建设做出努力。目前，示范高校个性化学习建设项目包括网络教育资源库、网络教育支撑系统、网络教育管理系统和网络教育反馈系统等内容为一体的“四位一体”网络教育资源平台。以云计算为核心的新型大型服务平台，将海量学习资源经标准接口规范后、按学习者的个性需求加以“碎片化”组装，通过高品质多媒体人机交互技术和廉价移动终端获得智能化、泛在学习(U-Learning)空间。网络学习(E-learning)和新媒体移动装置学习(M-learning)所共同形成的U-Learning，为所有学习者实现了信息空间与物理空间的有机融合，构建了无处不在、无所不有甚至无所不能的个性化智能学习环境。

3. 以现代信息技术促进学习方式的变革

信息技术的发展和应用为继续教育学习方式带来了巨大变革，各示范高校充分利用信息技术作支撑，建立大规模与高质量、互动性强、自主与个性化的教学与学习模式。如参与式、自主与交互式学习，使学生既是学习者又是主导者，既是知识的受众又是传播者和创造者；全时空的学习，使学生选择最合适的学习时间并且有效利用，主动提高学习效率；多形式教学，使课堂知识不再是传统的学习全部，将教师授课内容由脱离灌输式教育向知识探索的模式转变；混合式教学，提高学生的参与度，锻炼学生的独立思维。教学方式的改变使得学生主动学习并参与教学，由被动学习变为主动学习。

(二)建立数字化资源共建共享机制

在终身教育体系和学习型社会的背景下，各类办学主体必须突破分工负责的严格界限，各自发挥自己的学科背景优势，相互聘用教师并对教学工作量予以承认，允许继续教育跨校选课并且互相承认学分，实行文件资源共享。避免重复建设造成的资源浪费，降低办学成本，实现函授、夜大学、脱产、高等教育自学考试助学、现代远程教育的资源整合和共享。依托大学与企业继续教育联盟、行业继续教育联盟等平台，进一步加强继续教育数字化学习资源共建共享的实践创新和理论研究，完善资源建设的内容体系标准和技术体系标准，形成资源共建共享的规范与体系，搭建共享课程互选平台和学分银行，在成员单位之间实行课程资源共建互选、学分互认。

再者，还要积极推进高校教育资源面向社会开放。基地的教育资源是社会公共文化资源的重要组成部分，将一部分硬件资源、学习资源等对社会开放，不仅有利于国民素质的全面提高，也有利于自身社会影响力的扩大，是利国利民的好事。例如，高校图书馆拥有国内外最前沿的各类书籍和期刊，如果将这些资源在不影响学生学习的情况下向社会开放，会更好发挥其资源效应，成为提高国民素质的有效途径之一。到目前为止，已经有一些基地的课件和教学平台免费向大众开放，这是继续教育示范基地领军作用的重要表现，今后还需要进一步扩大开放范围、延伸开放深度。

北京交通大学、中国石油大学（华东）、福建师范大学、西南科技大学、中国石油大学（北京）、华南师范大学等8所高校与北京网梯科技发展有限公司联合成立了“网络教育教学资源研发中心”，创建了一方主持、多方参与、统一研发的课程资源共建模式，形成了校际合作、学分互认、自主参与的资源共享模式与机制。中国农业大学作为全国农业科技与教育网络联盟的牵头单位，积极建设和整合优质科教资源，构建以高校为主体的农村教育与科技推广服务体系，建立了面向“三农”的农村网络教育教学资源库。

（三）保障教学质量的提高

教学质量是继续教育发展的生命线和立身之本，直接裁定继续教育示范基地发展的成功与失败，它最能体现教师的教学水平，决定学生的素质，并呈现出基地的教育服务品质。示范基地要确保将质量放在继续教育工作的首要位置，不断加强过程管理，规范质量管理流程，完善质量管理制度，制定质量标准，创新继续教育质量管理模式。

第一，完善学习支持服务体系。学习支持服务体系一方面可以帮助学员完成学习任务，促进有效学习，另一方面有益于学员个体的全面发展。在具体实施上，首先要不断完善教学资源，教学资源是提供继续教育教学质量服务的基础，接下来还需要逐步完成课程设计的精化、课程开发的深化、技术设施的强化和课程评估的强化。

第二，强化教学管理。良好的学习环境离不开教学管理人员的精心组织，教学管理就像是教学质量保障工作的管家，为的就是保障教学工作的正常有序开展。要充分发挥教学管理的作用，必须培养和打造一支具有服务理念的管理团队，以教师、学院、校外学习中心的需求为中心，用“专业、热情、严谨、务实”的工作形象做好服务工作。凝聚服务合力，提供一站式服务，争取每一个教育服务需求都能得到最及时、最有效的解决和回应。

第三，全方位实现教学质量监控。教学质量监控指的是在教学质量评价的基础上，通过一定的组织机构，遵循一定的工作程序对有关教学管理工作的水平进行监控，及时检测、及时调整、及时纠正，以确保学校的教学工作按计划

进行，并达到学校教学质量目标。[①] 根据继续教育自身的特点，教学质量监控应当主要包括教学条件及教学资源质量的监控、教学管理质量的监控、学习支持服务质量的监控和教学效果的监控这四个方面。只有全方位、动态地对这四个方面进行及时的监控才能从各个阶段杜绝有损教学质量的事件发生，从源头上保障继续教育示范基地的教学质量。

为此，清华大学创新了"质量观"，实施了以质量为核心的品牌发展战略，建立了继续教育全面质量控制和保障体系、制度体系和治理体系，对整个教学环节进行全方位指导、监控、评估和考核。东北财经大学建立了ISO9001＋CMMI国际标准网络教育质量管理体系。北京师范大学通过系统梳理网络教育办学业务所包括的学习中心建设与管理、资源建设及学生管理、考务管理、学费管理等12个工作流程，绘制了88张质量保证流程图，提炼出质量关键点170个，风险控制点176个，修订规章制度34项，逐步形成了北京师范大学网络教育质量管理规范操作体系。

(四)建立协同创新机制

继续教育示范基地的建设应当坚持政府宏观主导与市场机制相结合，对于制约基地创新能力提升的内部机制障碍要有所突破，打破基地与其他创新主体间的体制壁垒，把教学质量的提高和人才的培养作为协同创新的核心要素，通过系统改革，充分释放人才、资本、信息、技术等方面的活力，营造有利于协同创新的氛围和环境，准确把握国家经济社会发展的新常态，进一步明确高校继续教育重大使命与战略任务，共建协同创新机制。

第一，构建科学有效的创新组织体系。成立多方主体参与、多层次的管理机构负责基地重大事务协商与决策，共同商讨研究制订基地的总体发展路线和方向，明确各主体的责权和人员、资源、成果等归属，实现开放共享、共同发展。

第二，探索有助于协同创新的人事制度。基地的健康发展离不开优秀的人力资源，应当逐步建立以任务为引导的人才聘用方式，吸纳更多国内外优秀人才参与到团队中，打造协同创新的领军人才与团队。推动基地与科研院所、行业企业之间的人才良性互动，优化队伍结构。

第三，优化以学科交叉融合为导向的创新资源配置方式。充分利用和盘活现有继续教育资源，集中资源重点支持，发挥优势和特色学科的凝聚作用和辐射作用，构建有利于继续教育示范基地协同创新的基础条件，形成创新长效机制。

---

① 贺祖斌.高等学校教育质量监控机制的构建与运作[J].广西高教研究，2000(3).

第四，创新基地国际交流与合作模式。在全球化快速发展的今天，国际合作和交流对于继续教育示范基地的发展来说是强心针和防腐剂，应当创造条件积极吸引国际创新力量和资源，集聚世界一流专家学者参与基地协同创新，合作培养国际化人才，推动与国外优秀大学、科研机构等建立实质性有效合作，加快国内继续教育的国际化发展进程。

继续教育示范基地的建设不能孤立进行，更不能闭门造车。全国继续教育示范基地之间需要互相配合、交流，取长补短，通过立体的合作模式，实现资源全方位共享，形成继续教育新格局和国际化发展新思路，扎实推进基地建设，办出特色和品牌，不断提升继续教育服务社会的能力，深化继续教育的发展。

（五）创新人才培养机制

各示范高校应当继续将国家需求、组织需求、岗位需求、个人需求与学校优势特色专业学科对接，坚持以学习者为中心，以行业企业需求为导向，知识和能力并重，理论与实践结合的办学指导思想和人才培养机制。探索形成包括"学历＋技能"、"诊断＋设计＋实施＋评价"、"行业标准＋岗位要求＋个人能力提升"以及"四步阶梯式"等多种类型应用型人才培养的新模式。

1. 基地人力资源培养

（1）教学人才培养。继续教育是一门教育科学，也是一门教育艺术，有着很强的专业性和市场性。实践证明，继续教育的教学工作并非人人都能够胜任的，继续教育的教师除了要有必备的专业知识，还需要有较丰富的社会阅历、实践经验和教学技能积累，一定程度上来说，继续教育对于师资的要求相较于普通高等教育更为全面和专业。因而一方面示范基地应更加重视继续教育师资的培养，有意识地培育、造就一支适合继续教育，并且能够相对稳定地从事继续教育的骨干队伍；另一方面，为了发挥继续教育的新颖性、先进性、前沿性、实用性，还必须依靠一支动态的、学术水平较高的兼职教师队伍。继续教育的师资来源除了在高校内部遴选外，还应该与行业企业以及有关学术团体保持紧密联系，掌握一批学术造诣、教学水平较高的专家名单，建立专家库；还要充分发挥出继续教育协会的作用，定期或不定期地举办各种科研、学术交流等活动，加强对继续教育理论和方法的研究，促进队伍建设，逐步建设一支政治坚定、业务精良、作风过硬的高素质继续教育队伍，为提高示范基地继续教育整体水平乃至全国的继续教育水平打下坚实基础。

（2）管理人才培养。目前中国高校继续教育管理队伍的整体水平还不能完全适应现代继续教育管理工作的要求。学校主管部门应当把继续教育管理人员队伍的选拔建设提上议事日程。不仅要从优秀高校毕业生中和社会上引

进和调剂人才，充实继续教育管理力量，更要在经费上、时间上、制度上为现有继续教育管理人员素质的提高提供条件。例如，每年从业务经费中拨出一定比例的经费，建立管理人员培训专项基金；建立管理人员岗位轮换制，有计划、有组织地安排管理人员参加各种形式的业务培训和进修学习。通过培训学习，更新继续教育管理人员的管理理念和管理知识，提高其计算机和外语的应用能力，更重要的是提高业务水平和管理能力。只有建立起一支真正懂业务、精业务、爱业务的继续教育管理队伍，才能适应不断变化发展的继续教育市场。

2. 社会人力资源培养

各示范基地需以知识传授、能力培养、价值塑造为核心，以加强人力资源能力建设为目标，积极服务“六支队伍”及中小学教师等需要参与继续教育的群体，大力发展职业导向的非学历继续教育，特别是加强重点领域急需紧缺专门人才和高层次创新人才的培训，不断提高继续教育示范基地服务于国家人力资源开发的能力。

(1)党政干部队伍。北京大学承办了“中央和国家机关司局级干部选学”培训项目，并以此为契机，提升党政干部培训质量，初步树立了高端培训的良好形象，加快了继续教育结构向高层次的战略转移。浙江大学与全国各地政府建立了教育战略合作伙伴关系，每年为近 3 万人次的厅局级、县处级党政领导干部提供高端培训服务。苏州大学积极与新疆维吾尔自治区党校、青海省委党校等合作，共建了 9 个省外干部培训基地，建立了包括新农村建设、特色经济等主题的 14 个干部培训现场教学基地，把苏州最先进的管理理念和经济发展方式向西部地区干部介绍与宣传，以智力输出助推边疆发展。

(2)行业企业人才。中国石油大学(华东)、中国石油大学(北京)与中石油、中石化、中海油国内三大石油公司签署战略合作协议，联合开展高层次复合型人才培养工作、专业技术专题培训、岗位适应性培训、国际化人才培训、涉外培训、管理类培训及工程硕士培养。中国矿业大学和中国中煤集团公司签订协议，共建“中煤能源职业技术(培训)学院”，采取“技工学”人才培养模式，为中煤集团公司培养“乌金蓝领精英”。

(3)专业技术人才。清华大学各专业院系依托实力雄厚的学科优势，在关系国家科技创新和产业转型的一些重要专业技术领域，形成了各具特色的专业技术继续教育办学体系。如清华大学机械系建立中国铸造行业人才培养体系，被中国铸造协会誉为“全国铸造教育培训工作的样板”。清华大学核研院依托国家科技重大专项“高温气冷堆核电站示范工程”，积极探索产学研结合的新途径，面向核电系统专业技术人员开展培训，并将最新科研成果向核电行业推广应用。中国海洋大学以“培养海洋工程人才，服务蓝色经济发展”为目标开展专业技术培训，建立了海洋工程领域工程技术人员的专业培训基地。

(4)高技能人才。清华大学为首钢总公司举办焊接高技能人才培训班，将继续教育瞄准生产一线的高技能人才。成都航空职业技术学院通过联合4所国家示范中职学校和电子行业企业专家，边研究边实践，系统制定了既独立又相互可以衔接的中职3年、高职2年的人才培养方案，并实行学分贯通。

(5)农村实用技术人才。浙江大学作为国家发改委培训中心授予的西部地区基层村干部培训基地，面向西部地区开展基层村干部培训，培养了大批基层干部、民族干部和扶贫干部，为解决西部人才短缺问题做出重要贡献。中国农业大学坚持以农业干部教育培训、农村实用人才素质培训和能力建设为核心，构建了体系完备的新型农业继续教育培训体系。

(6)社会工作人才。中国人民大学以社会工作从业者为服务对象，构建了为其提供学历教育和职业培训、指导并辅助其实现终身学习的专业学习平台——社工学习网。湖北大学成立全国首个以大学命名并扎根在社区的教育学院——湖北大学社区教育学院，开展社会和社区的智力援建工作。

(7)中小学教师。华中科技大学在湖北省教育厅的指导和帮助下，打造了农村中小学教师素质提高工程继续教育培训项目，首期组织了近2000名学员，至今已经累计培训近两万名农村中小学教师，培训以“师德教育、专业素养、职业技能、新课程实践与应用”为主要内容。培训项目获得广泛好评，原教育厅领导陈安丽曾以“三个满意”来概括学校的培训组织工作——“教育部满意、教育厅满意、广大学员满意”；学员曾经满怀感慨地称学校的培训服务工作有“三个一流”——“一流的高校、一流的管理、一流的服务”。

(六)深化与其他继续教育机构的合作

继续教育示范基地不能孤立发展，应当与其他继续教育机构相互扶持、相互学习，着力探索建立合作、融合、汇聚的新型继续教育服务机制。各示范高校应当立足学校实际，校内统筹发展、校外与行业企业以及其他继续教育专业机构形成战略合作发展关系。

1. 加强继续教育示范基地与企业大学的合作

现在不少有实力的企业都在建设企业大学或企业商学院，企业大学体现了较为完美的人力资源培训体系和相对高效的学习过程，它也是最贴近市场和行业的继续教育机构。关于继续教育示范基地和企业大学在继续教育人才培养中的角色，本文认为前者更侧重于知识的传播和较为长期的、系统的教育，而后者主要着力于短期的知识传授，以及人才技能、行为上的培训。那么对于继续教育示范基地来说，应当积极地与优秀的企业大学合作结盟，学习其运作方式和实施模型，在建立合作关系的基础上实现资源互通和共享。现代社会的快速发展对人才提出了更高的要求，除了要求其具备基本的从业知识

以外，还需要具备一定的综合职业能力素质和创新能力素质等，这些素质的培养需要示范基地和优秀的企业大学保持长期的合作关系，发挥互补性优势。

2. 加强继续教育示范基地与社会继续教育专业机构的合作

社会继续教育专业机构是继续教育队伍中的另一支重要力量，其发展规模虽然相较于以高等院校为主体的继续教育示范基地较小，但其拥有较高的专业化水平和较强的市场应变能力，能够快速地根据市场形势的变化做出调整。继续教育示范基地应当在调查研究的基础上，有针对性地与继续教育专业机构缔结合作联盟，针对社会需求，整合资源，共同开发新的教育项目，实现互利共赢，使得示范基地的发展更加市场化和开放化。缔结联盟的原则是寻找同一目标层次教育对象的互补型合作伙伴进行互利互惠的合作，合作的形式可以包括：①双方互相介绍学员，通过相互介绍学员的方式来拓展生源市场、扩大市场份额。双方在继续教育课程的时间安排上需要交叉安排，有利于学员同时参加继续教育合作机构的培训项目。②利用合作方的平台宣传自己的继续教育项目。如在对方的办学场所设置宣传点等。③联合举办各类教育活动，扩大双方的影响力。④双方交换资源，将资源提供给对方，对教育对象进行“体验式服务”，从而用另一种形式达到宣传的目的。⑤共同研究开发新的继续教育项目。

3. 加强继续教育示范基地与社区继续教育机构的合作

高校和社区都承担着继续教育的任务和职能。现如今，城市发展不断成熟，社区规划也日益体系化、完整化，理所当然地应当为社会承担起部分继续教育的任务。但国内社区继续教育发展时间不长、继续教育资源和教育经验远不如高校丰富，高校应当为其提供一定的帮助和支持。而高校继续教育在教学形式、教学内容、教学实践中不如社区教育灵活多样，可以在社区开展各类教育实践活动，丰富继续教育示范基地的继续教育形式。因此，继续教育示范基地与社区继续教育应该充分发挥各自的优势，实现全面融合，使社区成为高校继续教育实践的基地，让高校成为社区继续教育延伸的平台和阵地。双方共同合作，承担起社会继续教育的主要任务，从而推动学习型社会的全面建设。

附录A　继续教育示范基地建设之精华荟萃——全国案例分析

本章选取清华大学等十所高校的经典案例，与前文中部组五校的经典案例共同形成“高等学校继续教育示范基地建设”项目成果汇编，作为首批示范高校阶段性工作的小结，并借此与后续启动继续教育示范基地建设的高校共同分享，以期为新来者提供丰富经验。

一、案例名称：创新远程学习服务模式，助力央企班组长管理能力提升

——清华大学“中央企业班组长岗位管理能力资格认证远程培训项目”

单位：清华大学(北方组)

案例介绍

老耿最近有点心烦。

老耿在一家央企的车间工作。在本组里，他的技术最好，工作最勤奋，短短几年就得到提拔，从一名普通工人成为组长，班组人员对他也都很佩服。但是，老耿最近发现，升职之后面临的诸多管理问题，要比之前所从事的技术工作复杂多了。以前是单兵作战，埋头做好自己的工作就可以了；现在是带兵作战，既要考虑如何带领大家优质、高效、节约、安全地完成企业的各项工作任务，又要考虑如何实现科学有序的班组管理，营造班组内外和谐、进取的工作氛围。老耿觉得有点力不从心了。

该去学点新的管理知识，给自己充充电了！但是，公司没有开展类似的培训，而繁重的工作和琐碎的事务也让老耿难以抽身去参加脱产培训。另外，社会上那么多的培训机构，会不会有符合自己需求的培训课程呢？老耿心里一点儿底也没有。更何况，对老耿这样一名普通的工作在基层的班组长来说，培

训费用也不是一个小数目……

老耿的故事,正是无数中央企业班组长的真实写照。

(一)破解培训"六难"困局,服务央企基层人才能力建设

以服务国家建设需求为目的,提高继续教育水平,央企班组长远程培训就是其中的典型。

——清华大学副校长　邱勇

班组是企业从事生产经营活动和管理工作最基层的组织单元。企业的发展战略、管理思想和管理目标最终都要在班组落实。如果将企业比喻成一支部队,班组长就是率兵冲锋在第一线的"兵头将尾",担负着配合上级、协助同事、指导下级的重要职责。没有优秀的班组长,就不可能成就优秀的企业。因此,班组建设与管理的关键是要提高班组长的素质。

国务院和国资委领导非常重视班组建设和班组长培训工作,并做出重要指示。中共中央政治局委员、国务院副总理张德江同志指出:"班组建设是企业基础性建设,国资委部署央企加强班组建设,意义重大;希认真抓,长期抓,抓出成效。"国资委相关领导指出:用3～5年时间把中央企业班组长培训一遍。

但是,正如老耿所烦恼的那样,长期以来,央企班组长培训一直存在着"六难"问题:量大面广难以组织,工学矛盾难以协调,经费有限难以突破,资源分散难以整合,培训内容难以规范,培训效果难以保证。如何才能通过高质量的培训提高班组长的管理能力、综合素质和工作水平?

拥有百年历史积淀的清华大学,秉持"教育服务社会"的办学理念和爱国情怀,以其雄厚的教育资源、丰富的办学经验,成了这一系列难题的挑战者、解决者,为千万个"老耿"带来了实现在岗学习、终身学习的"福音"。

作为具体实施单位,清华大学继续教育学院联合国资委先后历经17个月,调研或征集了近百家中央企业意见,组织数十名专家学者开发课程,签约30多名教师授课,为央企班组长量身打造了"中央企业班组长岗位管理能力资格认证远程培训项目"(简称"央企班组长项目")。项目充分运用现代远程教育技术,具有覆盖范围广、课程水平高、学习方式灵活、成本相对低等特点,满足了"人人皆学、时时能学、处处可学"企业学习型班组建设的需求,有效解决了中央企业班组长培训的"六难"困局。

(二)跨越行业地域局限,满足企业大规模培训需求

中央企业班组长岗位管理能力资格认证远程培训是中央企业班组长培训

工作的主渠道，已初显成效，形成了班组长培训“高水平、大规模、可持续、有实效、低成本”的培训模式，也得到了广泛认可。我们要坚持不懈地开展此项工作，在实践中完善，在总结中提高。

——国资委群工局局长　谢俊

2009年12月，央企班组长项目正式启动。在之后的3年多时间里，项目先后自主研发、更新、升级课程45门，并由清华大学出版社出版了配套教材《企业班组长培训教材》。课程内容以培养班组长通用管理能力和素质为目标，与企业自有的以岗位专业技能为主的个性化培训形成有效互补。教学实践覆盖了92%的中央企业，同时逐步辐射地方国有企业和规模民营企业。

据悉，自项目启动以来，先后总计有100多家中央企业的近5000个下属单位及地方国资委所辖企业的6万余名班组长参加了培训。参训企业跨越通信、能源、电力、钢铁、冶金、机械、航天、建筑、交通运输、化工、消费品等各个行业，遍布全国33个省、直辖市及特别行政区。

已报名参加全国统一考试的参训学员总计34028人，现场参加考试的学员总计31589人，考试考核总成绩达到60分以上的总计30001人，平均通过率为95.0%；总成绩通过的学员中，成绩达到优秀（达到90分以上）的3800人，占12.0%；总成绩良好（达到76～89分）的19811人，占62.7%；总成绩达到合格（达到60～75分）的6390人，占总人数的20.2%。通过考试的30001人已获得清华大学和国资委联合颁发的中央企业班组长岗位管理能力资格认证证书。特别值得一提的是，在培训评优中近1000名学员和300余名管理员获得了优秀称号。目前项目的第五期培训已经开始招生工作，预计学员人数将在12000人以上。

央企班组长项目的实施，大大提高了班组长培训的整体质量和水平，进而全面提升班组长的管理能力、综合素质和工作水平，促进中央企业班组建设，切实提高企业的核心竞争力。正如来自中国海洋石油总公司的秦静所说：“国资委与清华大学联合开展的班组长培训项目，其丰富的理论知识、丰富的实践案例、丰富的授课形式，无不使参加培训的学员受益匪浅。”

（三）优化项目管理模式，确保学员学习实效

准备扎实，起步良好。加强在线跟踪，加强调研，加强指导，不断完善，创出品牌，逐步推广。

——国资委副主任、党委委员　黄丹华

央企班组长项目组在开发设计过程中，始终以企业、班组长的实际需求为

核心，无论是在课程师资、教学方式上，还是在质量保障、服务支持、市场推广上，都力求日臻完善、精益求精。

1. 课程师资：整合优质师资资源

项目充分利用清华大学教育品牌优势，根据班组长岗位要求和工作特点，按照“实战为主、兼顾理论”的原则，整合了国内外一流的师资资源，即专门从事企业基层管理者教育培训、有丰富经验的培训师；来自国内外著名高校、研究机构，具有深厚理论基础和丰富案例教学经验的教授、专家、学者；管理咨询机构有丰富实战管理经验的讲师。

项目所选师资在清华大学培训体系中都具有良好的教学评价（综合评价达到优秀等级）。同时建立师资评价体系，实行教师准入与退出机制，以确保课程的质量和水平。

2. 学习方式：多管齐下、主辅结合

项目学员的学习方式以网络在线学习为主，辅之以辅导答疑和书面参考教材。学员凭学员卡登录项目网站进行在线自主学习。平台具有课程点播、辅导答疑、课堂作业、在线自测、资料下载、学员论坛、直播课堂等学习功能。

3. 教学质量保障：科学规范、高效可行

建立一套科学规范、高效可行的教学质量保障体系，对于稳定教学质量、满足企业培训需求、实现项目可持续发展显得十分必要。为此，央企班组长项目实施了多重质量保障措施，为项目的顺利运行保驾护航。

第一，采用政府、企业、学校三方联动的实施组织结构，保障教学顺利实施。项目由政府牵头、企业专人管理、学校实施，并建立了完善的沟通渠道。目前，实施该项目的中央企业就有1200多人参与了项目管理。

第二，清华大学现代远程教育经过多年的探索与实践，积累了丰富的教学与管理经验，并建立了一整套严格、规范的教学质量控制与保障体系，从而能确保教学质量。

第三，网络平台设有学员学习管理功能，可随时对学员的学习情况进行跟踪、监督、管理，查看学员的作业和自测情况，督促学员按照教学计划完成课程学习。

第四，系统设有辅导答疑学习功能，定期组织教师对学员进行辅导答疑，以提高学习效果。

第五，系统设有作业自测学习功能，学员通过在线作业与自测随时检验相应课程的学习效果。

第六，平台设有课程评估及信息反馈体系，企业及学员可以在网络上评价课程，并提出意见与建议。学校将根据评价结果，及时优化、更新相应课程和师资，以保持课程的实效性和高品质。

最后，项目实行严格的考核认证制度。项目通过现场计算机和纸面统一闭卷考试进行严格考核，国资委与清华大学联合认证。目前考试题库已经顺利通过项目专家委员会会议评审，一致认为考试大纲和题库与培训目标相符，内容全面，试卷结构合理，难易适中，能充分衡量学员的学习水平。

4. 服务支持：系统、持续

项目同样注重学习期间和后续的服务支持。例如，为学员提供答疑辅导、学习交流、经验分享等服务支持；为企业提供内训定制、企业咨询、科技服务等全方位的服务支持；在学员较为集中的地区、企业建立教学服务中心，为学员提供课程答疑和考前辅导等教学服务；成立清华中央企业班组长同学会，为班组长搭建一个“学习、交流、资源共享”的服务平台，定期组织开展有关班组建设的论坛、讲座、沙龙、经验交流会、联谊等活动；开通服务热线，为学员和企业提供及时、周到的咨询服务；为企业搭建 E-learning 学习平台，提供精品课程资源，帮助企业建立自主培训体系，助力企业学习型组织建设；为企业提供内训定制和管理咨询服务。根据企业需求定制课程，推荐师资，组织专家为企业提供系列管理咨询服务；为企业提供清华校企合作科技服务。在科研项目、技术开发、企业管理、人才培养等方面为企业提供服务支持。

5. 市场推广：政府企业联合推进

项目目前采用国资委发文、各中央企业报名参加、企业付费的模式。在以中央企业为对象的基础上，项目于 2010 年进行了向地方国资委所属的省属企业拓展的探索，目前已与湖南省国资委形成合作，具体工作正在逐步开展。不仅如此，项目今后还将进一步探索地方国有企业、民营企业的市场拓展工作，更好地完善项目。

正因为如此，项目得到了原国资委群工局局长李学东的充分肯定与赞扬：“该项目定位准、开局好、资源优、受欢迎。”

(四)创新带动实践，成果体现价值

央企班组长远程培训项目，标志着我校现代远程教育从学历教育向非学历培训的成功转型，其创新性实践彰显了高校服务社会的使命和价值，具有很强的示范作用。

——清华大学继续教育学院院长　李家强

1. 首创国内高校大规模非学历远程培训模式

项目采用远程网络培训的运作模式，政府、企业、学校三方联动实施。清华大学首次使用网络技术实现如此大规模远程非学历教育培训，创新性地实现了利用现代技术手段和优质教育资源开展大规模实用型人才培养，对清华

大学现代远程教育从学历教育向非学历培训转型具有重要意义。该项目模式也被推广应用到清华大学与中国残联合作的“全国残疾人就业指导员远程培训项目”以及“公共机构节能管理远程培训项目”中，取得了良好的社会和经济效益。

2. 全新的培训领域与培训对象

项目走出企业中、高层管理培训思维定式，瞄准国内培训机构最为忽视的班组长培训领域，为企业基层管理培训市场的开发翻开了一个新篇章。

3. 首创班组长岗位管理能力资格标准及课程体系

项目所进行的“岗位管理能力”的教学设计与教学实践，突破了思维定式，在高校继续教育人才培养工作中拓展了一个全新的领域。

(1)创建系统性、针对性、实用性和前瞻性远程规范课程体系。项目经过大量深入细致的企业调研，组织数十名专家研讨和反复论证，结合清华大学在远程教育方面的成功实践经验设计了课程体系。课程体系根据班组长在管理能力方面应具备知识的要求，按照知识结构层次分为两大类：基础课程(16 门，76 学时)、提升课程(18 门，86 学时)；每一类根据课程知识内容又分为三大系列：管理基础系列、管理技能与技巧系列、综合素养系列。

(2)依托远程教育的优势，开放课程体系设计，让企业参与课程建设。设置优秀班组建设与管理案例解析、班组民主建设这两门课程，向中央企业广泛征集课程资源并认真筛选。

(五)创品牌、重质量，人才培养彰显实效

中央企业各级工会组织要始终把班组建设作为夯实企业管理基础的重要途径，加大班组建设工作力度，提高企业基层管理水平……要继续与清华大学开展好中央企业班组长岗位管理能力资格远程培训。

——国资委副主任　姜志刚

项目组在短短几年里取得了辉煌的成绩：2009 年，首期班开班，注册学员 15043 人，来自 1201 家企业，12734 人参加考试。作为推广交流成果，出席中央企业班组建设现场推进会；作为推荐交流成果，出席中央企业班组长培训工作会议。同年，获得清华大学“优秀培训项目自主创新奖”。

2010 年，注册学员 12023 人，来自 1082 家企业，9733 人参加考试。作为优秀推广交流成果，出席中央企业群众工作会议。同年，获得清华大学继续教育学院“培训项目创新一等奖”。

2011 年，注册学员 17491 人，来自 1565 家企业，13298 人参加考试。作为典型交流成果，出席中央企业班组建设经验交流会。同年，入选教育部“高校

继续教育服务社会签约代表项目”，获得清华大学“优秀培训项目一等奖”、清华大学继续教育学院“优秀培训项目特等奖”。

2012年，注册学员19290人，来自2178家企业。入选北京市“优秀教学成果奖”。

项目不仅得到了国资委和学校领导的充分肯定，还获得了来自企业、社科院等单位和机构的专家和学者的高度肯定和好评，普遍认为该项目“一定能办好、办成”。最值得欣喜的是，项目得到了企业和学员的充分认可。

宝钢集团在项目培训后4个多月时组织了相关部门及参训学员一起座谈，在会议纪要总结中这样记录道：“培训课程体系及培训内容得到了学员的肯定和认可，一致认为培训课程的内容切合班组长的工作特点，对班组长工作能力的提高有较大的帮助。”

一位来自中国移动的班组长在留言中写道：“班组长岗位管理课程实在不错，可以这样说，是我到目前为止学到的最好的培训课程了。所以，我是这么想的，我要慢慢从中学到我需要的管理知识，用到我的班组管理中去，……，同时我会用我学到的东西去影响我身边的同事和朋友，让他们也能改变，让自己和同事、朋友们在自己的人生舞台上走得更稳、更快、更远。”

项目实施过程中，多家社会公共媒体和企业内部媒体进行了相关内容报道，包括《中国企业报》《工人日报》《首都建设报》《中国教育报》《中国经济时报》等，报道内容在各网络媒体被大量转载。

（六）目标：精益求精，扎实推进

该项目已经成为中央企业班组长培训的主渠道，是中央企业班组建设的一个典范，是产学结合、校企结合、政府和高校合作的典范，也是高校为政府、企业服务的一项精品工程，符合国家、国资委及中央企业发展改革的要求，在中央企业的班组建设和班组长素质提升，乃至在中央企业职工队伍素质建设方面，都做出了巨大贡献。国资委将全面支持，继续推进该项目。

——国资委群工局局长　谢俊

清华大学非常重视中央企业班组长远程培训项目，该项目已经是我院的重点项目、精品项目，多次获得北京市和清华大学优秀教学成果奖。我们一定要继续发展此类项目，加大投入，为企业基层人才队伍建设做出更大的贡献。

——清华大学继续教育学院院长　李家强

这次培训不仅是我知识和技能提升的过程，更是拓展视野、点燃激情的过程。培训虽然结束了，但我将从这里出发，开启我管理知识学习和管理能力训

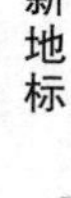

练的航程。

——中国航天科技集团公司一六院801所　冯雪

“十二五”时期，中央企业改革发展的核心目标是做强做优中央企业、培育具有国际竞争力的世界一流企业。按照国资委部署，计划用3～5年的时间把中央企业60万班组长轮训一遍。

清华大学将继续坚持“高标准、高质量、高效率”的原则，依托学校优质的教学资源，不断优化和改进，做好班组长培训工作，努力将班组长培养成为政治强、业务精、懂技术、会管理、具有现代意识的企业基层管理者。为把企业班组建设成为“安全文明高效、培养凝聚人才、开拓进取创新、团结学习和谐”的企业基层组织，为做强做优企业、培育具有国际竞争力的世界一流企业做出更大的贡献。

央企班组长项目也将在继续服务于中央企业的同时，不断完善教学质量保障体系，更新教学内容和课件，做好学员和企业服务工作，以更优质的课程助力地方国有企业及民营企业的班组建设。

案例点评

该项目是清华大学有效实施的第一个非学历远程培训项目，它充分体现了远程教育培训“规模大、资源优、方式活、成本低”的特点和优势，为在岗人员构建“人人皆学、时时能学、处处可学”的学习服务体系提供了成功的范例。该项目针对中央企业基层人才队伍建设中的重点、难点问题，充分整合高校优质教育资源、教学经验以及现代远程教育技术优势，研发课程内容体系，为中央企业班组长提供了卓有成效的远程学习服务，标志着清华大学远程教育从学历教育向非学历培训的成功转型。该项目采取政府、高校、企业三方联动推进的运行模式，除清华项目团队十余人外，还组织企业中1200余人配合项目实施，调动了企业积极性，提供了校企培训合作的新经验。该项目已持续4年，具有可持续性；同时其合作模式具有可推广性，已被推广应用到清华大学与残联、国管局等单位合作的远程培训项目中。该项目不仅得到了国资委、中央企业和广大班组长的充分肯定，取得良好的社会效益，其运行方式也对高校探索如何运用远程教育技术为特定地区、特定行业企业和特定人群提供终身学习服务，提供了有益的借鉴。

二、案例名称：中央和国家机关司局级干部选学

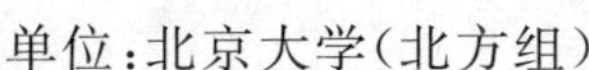

单位：北京大学（北方组）

案例介绍

北京大学中央和国家机关司局级干部选学项目针对国家各大部委机关领导干部队伍建设中的重点和难点问题，充分整合高校优质教育资源、教学经验以及专业服务优势，研发课程体系，为中央和国家机关司局级干部提供了卓有成效的培训服务，标志着北京大学非学历教育向高端转型迈开了坚实的步伐。

(一)服务国家大局　服务干部成长

干部教育培训是建设高素质干部队伍的先导性、基础性、战略性工程，是加强党的执政能力建设和先进性建设的重要途径，是推动科学发展、促进社会和谐的重要保证，在建设和发展中国特色社会主义事业中具有不可替代的地位和作用。

在新的形势下，北京大学充分发挥综合学科优势及国际影响力，按照“服务国家战略服务干部成长”的要求，提出逐步建立适合中国和北大实际、面向世界、面向未来、面向现代化的领导干部教育培训模式和管理体制。同时，学校明确了选学项目的总体目标：北大要以最优质的资源、最贴心的服务、最严格的管理，达到最理想的效果，将北大办成全国示范性干部教育培训高校基地。

(二)将优质教育资源与干部的学习需求对接起来

针对选学项目，北大紧紧围绕教学、管理和服务进行创新，并从体制上加以保障，将北大最优质的教育资源与司局级干部的学习需求对接起来，确保培训的针对性和实效性。

1. 找准学习需求，确保针对性

通过调研，北大重点开设了经济类、公共管理以及领导科学类项目，特别深入开发了经济管理、领导科学、管理心理、思维创新、管理哲学、文化传统等方面的课程。2013 年北京大学中央和国家机关司局级干部选学专题班如表 F1-1 所示。

表 F1-1　2013 年北京大学中央和国家机关司局级干部选学专题班列表

主　　题	课　　时
世界经济与中国发展	40 学时
科技前沿与创新驱动	40 学时
领导科学的理论与实践	40 学时

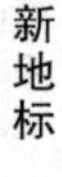

续表

主　　题	课　　时
生态文明与美丽中国	40学时
文化产业与政府传播	40学时
中国梦与文化强国建设	36学时
和平发展与国际环境	40学时
管理心理与战略思维构建	40学时
治国理政与法治政府	40学时
和谐社会与社会热点	40学时

2. 聘请专家把关,确保权威性

北大成立了以厉以宁等著名学者为成员的专家顾问小组,在课程设置阶段,曾多次召开小组专题会议,召集专家学者对课程、师资进行严格把关,确保培训的权威性。在各专题班正式实施之前,提前跟相关院系面对面地沟通,请院系主管领导再次就培训内容进行筛选。

为了确保教学质量,北大党委组织部、继续教育部召开专门会议,邀请相关院系主管教学工作的副院长或副主任,以及全体授课老师参会。同时,成立专门的质量监控小组,由学校党委组织部部长,继续教育部部长、常务副部长等领导作为小组负责人,对教学工作进行全程监控。

3. 整合各种资源,确保项目的高质量

选学试点工作的师资阵容强大,基本形成了由北大名师领衔、以校内中青年学者为主、校外优秀专家为辅的师资队伍。他们积极踊跃地参与到选学工作中来,著名经济学家厉以宁教授、著名美学家叶朗教授,以及各个学科的优秀学者都登上选学讲台,参加授课。一些学者型领导干部也受邀参加授课。个别来自境外的优秀学者也参与到教学中来。

参加北大选学授课的师资,基本上聚集了本学科领域的顶尖优秀学者。授课老师一方面具备良好的学术功底,在讲授中体现出新的思想、新的观念、新的视角;另一方面,授课老师能够把握干部的需求,注重教学艺术和课堂效果,体现出艺术性与思想性的结合,确保选学工作在高质量、高水平上进行。

4. 严格管理制度,为学员提供热情周到服务

严格管理是教育培训的基础。在选学试点工作中,学校严格贯彻落实中央组织部《关于开展中央和国家机关司局级干部自主试点工作的实施意见》《中央和国家机关司局级干部自主选学学员考核管理规定》,实行严格的考勤制度。在实际管理中,学校注重用制度管理学员,要求凡是参加北大选学的学员,无论职位多高、资历多深,一律一视同仁,都是学员身份;通过发放《致学员的一封信》，建立班级管理规章制度，严格考勤纪律和课堂纪律，以确保良好的上课秩序。

在考勤方面，从实际情况看，绝大多数司局级干部在繁忙的工作之余，都能够坚持来北大上课。部分因为工作原因缺勤的学员，都表示非常惋惜，并能够履行正常的请假手续，展示了司局级干部遵守纪律、热爱学习的良好风范。

选学试点工作，选择到北大学习的学员最多，客观上给组织管理工作带来了一定的难度和挑战。考虑广大司局级干部身处要职、工作繁忙，学校经过周密部署、精心安排，使得各项工作有序到位、措施高效得力，整体组织工作有条不紊、多而不乱。

5. 发挥校园的文化功能

发挥校园的文化功能，是北大在开展选学中的一个重要举措。从第一期专题班开始，班委们就向班主任提出，北大 110 多年的奋斗历程，为国家、民族和社会做出了不可磨灭的贡献，北大校史馆就是一个生动的爱国主义教育基地。同时，还希望安排学员集体游览学校校园，听取班主任对校园的地理环境、历史典故的介绍。于鸿君副书记在开学典礼上也强调，在专题班的进行过程中，要充分发挥北大的第二课堂作用，为学员提供北大的课余讲座信息，供学员在培训之余选择性地去参与。每个专题班，班主任都会安排学员一起参观校史馆，团中央的学员还跟北大团委联系，安排学生担任志愿者讲解员；还有一些北大毕业的学员，也担当着介绍北大历史、校园讲解员的角色。

（三）干部培训模式创新

中央和国家机关司局级干部选学项目创新实践了干部教育培训模式。

（1）组织设计上的创新：构建校级领导指导，组织部、继续教育部及各院系参与，继续教育学院执行的系统管理模式，有效地整合和利用全校资源。

（2）教学内容上的创新：构建了跨学科、跨学校的师资库，具备了跨学科的课程设计与开发能力，能及时根据干部需要来设计和更新课程，并及时根据质量评估结果进行课程调整和优化。

（3）教学方法上的创新：初步引入采取“研究式教学”方法。

（4）教学管理模式的创新：制定考核评估制度，对教师的教学态度、教学效果、科研水平进行考核评估，根据评估结果对教师进行调整；组建专业服务团队，形成精细化的管理流程；建立了学员评价、班主任评价和教学督导评价三位一体的教学质量监控体系。

（5）教学模式与理念上的创新：强调司局级干部选学的自主性，将组织需求、岗位需求与个人需求进行结合；改变干部组织调训的单一模式。搭建起学术思想及理论与公共管理实践相结合的沟通平台。

三、案例名称:泰国高铁援外培训项目

单位:北京交通大学 (行业组)

案例介绍

北京交通大学培训中心是北京交通大学唯一具有社会力量办学资质的独立法人事业单位。培训中心依托北京交通大学雄厚的教学资源以及国内知名专家学者面向社会积极开展非学历教育。学校较早开展了外籍人员培训,积累了丰富的管理经验。教学资源和实力雄厚,课程设计针对性强,课程专业方向广泛,培训模式多样,包括课堂讲授、互动讨论、案例分析、企业或现场实地考察学习等多种形式。肇始于坦赞铁路技术人员培训,学校是最早开展国外铁路工程师全英文培训的高校。

2012 年 4 月,中泰两国政府签署了铁路发展合作的谅解备忘录,中方受泰国政府委托完成了曼谷至清迈、曼谷至廊开两条高速铁路的预可行性研究,向泰方提交了高质量的研究报告,得到了英拉总理、交通部察差部长和交通部专家的一致好评。

按照双方 2012 年 12 月在曼谷召开的中泰铁路合作第二次联委会上达成的共识,中国政府将为泰国举办 5 期共 100 人的高速铁路培训班,受商务部委托,此项目由北京交通大学承办。

(一)配合国家"高铁外交",展现中国高铁软实力

2013 年 8 月至 9 月,"泰国 2013 年高铁建设研修班"第一期和第二期开班,每期共 21 天,工作语言为英语。研修班的招生对象为泰国从事高速铁路建设、运营、管理等相关领域工作的官员、技术人员,总共 20 人。作为铁路行业特色高校,学校为办好此次泰国研修班做了大量工作,以期展现中国高铁软实力,提升中国高铁国际影响。该项目具有以下培训特色。

1. 教学工作:雄厚的师资力量和精心设计的培训内容

教学师资队伍的质量直接关系到教学的水平和质量。为了保证研修班能够高质量地完成,让学员在有限的时间里获得最大的收获,并考虑到他们的特殊身份和在华的时间限度,学校对任课教师进行了严格挑选和认真的课前沟通,整体师资队伍体现出职称学历高、实践经验丰富、英语水平高、中青年教师相结合等特点,保证了授课效果。学校从交通运输学院、土木建筑工程学院、电子学院选拔了一批政治素质高、协作精神好、业务能力强、经验丰富的教授

和专家，组建了一支优秀的教师队伍，值得一提的是，铁路总公司总工何华武院士亲自为学员授课。这些教师全部具有博士学位和高级职称，并且都有海外留学和工作的经历，能够熟练地使用英语授课。他们所带来的国外先进思想和技术发展动态给研修班的教学工作增加了亮点。在教学过程中，随行翻译人员时时陪护在学员身边，使学员和教师能够有效地沟通，为提高服务质量提供了有力保障。

此次研修班是否成功，关键在于研修的内容是否务实，方式是否有效。为此，由教学负责人牵头，组织有关专家、教师召开会议，针对教学内容进行了广泛的研究和讨论。针对性的课程讲授满足了大家的需求。此次培训班设置的专题讲座包括了高速铁路建设、运营、维护及重要设备等方面的内容。具体有中国高速铁路发展历程及规划、高速铁路的技术经济特征及其与经济社会发展的作用、高速铁路基础设施、高速铁路的动车组、高速铁路的列车运行控制、高速铁路的客流组织和运营调度、GSM-R 技术及在高铁中的应用及铁路信息化等专题讲座。在课程讲授方面，各位专家和老师用生动的语言为学员进行了讲述，注重将课程讲述与现场交流相结合，收到了积极的效果。

2. 参观考察和实习：内容丰富，理论结合实践，学员收获丰富

现场教学也是此次泰国高铁建设研修班的亮点之一。除了课堂培训，在铁路总公司的大力支持和帮助下，学校还安排了现场学习和实地考察活动。组织了学校轨道工程重点实验室、学校轨道交通控制与安全国家重点实验室、中国铁路博物馆、铁三院、北京南站、北京沙河焊轨基地、通号设计院、京沪线变电所、青岛四方厂、高铁调度中心等实验室和现场参观考察活动，京津城际高铁和京沪高铁乘车体验，使各位学员从宏观上了解了中国高速铁路的发展，了解了高铁相关技术和工艺流程，看到了中国高速铁路从研发到建设和运营管理方面的巨大实力。理论与实践结合，得到了学员们的认可，达到了预期效果。

3. 接待和生活安排：周到细致，服务为导向，加深友谊

提供周到细致的生活服务也是保证培训工作成功的一个重要环节。为此，学校认真做好研修班的住宿、用餐、生活等各个方面的计划和部署。开班前，工作小组对研修班的日程、学习生活、考察地点等安排都做了周到而细致的考虑。第二期开班前，项目执行小组总结第一期的经验，以便提供更好的服务。学员到达当日，组织了班前会，详细介绍了学习、活动日程、执行小组工作人员的分工以及各种安全注意事项，会后专门带领学员购买手机卡和熟悉周边设施，以便为学员在校学习和生活提供方便。在项目承办过程中，了解了学员的风俗和饮食习惯，并给予充分的考虑和照顾，尊重学员的生活习惯，在课间为他们安排茶歇、提供咖啡和茶叶等。还安排了工作人员与学员同吃同住，

随时解决学员生活困难，密切关注学员身体状况；为了保证出行便利，事先和学校车队商定，安排专车为学员提供服务，专门指派具有多年驾驶经验和外事接待经验的司机，确保服务和安全；为了创造便利的通信条件，自行购买设备并在宾馆学员的房间配备了无线网络，快捷的网络为学员生活带来了方便。热情、认真、周到、细致、全面、严谨的工作作风得到了全体学员的一致好评。许多学员在机场办理完回国的登机手续后都还对学校的周到服务和热情好客表示感谢，还邀请工作人员到泰国去做客，领队在回国后还发来邮件问候和在研修班期间及在机场的一些合影。

研修班的工作和中国的高铁都受到了学员的高度评价，中方老师也和学员建立了深厚的友谊。

谢谢你们在这期培训班对我们的照顾，我体验了中国文化，学习到了知识，领略了中国高铁的风采，和中国员工的相处也让我很开心，我希望以后还会有机会再见。

——泰国交通部 Atitaya Kamlert

中方员工的热心让我印象深刻，谢谢你们所做的一切。希望中泰今后能够在高铁上展开合作。

——泰国交通部 Suphalerk Soodyodprasert

谢谢你们所做的一切，你们的工作做得很棒，为了安排此次培训你们付出了很大的努力，对于你们的热情款待我们印象深刻。如果你们有机会来到曼谷，请告诉我们，我们会相聚在一个大的按摩浴缸中。最后，谢谢你们！

——泰国交通部 Chat Phaikaew

(二)“高铁外交”新动向：高层领导“推销”中国高铁

2013 年 10 月 4 日国家主席习近平在出访马来西亚、与该国总理纳吉布会谈时表示，中方鼓励中国企业参与吉隆坡至新加坡的高铁建设。两天后，习近平在印度尼西亚出席 APEC 会议前会见泰国总理英拉时也强调，高铁和水利设施建设关乎地区互联互通和泰国的国计民生，应该作为合作中的重中之重来推动，使其成为中泰友好的标志性工程。

随后，国务院总理李克强在曼谷访问时也与英拉共同出席“中国高铁展”，同时签署了一份被形象地称为“大米换高铁”的谅解备忘录，提到中方有意参与泰国高铁项目建设，愿以泰国农产品资金抵偿部分项目费用。

北京交通大学会继续发挥学校轨道交通行业教育优势，积极服务国家行业发展和外交战略，支持国内高铁技术“走出去”发展海外市场，为国外铁路技术人员培训做好服务，发挥铁路特色培训优势，提升中国高铁国际影响，为学校创建世界一流行业特色大学的目标贡献力量，进一步展示与宣传中国高速铁路研究与建设成就，进一步加深中泰友谊，为今后两国铁路合作建设打下良好基础。

案例点评

作为行业特色大学，要紧密结合经济社会发展和行业建设需求，进一步强化高水平行业应用人才培养特色。北京交通大学作为铁路行业特色高校，要配合国家和国内企业高铁技术“走出去”的战略，作为培养国家铁路专门人才的重要基地，就要对外展示中国的铁路尤其是高铁方面的科研和技术实力，让其他国家更加深入地了解中国技术软实力，积极承担国外铁路工程技术人才在中国的继续教育。

四、案例名称：中原油田国际标准钻井人才培训工程

单位：中国石油大学（华东）（行业组）

案例介绍

（一）项目背景

20 世纪 90 年代中后期以来，我国国内的石油储量和产量已不能满足国内快速增长的经济需求，原油对外依存度迅速增长，2010 年我国原油的对外依存度已高达 53.7％。面对如此形势，中石油、中石化、中海油等公司都相继制定了“海外勘探开发”等一系列能源国际化发展战略。中国石油企业早在 20 世纪 90 年代，就确立了海外发展战略，开始大力拓展海外业务，组建国际公司，建立海外石油生产基地，广泛开展对外技术服务和国际合作。中原石油勘探局顺应国际能源形势的变化，结合自身实际，适时采取中原钻井的“三个三分之一”政策，即三分之一立足中原，三分之一立足国内，三分之一拓展海外市场。“三个三分之一”战略，对钻井人才提出了更新、更高的要求。

面对新形势，中国石油大学（华东）从 2001 年就开始有计划、有针对性地开展国际化人才培养，与中原油田开展校企合作，为油田培养国际化市场人

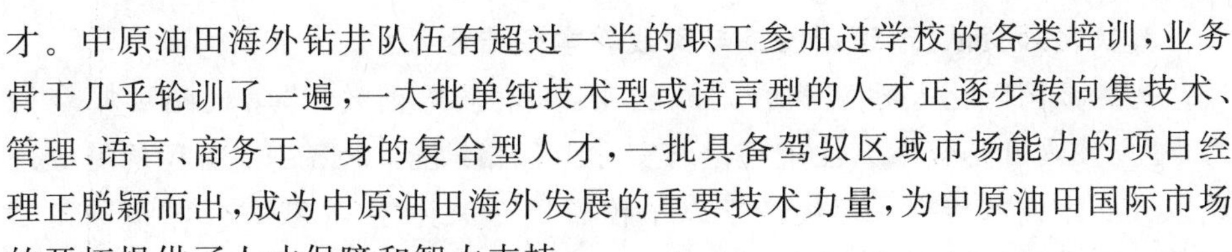

才。中原油田海外钻井队伍有超过一半的职工参加过学校的各类培训，业务骨干几乎轮训了一遍，一大批单纯技术型或语言型的人才正逐步转向集技术、管理、语言、商务于一身的复合型人才，一批具备驾驭区域市场能力的项目经理正脱颖而出，成为中原油田海外发展的重要技术力量，为中原油田国际市场的开拓提供了人才保障和智力支持。

(二)项目规模(见表 F1-2)

表 F1-2　中原油田国际标准钻井人才培训工程项目规模表

年　度	培训班数	培训人数
2008	19	474
2009	23	754
2010	30	999
2011	21	764
2012	26	729
2013	25	625
2014	23	713

(三)项目运营模式

1. 引入国际培训理念，建立培训新模式

对国际标准钻井人才的培养除了进行钻井新理论、新技术、新成果的培训，提高专业技能外，还着眼于综合素质的提高，聘请外籍教师进行涉外知识培训，全面讲授钻井队伍所在国家的法律法规、风俗人情，增强钻井队伍的国外生活能力。

改变过去以学校为主体的培训模式，充分发挥企业在培养方案和培养过程的主动性，组建由企业领导、企业专家和学校教授构成的培养团队，实现了人才培养的科学性和有效性的统一。

2. 强化专业外语培训，教学过程动态管理

进行涉外英语口语、钻井英语的培训，着重提高其英语的听说读写能力训练，并根据海外油田的实际情况对学员进行情景式教学专业外语培训，使学员迅速掌握海外钻井施工现场必备的外语交流能力。教学过程中时刻关注学习成绩和学习进度，根据学习情况对学员进行定期调整，体现了因材施教的原则，既解决了学有余力者“吃不饱”的问题，又解决了学习吃力者“消化不良”的问题，保证了每一位学员的英语水平都能有大幅提高。

3. 优化师资队伍，理论授课与实践教学相结合

为保证国际化人才培养方案顺利实施，增强培训效果，学校拓展师资资源，建立校内外师资库。注重理论与实际工程相结合，突出钻井工程的基础理论以及实用技术传授。理论教学以学校教授专家为主，实践方面聘请油田实践技术专家、基层钻井队钻井和泥浆技术人员、涉外钻井人员，以专题讲座、报告、座谈等方式授课，提高学员的培训效果。

4. 建立跟踪随访机制，持续改进教学方案

采取跟踪随访的方式，定期以问卷调查、电子邮件、电话沟通等方式进行培训效果调查、技术难题反馈与意见建议征集，关注理论运用与实践状况，进行综合分析，有针对性地改进和完善教学方案。同时与用人单位保持联系，追踪学员受训后的使用情况，听取用人单位的反馈意见，并据此对教学计划进行适时修改和调整，使教学计划日臻完善，不断适应在职人员应用培训的需求。

（四）项目创新点

1. 人才培养国际化、标准化

国际标准化钻井队伍培养方案主要包括钻井专业技术培训、涉外英语培训、学历课程设置等内容，建立了与国际化钻井队伍人才培养模式相适应的标准化课程体系，通过这些内容的培训，培养复合型、实用型、外向型技术人才，满足了企业开拓海外市场的人才需求。

2. 教学模式情景化、多元化

面对学员理论基础薄弱的现状，重视教学方法的改革和先进教学手段的应用，创新教学模式，形成一套以启发式课程教学为主，以模型演示、现场学习、实验课、习题课、多媒体演示、网络教学等为辅助手段的多元化教学模式。采用案例教学和情景教学，使用讨论式、问题式、讲座式等教学方式，激发学员的学习兴趣，大大提高学习效果和效率，同时注重发挥学校地处油田的优势，培训过程中，通过实地参观、学习和实践，邀请现场专家开展现场教学活动，将理论知识与生产实际紧密结合起来，既开阔了学员视野，又提高了培训教学效果。

3. 教学形式双语化、专业化

国际化钻井人才培养的目标是“专业精”、“外语强”。为此，学校在教学过程中，对主要的专业课配备双语教材，出版《钻井专业英语》教材，聘请有能力的教师推行双语教学，提高学员的专业外语运用能力，强化专业课教学效果。

针对参加培训的学员的层次不同，外语水平不同的特点，采用小班教学。根据入学时的摸底测试成绩划分快慢班，不同的班采用不同的教学进度和不

同的教材，实现因材施教。

（五）项目评价

国际标准钻井人才培训工程项目得到中原油田领导以及中石油、中石化人力资源主管部门的广泛认同和高度评价，并起到示范引领作用，在胜利油田、华北油田等其他油田企业得以推广和复制，成为校企合作的典型案例和经典模式。

中原油田一直以来把专业技术人员源源不断地输送到学校来进行培训学习。经过培训后，不论是专业技术水平，还是自身的综合素质都有了很大提高，为油田发展提供了人才保障。

——原中原油田组织部副部长　丁学成

中国石油大学（华东）紧密结合油田实际需求，为中原油田培养了大批应用型人才、拔尖型人才、急需型人才、后备型人才，为中原油田钻井队伍抢占国际市场提供了强有力的人才支撑。

——中原油田副总经济师、人力资源处处长　郝景喜

通过在中国石油大学（华东）学习，提高了我的专业技能素质；与国际标准接轨的培训方式，使学习与工作实践紧密结合，提高了我们的学习积极性；丰富的学习资源、混合式的教学模式，多元化的学习支持服务，让我们学习更方便、更有效。希望学校多开展此类员工培训。

——中原油田学员　周扬

（六）项目发展前景

该培养方案在中原油田取得成功以后，成功的经验和做法已经在胜利油田和华北油田进行推广，并将在更多的油田和企业实行。面对越来越剧烈的全球化浪潮，学校将更加积极主动地承担培养国际化人才的重任。面向中国石油工业，紧密联合国有大型石油企业，充分挖掘和利用国外优质教育资源，积极探索国际化人才培养体系，为我国石油企业走向海外提供更加坚实的人才保障。

案例点评

该项目是中国石油大学(华东)继续教育坚持服务行业办学定位,持续创新发展的一个成功案例。在该项目中,中国石油大学(华东)紧紧瞄准中原油田海外发展战略对国际化人才的需求,通过多种方式开展国际化人才培养,为中原油田国际市场的开拓提供了人才保障和智力支持。以学校培养的国际化石油人才为支撑的中原油田海外石油工程队伍,共有135支工程队6000多人,足迹遍及20余个国家,是我国石油企业最大的海外石油工程团队,在海外钻探项目高手林立、竞争激烈的形势下异军突起,以海外中标项目多、员工素质高、技术过硬赢得了中国石油界和众多海外资源国的广泛肯定,被誉为国际石油钻探领域的"中原铁军"。

在人才培养的过程中,充分发挥企业在培养方案和培养过程的主动性,组建由企业领导、企业专家和学校教师组成的培养团队,实现了人才培养科学性和有效性的统一;定期以问卷调查、电子邮件、电话沟通等多种方式向用人单位和培训学员进行培训效果调查、技术难题反馈与意见建议征集,关注理论运用与实践状况,有针对性地改进和完善教学方案,不断适应在职人员应用培训的需求,提高培训的针对性和有效性,形成了科学有效的校企合作开展继续教育的模式,为校企合作开展继续教育提供了可复制、可推广的成功案例。

五、案例名称:矿业人才培训项目

单位:西南科技大学(西部组)

案例介绍

顶着炎炎夏日,"甘孜州矿业英才培训班"在西南科技大学开班了,这是甘孜州政府为打造"百亿矿业"人才队伍、提高矿业人才队伍素质、联合西南科技大学开设的进修班。40名采矿、选矿、地质、测绘等矿产业方面的专业技术人才及相关管理人才齐聚校园,充分利用1周的时间集中培训。虽然,"夏日炎炎正好眠",但在课堂上学员们认真观看每一幅画面,认真聆听每一项讲解,认真思考每一个问题,认真钻研每一项技术,他们学习的劲头比普通在校学生还大。

到底是什么内容让学员们如此着迷呢?原来这是学校经过多方调研,精心为学员们量身定制的培训课程,正好弥补了他们知识结构上的缺陷。

(一)充分发挥高校优势,服务企业发展

西南科技大学在1958年就开办了非金属矿床开采专业和地勘专业,现在已经发展成为一个以非金属矿产资源开发及环境保护为主要研究特色的专业,开设有地质工程、采矿工程、安全工程、交通工程、测绘工程、环境工程、地理信息系统以及矿物加工8个本科专业,拥有"固体废弃物与资源化教育部重点实验室"、"环境工程自控技术四川省高等学校重点实验室"、"非金属矿产地质及其开发利用四川省高等学校重点实验室"、"非煤矿山安全技术四川省高等学校重点实验室"、"低成本废水处理技术四川省国际科技合作基地"、"国家烟气脱硫工厂技术中心-西南科技大学烟气污染测控分中心"、"水处理与污染控制中心实践教学中心"等一大批重要的教学科研实验研究平台,为教学、科研及人才培养提供了良好的条件。

近年来,四川矿产资源开发发展迅速,已查明资源储量的矿种和矿区达到100种和1906处,钛、钒、天然气等11种矿产储量居全国首位。攀西、川南、川东北、成都平原等地的能源、重要金属和非金属矿产资源开发建设成效显著,煤、铁、铜、金、轻稀土、芒硝、岩盐、磷、水泥用灰岩等重要矿产年开采量大幅增加,省内各类国有及规模以上非国有工业企业采矿企业1000余家,已成为西部乃至全国的矿物原材料生产和加工大省。

西南科技大学充分利用自己专业学科和师资优势,积极参与到四川的矿产开发和环境建设中,在做好为行业、企业提供人才和技术支撑的前提下,通过人才培养、科学研究和技术开发为经济社会发展服务。

(二)主动适应行业、企业需求,精心制定培训方案

西南科技大学与多家企业签订了合作协议,在人才培养、科技攻关等多方面开展广泛合作。近5年来,学校先后举办了四川龙蟒集团采矿专业技术人员职业培训和测绘专业技术人员职业培训、攀钢集团矿业公司地质专业进修、里伍矿业公司专业技术培训班、绵阳市污水处理培训班、西藏山南江南矿业矿山专业技术人员培训班、甘孜州矿业英才培训班等,平均每年培养各类矿业人才近400余人次。

学校针对区域内矿产开发存在的问题,如矿产资源开发利用较为粗放、矿产资源总体利用程度不高、部分开采技术落后、矿产勘察难度不断增大、环境污染和生态破坏加大等进行了深入的科学研究,将研究成果结合企业实际,培训方案的课程设置从不同对象的工作实际出发,在双向调研的基础上产生,同时结合实施过程不断完善。

在矿产开采方面,准备了国内外矿业经济形势及重要矿产品供需趋势分

析、矿山开发建设项目管理、安全高效金属矿采矿、选矿方法的新进展和应用实践、数字矿山技术等新理论、新技术与新方法等内容的课程。

在测绘培训方面则涵盖GPS技术、GIS技术、摄影测量、遥感技术、测量误差理论及其工程应用等内容的课程，学员们通过培训可以了解测绘行业的新趋势，学习测绘科技新成果，在既有测绘知识构成中查漏补缺，提高理论水平和实践能力。

在矿山安全培训方面设计了安全监测与监控、职业卫生学、安全评价理论与方法、安全法学、安全心理学、安全管理基础学、安全系统工程、非常规突发事件应急管理等课程。

城市环境系统培训课程有环境规划与管理、城市环境保护与可持续发展、生态城市建设、水污染处理、大气污染处理等。

(三)精心安排教学过程，确保培训质量

1. 安排专人负责，教学过程动态管理

每期培训班都选派一位教师专门负责培训班的组织管理，并随时听取学员对每位任课教师的教学效果和培训班组织管理的评价和意见，及时将意见和建议向任课教师和相关负责人进行反馈，以便授课教师调整讲授内容，培训组织者改进服务，充分保证了培训质量和效果。

2. 多种培训方式相结合，增强培训效果

学校积极探索和创新教学组织方式，大力倡导和推进研讨式、启发式、互动式、体验式教学，积极采取案例分析法、情景模拟法、现实问题诊断法、经验交流法等教学新方法，并根据不同班次学员的类别和教学内容的实际来进行选择和运用，使教学形式更好地为教学内容服务，增强教学的吸引力，提高教学效果。

在对龙蟒集团的职业技能培训中，考虑到学员都是企业的技术骨干，在专业上都有一定的造诣，学校在培训中采取了“2＋X”的教学方式，教师在授课过程中，抽出一定的时间与学员就讲授内容进行互动交流，学员现场提问，教师答疑，对学员深入把握教学内容起到了极大的促进作用。

3. 优化师资队伍，理论授课与实践教学相结合

学校拓展师资资源，聘请技术专家、地质队领导、设计院专家，建立了校内外师资库，注重理论与实际工程相结合，突出工程理论以及实用技术传授，以专题讲座、报告、座谈等方式授课，提高学员的培训效果。

在测绘培训课上，李玉宝教授更是把课堂搬到了室外，所有学员以小组分开学习数字地质填图技术和掌上机的应用，通过“学习-实践-再学习”真正做到了理论联系实际，学员们的积极性也得到了极大的提高，不仅提高了理论知识

水平，更是解决了野外数字填图中的疑难杂症。

4. 建立跟踪访问机制，持续改进培训方案

采取跟踪随访的方式，以电话、电子邮件、问卷调查、上门拜访等方式进行培训效果调查、技术难题反馈与意见征集，关注访问的难点问题和数据分析，对培养方式进行调整和修改，不断适应在职人员培训的需求。

5. 严格管理，周到服务

建立了严格规章制度，对学员的学习、研究、讨论、组织生活、集体活动、考试、考勤等方面进行严格的规定。此外，由于每个学员的兴趣、性格、经历、教育背景各不相同，职业、年龄、职务也存在差异，所以还要求教师、组织员及其他人员与学员之间建立平等、信任、友爱、互助的新型关系，真心真意为学员排忧解难。

(四)坚持创新，凸显实效

1. 科研成果与项目紧密结合

近年来，学校先后完成了一批国家和省部级科研项目，如"四川叙永非金属矿尾矿资源利用"和"煤矿矸石高岭土的再利用研究"、"蛇纹石尾矿的猫眼宝石开发利用及其矿肥研究"、"村镇生活污水污染控制技术研发"、"生物冶金技术研究"、"矿冶重金属废水生物质吸附材料的研制与应用"等，这些科研项目都是与当前矿产资源开发息息相关的课题，也是企业及其技术人员热切关注的前沿知识。学校在组织教学的时候，将当前科研成果与企业实际结合起来，受到学员们的一致好评。

通过这次的培训，不仅学到了更加专业的知识，更是大大开阔了眼界，尤其是矿产资源综合利用的工艺矿物研究方法这门课程使我获益匪浅。学习是工作的前奏与基础，实践是工作的动力与保障。我想在参加了这次培训之后，利用所收获的知识与经验更好地提高以后的工作能力。

——四川龙蟒集团采矿专业技术人员职业培训班学员　杨定康

2. 建设了先进的校内外实训和教育培训合作基地

2003 年，学校参与欧盟国际合作项目"低成本废水处理技术高等教育及培训模块的开发"，并建成了日处理生活污水 1 万吨的污水处理厂。该厂既是在校学生的实验实习基地，也是开发污水和净水处理新技术的中试基地，同时也可面向社会提供工程设计、测试分析和技术培训，实现了教学、科研、生产一体化。

污水处理厂建成以来，先后接待各地环保局、相关企业的技术培训 20 余期，总计700余人。在污水处理厂,学员能够在预处理系统、生化处理系统、出水与消毒系统、污泥处理系统、中水处理系统等环节进行现场实验和实际动手操作。

3.因地制宜,创新教学模式

将课堂教学与数字化学习相结合,自主学习与协作学习相结合,解决学员的工学矛盾,满足了学员多元化的学习需求。

在西藏山南江南矿业矿山专业技术人员培训班上,由于培训总时间接近一年,而学员都是企业的技术人员,不能长时间脱离岗位。因此学校精心设计了函授+面授的教学方式,并把教学过程分为三个阶段:第一阶段采用面授的方式,按照培训方案的要求安排基础教学内容,作为全体学员的共同必修课,解决学员的共性需求问题;第二阶段采取函授的方式,由学校设计出教学模块和课题组研究方向组织教学活动,组织学员就工作实际问题开展课程研究活动;第三阶段再次采取面授的方式,对学员学习和研究成果进行检验,并进一步开展最后阶段内容的学习。这种理论学习、调查研究、合作学习、研讨交流和教师指导的有机结合,切实增强了学员运用理论解决实际问题的能力。

4.持续推动人才培养,为企业发展助力

学校在环境资源类非学历教育项目上的持续耕耘,促进了企业技术进步和标准升级,推动企业迈向高端、高质、高效和可持续发展,产生了广泛的社会影响。项目的成功受到了一些地方政府部门的认可。例如:绵阳市安全生产监督管理局主动同环境与资源学院合作,推进矿山企业标准化建设;云南大理州安全局主动联系学校,接洽继续开展相关企业技术人员培训事宜。通过培训,建立了企业与高校的联系。

专家们联系实际的授课使我收获良多,为自己在今后如何做好矿上的安全管理工作,保证守矿期间人、财、物的安全以及如何做好矿山复工等工作提供了诸多启示。

——矿山安全培训班学员　丁东力

通过这么多年来与西南科技大学的合作,公司得到了学校在各方面的大力支持,尤其是在人才培养和联合科技攻关上获益良多。校企合作实现共赢,西南科技大学是公司发展道路上的有力伙伴。

——四川里伍铜业股份有限公司总经理　王发清

矿山资源开发是国民经济发展的重要基础行业,培训项目的实施将有力地改善行业发展需求与专业人才队伍力量薄弱的矛盾,有效促进资源节约型、环境友好型产业的发展。培训项目及其延伸的矿山安全培训、企业高技术管

理人才培训等项目，以及衍生的技术人员知识体系更新、企业生产技术改进项目将在未来较长时间发挥效能。

西南科技大学将立足四川，面向西部，更加积极地承担起为企业培养人才的重任，建成助推学习型企业建设和提高企业员工素质的平台，将环境资源类培训项目打造成具有影响力的品牌项目。

案例点评

西南科技大学立足西部，充分发挥高校优势，为企业服务，其开发的矿业人才培训项目与当地的环境、企业的实际情况相结合，有效解决企业发展中的问题、专业技术人才知识结构的不足，并且将科研和项目紧密结合起来，获得很好的效果。在课程讲授上注意因材施教，注重成人学习的特点，多采用案例教学法、讨论法、协同学习等教学方式，激起学员学习的兴趣，同时注意对培训效果的调查访问，根据反馈的信息不断修正培养方案和讲课内容。

六、案例名称：中国邮政储蓄银行岗位资格认证培训项目

单位：石家庄邮电职业技术学院（专科组）

（一）项目背景

中国邮政储蓄银行于2007年3月20日正式挂牌成立，截至2012年已建成覆盖全国城乡网点面最广、交易额最多的个人金融服务网络，拥有储蓄营业网点3.7万个，其中邮储银行自营网点1.6万个，邮储银行已在全国设立了36个一级分行、311个二级分行，从业人员已达16.9万人。为推动邮储银行改革发展和实现其向全功能商业银行的快速转型，提升员工队伍岗位技能和综合素质，邮储银行总行提出，依托石家庄邮电职业技术学院业务、技术力量，以中邮网院为平台，在全行范围内逐步推行员工持证上岗工作。2011年12月，邮储银行总行委托石家庄邮电职业技术学院启动岗位资格认证培训与考试系统的建设开发，并配合总行人力资源部研究制定岗位资格认证考试相关的管理办法和规章制度，全面搭建邮储银行员工持证上岗体系。2012年9月，岗位资格认证培训与考试系统完成测试，10月16日该系统在中邮网院邮储银行分院平台成功上线，并于10月23日至11月21日，以理财经理岗位为切入点，在北京分行、河南省分行率先试点开展。

（二）合作单位

本项目由中国邮政储蓄银行总行和石家庄邮电职业技术学院联合开展，

按照“科学规划、统一规范、突出重点、有序推动”的工作原则和“先一线后全员，先核心后全面，先准入后等级”的工作步骤，逐步在全行范围内推行。

（三）总体思路

岗位资格认证是邮储银行适应现代商业银行经营，加强人力资本开发，深化岗位管理，规范员工行为，建立健全培训、考核、使用、激励相结合的人力资源开发与持证上岗管理机制，是全面提升员工队伍素质和岗位技能的一项重要措施，也为全行员工搭建了职业发展的成长阶梯。因此，邮储银行员工持证上岗体系建设以岗位资格认证培训与考试系统的设计和开发为基础，结合岗位资格证书持证工作相关要求，研究制定一套岗位资格认证培训与考核方案及配套的管理机制和规范，配合邮储银行总行推动全行范围内岗位培训和考核工作，实现员工能力与岗位的匹配，促进员工职业生涯发展。

（四）主要做法

1. 深入企业内外调研，构建岗位资格认证体系

2012 年上半年，学院项目组与邮储银行总行人力资源部一起广泛征求了总行各业务部门的意见和建议，并专门对工商银行、农业银行进行了深入的调研。在项目研发过程中，两次召开由总行、分行领导及专家参与的业务咨询研讨会和考试实施工作研讨会，广泛征求了各层面对邮储银行岗位资格认证工作的意见和建议，确保了整个体系搭建、应用系统设计、组织实施方案和管理流程规范的科学性、可行性和有效性。

岗位资格认证体系按照业务发展和岗位技能提升的要求分为两个部分：一是岗位资格性培训与考核，内容主要包括政策法规、理论基础、专业知识、操作技能、风险法律、职业道德等内容，分为初、中、高三级，初级为合格性考核，相关员工必须取得初级岗位资格证书持证上岗，中、高级考试为选拔性考核，与员工岗位职级晋升挂钩。二是继续教育及考核，内容主要为新的政策法规、新知识、新技能与新要求等，持证员工必须完成相关培训课程学习或通过考试，员工所持该岗位该级别的证书才能延期。

2. 开发建设系统平台，构建全流程岗位资格认证组织管理和运行实施体系

学院专门在中邮网院运行管理中心组建了岗位资格认证系统的业务需求和技术方案项目组，在深入研究分析银行岗位资格认证相关工作要求的基础上，于 2012 年 3 月完成了业务需求和技术方案的撰写工作，4 月完成了系统的需求分析和综合设计，9 月完成了系统测试工作，形成了员工岗位资格认证培训、考务组织、考试实施、证书发放及档案查询于一体的全流程组织，以及各级

管理人员对培训、考核、证书、统计分析的全面管理监控。

3. 研究制定管理规范，确保岗位资格认证的质量和效果

以岗位资格认证培训要求、考试要求、组织要求、证书管理要求等为依据，配合邮储银行研究制定了适应邮储银行岗位资格认证的系列管理规范和标准，包括岗位资格认证管理办法、培训教材管理规范、考试命题管理规定、试题命制规范、考务工作管理规范、管理员手册、学员手册、考场设置要求与技术标准、考试工作人员手册等，使岗位资格认证培训与考试工作有据可循、有法可依，确保了岗位资格认证实施工作的质量和效果。

4. 分步实施逐步推进，满足各岗位认证需求

2012 年 12 月至 2013 年 6 月底，邮储银行陆续组织了全行范围内的理财经理、审查审批、信贷员、个人客户经理、公司客户经理、公司产品经理、会计稽核人员、信贷产品经理、资产分类等 9 个岗位的资格认证工作，全行共计 12.5 万人次报名参加培训，11.9 万人次参加了岗位资格认证考试，全行共部署 300 多个物理考场，安排考试 6000 多场次，几乎每个二级分行都有 1～2 个物理考场。

岗位资格认证工作主要分为培训学习、考试报名、考场安排、考务打印、正式考试、证书发放六个阶段，考试采取在总行安排的考试时段内，由各级分行统一组织物理考场，进行集中在线考试。为保证考试的公平、公正，并严肃考试纪律，所有考生须携带通过系统打印生成的准考证进入考场，并通过考试系统进行答题，监考人员利用系统生成的考生照片对照单、考生花名册、考场情况记录单对整个考场情况进行管理，学员考完后实时生成成绩，管理人员可直接查询统计整体考试情况。

5. 实施流程化精细管理，提升岗位资格认证专业化、规范化

邮储银行岗位资格认证以岗位职责规范和能力素质要求为依据，以业务发展需要为重点，学习培训采取了“员工自学＋课件导学＋集中辅导＋考前模拟”相结合的方式进行，多形式强化培训效果。教材开发严格按规范要求编写，加强岗位资格认证考试教材编写工作的制度建设，明确岗位资格认证系列教材的设计、校对、印刷、更新、管理等环节的规范和要求，目前已完成 9 个岗位共 10 本 249 万余字的教材编写设计工作。科学规范严格管理试题，明确岗位资格认证试题命制的流程和要求，建立“业务专家命制试题＋业务部门审核＋中邮网院复审＋总行人力资源部终审＋中邮网院建立试题库＋设计组卷规则”共计 6 个步骤、层层把关、严格保密的试题流程。目前邮储银行岗位资格认证题库涉及 9 个岗位、18 个科目，共计 11675 道试题。中邮网院精心部署、全网联动，组建专门的业务、技术团队提供相应的支持服务和监控管理，建立完善的考试支撑体系。

（五）项目创新点

1. 员工培训与人力资源开发和员工持证上岗相结合的管理机制创新

参加岗位资格认证是员工上岗、转岗和职级晋升的必备条件，实现了培训、考核、使用、激励相结合的人力资源开发与持证上岗管理的一体化机制，促进了人力资源岗位的规范管理，也有效实现了员工的激励与个人职业发展，实现了员工与企业的双赢。同时通过推行岗位资格认证工作，一方面以考促学，全面系统地提升了员工队伍的素质和能力，是银行教育培训工作的有力抓手；另一方面以考带训，推动了岗位资格性、适应性和知识更新性等各类培训的有效开展，有力地促进了邮储银行教育培训体系的良性运转。

2. 分阶段分层级调研需求与分析论证的研究方法创新

为科学构建岗位资格认证体系，在项目的不同阶段，分别针对不同层级进行了深入调研和缜密的分析论证。一是项目启动之初，项目组和总行人力资源部，调研工行、农行，了解了岗位资格认证体系搭建的宝贵经验，调研了总行各个业务部门及各分行人力部门，征集了对岗位资格认证实施和组织管理的意见和建议，初步形成了《中国邮政储蓄银行员工持证上岗工作指导意见》；二是在岗位资格认证系统业务需求和技术方案撰写完成后，组织了各省分行人力资源部领导专家参加的研讨会，确保了岗位资格认证系统建设的正确性；三是在系统开发完成后，组织了各省教育培训管理人员的研讨会，保证了岗位资格认证系统的有效性和岗位资格认证管理规范与流程的可行性。

3. 依托中邮网院平台实现组织实施的信息化和全流程管理创新

建设开发了岗位资格认证培训与考试系统，实现了岗位资格认证培训学习、考试报名、在线考试、继续教育、证书管理、统计分析等全流程的信息化管理。充分考虑了考试安排、考试规模、考试的公平公正、安全性、严肃性等多项因素，提升了系统及网络的支撑能力。中邮网院银行分院与邮储银行人力资源系统实现了全面对接，对于提高全行培训资源的精准配置水平，实现精细化的管理决策具有深远的意义。

（六）案例模型

邮储银行岗位资格认证实施模型图如图 F1-1 所示。

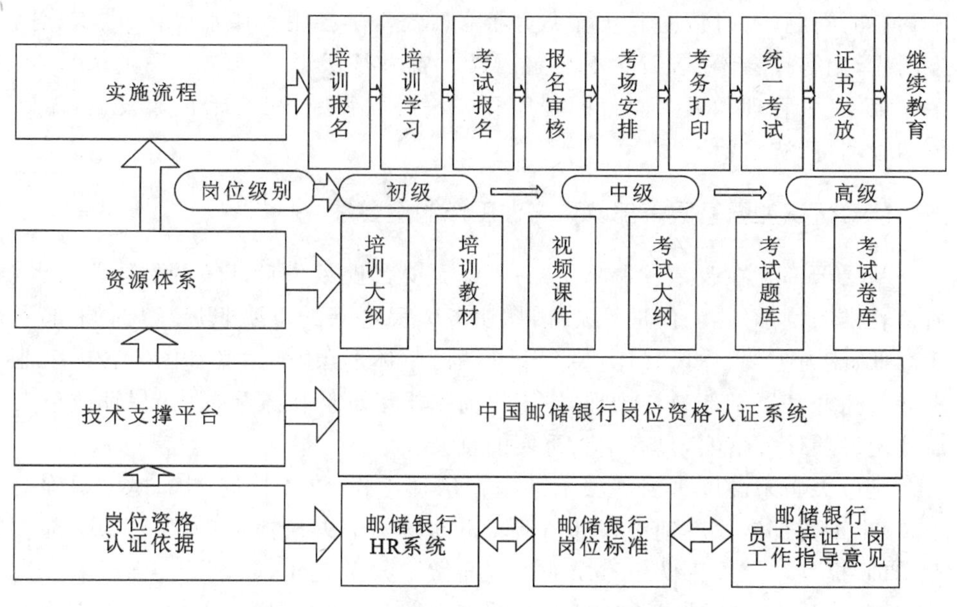

图 F1-1　邮储银行岗位资格认证实施模型图

七、案例名称：塑干部形象，树农村新风

——记桂林全州县大西江镇农村基层干部培训个案

单位：广西师范大学（师范组）

案例介绍

农村基层干部是党联系农民群众的桥梁和纽带，农村基层干部的作风，直接影响党的形象和党的执政能力。要坚持教育引导和制度约束并举，认真解决农村基层干部在思想、工作、生活等作风方面存在的突出问题，努力塑造新时期农村基层干部的良好形象。要牢固树立立党为公、执政为民的意识，坚持群众观点和群众路线，真心诚意地为群众服务，坚持向群众学习，问计于民，问政于民。要引导广大基层干部转变思想观念，改进工作方法，尊重农民的生产经营自主权，用示范引导的办法推动工作。完善联系群众制度，密切党群干群关系。要进一步健全和完善有关制度规定，要坚持和健全基层领导干部调查研究制度、村“两委”干部接待群众来信来访制度、基层信访首问责任制以及群体上访责任制和重大上访责任制，及时掌握基层情况，发现问题，联系群众，沟通感情，兴办实事好事。同时，要大力实施民心工程，广泛推行领导干部联系点、部门驻点、便民服务等制度，深入宣传党的惠农政策，了解群众生产、生活

中存在的问题，及时帮助群众解决实际困难。要学会用法律手段调解、疏导民事纠纷，化解社会矛盾，消除不安定因素。农村基层干部要熟悉民主选举、民主决策、民主管理和民主监督的程序和方法，以指导村民自治健康发展，做到依法管理，依法自治。

(一)认识加强基层干部教育培训工作的重要性

基层干部处在改革发展稳定第一线，是党的路线方针政策的具体执行者，肩负着推动科学发展、促进社会和谐、服务人民群众的重要职责。基层干部素质高低、能力强弱、作风好坏，关系干部队伍整体形象，关系党和国家各项事业发展。抓好基层干部教育培训，对于提高基层干部队伍素质能力，保证改革发展稳定各项任务落实，具有十分重要的意义。

党中央历来高度重视基层干部教育培训工作，在不同时期都提出明确要求、做出重要部署。各地区各部门认真贯彻落实中央精神，在加强基层干部教育培训、提高基层干部队伍素质能力方面做了大量工作，取得了实际成效。当前，我国正处在全面建设小康社会的关键时期和深化改革开放、加快转变经济发展方式的攻坚时期，各种深层次矛盾和问题日益凸显，对基层干部队伍的素质能力提出了新的更高要求。面对新形势新任务新挑战，基层干部教育培训工作还存在许多不适应的地方和薄弱环节，主要是：一些地区和部门重视不够、优质培训资源和经费投入不足、基层干部培训机会偏少、培训针对性和实效性不强等。各地区各部门必须进一步增强做好基层干部教育培训工作的责任感和紧迫感，把基层干部教育培训摆在更加突出的位置来抓，做到思想上更加重视、措施上更加务实、保障上更加有力，不断提高基层干部教育培训工作水平。

(二)推动优质教育培训资源向基层延伸倾斜

1. 大西江镇简介

大西江镇位于全州县境北部，越城岭山麓脚下，东接文桥镇，南连龙水镇，西邻资源县，北界湖南省新宁县。清属万乡，1994 年改建制镇，距全州县城 33 千米，总面积 337.5 平方千米，辖 15 个村委会，3 个自然村，293 个村民小组，共 9548 户，3.4 万人。境内三面环山，越城岭支脉横至西北，并环绕至东北部，北面高峰屹立，东西峰峦对峙。地势由西北向东南倾斜，有水力、矿产、森林、旅游四大资源优势。矿产主要有煤、锡、铅、锌、钨、金等十几种。森林资源极为丰富，覆盖率达 60%以上，有万亩以上的大型林场 4 个，三级林场 10 个，有初级木材加工厂 4 个。此外，有戈渡源、炎井原始森林自然保护区，植被繁茂，景致诱人。

全镇有耕地面积 32040 亩(1 亩≈666.7 平方米)，其中水田 26007 亩，旱

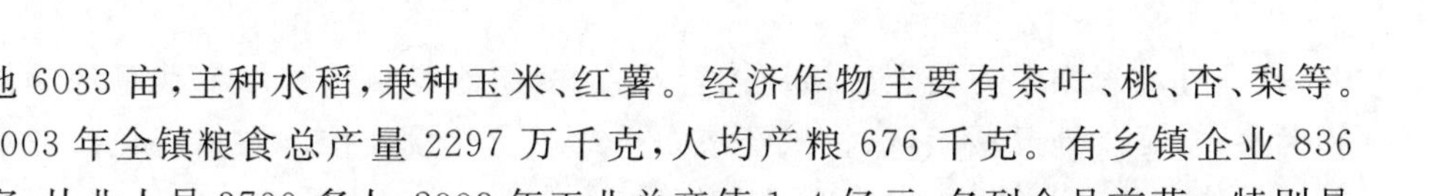

地 6033 亩，主种水稻，兼种玉米、红薯。经济作物主要有茶叶、桃、杏、梨等。2003 年全镇粮食总产量 2297 万千克，人均产粮 676 千克。有乡镇企业 836 家，从业人员 3700 多人，2003 年工业总产值 1.4 亿元，名列全县前茅。特别是小水电建设，自 1995 年中外合资的第一座水电站建成以来，全镇兴建水电站 30 多座，总装机容量达 3.6 万千瓦，占全县的 1/3 强，装机较大的电站有会龙电站、白水脚电站、雷公塘电站、九牛塘电站等，其中，会龙电站是全县第三大水电站。主要景点有炎井温泉、王家千年古樟、精忠祠、香林寺、风雨桥、童母岩等，炎井温泉经过第一期工程建设，建成了母池、子池、宾馆、休闲山庄、花雕长廊等，是广大游客避暑休闲的好去处。全新（全州—湖南新宁县）公路贯穿全镇，有村级公路 15 条，长 50 多千米。文化教育事业发达，2003 年全镇有初中 3 所，小学 14 所，在校学生 4115 人，教师 282 人。

2. 增强基层干部教育培训的针对性和实效性

项目突出基层干部在教育培训中的主体地位，强化教育培训需求导向，从基层工作和基层干部队伍的实际出发，丰富教育培训内容，创新教育培训方式，提高教育培训效用，真正让基层干部听得懂、学得会、用得上。坚持和完善长期以来行之有效的教育培训方式方法，积极探索具有时代特点、符合基层干部实际的教育培训新途径新方法。实行组织调训与干部选学、集中培训与经常性教育、实体培训与网络培训相结合。充分运用专题讲座、学习研讨等形式，加强对有关理论知识的培训；采取巡回宣讲、流动课堂、送教上门等方式，深入农村、社区、企业开展培训；通过“帮带”培训、现场观摩、案例教学等途径，促进学习借鉴和实践运用；探索挂职培训和行动学习等方法，促进学用结合。

(1)全镇村党支部书记专题培训。培训内容及方式：采取集中授课、讲座讨论的方式，针对农村土地管理和使用、社会救助金的使用和发放、国家惠民政策等农村工作的常见性、突出性问题开展培训。

(2)“三项工程”基本内容培训。培训内容及方式：通过会议、座谈、调研和专题培训等方式，深入宣传贯彻“三项工程”的基本内容和各级领导讲话精神，让农村广大基层干部群众知晓“三项工程”的基本内容和具体政策措施。

(3)农村基层干部行政知识培训。培训内容及方式：通过召开专题培训会的方式，对全镇维稳工作、信访条例、经济形势以及如何应对新闻媒体和依法行政方面的知识进行专题辅导。

(4)新型农民电脑基础知识培训。培训内容及方式：利用大西江镇中心学校电脑室为培训中心，手把手教村委会成员及村民电脑基础操作知识。

(5)农业政策法规培训。培训内容及方式：采取集中授课的方式，针对农村基层干部讲解我国涉农方面的相关政策法规，尤其是一些惠农政策和农村养殖方面的技术知识。

(6)外域考察学习培训。培训内容及方式:组织学员到外域实践基地学习和考察,学习外地开展镇域、村域经济农村产业化建设和推广农村特色产业的好的做法和途径,并组织大家交流和探讨。

(三)总结升华,培养高素质的基层干部队伍

1. 健全落实责任制

组织部门牵头抓总,有关部门各尽其责,分级培训,一级抓一级、层层抓落实。中央组织部负责全国基层干部教育培训的宏观指导、制度规范和督促检查;各省(自治区、直辖市)党委组织部负责本地区基层干部教育培训的统筹规划、工作指导、协调服务和督促检查;市、县党委组织部负责研究制定基层干部教育培训方案和计划,并抓好组织实施。实行垂直管理的部门负责本系统基层干部的教育培训工作,部门与地方双重管理的基层干部教育培训工作由主管方负责组织。干部所在单位负责组织实施本单位的教育培训工作。按照优质教育培训资源向下倾斜、重点教育培训对象适当上收的原则,省(自治区、直辖市)抓好示范培训,市、县抓好重点对象培训,部门(单位)抓好全员培训。

2. 加强师资队伍建设

坚持能者为师,注重选聘理论政策水平较高、实践经验丰富的党政领导干部、专家学者、企业经营管理人员和先进模范人物、优秀基层干部、乡土人才、做群众工作的行家等担任教师。加大市、县党校(行政院校)教师培训力度,提高他们理论联系实际的能力和业务水平。根据实际需要,各地区可建立基层干部教育培训师资库。有条件的省(自治区、直辖市)可组织编写符合基层干部特点的教育培训大纲和教材。

3. 加大经费投入

地方各级政府要将基层干部教育培训经费列入年度财政预算,并随财政收入增长逐步提高,保证教育培训工作需要。企事业单位要按照规定足额安排本单位干部教育培训经费。财政困难的地方可统筹使用自有财力和上级转移支付财力,为教育培训工作顺利开展提供保障。地方各级党委留存的党费要对基层党员干部教育培训给予适当补贴。加大监督检查力度,确保教育培训经费及时到位、合理有效使用。

4. 建立健全考核和激励机制

把开展基层干部教育培训工作情况作为考核领导班子和领导干部的重要内容,对措施得力、效果显著的要予以表彰,对重视不够、基层干部反映较大的要严肃批评、督促整改。注意总结宣传各地区各部门的好做法好经验,为加强和改进基层干部教育培训工作营造良好氛围。

案例点评

在建设社会主义新农村的背景下，广西师范大学认识到：面对农村工作的新形势、新任务、新要求，干部培训已经成为应对经济、政治、社会、文化建设转型的重要途径之一，要增强农村基层干部培训的针对性和时效性，建设一支与全面建设小康社会目标相适应的高素质干部队伍。该项目是广西师大针对桂林市全州县大西江镇农村基层干部培训的个案，充分重视提高农村党员干部的科技素质，增强了基层党组织的凝聚力和战斗力，为农村经济的可持续发展提供了人才保证，推动了农业产业结构的调整，促进了大西江镇市农业产业化、特色化的进程。在开展农村基层干部培训中围绕农村经济发展中心，突出重点，加强协作，受到广大学员的欢迎。

八、案例名称：发挥财经专业优势，提高会计人员的专业能力

单位：山东财经大学　（东部组）

案例介绍

（一）项目背景

2009 年山东财经大学被山东省财政厅确定为山东省会计人员继续教育指定培训机构，承担山东省 17 个地市 120 多个区县的会计人员继续教育培训工作。在各地市财政局和相关部门的大力支持下，学校精心策划、组织，使该项目得以顺利开展，培训人数逐年攀升。该项目针对会计人员继续教育的具体需求和成人教育的特点，发挥学校财经行业优势，从学校选配优良的师资，结合企事业单位的知名专家学者，打造一流培训师资队伍。为了让各位学员学有所得，该项目建设了符合成人教育教学规律的会计学品牌专业，设计了涵盖当前宏观经济形势分析、财税改革热点问题、财政理论、部门预算、国库集中支付、财源建设、税务知识、税制改革、税收筹划、税收执法风险、涉税处理、金融、保险、担保、会计、财务管理、企业管理等学科领域的特色课程。为了方便学员学习，打造“时时能学、处处可学”的学习环境，投入了大量的人力物力，组织开发了山东财经培训网，制作网络课程 500 余课时。该项目已经持续开展五年，得到山东省财政厅和各地市财政局的充分肯定，取得了良好的社会效益。这种教育模式为学校网络远程教育的开展积累了丰富经验，目前学校正依托该项目探索网络远程教育在银行、证券和税务等行业成人继续教育工作中的应用。

(二)主要做法

1. 运用现代信息技术开展网络远程教育培训

为推进会计人员继续教育科学化、制度化、规范化，培养造就高素质的会计队伍，提高会计人员的专业胜任能力，2006年，山东省财政厅根据《中华人民共和国行政许可法》《中华人民共和国会计法》等有关法律、法规、文件规定，制定了《山东省会计人员继续教育管理暂行办法》。办法指出，取得中华人民共和国会计从业资格证书的人员，每年需要接受累计不少于24学时的继续教育培训。为了增强培训的针对性、实效性，本着按需施教、学以致用的原则，主要采取以下培训形式：集中培训、网络培训和专题培训。2009年我校被山东省财政厅确定为会计人员继续教育指定培训机构，承担山东省17地市120多个区县的会计人员继续教育培训工作。

针对会计人员继续教育工作的具体要求，为了构建“人人皆学、时时能学、处处可学”的学习服务体系，学校提出利用现代信息技术研制开发网络培训平台的设想。2009年以来，学校组织研发了“山东财经培训网”。该培训平台功能强大、技术先进，具备在线点播、离线计时、视频授课、网上考试、交流互动、记录跟踪等功能。在该平台的基础上，学校聘请校内外财经领域的专家教授打造成人教育会计学品牌专业，设计制作会计相关网络课程500余课时。利用该平台每位学员可以根据自身的学习目标和需求，选择自己需要的学习课程，利用远程网络进行在线学习。目前该平台不仅可以保障山东省会计人员的继续教育工作需要，而且还可以为财经行业的机关、企事业单位的会计或金融从业人员开展订单式网络培训。

2. 根据培训要求和学员特点，精心组织实施培训

(1)多渠道开放办学，稳定办学市场。会计人员继续教育是每位会计从业人员每年必须参加的培训。作为该项目的制定培训单位，学校得到了山东省财政厅领导的大力支持和配合，通过多部门间的紧密合作使项目得以顺利开展。学校利用与政府、银行、财税等部门多年来的合作关系，发挥财经专业优势，打造网络培训特色，建立了稳定的办学市场。

(2)根据培训要求提炼学习模式。该项目利用现代远程教育技术为学员提供远程互动式教学服务。学员首先根据培训要求，选择自身需要的培训课程，然后通过远程网络进行在线点播课件学习，由系统自动记录学习时间，完成学习任务后，可以进行在线网上考试，考试合格后，到会计主管部门办理确认手续。这种学习模式让学校的教育资源得到了充分利用，使教师和学员冲破了时空的限制，组成虚拟课堂，实现了教育价值最大化。同时，互动式远程教学教育主体发生了换位，实现了以学校的便利为主向以学生的便利为主的

转移，由过去学生到学校来学习，发展为学校到求学者那里去施教，学员学习时间上、空间上的灵活性得到了保障。

(3)打造合格的师资队伍。所有授课教师均为财经类院校的教授或财政系统从事具体业务的领导。任课教师都要经过各专业领导和成人教育主管部门认真考核后才予以聘用。聘请专家对本项目的主讲教师进行指导和培训，同时不定期组织授课教师到名校和财政培训机构进行考察访问及短期培训，如北京国家会计学院、上海国家会计学院、厦门大学等。

(4)利用技术方法监控学员学习。远程教育模式让每位学员直接通过互联网点播视频课件学习，对学员学习的自觉性和主动性要求较高，存在无法监督学员是否认真学习的问题。在设计教学平台时，提供了系统自动记录学习时间的功能，保证学员必须达到培训的学时要求。为了防止学员打开视频后从事与学习无关的事情，系统增加了随机弹出练习功能，学员回答问题后视频才能自动继续播放，否则系统将暂停学习。为了防止部分学员因为网络质量不高导致无法在线学习，制作与在线视频同样功能的离线观看视频，学员下载视频后可以离线学习然后通过互联网络同步功能上传自己的学习记录即可。另外，还研究了如何利用摄像头远程监控学生学习功能。这些手段在一定程度上保障了学员的学习质量。

(5)提供远程教学服务。为了及时解答学员学习过程中的问题，提供了师生交互功能和400电话服务，及时帮助学员解决学习过程中遇到的网络、操作或学习疑难问题。

3. 精心设计课程，保障培训质量

(1)打造多元化的课程资源。山东省教育厅启动成人高等教育品牌专业建设后，学校经申请、答辩、建设和专家验收后被确定为山东省成人高等教育会计学、金融学和工商管理品牌专业建设点。依托品牌专业建设，努力打造立体化的优质课程资源，完善教学平台和支持服务体系，加强模拟实验、仿真系统建设，有力地保障了会计人员继续教育的课程资源质量。

(2)课程设计进一步优化。在课程设计方面，为会计人员提供菜单式学习，激发会计人员学习主动性。例如，为各类企业会计人员提供会计理论与实践、会计相关法律法规、会计职业道德、新企业所得税法、企业内部控制和风险防范、小企业会计制度、金融企业会计制度、其他行业会计制度及核算办法、会计基础工作规范、会计信息化知识等课程；为行政事业单位、社会团体等单位提供会计理论与实践、会计相关法律法规、会计职业道德、行政事业单位资产管理办法、政府收支分类改革、国库集中支付制度、公务卡改革、非税收入改革、国有资产管理、财政资金管理知识、工会会计制度、医院会计制度、高校会计制度、民间非营利组织会计制度等课程。

根据山东省财政厅的要求设置必修课程和选修课程，每次学习学员按照一定的规则选择本次需要学习的课程，有针对性地开展教育培训，提高了培训效果。

(3)建立网络教学质量评价体系。通过网络技术，建立网络虚拟课堂，依靠网络的共享性、交互性、实时性和开放性为会计人员提供远程教育平台。网络平台的开放性为学生的自主学习提供了便利，但也有它的双面性，其不可避免地造成了教学过程中教师角色的弱化。纵观远程网络教育建设现状，目前网络课堂建设的重点在于课件设计、课程录制和编辑等学习资源的开发和制作，忽略建立完善的学习支持服务系统，造成网络教学过程的监控不足，缺乏教学过程互动设计。会计人员继续教育学员在职学习，日常工作比较繁忙，学习积极性不高，投入很大人力物力建设的数字化教学资源利用率低，教学效果一般。建立网络教学质量评价体系，探讨网络教学过程的监控机制在成人教育的教学过程中的作用尤为重要。

针对该问题，课题组从概念认识、资源建设、教师教学以及学生学习四个方面分析了现代远程网络教育学习过程中存在的问题，建立了一个基于互联网络用户行为的教学过程监控模型，并探索了如何将该模型应用于学校开发的会计人员继续教育平台中。

4. 定期跟踪管理，提高培训质量

除了远程网络学习之外，该项目还对学员进行定期跟踪管理。通过建立高端会计人才学习、研究、实践、交流平台，引导学员在结束网络培训后，持续学习，完成培训管理部门规定的自学任务，定期参与各种形式的讨论，按时参加培训管理部门要求的各项活动，定期提交学习成果，如心得体会、总结报告、实践应用报告、研究论文、案例分析报告、调研报告、考察报告等，边工作，边学习，进一步提升学员理论联系实际、解决实际问题的能力。

(1)实施动态跟踪管理。建立高端会计人才信息库和培训学员档案，记录学员各项表现。在培训周期内，与学员保持联系，跟踪了解学员学习、工作、科研等情况，定期编辑出版学员动态。

(2)敦促学员完成自学任务。结合高端会计人才能力要求，安排一定的自学任务，要求学员利用业余时间认真完成学习指定阅读书目，思考问题，通过不断学习，掌握相应的理论知识、科学方法，增强学员发现问题、分析问题、解决问题的能力，提高学员的专业水平和综合能力。

(3)安排导师课外辅导。增强学员与教师之间的联系，建立辅导联系机制。根据学员的研究方向，安排导师进行跟踪课外辅导，帮助学员理解、掌握相关知识，指导学员将所学知识应用于工作之中，指导学员结合工作实践开展科研，建立学员与导师的交流平台。

5. 培训规模逐年提升，得到一致好评

自 2009 年山东财经培训网投入使用以来，经过 5 年的努力，培训人数逐

年提升。近5年的培训规模表如表F1-3所示。

表 F1-3 山东省会计人员继续教育培训规模表

年　　度	网络课程(学时)	覆 盖 区 域	培训人数
2009年	100	济南、青岛、淄博、枣庄、东营、烟台、潍坊、聊城	10万余人次
2010年	200	济南、青岛、淄博、枣庄、东营、烟台、潍坊、济宁、聊城	20万余人次
2011年	200	山东省17地市	30万余人次
2012年	240	山东省17地市	40万余人次
2013年(1至11月)	300	山东省17地市	30万余人次

山东省财政厅和学校领导对该项目开发的“山东财经培训网”给出如下评价:“运用现代信息技术改革成人高等教育教学内容和方法,可以整合、共享优质教育资源,形成开放、互动、共享的成人高等教育模式。这一模式与传统的教育模式有机结合使用,将为每一位成人教育的在校学生提供个性化和无处不在的教育,满足学生多元化和个性化的学习需求,提升学生的信息素养和创新能力,让学习更便捷、更愉快、更有意义,这也正是信息化成人教育新模式的目的。”

6. 利用网络平台开展培训,市场前景良好

通过本项目学校与山东省财政厅建立了稳定的合作关系,今后学校将持续承担山东省会计人员初、中级以及高级会计师人员继续教育工作。该项目不仅为山东省会计人员提供了一个良好的学习平台,也提高了学校继续教育的影响力。该项目打造了一个比较成熟的远程教育培训平台,具有向其他行业,如金融业、保险业等拓展的前景和基础。

九、案例名称:英语拓展课程合作项目

单位:北京外国语大学(北方组)

案例介绍

(一)项目背景

在我国英语教育教学逐渐由初中向小学和幼儿园阶段普及的大背景下,

学生的英语语言水平越来越高。到了大学阶段，传统的大学公共英语已不再能满足学生的英语学习需求。大学公共英语亟待新的补充资源进入。

教育部高教厅在 2004 年发布了《大学英语课程教学要求(试行)的通知》([教高厅[2004]1 号])，文中指出：为促进教学模式的有效改革，应加大学生通过计算机学习英语课程学时或学分所占的比例。建议学生在计算机上学习所获学分的比例应占英语学习总学分的 30％～50％。

顺应时代发展和政策导向，北京外国语大学(以下简称“北外”)历经十年的潜心专注，研发了一大批高质量的英语在线学习课程资源，涵盖了通用英语、学术英语、专门用途英语、英语文化和学习策略等系列，可作为大学公共英语后四、六级时代最全面的英语教学备选资源。

这些课程不仅融入了先进的网络课件制作技能，在教学设计层面更遵循英语语言学习规律，并力邀经验丰富的英语教学专家编写脚本。同时，积累了十年的在线学历教育管理经验，开发了优秀的在线教学和管理平台，帮助教师轻松、科学地实现了无纸化教学管理。

(二)合作单位

该项目由北京外国语大学网络与继续教育学院与北京交通大学语言与传播学院合作开展，项目于 2011 年 2 月正式启动。

(三)项目规模(见表 F1-4)

表 F1-4　学员人数统计表

年　　度	学习时长	所 选 课 程	学员人数
2011 年春	一学期	商务英语、英汉翻译和英美国情与文化	1779 人
2011 年秋	一学期	商务英语	218 人

注：2011 年秋因学校政策变化，非英语专业学生只要通过大学英语四级考试可免修英语，故选修英语拓展课程人数同比减少。

(四)项目运营模式

1. 项目启动——教学与科研结合，在实践中探索后四、六级时代的大学公共英语教学

该合作项目的正式启动，正是顺应了当前大学英语教学的需求。北外可以为高校提供体系化的大学英语拓展课程资源和优秀的教学平台，而北京交通大学语言与传播学院正在为学生寻找合适的英语拓展学习资源，所以双方的合作启动非常顺利。

2. 收费模式

北外免费提供定制化的在线学习和管理平台，并负责平台的服务器托管和技术支持维护工作；定制化提供在线课程和在线练习题库。仅按学生所选课程收取学习账号费用，收费原则是与纸介教材的价格基本持平。

3. 学习模式

北京交通大学学生通过登录学校的校园网站（见图 F1-2），输入学习账号，即可随时进入平台学习。

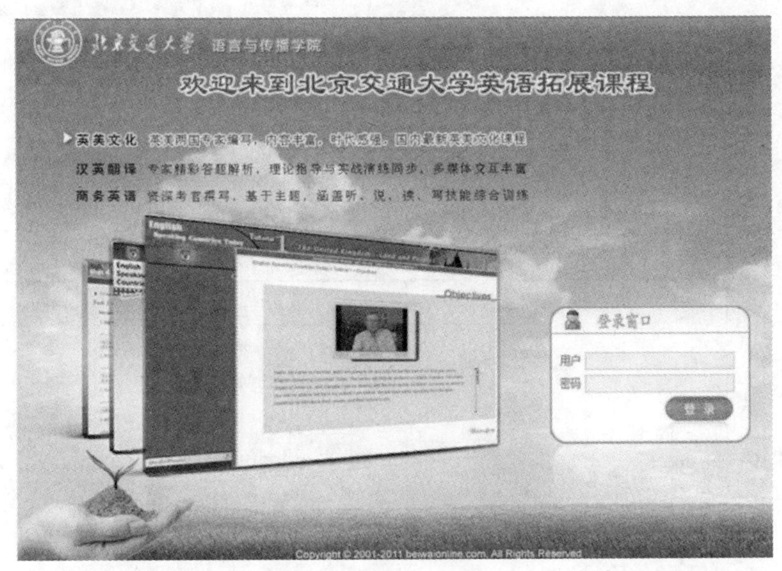

图 F1-2 北京交通大学英语拓展课程学习网站登录页面

（1）学习功能。在线学习课程，平台自动记录学生在每个课程每个单元的有效学习时长；在线完成单元配套练习，练习可反复操练；在线完成单元测试，测试完成后系统自动评判并记录测试成绩；使用班级论坛等交流模块与老师和同学在线互动，探讨学习问题。

（2）教学管理功能。教师通过平台创建的班级功能，可对班级所有学员的学习情况和单元考核情况进行在线浏览和统计（见图 F1-3）。教学管理功能主要包括：查看本班学生的课程学习进度，并可通过平台“电子纸条”功能给指定学生发送学习指导建议；查看课程某单元的全班测试情况统计报告，并根据报告数据在面授辅导课上进行重点讲解；学生学习情况统计报告还可生成图表数据，方便老师更科学地分析学生自我学习效果。

（3）评价考核。本项目中，学生参加英语拓展课程后，会得到最终成绩，计入所修学分。经双方讨论，学生成绩的计算规则如表 F1-5 所示。

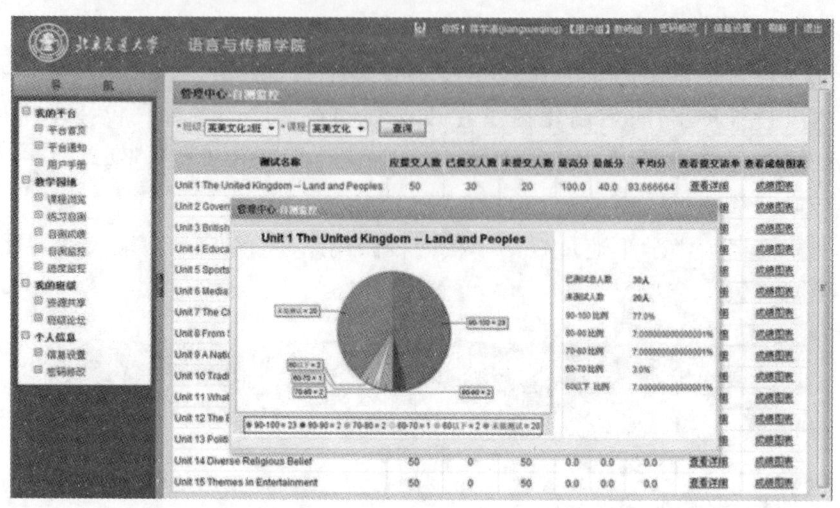

图 F1-3　教学管理功能页面

表 F1-5　学生成绩的计算规则

课程名称	成绩折算标准	网上学习小时	折算成绩
英美文化	网上学习小时(10%) 网上单元自测(20%)	50 小时以上(含)	10 分
		45—49 小时	9 分
		40—44 小时	8 分
		35—39 小时	7 分
		30—34 小时	6 分
		25—29 小时	5 分
		24 小时以下	0 分
商务英语	网上学习小时(10%) 网上单元自测(20%)	36 小时(含)	10 分
		31—35 小时	9 分
		26—30 小时	8 分
		21—25 小时	7 分
		15—20 小时	5 分
		14 小时以下	0 分
汉英翻译	网上学习小时(20%)	50 小时以上(含)	20 分
		45—49 小时	18 分
		40—44 小时	16 分
		35—39 小时	14 分
		30—34 小时	12 分
		20—29 小时	10 分
		10—19 小时	5 分
		9 小时以下	0 分

(五)项目创新点

1. 将北外的在线课程引入大学公共英语教学

当前北外与北京交通大学的这种合作模式在高校英语教学资源引入模式中还属首次。这种以开放的心态将自身的优秀资源共享给所有教学单位的做法不仅能给资源提供者自身带来一定的经济收益，将教育资源市场化、经济化；同时，资源的共享也能创造一定的社会效益。

2. 合作模式上的创新——平台+账号模式

在合作模式上，北外从课程资源到教学和管理平台以及服务器配置上都做了统一的定制，所以高校在合作中不必担心硬件条件造成的障碍。这种平台加学习账号的贴心服务模式，也让合作双方减少了更多的项目合作模式上的沟通时间，更专注于教学上的探索和应用。

3. 科研与教学活动相结合

双方的合作不仅建立在教学资源的提供和教学活动中，借助于计算机技术的支持，在教学活动中学生的学习状态、学习行为习惯等数据都被完整地保留在平台中。作为北外启动的“多语言多媒体多环境”的三多课题科研研究的参考数据。这种科研与教学相结合的方式，深得合作院校老师们的欢迎。

(六)项目评价

北外与北京交通大学的这种合作模式已逐渐得到部分了解该项目的高校领导和老师们的认可，并已有几所国内重点高校表示将与北外开展这种在线资源的合作。

(七)项目发展前景

目前北外正在积极与其他高校建立联系，希望将与北京交通大学的这种合作模式复制到其他大学，让北外的优秀英语在线学习资源在高校中得到更多推广和应用。

十、案例名称：广州白云国际机场服务礼仪标准制定及培训

单位：广州民航职业技术学院(专科组)

案例介绍

广州白云国际机场(以下简称“白云机场”)作为中国内地的第三大国际枢

组机场,2008 年至 2010 年期间,在国际机场协会"全球机场服务评测"中的排名从第 97 位上升至第 7 位,2011 年旅客吞吐量突破了 4500 万人次,但 2011、2012 年的排名处于波动状态。为了完成"争创世界十佳服务机场,全面提升白云机场服务水平"这一目标,白云机场主动与广州民航职业技术学院合作,开展一线员工的服务礼仪通用标准和岗位特色标准的制定及培训合作项目。作为枢纽机场,机场服务是白云机场的主要业务,服务礼仪是服务行业人员必备的素质和基本条件。出于对旅客的尊重,机场工作人员在服务中要注重仪表、仪容、仪态和语言、操作的规范,要热忱地向旅客提供主动、周到的服务,从而表现出个人良好的风度与素养,树立企业形象。

为了顺利完成这一项目,学校主要从定义项目目标、有效的过程控制、成功的项目团队组合这三个方面加以把握,实施过程如图 F1-4 所示。

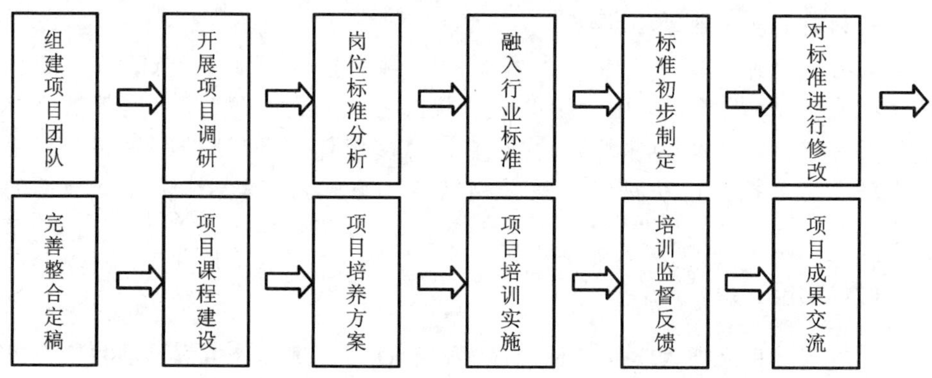

图 F1-4　服务礼仪标准制定及培训项目实施过程

(一)组建合作项目团队

在项目正式启动前,构建一支高效的工作团队是完成项目的基本保障。确定合作项目后,学校副校长亲自担任项目负责人,继续教育学院的领导和校内外专家,以及企业负责人和专家等组成了合作项目团队,进行项目开发与实施。

(二)开展项目调研

合作团队成立后,定义项目目标显得尤为关键,项目目标是项目开展的起点,清晰、明确的项目目标在整个项目中发挥着重要的作用,共同的目标可以激励项目参与者为实现而一致努力。本项目目标是白云机场一线员工服务礼仪准入标准的制定和培训的实施,为了保证制定的标准切实符合企业发展的需求,项目团队成员利用座谈、走访、实地观察、实地拍摄等形式,深入白云机

场工作一线11个部门共计44个岗位，总计用时40天，完成了集中调研2次，参与人员总计19人次，分散调研40次，参与人员总计53人次。这次调研，项目组初步掌握和了解了这些岗位的现状以及企业未来发展的目标及需求，收集了大量的一手素材。

(三)制定相关标准

标准制定分两部分：一是服务礼仪通用标准(即广州白云国际机场股份公司员工的最低服务礼仪标准)；二是不同服务岗位的特色服务礼仪标准，涉及11个部门的44个岗位。通用标准是机场所有服务岗位上的员工必须具备的最基本的服务礼仪要求，岗位特色标准是根据不同岗位的具体工作特性而制定的有针对性的服务礼仪要求。

1. 标准内容分析

项目组成员在前期调研的基础上，对收集的一手资料进行分类整理，对员工为旅客服务过程中涉及的仪表仪容、行为动作、语言规范等基本维度展开分析。对于分属不同部门但是工作性质类似的岗位，如话务员、售票员等，专家提出采用统一的标准要求；对于岗位特征性强，如安检、值机、贵宾服务等岗位要结合实际需求分类制定。对白云机场全部服务一线的员工制定出其最低入职标准，作为基本称职的界定标准。

2. 融入行业标准

白云机场所有岗位均有其一直沿用的旧标准范本，在制定新标准的过程中可以从中选取，使得制定出来的新标准具有承前启后的作用。

3. 标准初步制定

项目组教师依据个人专长和调研整理结果，在有关专家和领导组织下用时52天，制定了通用标准、岗位标准的初稿，同时汇总整理。

4. 对标准进行初步修改

为保证初步制定的通用标准、岗位标准符合企业需求，负责标准制定的教师、白云机场各岗位负责人、白云机场项目负责人、学院项目负责人一起，总计用时39天，逐条讨论标准的内容，初步完成修改意见，力求制定的标准符合企业需求。

5. 完善整合定稿

依据初步修改意见，项目组有关教师与对口的机场负责人就标准内容再次进行调研，在此基础上，负责标准制定的教师对通用标准、岗位标准进行了仔细地推敲，完成了三稿的修改、完善，最终成稿。

(四)实施培训

1. 培训课程建设

合作团队分析白云机场一线员工目前的不足,确定了培训对象:44 个一线岗位上的有现场管理人员,他们的岗位职责是管理和指导一线员工的工作质量和效果,同时也是一线员工个人能力提升的培训者。基于此,培训课程为职业技能型课程,他们接受培训后能够依据自身的专业水平实现在现场的检查、纠正和示范,培训分为以下模块:白云机场服务发展规划、服务礼仪、语言沟通礼仪、妆容标准学习、规范姿势训练、化妆实操训练、通用标准学习、实操和笔试考核。每项课程模块目标具有相对的独立性,"白云机场服务发展规划"的认知行为目标为了解、"服务礼仪""语言沟通礼仪""妆容标准学习""规范姿势训练""化妆实操训练""通用标准"为熟悉、掌握和应用,其中的"妆容标准学习"、"规范姿势训练"、"化妆实操训练"是必修课,课程设置还注重突出了模拟环境下的实际训练,所有模块课程内容的选择注重了顺序性和连续性。培训内容整体上是统一完整的。

2. 项目培训方案

根据培训对象设计的培训方案包括:培训目的及意义、培训对象、培训层次、培训内容、培训实施、培训安排、学员要求等要素,确保培训活动得到有效组织、实施和落实。

3. 项目培训实施

培训过程采用理论与实践相结合,培训教员对服务礼仪准入通用标准和岗位特色标准进行讲解,并亲自做出正确的示范。培训采用课堂互动,课前、课后交流的教学方式,学员演练,培训教员现场进行具体指导和考核,纠正存在的问题,通过反复练习,加强培训效果。通过培训,使学员能在工作现场检查、纠正其他工作人员在服务礼仪标准执行过程中的错误,并且能够起到现场示范和培训他人的效果。

4. 培训监督反馈

培训后对学员进行实操考核和笔试考核。男学员实操考核内容为规范姿势考核,女学员实操考核内容为化妆考核和规范姿势考核;笔试考核的命题范围为通用标准以及培训内容。试卷满分为 100 分,试题类型有单项选择题、多项选择题、判断或判断改错题、简答题、案例分析题,考试时间为 60 分钟,采取闭卷笔答形式。培训总评成绩由培训考勤、实操考核和笔试考核成绩组成,分别占 20%、30%和 50%。成绩分为四个等级:90(含)—100 分为 A 等,80(含)—89 分为 B 等、60(含)—79 为 C 等、60 以下为 D 等。总评成绩在 B 等及以上等级的学员获得合格证书。

(五)交流项目成果

每一期的培训过程中,培训班主任均会利用学员休息时间进行访谈,了解学员对授课方式、授课时间、授课内容等的评价、建议,在实践中不断调整,力求达到最佳培训效果。培训一个阶段后,学院项目组负责人以及相关教师亲自到白云机场与学员和其所在部门领导一起座谈交流,集思广益,争取建模。

项目期间共为白云机场培训了 12 期员工。经过实训考核和笔试考核后,获得 A(优秀)等级以上的有 167 人,占培训总人数 37.28%;获得 B(良好)等以上 274 人,占培训总人数的 61.16%。本项目获得了来自合作企业、员工、甚至其他行业等不同层次人员的认可,为后续研究提供了保障。

案例点评

此培训项目特点在于引入基于行业标准的校企合作型继续教育,因引入行业标准,实现校企深度合作而构成一种特色鲜明的继续教育模式。基于行业标准的校企合作型继续教育就是充分利用高校和企业教育资源,校企双向参与、双向合作,对企业现有专业人员开展继续教育。这种继续教育是以行业标准为逻辑起点,即将行业标准充分嵌入到继续教育内容中,使得企业专业人员通过继续教育掌握行业标准,获得相应的职业资格证书和技术等级证书,同时获得新信息、新技术与新方法,并将接受继续教育的收获成功地向工作实践转化,在提高专业人员岗位胜任力的同时,企业业绩也得到全面保证与提升。

附录B　华中科技大学继续教育示范基地核心管理制度汇编

继续教育示范基地培训管理办法

教学组织

第一条　学校各相关院系负责制订年度专业课继续教育培训计划，明确办班培训的形式、内容、主讲教师、时间安排等，及时上报继续教育继续教育示范基地办公室，并负责组织实施教学、实训、考核等教育培训环节。

第二条　继续教育示范基地办公室负责汇总、审核有关院系的培训计划和内容，并按有关规定组织本基地的办班申报工作。

第三条　相关院系要本着“缺什么、补什么”的原则，为学员更新补充知识、扩大视野、改善知识结构、提高创新能力，认真组织实施教学计划和教学内容。教学内容力求是新知识、新技术、新理论、新方法、新技能；在各教育教学环节中要加强考核，保证培训质量。

第四条　承担继续教育教学任务的教师，必须具备大学本科以上学历，中级以上职称；具备丰富的教学和实践经验；具备一定的跟踪本专业新知识、新理论、新技术、新方法的能力，并能从理论到实践将这些新知识、新理论、新技术、新方法传授给专业技术人员。

第五条　继续教育示范基地办公室负责监督、检查培训班的教育教学组织情况和培训任务的落实和完成情况。

第六条　培训结束后，相关学院应根据学员学习情况、考勤情况对每位学员进行认真考核。

第七条　每期培训班结束后，继续教育示范基地办公室会同相关院系对培训办班情况进行认真总结，并将总结报告等有关材料经领导小组负责人审阅同意后报上级主管部门。

学员考核

第八条　考核内容及方式

根据开设的不同培训课程，设立不同的考核内容与方式。设立平时考核和结业考核，对考核内容进行细分，做到“公平、公正、公开”，不走形式主义。

第九条　证书发放条件及管理

对考核合格的学员发放培训结业证书，证书编号采取统一格式，并按照一定的顺序进行排列组合，证书发放必须严格根据结业人员名单进行核实，不得对非培训人员或结业人员发放。

效果评估

第十条　继续教育示范基地办公室采取多渠道、多形式了解学员在本基地的培训感受和收获，征求对本基地的意见和建议，适时总结经验，加强和改进管理工作，不断提高继续教育的质量和水平。

第十一条　各院系加强与主管部门联系，认真调查了解培训要求，发挥各自的特色和优势，编制符合需求的培训内容和培训计划，在教学组织中严格管理，保证培训质量。

第十二条　继续教育示范基地办公室不断学习和研究继续教育的新方法、新思路，充分发挥本基地的师资、设备、场地等优势，在保证质量的前提下不断扩大培训面，提供良好的继续教育服务。

后勤保障

第十三条　继续教育示范基地办公室具体负责实施后勤保障工作，实现后勤保障的"预先设立，及时调整，切实执行"。选派专人负责住宿、教室、餐饮的联系和落实，将责任明确到个人。

第十四条　教学和住宿场地原则上安排在校内，在非学校正常教学时间内培训时，加强与学校保卫部门的联系，确保培训期间学校治安的稳定和培训学员的人身财产安全。

第十五条　建立后勤保障的权责机制，在出现突发事件时，及时向继续教育示范基地办公室负责人请示，迅速处理。

附则

第十六条　本办法适用于继续教育示范基地各类继续教育培训项目。本办法自颁布之日执行，由继续教育示范基地办公室负责解释。

继续教育示范基地教师职业化要求

一、教师在接受学院安排的培训授课任务后，应积极做好课程准备工作，根据课程需求认真准备课程资料、教案、讲义，并于开课前一周将相关资料的电子档交至管理与工程技术培训部。

二、在课堂上应坚持不谈政治，不散布违背党的基本方针政策、民族分裂、封建迷信以及淫秽等其他思想内容不健康的言论或进行传销、推销等营利活动。

三、教师应模范遵守课堂纪律，执教期间坚守岗位，按课表在规定的时间、地点上课，不得自行更改上课时间或地点，做到每节课提前到达课堂，上课不迟到，下课不提前，中途不离开。除遇不可抗拒因素外，教师不可无故不参加授课；有特殊原因不能到课的，应至少提前一周通知学院有关部门，并友好协商补救措施。

四、能够针对不同教学对象和教学内容，不断总结和改进教学方式方法。设计并运用课堂讨论、案例分析、模拟游戏、角色扮演等教学方法进行培训教学，注重过程引导和分析，突出实用性和专业性，帮助学员抽丝剥茧，掌握课程精髓和实质，掌握方法和技巧。

五、能够引导培训学员认真听讲，积极思考，集中精力学习，培养良好的课堂学习习惯，努力提高课堂学习效果。

六、教师应注意个人形象，重视课堂仪表。讲课要精神饱满，衣着干净整洁、朴素大方，不在教室内抽烟和吃零食，严禁酒后上课。

七、教师在课堂上应关闭通信工具，严禁接听、拨打电话、收发信息等。

八、在课程结束后对学员进行考试测评，并将考试题目及结果交至管理与工程培训部作为培训资料备案。

九、教师须接受学院有关部门对所做课件和课堂教学实施过程的监管和评估。

附件一

师资登记表

填表日期：　　年　　月　　日

<table>
<tr><td>姓名</td><td></td><td>性别</td><td></td><td>职务</td><td colspan="2"></td></tr>
<tr><td colspan="2">工作单位</td><td colspan="5"></td></tr>
<tr><td rowspan="3">电话</td><td>办公室</td><td colspan="3"></td><td>身份证号</td><td></td></tr>
<tr><td>手机</td><td colspan="3"></td><td rowspan="2">E-mail</td><td rowspan="2"></td></tr>
<tr><td>住宅</td><td colspan="3"></td></tr>
<tr><td colspan="2">拟教授课程
名称</td><td colspan="5"></td></tr>
<tr><td colspan="2">个人专长及
研究领域</td><td colspan="5"></td></tr>
<tr><td colspan="2">个人主要学习和
工作经历</td><td colspan="5"></td></tr>
</table>

注：①本表适用于远程与继续教育示范基地教育培训聘用教师。

②随表请附本人身份证复印件及所授课程教学计划及课件等相关资料。

继续教育示范基地培训师资接待管理办法

第一条　为加强对师资接待的管理，确保每一位来我校授课的老师能够顺利安全到达教学目的地，并能够对我们院的课程服务和教学服务满意，特制定本管理办法。

第二条　确定本周课程后接待管理流程

1. 应即时掌握授课老师的航班信息和授课地点，并掌握老师、助理的联系电话。

2. 了解老师所对应班级信息，如上课人数、授课教室、授课主题、老师上课所需教学物资等。

3. 如遇同一天有两位老师及两位以上老师同时到达，应提前合理增加接送车辆。

第三条　确定老师信息后接待管理流程

1. 制作接机牌——用粉红色 A4 纸张打印横版（见附件二）

制作温馨提示——用粉红色 A4 纸张打印竖版（见附件三）

2. 外地老师——在老师到达前一天必须跟老师或其同行助理发送短信告知本校接机人姓名、电话及本地天气情况，以便老师携带出行物品。（见附件四）

本地老师——提前一天必须跟老师或其同行助理发送短信告知本校接送人姓名、电话及接送地点、时间。（见附件五）

第四条　车辆出发前接待管理流程

1. 如遇课堂为学员单位，需提前与学员单位联系或网上查询后确定行车路线。

2. 提醒司机检查车辆安全：油、水、电、轮胎气压，避免故障，杜绝事故。

3. 做好车辆车内、车外清洁工作，严禁在车内吸烟、吃零食。

4. 每次接老师必须提前二十分钟到达机场或指定地点。

第五条　老师到达机场接待服务流程

1. 老师出站后，应立即热情接过老师行李并使用“欢迎您来武汉”、“老师辛苦了”等礼貌用语。

2. 根据老师到达时间征求老师是否需要用餐，而后确定用餐地点。在老师无安排并需要用餐时一般分为三种情况处理：

①在 20:00 以前到达学校的老师，可直接回校后带老师去指定餐厅用餐。

②在 20:00 以后到达学校的老师，首先可以建议老师在机场快餐店用餐，

而后也可跟项目负责人报备后带老师前往学校周围餐标以内的餐厅用餐。

③授课地点在学员单位的老师必须在老师到达前与学员单位接待人沟通老师用餐安排。

3. 老师上车后须与老师沟通以下事宜：

①附上温馨提示并告知老师第二天上课时间及授课地点。与老师核对上课所需物资是否有遗漏(如：是否需要准备电脑、学员是否分组等)，如有遗漏及时报备。

②在校期间老师有无校外应酬、回程有无朋友接送，如有须及时报备。

③如老师需要与项目负责人了解班级情况，应及时与之取得联系。

④了解老师饮食口味和对菜式的需求。

⑤如老师有需要报销的费用，应及时报备项目负责人。

⑥掌握老师其他需求，及时报备。

第六条　老师到达酒店后接待服务流程

1. 课堂在本校内的

①必须将老师带入房间，帮老师放好行李、开窗透风，并询问老师有无其他需求后方可离开。

②根据老师是否需要陪吃早餐情况来与老师约定接待时间和地点(上课前十分钟需到达教室)。

2. 课堂在校外单位的

①到达目的地前应与学员单位接待人取得联系，以便提前迎接老师。

②到达后必须将老师送入房间安顿好。

③将上课物资交予学员单位接待人，并沟通老师回程事宜(如：是否需要接送，航班起飞时间过早需调整课程时间等)。

第七条　课程当天老师接待服务流程

1. 课程当天早上接待人员须按约定时间和地点提前五分钟到达约定地点。用完早餐后把老师送入教室并帮老师调试电脑和教学设备，同时征求老师对一天用餐时间及地点的要求。

2. 按老师用餐要求提前预订中、晚餐，并督促餐厅准时上齐与送到(如送房间需核准房间号)。

3. 接待人员须在下课前一刻钟到达教室，接老师用餐后送往房间并与老师约定中午或次日早上接送时间和地点。如饭菜需送房间的，必须陪同老师进入房间以确认是否送到。

4. 如当天下午有回程安排的老师需提醒老师清理好随身行李物品，中午接送时一起带入教室以便节省路程时间并在中午接待时帮老师把房间退掉。如遇次日早上有回程安排的老师，则当晚与老师约定接送时间与地点。

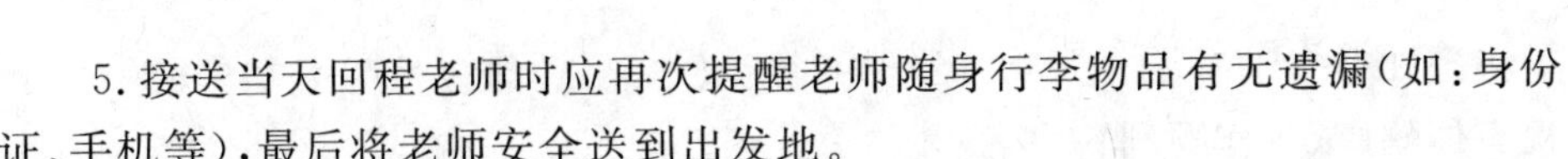

5. 接送当天回程老师时应再次提醒老师随身行李物品有无遗漏(如:身份证、手机等),最后将老师安全送到出发地。

第八条　本办法自颁布之日执行,由继续教育示范基地办公室负责解释。

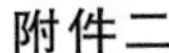

附件二

XXX

附件三

尊敬的＊＊老师:

您好！感谢您为华中科技大学＊＊＊＊＊＊＊＊＊＊班学员授课。项目组全体工作人员对您的到来表示热烈的欢迎,并致以崇高的敬意!

这次课程的接待总负责人是＊＊＊,他的联系电话为＊＊＊＊＊＊＊＊＊＊＊,他将为您安排好所有的事务,在这期间如果您有任何要求和意见,您都可以向他反馈,我们将尽力满足您的要求。以下是本次课程的基本信息:

上课时间:

10 月 23 日　上午 09:00—12:00　下午 13:30—17:00

10 月 24 日　上午 09:00—12:00　下午 13:30—17:00

(上午和下午课间均休息 15 分钟)

授课地点:华中科技大学 110 教室

休息地点:华中科技大学学术交流中心

返程须知:10 月 24 日 19:50—22:00　武汉—北京(航班号为 CA1366)

祝身体健康、工作顺利!

华中科技大学远程与继续教育学院

2013 年 1 月 1 日

附件四

＊＊＊老师,您好!我是华中科技大学远程与继续教育学院明天负责接您的＊＊＊。您明天的航班号为＊＊＊＊＊,到达时间为＊＊＊＊＊,武汉当日天气情况为＊＊＊＊＊,请您备好随身衣物。此号码请保留以便随时联系,航班起飞请告知,谢谢!

附件五

＊＊＊老师,您好!我是华中科技大学远程与继续教育学院明天负责接您的＊＊＊,明天的课程时间为上午 9:00—12:00、下午 14:00—17:00,授课地点为＊＊＊＊＊。我将于上午 8:00 在＊＊＊＊＊地方接您,您看可以吗?您有什么需求请随时联系我,谢谢!

继续教育示范基地教学教务管理办法

为加强教学教务管理，规范教学工作，提高教学效果，特制定本管理办法。

一、课堂管理

第一条　营造庄重和谐的课堂氛围。管理人员每次课前认真检查教室，做到室内干净整洁，教学设备完好，温度合适，并保证茶水供应；学员佩戴学员证提前5—10分钟有序进入教室，做到着装整齐，不穿拖鞋背心，不带食品进教室，女学员不化浓妆；学员对号入座，保持教室安静，做好学习准备，进入学习状态。

第二条　严明课堂纪律。牢固树立教师授课、学员上课第一的观念，任何人不能以任何理由影响、干扰课堂秩序。管理人员不得在上课时间发放资料或因公务或私事带走学员，与课堂教学无关的工作在课间休息时进行。

第三条　建立学习行为规范。学员要服从管理，文明上课，尊重授课教师的劳动；明确学习目的，认真听课，认真做笔记，积极参与互动；关闭手机，不随便进出教室，不抽烟；上课时，保持正确的坐姿，不趴在课桌上或跷着脚听讲；不做与课程无关的事情，如看报纸杂志小说、讲小话、打瞌睡等。

第四条　建立规范的课堂教学流程。课前有“开场白”，包括介绍授课教师、课题及主要内容、致欢迎辞等；课后有“结束语”，包括课堂小结、致谢等。班主任（教学辅导员）全程负责课堂管理，维护课堂秩序，协助组织课堂教学。

第五条　加强教学巡视。管理人员做好授课前及课堂结束前的班级巡视工作，发现问题及时处理。

二、课前教学管理

第六条　当课程确定后，项目负责人（班主任）需提前半个月申请教室并报部门领导审批后交与资源与技术部（非院内资源需提前预订酒店多媒体室），并与资源与技术部对接教室预订情况。

第七条　项目负责人（班主任）需提前预订学员用餐及房间，准备上课物资。

第八条　项目负责人（班主任）需提前一周填写《物资清单》（附表一）报部门领导审批，并核对上课地点、学员单位教学需求、老师食宿接送等信息。

第九条　师资负责人需提前一周向老师索要授课讲义以便提前印制。需要教材的提前半个月预定授课教材。讲义印刷前需核对讲义封面、内容，根据《课程物资清单》确定印刷数。根据需要在课程和会议前一天把照相机充好电。

第十条　授课前一天到现场调试好各种设备:投影仪、音响、胸唛、电脑(笔记本)、翻页器等以确保教学现场使用无误。

第十一条　提前一天根据《课程物资清单》将课程物资准备齐,做好会场或教室内布置:横幅、话筒、音响、鲜花、议程表、茶歇、投影仪,桌椅根据授课要求摆放,准备茶歇等。

三、教学现场管理

第十二条　课程当天,班主任及项目组成员必须在课前提前一小时到达教室。

第十三条　班主任等做好签到的准备工作,并打开教室窗户,做好教室的透风工作(夏季要提前打开空调),保证良好的教学环境。

第十四条　班主任上课时主要负责课堂内的教学工作,需在课程过程中为授课老师做好擦黑板、添加茶水、传递话筒等服务工作。其他人员则主要负责课堂外教学工作,为学员准备茶水、课间点心,做好拍照、摄像、录音等工作;解决在教学过程中的突发事件(如:停电、教学设备出现故障等);协助班主任做好学员和老师的午餐安排。

第十五条　下午课程结束前,班主任及其他人员应即时发放《学员教学效果评估表》。

第十六条　课程期间其他人员有事情需要离开现场时,需与班主任做好交接,尽量在课间休息时段处理好事情,并尽快回教室。

第十七条　课程结束后,班主任应将老师当日课件拷贝、存档。

第十八条　课程所有物资由班主任或指定人员保管。

四、课后教学管理

第十九条　课程结束后项目组成员收集《教学评估表》,班主任还需整理好课后所剩物资(如易拉宝、照相机、台签、笔等),放于指定地点便于当日或次日回收。

第二十条　班主任及时将教师及学员的要求、问题以及对教学的建议和意见报项目负责人。

第二十一条　课程结束两个工作日后项目组将《教学评估表》进行统计,完成后将其入库保管;课后三个工作日内班主任需将上课班级活动照相资料和新闻稿件提供给网站系统管理员上网。

第二十二条　网站信息发布管理

1. 课程或活动结束后三个工作日将报道及图片按程序审批上传。

2. 提前一个月将上课安排按程序审批发布到网站上,不需注明具体上课地点。

3. 每个班级成立时建立班级影像资料夹,并做好资料的备份。

五、教材(讲义)管理

第二十三条　教材的申请:班主任提前申请所需教材数量,确认正式学员讲义数量。

第二十四条　讲义的制作:严格按要求完成讲义封面、封底、PPT后发于项目负责人确认后方可开始印刷。

第二十五条　讲义的验收:课程前两天班主任需联系印刷社将讲义送至课堂,并验收讲义、评估表等有无错字错行,发现问题需即时解决。

第二十六条　教材的发放:班主任按学员的实际出勤来发放教材和讲义,要求每个学员在领取教材和讲义时在《签到表》的教材和讲义栏目上签名。

六、附则

第二十七条　本办法自颁布之日执行,由继续教育示范基地办公室负责解释。

附表一

课程资料及物资准备表

课程名称		所需时间	
课堂所需资料			
讲义		份数	
教学评估表		份数	
考勤表		份数	
学习指南		份数	
学员牌、资料袋		份数	
物品准备			
签到笔			
相机及电池			
激光笔			
台签		份数	
横幅		地点	

参考文献

1. 著作

[1] ALLEN M. The Corporate University Handbook[M]. New York:AMACOM,2002.

[2] 卡尔霍思·威克,罗伊·波洛克,安德鲁·杰斐逊. 将培训转化为商业结果:学习发展项目的6D法则[M]. 周涛,宋亚南,译. 北京:电子工业出版社,2013.

[3] 中共中央国务院. 国家中长期人才发展规划纲要(2010—2020年)[M]. 北京:人民出版社,2010.

[4] 张国安. 继续教育——多变环境中的给力者[M]. 武汉:华中科技大学出版社,2014.

[5] 陈祝林,徐朔,王建初. 职教师资培养的国际比较[M]. 上海:同济大学出版社,2004.

[6] 王丽娅. 教育产业化的理论与实践[M]. 北京:中国经济出版社,2002.

[7] 徐鹏航. 技术创新与企业竞争力[M]. 北京:中国经济出版社,1999.

[8] (美)珍妮·C. 梅斯特. 企业大学:为企业培养世界一流员工(修订版)[M]. 徐建,朱敬,译. 北京:人民邮电出版社,2005.

[9] 张维. 世界成人教育概论[M]. 北京:北京出版社,1990.

[10] 顾明远. 教育大辞典[M]. 上海:上海教育出版社,1991.

[11] 侯锷,闫晓珍. 企业大学战略[M]. 北京:人民邮电出版社,2009.

[12] 杨志坚. 转型升级与体系建设——中国广播电视大学系统调研报告(2013)[M]. 北京:中国广播电视大学出版社,2015.

[13] 联合国教科文组织. 教育——财富蕴藏其中[M]. 香港:教育科学出版社,1997.

[14] 张男星. 国情教育研究书系:中国高等教育发展报告2012[M]. 香港:教育科学出版社,2013.

[15] 刘富钊. 继续教育学基础[M]. 成都:四川大学出版社,1989.

[16] (法)保罗·朗格朗. 终身教育引论[M]. 周南照,陈树清,译. 北京:中国对外翻译出版公司,1985.

[17] 马克思,恩格斯. 马克思恩格斯全集第16卷[M]. 中共中央编译局,译. 北京:人民出版社,1975.

[18] 夏家夫,焦峰. 成人教育管理概论[M]. 开封:河南大学出版社,1999.

[19] 维高. 知识的革命[M]. 北京:中国物资出版社,1998.

[20] 陈孝彬. 教育管理学[M]. 北京:北京师范大学出版社,1999.

[21] 郝克明. 跨进学习社会:建设终身学习体系和学习型社会的研究[M]. 北京:高等教育出版社,2006.

[22] 董华. 继续教育概论[M]. 北京:中国社会科学出版社,2002.

[23] 赵文华.高等教育系统论[M].桂林:广西师范大学出版社,2001.
[24] 叶忠海.大学后继续教育论[M].上海:上海科技出版社,1997.
[25] 王红新,陶爱珠,沈悦青.大学使命:国际视野下的一流大学继续教育[M].上海:上海交通大学出版社,2013.
[26] 徐邦学.成人教育办学模式与管理体制及其规章制度实用手册[M].银川:宁夏大地音像出版社,2003.
[27] 庞学铨.面向二十一世纪的继续教育[M].杭州:浙江大学出版社,2008.
[28] (美)帕克·罗斯曼.未来高等教育:终生学习与虚拟空间[M].范怡红,主译.青岛:中国海洋大学出版社,2006.

2.学位论文

[1] 万志峰.大学内部机构设置及现状研究[D].曲阜:曲阜师范大学,2008.
[2] 冯泽衍.我国职教师资培训体制研究[D].石家庄:河北师范大学,2009.
[3] 刘涛.企业管理模式演化机制研究——基于惯例分析的视角[D].北京:首都经济贸易大学,2014.
[4] 张静茹.我国高校继续教育管理模式探究[D].成都:电子科技大学,2012.
[5] 王琳.澳大利亚技术和继续教育学院(TAFE)教师培训研究[D].沈阳:沈阳师范大学,2014.
[6] 王慧慧.校企合作的继续教育模式研究[D].西安:西安建筑科技大学,2010.
[7] 田妍.发达国家继续教育模式及对我国的启示[D].太原:山西大学,2013.
[8] 霍红豆.美国高等学校"产学研合作教育"研究[D].大连:辽宁师范大学,2010.
[9] 倪妮.德国双元制模式在改善我国高职教育工学交替模式中的借鉴研究[D].成都:四川师范大学,2013.
[10] 高鑫.中美企业大学运营模式比较研究——关于中国企业大学的发展建议[D].北京:首都师范大学,2013.
[11] 张秋磊.美国继续教育研究[D].南京:南京师范大学,2010.
[12] 颜瑛逸.科普基地活动及其作用机理分析[D].沈阳:东北大学,2012.
[13] 田超.网络开放课程资源建设比较研究——以中国精品资源共享课和美国 Coursera 为例[D].武汉:华中师范大学,2014.
[14] 周永红.中国高校信息资源共建共享研究[D].湘潭:湘潭大学,2003.
[15] 孟祥志.高校教学资源库及其设计与开发研究[D].武汉:华中农业大学,2008.
[16] 吴智泉.高校继续教育发展研究[D].北京:中国地质大学,2006.
[17] 霍亚丽.信息技术在大学教学中的应用效果研究[D].南京:南京大学,2012.
[18] 王慧芳.高等院校非学历继续教育发展研究——中外名校个案研究的启示[D].上海:华东师范大学,2014.
[19] 赵姝婷.行业特色型大学继续教育模式研究[D].北京:北京邮电大学,2013.

[20] 王晓瑜.当前我国继续教育发展问题研究[D].济南:山东师范大学,2009.

3. 期刊

[1] MORIN L,RENAUD S. Participation in CorPorate University Training:Its Effect on Individual Job Performance [J]. Canadian Journal of Administrative Sciences,2004(4).

[2] BLASS E. The Rise And Rise of the Corporate University[J]. Journal of European industrial Training,2005(29).

[3] 付乐.终身教育背景下高校非学历教育研究[J].职教论坛,2013(23).

[4] 王孝红.论教育个性化与教育社会化统一之必然性[J].沧桑,2008(3).

[5] 熊思东.大众创业、万众创新中的大学作为[J].群言,2015(4).

[6] 陈红玲,罗炳彦.教育经费投入、R&D经费支出与经济增长的关系——基于中国南方十五省面板数据的实证研究[J].高教探索,2013(6).

[7] 李春玲.文化水平如何影响人们的经济收入——对目前教育的经济收益率的考查[J].社会学研究,2003(3).

[8] 刁庆军,严继昌,李建斌.我国普通高校开展非学历继续教育的现状研究[J].继续教育,2010(3).

[9] 周冰.论体制概念及其与制度的区别[J].中国经济问题,2013(1).

[10] 万嵩,王营池,晏斌."一主多元"继续教育培训体系的构建研究[J].成人教育,2013(9).

[11] 吴茂森.试论中小学教师培训管理模式的构建[J].福建教育学院学报,2010(4).

[12] 陈学忠,侯海青.浅谈企业管理模式的内涵与特征[J].现代企业,1994(4).

[13] 刘菲,屈家安.我国高校继续教育管理模式研究评述[J].教育在线,2013(10).

[14] 王飞.浅析我国高校继续教育培训管理模式[J].技术与市场,2014(3).

[15] 章慰,卫琳.基于项目制运作的继续教育管理模式研究[J].继续教育研究,2010(6).

[16] 曾令奇.美、法、德、日高等教育职业化概况及对我国高教改革的启示[J].中国高教研究,2005(11).

[17] 杨荣根.国外继续教育的理论及经验对我们的启示[J].郑州铁路职业技术学院学报,2006(1).

[18] 杨学详.新加坡成人教育体系、特色及其启示[J].继续教育,2015(1).

[19] 张宗辉.对发挥企业重要办学主体作用的几点认识——学习《国务院关于加强发展现代职业教育的决定》体会[J].中国培训,2015(1).

[20] 阎耀军.美国教育的未来意识对我国继续教育的启示[J].继续教育,2006(4).

[21] 王芳.现行高校师资培训体制问题剖析[J].人力资源管理,2012(6).

[22] 李聪慧.韩国学分银行的建立对我国教师培训制度的启示[J].现代企业教育,2014(20).

[23] 黄日强,邓志军.澳大利亚职业教育的师资队伍建设[J].河南职业技术师范学院学报:

职业教育版,2003(1).
[24] 方志如.试论新时期专业技术人员继续教育管理模式的创新[J].中国职工教育,2014(2).
[25] 陈萍萍,倪建生.高校继续教育管理模式探究[J].中国成人教育,2011(10).
[26] 周子杰.浅谈继续教育社会培训开展的新模式[J].中国校外教育,2014(9).
[27] 石灯明.中央集权体制下的法国教育督导制度[J].当代教育论坛,2009(11).
[28] 王爱义,乔琼.美国一流大学继续教育的发展特色及其启示[J].继续教育,2008(11).
[29] 曾文涛.浅谈高校与企业的就业合作[J].科学咨询(教育科研),2008(10).
[30] 李建峰,马立.高职院校校企科研合作论析[J].中国成人教育,2014(1).
[31] 于忠辉.校企合作教育的理论与实践[J].河北农业大学学报:农林教育版,2004(12).
[32] 陈解放.以校企合作、工学结合为高职类型特色创新的抓手[J].中国高等教育,2008(9).
[33] 孙伟宏.探索校企合作模式 培养优秀技能人才[J].教育发展研究,2006(7).
[34] 黄迎新.关于校企合作的几点思考[J].中国培训,2006(12).
[35] 左家奇."三重融合"模式下校企合作机制探索[J].高等工程教育研究,2010(3).
[36] 王德广,余红梅.对我国高校近年来产学研合作教育实践的反思[J].大学教育科学,2009(4).
[37] 龙超云,曲福田.英国大学的战略定位及其启示[J].高等教育研究,2006(1).
[38] 王保华,张婕.大学与社会共生:地方高校发展的模式选择——从美国相互作用大学看我国地方高校的发展[J].高等教育研究,2003(3).
[39] 高策,郭淑芬.融入区域产业群——我国高等学校走向经济中心的一种发展模式[J].齐鲁学刊,2003(5).
[40] 刘金存."卓越计划"模式下的"校政合作"机制探讨[J].扬州大学学报(高教研究所),2010(14).
[41] 高兵.政产学研合作促进学科建设的实践与探索[J].教育探索,2009(12).
[42] 连燕华,马晓光.我国产学研合作发展态势评价[J].中国软科学,2001(1).
[43] 张中昇.政产学研合作平台模式探索与研究[J].中国高校科技与产业化,2009(10).
[44] 默白."政校合作"寻求产业突破之路[J].西部大开发,2010(4).
[45] 张韦韦.教育部启动实施"卓越工程师教育培养计划"[J].教育与职业,2010(19).
[46] 林健."卓越工程师教育培养计划"通用标准研制[J].高等工程教育研究,2010(4).
[47] 潘荣江."基地+联盟"高技能人才培养模式的研究与探索[J].中国高教研究,2014(3).
[48] 胡家秀,郭琳.合作教育模式解析[J].职业教育,2004(17).
[49] 徐平,徐建中.美国辛辛那提大学的合作教育及其启示[J].外国教育研究,2009(2).
[50] 徐平.美国合作教育的基本模式[J].外国教育研究,2003(8).
[51] 王英立,乌力吉图.美国大学合作教育项目时间模式及其启示[J].教育发展研究,2012

(3).
[52] 袁海军.教劳结合方针的困惑与重建——评新世纪教育方针的新发展[J].教育与现代化,2003(3).
[53] 聂伟,杜侦."工学交替"概念研究综述[J].职业技术教育,2009(10).
[54] 郑向荣.德国"双元制"职业教育的历史、内涵、特点及问题[J].理工高教研究,2003(3).
[55] 张竞,王沛民.国外企业与大学建立合作关系的创新及启示[J].比较教育研究,2003(3).
[56] 肖生春.发达国家继续教育的现状及发展趋势研究[J].继续教育研究,2005(5).
[57] 吴峰.企业大学评估指标体系建构及定量分析[J].现代远程教育研究,2012(6).
[58] 邓瑞芳,武夷山.国外企业大学的发展经验对我国企业的启示[J].科学学与科学技术管理,2006(10).
[59] 袁锐锷,文金桃.美国企业大学现象透视[J].华南师范大学学报:社会科学版,2002(4).
[60] 周江林.企业大学创建与发展的战略思考[J].中国高等教育评估,2005(4).
[61] 罗建河.国外企业大学的发展与启示[J].高教探索,2011(1).
[62] 刘江娜.打造精品课程 做世界级企业大学——访用友大学校长田俊国[J].现代企业教育,2014(9).
[63] 赵易.用友大学:只做上接战略下接绩效的培训[J].现代企业教育,2013(1).
[64] 李晓欣.招银大学 "鹰"击长空[J].现代企业教育,2013(10).
[65] 金作岩.国外继续教育的发展与启示——以美国、英国和韩国为例[J].北京劳动保障职业学院学报,2012(4).
[66] 张仁峰.美国行业协会考察与借鉴[J].宏观经济管理,2005(9).
[67] 刁庆军,吴志勇.推进高校继续教育发展模式的创新与转型——认真落实《国家中长期教育改革和发展规划纲要(2010—2020年)》[J].成人教育,2011(10).
[68] 李芸,葛正鹏,赵爽.市场化中的远程教育模式分析[J].中国远程教育,2014(2).
[69] 方芳,钟秉林.我国民办教育培训行业发展现状与对策[J].中国教育学刊,2014(5).
[70] 胡天佑.我国教育培训机构的规范与治理[J].教育学术月刊,2013(7).
[71] 朱雪文.美国国家技术大学简介[J].开放教育研究,2000(1).
[72] 邓志伟.当代美国远距离高等工程教育——美国国家技术大学述评[J].中国远程教育,1995(4).
[73] 丁兴富.美国国家技术大学——第三代远程教育的先驱[J].中国电化教育,2003(3).
[74] 丁兴富.美国国家技术大学[J].外国教育动态,1990(3).
[75] 刘菊霞,吴庚生,张建伟.浅析我国远程教育资源的共建共享——兼论美国国家技术大学办学模式的启示[J].现代远距离教育,2004(4).
[76] 蔡建中,丁新.美国国家技术大学三次转折对我国远程教育的启示[J].开放教育研究,

2006(3).

[77] 王志华,李冬梅.美国国家技术大学的电机工程专业硕士培养[J].山东农业管理干部学院学报,2002(2).

[78] 吕瑶.打造高校继续教育的核心价值:专访"高等学校继续教育示范基地建设"项目总课题组组长、清华大学继续教育学院党委书记兼副院长刁庆军[J].中国远程教育,2013(3).

[79] 刁庆军,周晓娅,吴志勇.我国高校继续教育办学的现状——基于首批 50 家高校继续教育示范基地的调研分析[J].中国远程教育,2013(20).

[80] 潘超.发挥示范基地的示范、引领、辐射作用[J].中国远程教育,2014(6).

[81] 杨斌,王柏新.一体化视角下普通高校学历继续教育人才培养模式整合研究[J].高等继续教育学报,2013(6).

[82] 曾祥跃.以整合促发展:高校学历与非学历继续教育的整合之策[J].当代继续教育,2014(3).

[83] 赖立.高校学历继续教育发展空间探析[J].当代继续教育,2013(1).

[84] 徐嘉泓.浅议高校继续教育校友工作——以浙江大学继续教育学院为例[J].浙江青年专修学院学报,2012(2).

[85] 吴学松.高校非学历继续教育发展策略[J].教育与职业,2014(21).

[86] 马洪正.普通高校举办非学历继续教育的基本原则[J].继续教育研究,2010(7).

[87] 赖显明.论继续教育支持服务体系的构建[J].继续教育,2009(1).

[88] 王李文.日本早稻田大学终身教育现状及其启示[J].中国科教创新导刊,2008(17).

[89] 焦建利.从开放教育资源到"慕课"——我们能从中学到些什么[J].中小学信息技术教育,2012(10).

[90] 张振虹,刘文,韩智.从 OCW 课堂到 MOOC 学堂:学习本源的回归[J].现代远程教育研究,2013(3).

[91] 刘宁.Coursera:新型网络教育的特点与启示[J].高等教育研究,2013(12).

[92] 吴维宁.大规模网络开放课程(MOOC)——Coursera 评析[J].黑龙江教育(高教研究与评估),2013(2).

[93] 李文莉.教学资源共建共享项目管理机制及绩效评价研究[J].中国电化教育,2010(11).

[94] 陈建新.多元化教学资源库的建设[J].孝感学院学报,2008(11).

[95] 鞠小宁,吴巧沁,蔡妙花.继续教育与构建人才培养立交桥实践探索——以杭州电子科技大学成人教育学院为例[J].新西部:下旬·理论版,2011(6).

[96] 习近平.全面贯彻落实党的十八大精神要突出抓好六个方面工作[J].求是,2013(1).

[97] 张国安.论高等学校继续教育的转型[J].继续教育,2013(5).

[98] 于导华.国内外继续教育质量评估体系比较研究[J].成人教育,2010(10).

[99] 高志敏.继续教育概念辨析[J].河北师范大学学报:教育科学版,2001(1).

[100] 刁庆军,李建斌.深化中美继续教育领域的交流与合作——第二届中美继续教育国际论坛综述[J].中国远程教育,2007(12).
[101] 严继昌.实现我国继续教育发展战略目标的八点建设性意见[J].继续教育,2011(5).
[102] 朱益飞,薛泉祥.大学后非学历继续教育理论探析[J].四川理工学院学报:社会科学版,2012(2).
[103] 饶耀平.新经济时代的终身学习[J].比较教育研究,2002(9).
[104] 辛妍.互联网教育风生水起[J].新经济导刊,2014(Z1).
[105] 黄伶俐,吴小根,凌元元,等.探路继续教育转型发展[J].中国教育网络,2014(2).
[106] 袁红.继续教育基地建设之我见[J].黑龙江教育学院学报,2004(1).
[107] 孙绵涛.教育体制理论的新诠释[J].教育研究,2004(12).
[108] 邢晖.韩国的职业教育与人力开发[J].职业通讯,2003(7).
[109] 徐朔.德国职业继续教育的现状和发展趋势[J].外国教育研究,2003(2).
[110] 于飞.国外继续教育研究及对我国的启示[J].广西广播电视大学学报,2008(3).
[111] 殷明.从美国经验看我国继续教育的发展取向[J].继续教育研究,2008(2).
[112] 毛海英,谢琴,郑玉双.高校继续教育转型发展设计与路径探求[J].中国成人教育,2014(8).
[113] 李建斌.美国名校继续教育现状研究——哈佛大学[J].继续教育,2008(8).
[114] 李建斌.美国名校继续教育现状研究——麻省理工学院[J].继续教育,2008(8).
[115] 李建斌.美国名校继续教育现状研究——加州大学伯克利分校[J].继续教育,2008(10).
[116] 何桥,陈晶晶.高校继续教育发展趋势与机制创新[J].成人教育学刊,2011(11).
[117] 杨健明.香港大学继续教育的创新与实践[J].成人教育,2008(8).
[118] 侯兴宇,郑娜.国家级专业技术人员继续教育基地建设模式研究——以中科院北京分院继续教育基地为例[J].继续教育,2014(10).
[119] 杨德生,赵春林,梁炜.以品牌项目建设提升高校继续教育质量——西北大学继续教育品牌项目建设的实践与理论探索[J].继续教育,2014(4).
[120] 周满生.国际教育服务贸易的新趋向及对策思考[J].教育研究,2003(1).
[121] 贺祖斌.高等学校教育质量监控机制的构建与运作[J].广西高教研究,2000(3).
[122] 沈晓慧.日本继续教育发展概述[J].世界教育信息,2009(8).
[123] 王景胜.高校继续教育市场化运作的策略研究[J].继续教育,2012(10).
[124] 潘玉萍.德国继续教育的经验及对我国的启示[J].继续教育研究,2011(1).
[125] 逯长春.德国继续教育的支柱——国民大学窥探[J].成人教育,2011(4).
[126] 刘奉越.美国继续教育的特色[J].继续教育研究,2006(1).
[127] 张云雷.差异化办学策略——大学继续教育的时代选择[J].继续教育研究,2007(4).
[128] 刘晖霞.继续教育创新:国外经验及其借鉴[J].发展,2010(4).
[129] 肖保根.你总要有一门手艺拿得出手——国外大学职业教育之特点[J].中国青年,

2014(13).
[130] 方艳.谈国外继续教育的特点[J].山东教育学院学报,1999(5).
[131] 郭扬,孟广平,余祖光.借鉴“双元制”模式的试点实验综合报告[J].教育研究,1997(11).
[132] 朱晓斌.文化形态与职业教育德国“双元制”职业教育模式的文化分析[J].外国教育研究,1997(3).
[133] 黄日强,何小明.德国政府在发展职业教育中的主导作用[J].职教通讯,2006(10).
[134] 赵玉林.联合企业 服务学生[J].交通高教研究,2003(6).
[135] 甘琼英,何岩,褚宏启.为全民终身学习服务:我国继续教育发展方式的转变[J].教育发展研究,2013(7).
[136] 陈萃光,张素江.德国继续教育管理的特点[J].中国成人教育,2000(9).
[137] 苏英.斯坦福大学继续教育发展报告[J].继续教育,2010(7).
[138] 廖仕湖,栗万里.我国继续教育管理体制的研究及对策建议[J].高等函授学报:哲学社会科学版,2009(7).
[139] 刘力.论继续教育基地的建设与管理[J].现代交际,2012(7).
[140] 周艳辉.高校继续教育资源整合的现状、问题及对策探讨[J].继续教育研究,2010(2).
[141] 王冠.继续教育资源整合与创建学习型社会研究[J].继续教育,2008(7).
[142] 续新民,袁丙昌.继续教育与人事管理[J].华南地震,1993(2).
[143] 郭志勇.普通高校继续教育的特点问题和管理模式[J].继续教育,2007(4).
[144] 刘翔.对我国当前继续教育的几点思考[J].继续教育,2005(1).
[145] 郑玉双.近十年来高校继续教育转型发展研究的新展望[J].当代继续教育,2014(2).
[146] 张伟远.继续教育应是一种全民化教育——论继续教育与成人教育、职业教育、远程教育的关系[J].中国远程教育:综合版,2007(1).
[147] 罗旭.大学继续教育研究述评[J].实验室研究与探索,2013(6).
[148] 李伊白.地方高校继续教育示范基地建设标准探究[J].继续教育研究,2013(6).
[149] 胡锐.论高校继续教育战略转型与实施策略[J].继续教育,2012(2).
[150] 邓人芬.转型与定位:高校继续教育的重新审视[J].中国成人教育,2013(6).
[151] 段从宇,李兴华.“一带一路”与云南高等教育发展的战略选择[J].云南行政学院学报,2014(5).
[152] 李作章,乞佳.新世纪以来英国继续教育学院改革动向及其启示[J].职业技术教育,2013(4).
[153] 闫智勇.多元视角下继续教育概念的重新界定[J].继续教育研究,2010(2).
[154] 裴喜亮,王新.浅析我国继续教育发展现状和趋势[J].长春理工大学学报:社会科学版,2013(9).
[155] 姚天瑞.论知识经济时代普通高校继续教育工作[J].中国成人教育,2002(9).

[156] 李春平.试论新世纪继续教育发展所面临的机遇[J].南京广播电视大学学报,2001(1).
[157] 冯琳.继续教育组织中需要解决的几个问题[J].成人教育,2000(6).
[158] 周正之.重视继续教育的市场化特征促进继续教育的可持续发展[J].高等函授学报:哲学社会科学版,2010(3).
[159] 张燕.试论我国继续教育培训现状及如何提高继续教育质量[J].中国建设教育,2011(Z3).
[160] 刘鸿雁.我国高等继续教育的现状、问题与对策[J].继续教育,2012(5).
[161] 苏建华.普通高校继续教育的定位探究[J].继续教育,2009(9).
[162] 李红亮.近十年中国高校继续教育研究综述[J].继续教育研究,2010(4).
[163] 郑国瑞.从终身教育理念看继续教育的发展[J].中国电大教育,1998(12).
[164] 丁静,吴亚玲.加快发展我国高校继续教育的对策思考[J].教育发展研究,2003(9).
[165] 叶忠海.在建设创新型国家背景下我国继续教育创新发展的战略思考[J].高等函授学报:哲学社会科学版,2007(3).
[166] 杜以德.继续教育现代化的基本内涵及发展策略[J].中国成人教育,1998(8).
[167] 叶忠海.大学后继续教育创新发展的战略思考[J].教育发展研究,2006(11).
[168] 王明钦.论普通高校继续教育的模式与途径[J].河南大学学报:社会科学版,1999(1).
[169] 赵文芳,许郁.论大学后继续教育发展、改革与创新[J].河北大学成人教育学院学报,2006(2).
[170] 王仁波,刘伟,刘育.浅议“成人教育”到“继续教育”的角色转换[J].沈阳建筑大学学报:社会科学版,2005(4).
[171] 祝怀新,许啸.美国研究型大学教育学院人才培养模式探析——以哈佛、斯坦福大学为例[J].课程理论与教学改革,2009(5).
[172] 张军.论科学发展观视野下的普通高校非学历教育[J].中国成人教育,2010(1).
[173] 李萍.新时期高校继续教育发展思考[J].继续教育研究,2007(6).
[174] 马启鹏.体制创新:高校继续教育转型的制度保障[J].继续教育研究,2011(6).
[175] 张磊,郎晓红.美国高等院校大学后继续教育特点探悉[J].清华大学教育研究,2006(1).
[176] 段立峰.中外继续教育比较研究[J].继续教育研究,2008(2).
[177] 叶晓平,韩彦峰.继续教育与院校本科教育关系之探析[J].继续教育研究,2007 (3).
[178] 马正洪.普通高校成人教育办学转型的实践思考[J].继续教育研究,2010(3).
[179] 吴学松.我国高校继续教育特色发展战略探析[J].继续教育,2013(1).
[180] 王培暄.建设“创新型国家”战略下我国高校继续教育的发展路径[J].江苏高教,2013(1).
[181] 李琪.提高高校继续教育教学质量的五种策略[J].成人教育,2013(4).

[182] 李明善.高校继续教育工作的转向[J].继续教育研究,2012(9).
[183] 成银生.继续教育的全球视野[J].继续教育,2004(4).
[184] 李志远.我国大学继续教育的市场供求分析[J].中国大学继续教育,2006(7).
[185] 华婷,齐振彪.成人高等教育市场拓展策略研究[J].继续教育,2010(4).
[186] 刘风存.讨论成人高等教育管理的市场理论[J].继续教育研究,2006(3).
[187] 刘思安.日本、美国、英国对企业人员的继续教育[J].继续教育,2004(1).
[188] 杨芳.韩国终身教育体系研究[J].继续教育,2011(11).
[189] 潘德利.可持续发展继续教育体系新构想[J].山东图书馆季刊,2001(1).
[190] 刘向兵,李立国.高等学校实施战略管理的理论探讨[J].中国人民大学学报,2004(5).
[191] 丁新.中国远程教育发展的十大趋势和对策建议[J].中国远程教育,2003(4).
[192] 霍观宇,盖连国,程春军.中国继续教育面临的机遇和挑战[J].继续教育,2012(5).

4. 电子文献

[1] 为实现中国梦增添动力、营造环境"一带一路":实现百年梦想的重大部署[EB/OL]. http://news.xiancity.cn/readnews.php? id=227039.
[2] 罗雨泽."一带一路",激活区域发展潜力[EB/OL]. http://theory.people.com.cn/n/2015/0514/c40531-26998255.html.
[3] 景俊海."一带一路":实现百年梦想的重大部署[EB/OL]. http://hb.people.com.cn/n/2015/0611/c194063-25198151.html.
[4] 张全林.实现大众创业创新重在人才"破茧"[EB/OL]. http://www.qstheory.cn/wp/2015-03/15/c_1114645302.htm.
[5] 赖立.我国继续教育的多元发展及区域水平比较[EB/OL]. http://www.cssn.cn/jyx/jyx_crjyx/201406/t20140605_1198108.shtml.
[6] 2013 年全国教育事业发展统计公报[EB/OL]. http://www.moe.edu.cn/publicfiles/business/htmlfiles/moe/moe_633/201407/171144.html.
[7] 2014 中国统计年鉴[EB/OL]. http://www.stats.gov.cn/tjsj/ndsj/2014/indexch.htm.
[8] 胡锦涛.坚定不移沿着中国特色社会主义道路前进 为全面建成小康社会而奋斗——在中国共产党第十八次全国代表大会上的报告[R/OL]. http://www.xj.xinhuanet.com/2012-11/19/c_113722546.htm.
[9] 国家中长期教育改革和发展规划纲要(2010—2020 年)[EB/OL]. http://www.china.com.cn/policy/txt/2010-03/01/content_19492625_3.htm.
[10] 教育培训市场规模将达万亿[EB/OL]. http://bjcb.morningpost.com.cn/html/2014-12/11/content_324397.htm.
[11] 宋一安.教育蓝皮书:教育培训机构数量下降 从业人员规模升[EB/OL]. http://www.china.com.cn/news/txt/2014-05/13/content_32374661.htm.

[12] 新东方教育科技集团简介[EB/OL]. http://www.xdf.cn/about/about.html.
[13] 新东方在线简介[EB/OL]. http://www.koolearn.com/gb/aboutus.jsp? on=1.
[14] 正保远程教育公司介绍[EB/OL]. http://www.cdeledu.com/about.
[15] 关于安博[EB/OL]. http://www.ambow.com/about/about_1_01/index.shtml.
[16] 政通教育简介[EB/OL]. http://www.zhengtongedu.com/about/index.html.

5. 文件

[1] 教育部. 关于全面提高高等教育质量的若干意见[Z].
[2] 教育部. 国家中长期教育改革和发展规划纲要(2010—2020 年)[Z].

后　记

近几年，华中科技大学在继续教育领域建立多个深入行业企业的示范基地，比如人力资源与社会保障部的国家级专业技术人员继续教育基地、教育部的中等职业教师培训培养基地等。尤其是2015年5月，在教育部、财政部共同启动的由清华大学牵头、50所高校参加的“高等学校继续教育示范基地建设”项目验收中获得总验收专家组的好评，项目被评定为优。专家组认为该项目研究理论创新突出，实践效果显著，示范作用明显，是一项内涵十分丰富、促进我国继续教育深化综合改革的示范工程；是努力实施国家人才强国战略、惠及相关行业人才队伍能力建设的一项重要基础工程。

华中科技大学作为该项目中部组组长单位，在项目的组织、实施方面做了大量的创新性、示范性的工作。为了回顾、总结各高校，特别是中部五组在示范基地建设过程中的经验，我们克服了种种困难和压力，组织编写了《教育新地标》一书。本书由张国安主持编写，编委会成员包括华中科技大学、华南理工大学、湖北大学、中国矿业大学、中国海洋大学等单位的教授、专家和老师。在全书的编写过程中，得到了有关领导、专家、学者及同仁们的大力支持，得到校内外有关单位的积极配合。示范基地项目成员单位清华大学、华南理工大学、湖北大学、中国矿业大学、中国海洋大学等为本书提供了重要的素材和稿件。同时本书中引用了清华大学、北京大学、北京交通大学、中国石油大学（华东）、西南科技大学、石家庄邮电职业技术学院、广西师范大学、山东财经大学、北京外国语大学、广州民航职业技术学院等高校示范基地的成果案例。余庆等在本书的撰写过程中给予大力帮助，华中科技大学出版社为本书的出版提供了鼎力支持，在此一并感谢。

谨以此书向教育部继续教育示范基地项目、人社部国家级专业技术人员培训培养基地等基地建设的参与人员，向曾经和正在华中科技大学远程与继续教育战线上工作的同事们致敬！向支持华中科技大学远程与继续教育工作的各级领导、专家、学者、各兄弟高校的同仁，以及海内外的各界朋友致谢！

《教育新地标》编委会

2015年7月